6년 연속

합격자 배출

박문각 감정평가사

근거자료 후면표기

제4판

도승하 감정평가 및 보상법규

기출문제해설 | 2차

도승하 편저

박문각

본 교재의 특징은 다음과 같습니다.

첫째, 제1편 기본 쟁점편에서는 보상법규의 빈출 출제파트를 구별하고 각 파트에서의 기출문제를 알기 쉽게 정리하였고, 제2편 최신 기출편에서는 각 회차별 최신 기출문제를 정리하였으므로 제1편을 공부하고 제2편에서 실전 느낌으로 최신 기출문제를 풀어본다면 좋을 것입니다.

둘째, 행정법과 관련된 케이스 사례문제 등을 위주로 실전 답안을 고려한 예시답안을 제시하였으므로 기본이론이 실전에서 어떻게 변형되는지를 알 수 있도록 하였습니다.

최근 행정법이론의 전반적인 사항이 출제되고 있습니다. 따라서 행정법 일반이론을 전체적으로 공부한 후, 개별법률과 행정법의 일반이론이 연계되는 부분을 집중적으로 공부한다면 좋은 점수를 득할 수 있을 것입니다.

법규는 한 번의 내용 이해와 잘 정리된 요약자료를 가지고 있다면, 답안작성의 기술을 익힘으로써 부담을 줄일 수 있는 과목입니다.

최근 34년간 기출된 감정평가 및 보상법규 기출문제를 바탕으로 체계적이고 효율적인 학습에 도움이 되길 기원합니다.

도승하 편저

회	공익사업 토지 등의 취득	공익사업 토지 등의 보상	부동산가격공시/감정평가	출제위원
1	사업인정 및 권리구제(50점) **환매요건(10점)**	실농보상(10점)	공시지가의 작성과 지가고시의 성질, 효력(30점)	김남진 김철용 이동과
2	피수용자의 법적 지위(50점)	보상액의 산정시기(10점) 간접보상의 대상사업과 보상기준(10점)	감정평가업자의 의무와 책임(30점)	김남진 김철용 이진호
3	재결의 불복(50점)	개발이익배제(20점) 채권보상(10점) **이주대책(10점)**	공시지가의 적용(10점)	서원우 이동과 류해웅
4	–	현행법상 보상기준 및 정당 보상의 관계사례(50점) **생활보상적 성격의 보상(20점)**	**개별공시지가 결정의 법적 성질 (30점)**	석종현 박윤흔 류해웅
5	공용수용의 효과(50점)	농업보상(20점)	**개별공시지가 산정의 절차상 하자에 대한 불복방법(30점)**	류지태 강희중
6	보존등기가 되어있지 아니한 토지에 대한 보상절차와 내용(30점)	사업인정실효시 손실보상청구권 인정 여부(40점)	부동산가격공시위원회의 구성과 권한(30점)	박수혁 홍정선 김해룡
7	무효인 재결과 취소할 수 있는 재결 예시와 양자의 구별실익(50점)	수몰민에 대한 보상(20점) 어업에 관련된 영업보상(10점)	**개별공시지가의 검증(20점)**	김철용 석종현 손성태
8	토지수용법과 공특법의 협의비교(20점) 토지사용기간 만료시 법률관계(10점)	**헌법 제23조 제3항의 효력논의 (50점)**	표준지공시지가와 개별공시지가를 비교(20점)	강구철 홍준형 이동과
9	–	**개발이익배제의 정당보상 및 개발이익환수와의 관계사례(40점)** 사회적 제약과 특별한 희생(20점)	감정평가법률관계의 성질, 내용, 법적 지위(사례 20점) 감정평가행위와 지가산정행위의 이동(20점)	류해웅 박수혁 이선영
10	**사기업자의 사업인정가능성(10점)** 보증소의 형태, 성질(사례 30점)/확장수용(20점)/토지수용법과 공특법 상호관계, 통합설(20점)	토지수용위원회, 부동산가격공시위원회, 보상협의회를 비교논술(20점)	–	박수혁 박균성 이동과
11	원처분 및 재결주의(사례 30점) 집행정지(10점) 지상권 소멸절차(10점)	간접보상의 이론적 근거, 실제유형과 보상의 한계(20점)	감정평가사의 고의에 의한 평가에 건설교통부장관이 취할 수 있는 절차와 내용(사례 30점)	류지태 이선영 김원태
12	토지수용법46조(사례 30점) 사업인정의 법적 성질과 권리구제(30점)	손실보상 없이 공유수면매립사업을 시행시 권리구제(사례30점)	감정평가업자의 손해배상책임(10점)	류해웅 홍준형 강구철
13	사업인정과 부관(사례 40점) **환매권의 목적물과 행사요건(20점)**	잔여지 및 잔여건물의 보상방법(20점)	**개별공시지가의 하자승계 여부(20점)**	류지태 강구철 이선영
14	–	경계, 분리이론에서 특별한 희생의 구별기준(20점) 간접침해에 대한 구제수단(20점)	인근 토지소유자가 훈령에 위배된 표준지공시지가를 다툴 수 있는지(사례 40점) 자격이 취소된 감정평가사의 권리구제(사례 20점)	석종현 강구철 이동과

15	협의를 결한 사업인정의 절차상하자(사례 40점)	**생활보상(20점)** 손실보상원칙(10점)	이유제시 절차하자와 치유(사례 30점)	박수혁 송희성
16	재결의 부작위시 행정쟁송방법(사례 40점)/토지 물건인도 거부시 실효성 확보수단(20점)	휴업보상(10점)	가중처벌위험을 규정한 **시행령 별표의 법적 성질**과 협의의 소익(사례 30점)	류지태 김민호 송시헌
17	사업인정에 대한 사전결정, **사업인정과 재결의 하자승계(사례 40점)**	존속보장과 가치보장(15) 개발이익의 배제(15)	감정평가업자의 등록취소처분–무효와 취소의 구별과 청문절차의 하자 (사례 30점)	강구철 김연태 박균성
18	–	**보상규정 결여(사례 20점)** 현금, 채권보상 이외 기타 손실보상, 완화제도(20점) 영업보상(사례 30점)	**감정평가업자의 성실의무와 의무이행 확보수단 비교(30점)**	경북대 한남대 로스쿨
19	**환매권의 소송수단 및 인용 가능성(사례 40점)** **사적 공용수용(20점)**	–	**개공결정시 토지가격비준표 (사례 20점)** **개공결정시 산정지가검증(사례 20점)**	산업인력 공단
20	–	**이주대책의 사례(45점)** 임시창고건물철거조건 취소소송과 임시창고건물철거에 따른 **손실보상(30점)**	**감정평가업자의 인가취소 등 부공법 시행령 제77조 별표의 재판규범성 (25점)**	산업인력 공단
21	토지보상법상 사업인정 이후의 피수용자의 권리 및 권리구제수단 (사례 20점)	토지보상법상 보상평가액 책정과 피수용자의 수용주장 정당성 (사례20점)	**개별공시지가결정의 이의신청과 하자의 승계(사례 30점)** **성실의무 위반에 따른 과징금, 벌금, 과태료의 법적 성질과 중복부과의 적법성(30점)**	산업인력 공단
22	철도이설사업을 위한 협의취득에 따른 대집행 가능성(사례 20점)	사실상 사도 토지보상액 불복과 정당보상에 위배되는지 여부에 대한 법적 주장 관철수단(사례 50점)	업무정지처분취소소송의 위법성 판단과 국가배상청구소송에서 위법성 판단 관계(사례 20점), 갱신등록거부처분의 절차하자 위법성(사례 10점)	산업인력 공단
23	환매권 행사 권리구제방법 및 환매대금 증액 대응수단(40점) 사업인정고시의 효과(10점)	잔여지가격감소에 대한 권리구제방법과 잔여지수용청구의 요건 및 행정소송의 형식(30점)	감정평가법인 설립인가취소처분 취소소송에서 집행정지신청인용 여부(20점)	산업인력 공단
24	도시관리계획의 위법성과 신뢰보호의 원칙(40점)	재결 선행처분에 대한 소송대상의 여부(10점)	개별공시지가의 위법성과 손해배상책임(30점) 부감법 시행령 [별표 3]과 협의의 소익 (20점)	산업인력 공단
25	조합설립인가의 법적 성질 및 하자의 정도, 쟁송의 형태(20점) 사업인정 전후의 협의의 차이(10점)	수용재결 및 이의재결에 대한 소송대상의 문제(20점)	표공의 법률상 이익과 판결의 효력 등 (30점) 경매평가에서 국가배상의 요건(20점)	산업인력 공단
26	보증소의 의의 및 특수성(20점) 잔여지 감가보상(20점)	무허가건축물의 보상대상 여부(10점) 주거이전비의 지급 가능성(20점)	감정평가실무기준의 법적 성질(20점) 감정평가기준(10점)	산업인력 공단
27	사업인정과 수용재결의 하자의 승계(20점) 토지보상법 제72조 완전수용에 대한 불복으로 이의신청 및 보증소(30점)	이주대책 거부처분의 사전통지 및 이유제시(20점) 이주대책 거부사유 소송 도중 처분사유 추가 · 변경(20점)	부감법 시행령 [별표 2]의 법적 성질 및 협의의 소익(10점)	산업인력 공단

28	토지보상법 제21조 개정취지, 절차의 하자, 하자의 승계, 사업인정의 의제 및 사업인정의 요건, 수용권 남용	보증소, 공법상 제한받는 토지의 평가, 이주민지원규정의 법적 성질, 이주대책의 강행규정, 이주대책의 행정쟁송방법 사실상 사도에 대하여 도정법상 매도청구권 행사에 의한 평가와 토지보상법상 수용재결 평가의 차이. 해당 사업과 무관한 개발이익의 반영 여부	한 문제도 출제되지 않음.	산업인력공단
29	(1-1) 토지보상법 시행규칙 제54조 제2항 주거이전비 규정 강행규정 여부	(1-2) 공익사업시행지구 밖 영업손실의 간접손실보상	(2-1) 자격증 명의대여 또는 자격증 부당행사 감정평가법령상 징계절차 (2-2) 징계처분 취소소송 계속 중 처분사유 추가 · 변경 (3-1) 개별공시지가 검증과 토지가격비준표 적용의 위법성 (4-1) 중앙부동산가격공시위원회 설명	산업인력공단
30	(4) 협의가 수용재결 신청 전 필요적 절차인지 여부와 협의성립확인의 법적 성격 효과를 설명(10점)	(2-1) 골프장 잔여시설에 대한 대체시설의 설치비용 보상 여부(10점) (2-2) 골프장 잔여시설의 지가 및 건물가격 하락분에 대한 보상청구의 소송방법(20점) (3) 수산업협동조합의 간접손실보상 가능성과 보상규정 결여(20점)	(1-1) 개별공시지가 정정처분의 취소소송의 적법성(15점) (1-2) 이의신청 도과시에도 개별공시지가 정정 가능한지 여부(10점) (1-3) 개별공시지가에 기초한 부담금부과시 내용상 하자의 치유가능성(15점)	산업인력공단
31	(1-3) 광평대군 및 풍납토성 판례 : 공물의 수용가능성(15점)	(1-1) 보상금증감청구소송의 의의와 특수성(15점) (1-2) 공법상제한받는 토지의 평가(공원구역의 지정)(10점)	(2-1) 개별공시지가의 정정사유(5점) (2-2) 개별공시지가의 이의신청에 대한 소의 대상과 제소기간(10점) (2-3) 개별공시지가 산정업무의 위법에 대한 국가배상과 개별공시지가제도의 입법목적 (3) 공인회계사의 자산재평가 행위가 감정평가업자로서의 업무에 해당하는지여부(20점) (4) 감정평가법상 감정평가의 기준과 감정평가 타당성조사 설명(10점)	산업인력공단
32	(1-1) 재결신청청구권 및 부작위 개념(15점) (1-2) 재결전치주의(10점) (1-3) 잔여지수용청구권(15점)	-	(2-1) 개별공시지가 제소기간(10점) (2-2) 개별공지지가와 재결의 하자승계 (20점) (3-1) 과징금 변경처분과 대상적격(10점) (3-2) 일부취소(형성력)(10점) (4) 성실의무(10점)	산업인력공단
33	(1-1) 도시정비법(10점) (이전고시 효력과 협의의 소익)	(1-2) 사실상 사도(10점) (1-3) 주거이전비 불복수단(당사자소송)(20점)	(2-1) 표준지조사평가기준(법령보충적 행정규칙)(20점) (2-2) 이의신청의 법적 성질(10점) (3) 자격취소와 청문절차 하자(20점) (4) 손해배상 요건(10점)	산업인력공단
34	(1-1) 사업인정 및 사업인정 고시의 법적 성질(10점) (1-2) 원처분주의(20점) (1-3) 보상금증감청구소송(10점)	(2-1) 이의신청에 대한 법적 성질(15점) (2-2) 하자승계(15점)	(3) 집행정지의 효력 및 징계의 공고 등(20점) (4) 감정평가사사무소 개설(10점)	산업인력공단

PART 01 기본쟁점

PART 02 최신 기출문제

PART 03 변호사시험 쟁점 해설

PART 01

기본쟁점

CHAPTER 01 사업인정

01 사업인정과 권리구제

 기출문제

[사업인정] 사업인정과 권리구제 [제1회 제1문]

토지보상법상 사업인정을 설명하고 권리구제에 대해 언급하시오. 50점

Ⅰ. 의의 및 취지

Ⅱ. 법적 성질
1. 처분성
2. 재량행위성
3. 제3자효 행정행위

Ⅲ. 사업인정의 요건
1. 주체상 요건
2. 내용상 요건
3. 절차상 요건
4. 형식상 요건

Ⅳ. 사업인정의 효력
1. 사업시행자
2. 토지소유자

Ⅴ. 사업인정의 효력소멸
1. 사업인정의 효력이 소멸되는 경우
2. 효력소멸에 대한 권리구제

Ⅵ. 사업인정과 권리구제
1. 개설
2. 사업시행자 입장에서의 권리구제
(1) 사업인정신청 후 거부 시 권리구제
(2) 사업인정신청 후 부작위 시 권리구제
(3) 부관부 사업인정에 대한 권리구제
(4) 예방적 금지소송의 가능 여부
3. 피수용자 입장에서의 권리구제
(1) 사전적 권리구제
(2) 사후적 권리구제
1) 사업인정이 적법할 때의 권리구제
2) 사업인정이 위법한 경우
가. 행정쟁송
나. 손해배상 등
4. 제3자 입장에서의 권리구제

Ⅶ. 결(사업인정과 재결의 관계)
1. 사업인정의 구속력
2. 하자승계

교수강평 **[김남진, 김철용 교수님]**

① 크게 서언, 사업인정의 의의와 법적 성질, 사업인정기관 · 절차 · 고시 · 효력발생시기, 사업인정고시의 실효 및 사업인정의 실효, 사업인정에 대한 권리구제의 다섯 부문으로 나누어질 것이다. 여기서 주의하여야 할 점은 제1문이 결코 토지보상법상의 사업인정과 권리구제를 따로따로 설명하라는 문제는 아니라는 것이다. 사업인정을 설명하고 난 뒤 그 사업인정에 대한 권리구제에도 언급하라는 문제이다.

② 서언에서는 토지보상법 전반에 대한 간략한 설명과 거기에서의 사업인정의 위치 및 앞으로의 서술 · 순서 등을 기록하여야 할 것이다.

기출문제

[사업인정] 사업인정과 권리구제 [제12회 제3문]

토지보상법상 사업인정의 법적 성질과 권리구제에 대하여 논하시오. 30점

Ⅰ. 서설

Ⅱ. 사업인정의 법적 성질

1. 확인행위인지 형성행위인지 여부
2. 쟁송법상 처분
3. 재량행위성 인정
4. 복효적 행정행위

Ⅲ. 사업시행자 입장에서의 권리구제

1. 논점의 정리
2. 사업인정신청 후 거부 시 권리구제
3. 사업인정신청 후 부작위 시 권리구제
4. 부관부 사업인정에 대한 권리구제

Ⅳ. 피수용자 입장에서의 권리구제

1. 논점의 정리
2. 사업인정 전 권리구제
3. 사업인정 후 권리구제
   (1) 사업인정이 적법했을 때 권리구제
   (2) 사업인정이 위법했을 때 권리구제

Ⅴ. 제3자 입장에서의 권리구제

1. 제3자와 원고적격
2. 사업인정 전 권리구제
3. 사업인정 후 권리구제

Ⅵ. 결론

쟁점해설

1. 누구의 입장에서의 권리구제인가?

사업인정과 관련된 이해관계인은 비단 피수용자만 있는 것도 아니고 사업시행자도 있으며 제3자도 있으므로 누구의 입장에서의 권리구제인지를 먼저 밝혀주고 나서 권리구제를 언급하는 것이 바람직하다.

2. 어느 시점에서의 권리구제인가?

본 문제에서 사업인정 전 권리구제인지, 사업인정 후 권리구제인지에 대한 언급이 없으므로 그 시점을 구분하여 개별 시점에서의 권리구제를 언급해주는 것이 더 좋아 보인다.

3. 사업인정의 적법 · 위법 여부

본 문제에서 사업인정이 위법한지 적법한지에 대한 명확한 언급이 없으므로 사업인정이 적법할 때와 위법할 때의 권리구제를 구분하여 언급하면 더 좋을 것 같다. 참고로 사업인정이 적법할 때 권리구제는 손실보상이 될 것이다.

4. 구체적 내용

(1) 사업시행자 입장에서의 권리구제

① 사업인정신청 후 거부 시에는 의무이행심판 및 거부처분취소소송이 있으며 입법론으로는 의무이행소송이 있다. 다만 이에 대한 집행정지신청은 신청의 이익이 없어 일반적으로 인정되지 못한다.

② 사업인정신청 후 부작위 시에는 의무이행심판 및 부작위위법확인소송이 있으며, 입법론으로 의무이행소송이 있다는 것을 언급하면 된다.

(2) 피수용자의 입장에서의 권리구제

① **사전적 권리구제** : 사전적 권리구제는 의견제출 및 예방적 부작위청구소송(입법론)이 있다.

② **사후적 권리구제** : 먼저 사업인정이 적법할 때는 손실보상이 있고, 사업인정이 위법할 경우에는 항고심판, 항고소송, 집행정지, 손해배상, 결과제거청구 등이 있다.

(3) 제3자 입장에서의 권리구제

먼저 제3자 중에서 원고적격이 인정되는 제3자만이 항고쟁송상의 권리구제의 주체가 될 수 있으므로 이에 대한 사전 언급이 있어야 한다.

또한 원고적격이 인정되는 제3자의 경우 피수용자와 유사한 지위를 갖는다. 다만 사업인정이 적법할 때 손실보상은 주로 간접손실보상이 되는 것이 차이점이라 하겠다.

02 공공적 사용수용

기출문제

[사업인정] 공공적 사용수용 [제10회 제1문]

식량자원화 시대에 즈음하여, A회사는 비료공장을 건설하고자 공장부지를 매입하려고 하였으나, 여의치 않아 국토교통부장관에게 신청하여 사업인정을 받았다. 그 후 토지보상법상의 협의가 성립되지 못하였고, 중앙토지수용위원회의 재결에 의하여 수용이 행하여졌다. 피수용자인 甲은 사기업을 위한 당해 토지의 수용은 위법하다고 주장하고, 비록 적법하다고 하더라도 보상금이 충분하지 못하다는 이유로 이의신청을 하였지만, 중앙토지수용위원회는 기각재결을 하였다. 이에 甲은 행정소송을 제기하고자 한다.

(1) 사기업인 A회사의 비료공장 건설사업에 대한 사업인정의 적법 여부 및 그것이 위법하다고 인정되는 경우의 권익구제방법을 논술하시오. 10점

1. 사기업을 위한 수용의 인정 여부
2. 사용수용의 법적 근거
3. 사용수용의 인정기준 및 범위
4. 사용수용이 위법한 경우 권리구제방법
5. 결

교수강평 [박수혁 교수님]

구체적 논점은 사(私)기업인 A회사의 비료공장 건설사업에 대한 사업인정의 적법 여부 및 그것이 위법하다고 인정되는 경우의 권익구제방법을 논술하는 것이다. 즉, 구체적 논점의 핵심적인 내용은 사기업의 비료공장 건설을 위한 사업인정과 그 수용의 가능성이고, 그 밖에 그것이 위법인 경우의 권리구제방법이다. 따라서 이러한 큰 논점을 제일 먼저 문제의 제기 부분에 제시하는 것이 바람직하다.

① 상당수의 응시생들이 사기업의 비료공장 건설을 위한 사업인정과 그 사기업의 수용의 가능성이라는 두 가지 큰 논점 중에서 사기업의 비료공장 건설을 위한 사업인정의 위법성만 언급하고, 다른 논점인 사기업의 수용의 가능성의 논점에 대해서는 거의 언급을 하지 않는 결정적인 실수를 범한 경우가 많았다.

② 모름지기 법규적 논술에는 법적 근거의 제시가 필수적이고, 이 경우 국법질서 중 최고의 실정법인 헌법적 근거의 제시도 당연히 포함되어야 한다. 그러나 토지보상법 제4조만 언급하고, 헌법 제23조 제3항이나 특허법, 실용신안법, 디자인보호법, 상표법 등 많은 개별 근거법의 근거규정에 대한 언급을 빠먹은 경우가 너무 많아서 아쉬웠다.

③ 그러나 바람직하게도 많은 수험생들이 사업인정의 법적 성질과 인정기준이나 범위에 관하여는 비교적 충실한 언급을 하였다. 예컨대, 사업인정은 해당 사업이 공용·수용 가능한 사업인가를 판단하는 행정작용으로서 국토교통부장관이 사업인정 시 공공성을 판단하여야 한다. 공공성은 대표적 불확정 개념으로서 구체적·개별적 사안에 따라 공익과 사익의 관계이익의 비교·형량하에 행하여야 하며, 그때 기준이 광의의 비례원칙이다.
공공성은 종래 소극적으로 인정하였으나 행정기능의 강화, 복리행정수요의 증대로 사인에 의한 수용(私用收用)도 인정하며, 이는 토지보상법 제4조 제5호 내지 제7호 사업을 의미한다. 본 사안은 (구)토지수용법 제3조 제6호에 규정된 사업으로 국토교통부장관의 사업인정은 적법하다.
또한 사업인정의 법적 성질에 대한 견해로는 확인행위설과 설권적 형성행위설이 있다. 통설·판례의 입장은 사업시행자에게 일정한 절차를 거칠 것을 조건으로 수용권을 설정하는 설권적 형성행위로 보며 어느 견해를 취하더라도 처분성이 인정되므로 위법 시 행정쟁송의 대상이 된다.

④ **위법한 사업인정에 대한 권리구제방법** : 사업인정에 대한 불복절차가 현행 토지보상법에 규정되어 있지 않으므로 일반 행정심판법 및 행정소송법에 의해서 권리구제가 가능하며 현행 행정소송법이 원처분주의와 행정심판 임의주의를 취하므로 행정심판을 거치지 않고 행정소송의 제기가 가능하다.

⑤ **결론** : 오늘날 공익사업의 증대와 공익상의 필요에 따라 이른바 사용수용(私用收用)이 인정되고 있다. 토지보상법과 특별법은 주체를 구분하지 않고 토지보상법 제4조의 공익사업에 해당되고 사업인정을 받게 되면 기업자가 비록 사적주체에 해당할지라도 수용권을 부여하고 있다.

기출문제

[사업인정] 공공적 사용수용 [제19회 제3문]

사적(私的) 공용수용의 의의 및 요건에 대하여 설명하시오. 20점

Ⅰ. 서설(수용의 확대화 경향)

Ⅱ. 사적 공용수용의 의의

1. 의의 및 종류
2. 사적 공용수용의 필요성
3. 사적 공용수용의 법적 성질

Ⅲ. 사적 공용수용의 요건

1. 개설
2. 공공성
   (1) 의의
   (2) 판단기준
   (3) 관련판례
3. 법적 근거
4. 손실보상규정
5. 공공성의 계속적 확보방안

Ⅳ. 결(문제점과 개선방안)

쟁점해설

사적 공용수용에 있어서는 공공성과 공공성의 계속적 확보방안이 핵심 쟁점이다. 따라서 사적 공용수용의 의의에서는 사적 공용수용도 본질이 공용수용임을 밝혀주고 요건에 대한 검토로 자연스럽게 넘어갈 수 있도록 답안을 작성한다. 요건부분에서는 공공성이 핵심이므로 이에 대한 개념과 판단기준을 적시하고 이에 대한 계속적 확보방안을 간략히 적음으로 마무리를 한다.

03 사업인정의 실효와 손실보상

기출문제

[사업인정] 사업인정의 실효와 손실보상 [제6회 제1문]

「공익사업을 위한 토지 등의 취득 및 보상에 관한 법률」(이하 "토지보상법"이라 한다) 제23조에 의한 사업인정의 실효가 있는 경우, 이로 인하여 불이익을 받게 되는 피수용자에게 손실보상청구권이 있는지의 여부를 논술하시오. 40점

Ⅰ. 서설

Ⅱ. 관련 행정작용의 법적 성질

1. 사업인정의 의의
2. 사업인정의 법적 성질
3. 재결신청

Ⅲ. 사업인정의 실효 및 손실보상

1. 문제점
2. 사업인정의 실효
3. 사업인정의 실효에 대한 손실보상

Ⅳ. 피수용자에게 손실보상청구권이 성립하는지 여부

1. 손실보상청구권의 의의
2. 손실보상청구권의 법적 성질
3. 손실보상청구권의 요건 검토
4. 손실보상청구권의 존재 여부

Ⅴ. 결(손실보상의 절차 및 구제수단)

1. 손실보상의 절차(협의 및 재결)
2. 손실보상에 대한 구제수단(이의신청 및 보상금증감청구소송)

교수강평 [서울시립대학교 박수혁 교수님]

① 좋은 답안을 쓰기 위한 지름길은 무엇보다도 출제자의 의도 및 논점을 파악하는 것이다. 이 문제의 경우 그 출제의도를 파악하기에 다소 어려움이 따를 수도 있을 것이다. 무엇보다도 토지수용에 있어서의 손실보상청구권 일반에 대한 언급과 아울러 사업인정의 실효에 따른 손실에 대한 보상을 묻는다고 생각하면 될 것이다.

② 이 문제의 논점은 사업인정의 실효와 손실보상청구권의 성립요건이다.

쟁점해설

1. 주요논점

① 사업인정의 실효에 따른 손실보상

② 손실보상청구권의 성립요건

2. 관련 행정작용의 검토

사업인정의 의의 및 법적 성질을 검토하고 나서 사업인정의 실효를 언급하기 위한 단계로 토지보상법 제23조의 내용, 즉 재결신청에 대해 검토한다.

제23조(사업인정의 실효)

① 사업시행자가 제22조 제1항의 규정에 따른 사업인정의 고시(이하 "사업인정고시"라 한다)가 된 날부터 1년 이내에 제28조 제1항에 따른 재결신청을 하지 아니한 경우에는 사업인정고시가 된 날부터 1년이 되는 날의 다음 날에 사업인정은 그 효력을 상실한다.

3. 사업인정의 실효 및 손실보상

사업인정 실효 시 손실보상은 법 제23조 제2항에 근거규정이 있으며 구체적인 내용은 법 제9조 제5항 내지 제7항까지의 규정을 준용한다.

② 사업시행자는 제1항에 따라 사업인정이 실효됨으로 인하여 토지소유자나 관계인이 입은 손실을 보상하여야 한다.
③ 제2항에 따른 손실보상에 관하여는 제9조 제5항부터 제7항까지의 규정을 준용한다.

제9조(사업 준비를 위한 출입의 허가 등)

① 사업시행자는 공익사업을 준비하기 위하여 타인이 점유하는 토지에 출입하여 측량하거나 조사할 수 있다.
④ 사업시행자는 제1항에 따라 타인이 점유하는 토지에 출입하여 측량·조사함으로써 발생하는 손실을 보상하여야 한다.
⑤ 제4항에 따른 손실의 보상은 손실이 있음을 안 날부터 1년이 지났거나 손실이 발생한 날부터 3년이 지난 후에는 청구할 수 없다.
⑥ 제4항에 따른 손실의 보상은 사업시행자와 손실을 입은 자가 협의하여 결정한다.
⑦ 제6항에 따른 협의가 성립되지 아니하면 사업시행자나 손실을 입은 자는 대통령령으로 정하는 바에 따라 제51조에 따른 관할 토지수용위원회(이하 "관할 토지수용위원회"라 한다)에 재결을 신청할 수 있다.

4. 손실보상청구권 존부

손실보상청구권의 의의 및 법적 성질(최근 하천법 판례를 통해 공권으로 봄)을 검토하고 난 후 손실보상요건 검토를 통해 그 존부를 밝힌다.

사업인정의 실효로 인한 손실의 내용을 구체적으로 예시하면서 공공성, 보상규정, 특별한 희생 등의 요건충족으로 논리를 전개한다면 더 바람직하다.

즉, 사업인정의 실효로 인해 피수용자들이 받는 손실 등을 구체적으로 예시하면 더 좋을 것이다. 사업인정의 효과로서 토지의 형질변경 등의 제한(토지 등의 보존의무)이 있는 바 이로 인한 피수용자의 특별한 희생이 발생함을 밝히는 것이 출제자의 의도에 부합한다.

04 사업인정 관련 CASE 문제

기출문제

[사업인정] 사업인정 관련 CASE 문제 [제13회 제1문]

택지조성사업을 하고자 하는 사업시행자 甲은 국토교통부장관에게 사업인정을 신청하였다. 甲의 사업인정신청에 대해 국토교통부장관은 택지조성사업 면적의 50%를 택지 이외의 다른 목적을 가진 공공용지로 조성하여 기부채납할 것을 조건으로 사업인정을 하였다. 이에 甲은 해당 부관의 내용이 너무 과다하여 수익성을 도저히 맞출 수 없다고 판단하고 취소소송을 제기하려 한다. 어떠한 해결가능성이 존재하는지 검토하시오. 40점

Ⅰ. 쟁점의 정리
Ⅱ. 관련 행정작용의 검토
1. 사업인정의 법적 성질
2. 기부채납조건의 법적 성질
(1) 부관의 의의 및 종류
(2) 기부채납조건의 법적 성질
Ⅲ. 해당 부관의 위법성과 그 정도
1. 위법성 판단
(1) 부관의 부착가능성
(2) 부당결부금지원칙 위반 여부
1) 부당결부금지원칙의 의의
2) 사안의 경우
2. 위법성 정도
(1) 위법성 판단기준
(2) 사안의 경우
Ⅳ. 기부채납조건만의 독립가쟁성
1. 문제점
2. 학설
3. 판례
4. 검토
5. 사안의 경우
Ⅴ. 기부채납조건만의 독립취소가능성
1. 학설
(1) 부정설
(2) 긍정설
(3) 제한적 긍정설
2. 판례
3. 검토
4. 사안의 경우
Ⅵ. 사안의 해결

쟁점해설

1. 관련 행정작용의 검토

사업인정의 법적 성질이 재량행위임을 밝혀주는 것은 부관의 가능성과 관련하여 문제된다. 또한 기부채납은 강학상 부관이고 그중에서도 부담임을 밝힌다.

2. 해당 부관의 위법성

부관의 가능성과 관련하여 사업인정은 재량행위이므로 부관의 부착이 가능하다. 부관의 한계와 관련하여 택지조성면적의 50%를 택지 외 다른 목적의 공공용지로 조성하여 기부채납하라는 것은 비례원칙의 위반으로 위법하다. 그 위법성 정도는 취소사유로 보인다.

3. 부담의 독립쟁송가능성

부관의 독립쟁송가능성과 관련하여 관련 학설 및 판례를 검토하고 사안은 강학상 부담이고 처분성이 인정되므로 부담만의 진정일부취소소송이 가능하다.

4. 부담의 독립취소가능성

이에 대한 관련 학설 및 판례를 언급하고 결론을 내리면 된다.

예시답안

Ⅰ 쟁점의 정리

甲은 해당 부관의 내용이 너무 과다하여 수익성을 맞출 수 없다고 판단하고 있다. 따라서 해당 부관의 법적 성질이 부담인지를 살펴보고, 부담이라면 택지조성사업의 사업인정 효력은 남겨두고 기부채납의 부담만을 독립적으로 취소할 수 있는지 검토하여 설문을 해결한다.

Ⅱ 관련 행정작용의 검토

1. 사업인정의 법적 성질

사업인정이란 공익사업을 토지 등을 수용하거나 사용할 사업으로 결정하는 것을 말하며(토지보상법 제2조 제7호), 국토교통부장관이 사업과 관련된 제 이익과의 형량을 거쳐 수용권을 설정하는 재량행위이다(판례동지).

2. 기부채납조건의 법적 성질

(1) 부관의 의의 및 종류

부관이란 행정청의 주된 행정행위의 효과를 제한하거나 의무를 부과하기 위해 부가되는 종된 규율을 부관이라고 하며, ① 행정행위의 효력발생, 소멸 여부를 불확실한 사실의 발생에 결부시키는 조건, ② 행정행위의 효력발생 여부와는 관계없이 사인에게 작위・부작위・급부・수인의무를 부과하는 부담, ③ 그 외에도 기한, 철회권 유보 등이 있다.

(2) 기부채납조건의 법적 성질

기부채납조건의 성취 여부과 관계없이 해당 행정행위인 사업인정의 효력이 발생하는바, 기부채납조건은 부담의 성질을 갖는 것으로 볼 수 있다.

Ⅲ 해당 부관의 위법성과 그 정도

1. 위법성 판단

(1) 부관의 부착가능성(행정기본법 제17조 제1항 및 제2항)

행정청은 처분에 재량이 있는 경우에는 부관(조건, 기한, 부담, 철회권의 유보 등을 말한다)을 붙일 수 있다. 처분에 재량이 없는 경우에는 법률에 근거가 있는 경우에 부관을 붙일 수 있다. 〈사안의 경우〉 사업인정은 재량행위인바 부관부착이 가능하다.

(2) 부당결부금지원칙 위반 여부

1) 부당결부금지원칙의 의의(행정기본법 제13조)

부당결부금지의 원칙이라 함은 행정기관이 행정권을 행사함에 있어서 그것과 실질적인 관련이 없는 반대급부를 결부시켜서는 안 된다는 원칙을 말한다.

2) 사안의 경우

설문에서는 택지조성사업을 이유로 부관을 부착하여, 원인적 관련성은 인정되나 택지 이외의 다른 목적을 가진 공공용지로의 조성을 목적으로 하는바, 목적적 관련성이 인정되지 않는다. 따라서 동 기부채납조건은 부당결부금지의 원칙에 반하는 것으로 볼 수 있다.

2. 위법성 정도

(1) 위법성 판단기준

통설 · 판례는 행정행위의 하자가 내용상 중대하고, 외관상 명백한 경우에 무효인 하자가 되고, 이 두 요건 중 하나라도 충족하지 않는 경우에는 취소사유로 보는 중대명백설(또는 외관상 일견명백설)을 취하고 있다.

(2) 사안의 경우

설문상 기부채납조건은 해당 사업과 무관한 것이 외관상 명백하나, 택지조성사업의 사업인정의 실체적 내용을 구성하는 요건으로 보이지는 않는다. 따라서 취소사유로 판단된다.

Ⅳ 기부채납조건만의 독립가쟁성(및 소송의 형태)

1. 문제점

부관은 본 행정행위에 부과된 종된 규율이므로, 본 행정행위와 별도로 독립하여 소의 대상이 되는지에 대해 견해의 대립이 있다.

2. 학설

① 부담은 독립된 처분성이 있으므로 진정일부취소소송으로 다투고 기타 부관은 그것만의 취소를 구하는 소송은 인정할 수 없다는 견해, ② 부관의 분리가능성은 본안의 문제이므로 모든

부관이 독립하여 취소쟁송의 대상이 된다고 보는 견해가 있다. 부담은 진정 또는 부진정일부취소소송으로 부담 이외의 부관은 부진정일부취소소송이 가능하다고 본다. ③ 분리가능성을 기준으로 분리가능한 부담은 진정일부취소소송으로(부진정일부취소도 가능), 분리가능한 기타부관은 부진정일부취소소송만이 가능하다고 보는 견해가 있다.

3. 판례

대법원은 부담만은 진정일부취소소송으로 다툴 수 있도록 하되 기타부관에 대해서는 전체취소소송으로 다툴 수밖에 없다는 입장이다.

4. 검토

생각건대 판례의 태도는 기타부관에 대한 권리구제에 너무나 취약하고, 분리가능성을 기준으로 판단하는 것은 본안문제를 선취하는 결과를 갖는 문제점이 있다. 따라서 부담은 독립된 처분성으로 진정일부취소소송으로 다투고, 기타부관은 부진정일부취소소송을 인정하는 견해가 타당하다.

5. 사안의 경우

설문의 기부채납조건은 부담이므로 기부채납조건만의 독자적인 대상성이 인정된다. 따라서 진정일부취소소송의 형태로 부담만의 취소소송을 제기할 수 있을 것이다.

Ⅴ 기부채납조건만의 독립취소가능성(재량행위에 대한 부관의 독립취소가능성)

1. 학설

(1) 부정설

부관만의 취소를 인정하는 것은 부관이 없었더라면 행정청은 행정행위를 하지 않았을 것이라고 해석되므로 부관만의 취소는 인정될 수 없다는 견해가 있다(김동희).

(2) 긍정설

부관만이 취소되면 주된 행정행위가 위법하게 되는 경우 처분청은 주된 행정행위를 직권으로 취소하거나 적법한 부관을 다시 부가하여 부관부 행정행위 전체를 적법하게 할 수 있으므로 모든 부관에 있어 부관이 위법한 경우에는 부관만의 취소가 가능하다고 본다.

(3) 제한적 긍정설

부관이 주된 행정행위의 본질적 부분인지(행정청이 부관 없이는 해당 행정행위를 하지 않았을 것이라고 해석되는지) 여부에 따라서 재량행위에 대한 부관의 독립취소가능 여부를 판단하여야 한다는 견해이다.

2. 판례

판례는 부관이 본질적인 부분인 경우 독립쟁송가능성 자체를 인정하지 않으므로 독립취소가능성의 문제는 제기되지 않는다. 판례에 의하면 독립쟁송가능성이 인정되는 경우(부담의 경우) 항상 독립취소가 가능하다.

3. 검토

국민의 권익구제와 행정목적의 실현을 적절히 조절하는 제한적 긍정설이 타당하다. 부관이 본질적임에도 부관만의 취소를 인정하는 것은 행정청의 의사에 반하여 부관 없는 행정행위를 강요하는 것이 되므로 긍정설은 타당하지 않다.

4. 사안의 경우

설문상 기부채납조건은 해당 행정행위인 택지조성사업인정과 목적을 달리하고 있다. 따라서 기부채납조건은 사업인정의 본질적인 부분을 구성한다고 보기 어려우므로 이에 대한 독립취소가 가능할 것으로 판단된다.

Ⅵ 사안의 해결

국토교통부장관이 택지조성사업에 부착한 기부채납조건은 부관 중 부담에 해당하며, 이는 택지 이외의 목적을 갖고 있으므로 부당결부금지의 원칙에 반하는 것으로 볼 수 있다. 따라서 甲은 부담만을 독자적인 소의 대상으로 하여 취소소송을 제기하고 이에 대한 인용판결을 받을 수 있을 것이다.

기출문제

[사업인정] 사업인정 관련 CASE 문제 [제15회 제1문]

사업시행자 X는 A시 지역에 공익사업을 시행하기 위하여 사업인정을 신청하였고 이에 국토교통부장관으로부터 사업인정을 받았다. 한편 이 공익사업의 시행에 부정적이던 토지소유자 Y는 국토교통부장관이 사업인정 시 「공익사업을 위한 토지 등의 취득 및 보상에 관한 법률」 제21조에 의거 관계 도지사와 협의를 거쳐야 함에도 이를 거치지 않은 사실을 알게 되었다. Y는 이러한 협의를 결한 사업인정의 위법성을 이유로 관할 법원에 사업인정의 취소소송을 제기하였다. Y의 주장은 인용가능한가? 40점

Ⅰ. 쟁점의 정리
Ⅱ. 관련 행정작용의 검토
  1. 사업인정의 의의 및 법적 성질
  2. 토지보상법 제21조 협의규정
Ⅲ. 협의결여의 위법성
  1. 협의결여가 절차상 하자인지
    (1) 사업인정의 절차
    (2) 절차상 하자인지
      → 관계기관의 협의에 구속되지 않음을 강조
  2. 협의결여의 독자적 위법성 인정 여부
    (1) 학설
    (2) 판례
    (3) 검토
    (4) 사안의 경우
  3. 협의결여 절차하자의 정도
    (1) 판단기준
    (2) 사안의 경우
  4. 하자의 치유 여부
Ⅳ. Y가 제기한 취소소송의 인용가능성
  1. 소제기의 적법성
    (1) 문제점
    (2) 원고적격의 인정 여부
      1) 원고적격의 의의 및 취지
      2) 법률상 이익의 의미
      3) 법률상 이익의 범위
      4) 사안의 경우
    (3) 소제기의 적법성
  2. Y가 제기한 취소소송의 인용가능성
Ⅴ. 사안의 해결(사정판결의 가능성)

쟁점해설

1. 원고적격

이 공익사업에 부정적이던 토지소유자 Y의 정체가 불분명하므로 이를 구분하여 언급하는 것이 좋다. 일단 Y가 피수용자라면 원고적격 인정에 큰 무리가 없으나 제3자라면 원고적격이 인정될 수 있고 없을 수도 있다. 관련 학설과 판례의 검토가 필요하다.

2. 도지사와 협의를 결한 흠

도지사와 협의를 거쳐야 함에도 이를 거치지 않은 하자에 대하여 이를 주체의 하자로 볼 수도

있고 절차의 하자로 볼 수도 있다.

주체의 하자로 보는 경우는 국토교통부장관이 도지사의 의견에 구속되는 경우이고 절차의 하자로 보는 경우에는 국토교통부장관이 도지사의 의견에 구속되지 않는 경우를 말한다.

3. 위법성의 정도

주체의 하자로 보는 경우 현실적으로 사업인정을 무효로 볼 가능성이 많고 절차의 하자로 보는 경우에는 절차하자의 독자적 위법성 논의와 더불어 그 위법성 정도에 대하여 대체로 취소사유로 보는 견해가 다수이므로 취소로 볼 여지가 더 많아진다.

4. 사정판결의 가능성

문제에서 명시적으로 언급되고 있지는 않지만 사업인정과 관련하여서는 사정판결이 항상 문제될 수 있다. 그 이유는 비록 사업인정이 위법하여 취소소송을 제기한 경우에도 이에 대한 별도의 집행정지신청이 없다면 사업시행자는 재결을 받아 공사를 시행할 수 있으므로 나중에 본안에서 사업인정이 위법하다고 밝혀지는 경우에도 이미 사업이 완료되거나 상당히 진행될 가능성이 많다. 이 경우 법원은 사정판결을 통해 원고의 청구를 기각할 수 있기 때문이다.

다만 본 문제처럼 사정판결문제를 명시적으로 묻지 않고 있으므로 그 내용은 간단하게 언급하는 것이 더 바람직해 보인다.

예시답안

Ⅰ 쟁점의 정리

설문에서 토지소유자 Y는 협의를 결한 사업인정의 위법을 주장하고 있다. 이의 해결을 위하여 토지보상법 제21조의 협의규정을 살펴보고 이러한 협의규정위반(절차하자)이 독자적인 위법성 사유로 인정될 수 있는지를 검토한다. 또한 토지소유자 Y가 취소소송을 제기한 바 소송요건 중 원고적격이 인정되는지를 중심으로 검토하여 설문을 해결한다.

Ⅱ 관련 행정작용의 검토

1. 사업인정의 의의 및 법적 성질

사업인정이란 공익사업을 토지 등을 수용 또는 사용할 사업으로 결정하는 것을 말하며(제2조 제7호), 국토교통부장관이 사업과 관련된 제 이익과의 형량을 거쳐 수용권을 설정하는 재량행위이다(판례동지). 또한 사업시행자에게는 수용권을 설정하나 토지소유자에게는 재산권 침해를 발생시키는 제3자효 행정행위이다.

2. 토지보상법 제21조 협의규정

국토교통부장관은 사업인정을 하려면 관계 중앙행정기관의 장 및 특별시장·광역시장·도지사·특별자치도지사 및 중앙토지수용위원회와 협의하여야 하며, 대통령령으로 정하는 바에 따라 미리 사업인정에 이해관계가 있는 자의 의견을 들어야 한다고 규정하고 있다.

Ⅲ 협의결여의 위법성

1. 협의결여가 절차상 하자인지

(1) 사업인정의 절차

국토교통부장관이 사업인정을 발령하기 위해서는 '해당 사업이 타인의 토지 등을 수용할 만한 공익이 있는지'를 관계 제 이익을 종합·고려하여 판단하여야 하며, 이 과정에서 토지보상법 제21조의 관계기관과의 협의 및 이해관계인의 의견청취도 거쳐야 한다.

(2) 절차상 하자인지

국토교통부장관은 공익판단을 위한 제 절차로서 토지보상법 제21조 규정을 준수하여야 한다. 따라서 이를 거치지 않은 경우라면 절차상 하자를 구성한다고 볼 수 있다.

2. 협의결여(절차하자)의 독자적 위법성 인정 여부

(1) 학설

① 적법절차 보장 관점에서 독자적 위법사유가 되며, 특히 행정소송법 제30조 제3항에서 절차하자로 인한 취소의 경우에도 기속력을 인정한다는 점을 논거로 하는 긍정설과 ② 절차는 수단에 불과하며, 적법한 절차를 거친 동일한 처분을 다시 받게 되어 행정경제상 불합리하다는 점을 논거로 하는 부정설이 대립한다. ③ 또한 기속, 재량을 구분하는 절충설이 있다.

(2) 판례

대법원은 ① 기속행위인 과세처분에서 이유부기 하자를, ② 재량행위인 영업정지처분에서 청문절차를 결여한 것은 절차적 하자를 구성한다고 판시한 바 있다.

(3) 검토

생각건대 내용상 하자만큼 절차적 적법성을 지키는 것이 필요하며, 현행 행정소송법 제30조 제3항에서 절차하자로 인한 취소의 경우에도 기속력을 준용하고 있으므로 독자적 위법사유가 된다고 보는 긍정설이 타당하다.

(4) 사안의 경우

통설 및 판례의 태도에 따를 경우, 국토교통부장관이 도지사와의 협의를 거치지 않은 절차상 하자는 사업인정의 독자적 위법성 사유로 인정된다.

3. 협의결여 절차하자의 정도

(1) 판단기준

통설・판례는 행정행위의 하자가 내용상 중대하고, 외관상 명백한 경우에 무효인 하자가 되고, 이 두 요건 중 하나라도 충족하지 않는 경우에는 취소사유로 보는 중대명백설(또는 외관상 일견명백설)을 취하고 있다.

(2) 사안의 경우

설문상 도지사와의 협의를 거치지 않은 것은 외관상 명백하나, 도지사와의 협의 내용은 해당 사업의 공익성 등을 판단하기 위한 하나의 자료수집 행위로 볼 수 있다. 따라서 해당 사업인정의 본질적 요건은 아닌 것으로 볼 수 있으므로, 협의결여는 취소사유의 하자를 구성하는 것으로 판단된다.

4. 하자의 치유 여부

하자의 치유란 행정행위의 성립 당시 하자를 사후에 보완하여 그 행위의 효력을 유지시키는 것을 말하는데, 설문상 협의결여의 하자를 보완하는 행위는 보이지 않는다.

Ⅳ Y가 제기한 취소소송의 인용가능성

1. 소제기의 적법성

(1) 문제점

본안심사를 받기 위해서는 대상적격, 원고적격, 제소기간, 재판관할, 행정심판 임의주의 등의 소송요건을 갖추어야 한다. 설문에서는 토지소유자 Y에게 원고적격이 인정되는지를 중심으로 소송요건을 검토한다.

(2) 원고적격의 인정 여부

1) 원고적격의 의의 및 취지

원고적격이란 본안판결을 받을 수 있는 자격으로, 행정소송법 제12조에서는 "취소소송은 처분 등의 취소를 구할 법률상 이익이 있는 자가 제기할 수 있다."라고 규정하고 있다. 이는 소를 제기할 수 있는 자를 규정하여 남소방지를 도모함에 취지가 인정된다.

2) 법률상 이익의 의미

통설 및 판례는 법률상 보호되는 이익이라 함은 해당 처분의 근거법규 및 관련법규에 의하여 보호되는 개별적・직접적・구체적 이익이 있는 경우를 말하고, 공익보호의 결과로 국민 일반이 공통적으로 가지는 일반적・간접적・추상적 이익이 생기는 경우에는 법률상 보호되는 이익이 있다고 할 수 없다고 본다.

3) 법률상 이익의 범위

판례는 처분의 근거법규 및 관계법규(취지포함)에 의해 개별적으로 보호되는 직접적이고 구체적인 개인적 이익을 법률상 이익으로 보고 있다. 처분의 근거법규라는 개념 속에 처분의 관계법규를 포함시켜 사용하기도 하며, 법률상 이익의 범위를 점차 넓혀가는 경향이 있다. 이에 헌법상 구체적인 기본권과 절차규정에 의해 보호될 수 있는 이익도 법률상 이익의 범위에 포함된다고 보는 것이 국민의 권리구제에 유리하다고 판단된다.

4) 사안의 경우

설문에서 토지소유자 Y가 피수용자인지, 인근 토지소유자인지는 명확하지 않다. 피수용자라면 자신의 재산권 침해를 이유로 원고적격이 인정될 것이고, 인근 토지소유자라면 자신의 권리침해를 입증함으로써 원고적격을 인정받을 수 있을 것이다.

(3) **소제기의 적법성**(그 외 요건 충족 여부)

사업인정은 수용권을 설정하는 처분으로 대상적격이 인정되며, 설문상 제소기간 등의 제요건은 문제되지 않는 것으로 보인다. 따라서 토지소유자 Y가 제기한 취소소송은 적법하게 제기된 것으로 판단된다.

2. Y가 제기한 취소소송의 인용가능성

해당 사업인정에는 관계도지사와의 협의를 거치지 않은 절차상 하자가 존재하며, 통설 및 판례의 태도에 의할 때, 이에 대한 독자적 위법성이 인정된다. 따라서 적법한 소송요건을 갖춘 경우라면 인용판결을 받을 수 있을 것이다.

V 사안의 해결(사정판결의 가능성)

토지소유자 Y는 사업인정을 대상으로 취소소송을 제기할 법률상 이익이 인정되는 경우에 한하여 적법하게 사업인정의 취소소송을 제기할 수 있고, 절차상 하자 있는 사업인정에 대한 인용판결을 받을 수 있을 것이다. 다만, 해당 사업을 취소하는 것이 공익에 중대한 영향을 미치는 경우에는 법원이 당사자의 신청 또는 직권으로 사정판결을 내릴 수 있을 것이다.

기출문제

[사업인정] 사업인정 관련 CASE 문제 [제17회 제1문]

甲은 세계풍물 야외전시장을 포함하는 미술품 전시시설을 건립하고자 한다. 甲은 자신이 계획하고 있는 시설이 「공익사업을 위한 토지 등의 취득 및 보상에 관한 법률」(이하 "토지보상법"이라 한다) 제4조 제4호의 미술관에 해당하는지에 관하여 국토교통부장관에게 서면으로 질의하였다. 이에 대하여 국토교통부장관은 甲의 시설이 토지보상법 제4조 제4호에 열거된 미술관에 속한다고 서면으로 통보하였다. 그 후 甲은 국토교통부장관에게 사업인정을 신청하였다.

(1) 이 경우 국토교통부장관은 사업인정을 해주어야 하는가? 20점

(2) 국토교통부장관은 甲에게 사업인정을 해준 후 2006년 2월 1일 사업시행지 내의 토지 소유자인 乙 등에게 이를 통지하고 고시하였다. 이후 甲은 乙 등과 협의가 되지 않자 관할 토지수용위원회에 수용재결을 신청하였고, 2006년 8월 1일 관할 토지수용위원회는 乙 등 소유의 토지를 수용한다는 내용의 수용재결을 하였다. 관할 토지수용위원회의 재결서를 받은 乙은 상기 미술관의 건립으로 인하여 문화재적 가치가 있는 乙 등 조상 산소의 석물 · 사당의 상실이 예견됨에도 불구하고 이러한 고려가 전혀 없이 이루어진 위법한 사업인정이라고 주장하면서 위 수용재결에 대한 취소소송을 제기하였다. 乙은 권리구제를 받을 수 있는가? 20점

Ⅰ. 문제의 제기

Ⅱ. 관련 행정작용의 법적 성질
- 1. 사업인정
- 2. 수용재결

Ⅲ. 설문 (1)에 대하여
- 1. 문제점
- 2. 국토교통부장관의 서면통보의 법적 성질
  - (1) 강학상 확약인지
  - (2) 예비결정에 해당하는지
- 3. 설문의 해결
  - (1) 예비결정의 법적 성질 및 효과
  - (2) 사안의 경우

Ⅳ. 설문 (2)에 대하여
- 1. 문제점
- 2. 하자승계 논의의 전제조건 충족 여부
  - (1) 전제조건
  - (2) 사안의 경우
- 3. 하자승계 논의
- 4. 설문의 해결

쟁점해설

1. 설문 (1)의 경우 국토교통부장관의 회신의 법적 성질이 단계적 행정결정 중 사전결정인지를 검토하고 이에 대한 구속력 유무를 중심으로 사안을 포섭하면 무난할 것이다.
2. 설문 (2)의 경우 하자승계에 대한 요건과 판례를 설명한 후, 사업인정과 재결이 동일한 법률효과를 목적으로 하는지를 중심으로 사안을 포섭하면 무난할 것이다.

예시답안

Ⅰ 문제의 제기

사안은 미술관 건립이라는 공익사업을 위한 공용수용의 절차로서 사업인정과 수용재결에 관한 것이다. 설문 (1)은 미술관 건립을 토지보상법상 공익사업이라는 서면통보를 한 국토교통부장관에게 사업인정을 해주어야 할 의무가 있는지를 묻는 것으로 이를 해결하기 위해서는 재량행위인 사업인정에 대하여 국토교통부장관의 재량을 제약하는 효과가 국토교통부장관의 서면통보에 있는지 검토하여야 한다.

설문 (2)는 불가쟁력이 발생한 사업인정단계의 하자에 대하여 수용재결단계에서 다툴 수 있는지, 이른바 '하자승계' 여부에 대한 것으로 이를 판단하기 위해서는 하자승계 논의의 전제조건 충족 여부 및 하자승계에 관한 학설과 판례를 검토하여 사안에 적용한다.

Ⅱ 관련 행정작용의 법적 성질

1. 사업인정

(1) 의의

사업인정이란 국토교통부장관이 토지보상법 제4조의 공익사업을 토지 등을 수용, 사용할 수 있는 사업으로 결정하는 것을 말한다.

(2) 법적 성질

사업인정은 설권적 형성행위로서 재량행위에 해당하여 행정청이 행하는 권력적 단독행위로서 강학상 행정행위인 처분에 해당한다.

2. 수용재결

(1) 의의

수용재결이란 관할 토지수용위원회가 사업인정을 받은 사업의 사업시행자의 재결신청에 대하여 권리변동을 결정하는 수용의 종국적 결정을 말한다.

(2) **법적 성질**

수용재결은 권리변동을 결정하는 수용재결부분과 보상금액을 결정하는 보상재결부분을 포괄하는 행정행위이자 처분으로서 형성적 행위이며 수용재결부분은 기속행위성 보상재결부분은 재량행위성을 가지고 있다.

Ⅲ 설문 (1)에 대하여

1. 문제점

국토교통부장관에게 사업인정을 해주어야 할 의무가 발생하기 위해서는 신뢰보호의 원칙 등에 의하여 재량이 '0'으로 수축하여야 하는바 국토교통부장관의 서면통보의 법적 성질이 문제가 된다.

2. 국토교통부장관의 서면통보의 법적 성질

(1) **강학상 확약인지**

1) 확약의 의의

행정청이 행정행위에 대하여 작위, 부작위를 표시한 자기구속적 약속을 확약이라 하여 행정행위 이외까지 대상으로 한 확언과 구별된다.

2) 확약에 해당하는지

행정청은 행정행위에 대한 작위나 부작위를 의사로서 표시하지 않았으므로 서면통보는 확약에 해당하지 않는다.

(2) **예비결정에 해당하는지**

1) 예비결정의 의의

예비결정이란 최종적인 행정결정을 내리기 전에(사전적 단계에서) 행정결정의 요건 중 일부의 심사에 대한 종국적 판단으로 내려지는 결정을 말한다.

2) 예비결정에 해당하는지

사업인정의 요건은 해당 사업이 토지보상법 제4조에 속하는지와 공익성이 있는지라 할 수 있으므로 미술관 건립이 공익사업에 해당한다는 서면통보는 예비결정에 해당한다고 할 수 있다.

3. 설문의 해결

(1) **예비결정의 법적 성질 및 효과**

예비결정은 그 자체가 하나의 행정행위로서 예비결정된 사항에 있어서 후행결정에 대한 구속력을 갖는다. 그러나 판례는 "사전결정을 하였다 하여도 사업승인단계에서 사전결정에 기속되지 않고 다시 공·사익을 비교형량하여 그 승인 여부를 결정할 수 있다."고 보고 있다.

(2) 사안의 경우

사안의 경우 예비결정에 해당하는 요건이 공·사익의 비교형량이 아니라, 토지보상법 제4조에 해당하는지에 대한 기계적 판단이므로 후행결정단계에서 예비결정에 기속되지 않고 광의의 비례의 원칙에 따라 국토교통부장관은 사업인정 여부를 판단하여야 한다.

Ⅳ 설문 (2)에 대하여

1. 문제점

설문은 사업인정의 하자를 주장하여 수용재결에 대하여 다툴 수 있는지 이른바 하자승계에 관한 것이다.

2. 하자승계 논의의 전제조건 충족 여부

(1) 전제조건

하자승계 논의의 전제조건은 ① 양 행위가 처분성이 있을 것, ② 선행행위에 당연무효에 해당하지 않는 하자가 존재하여 후행행위에 하자가 없을 것, ③ 선행행위에 불가쟁력이 발생하여 다툴 수 없을 것이 있다.

(2) 사안의 경우

1) 사업인정의 위법성

국토교통부장관이 사업인정을 함에 있어서 乙 등의 조상 산소의 사당상실에 대한 고려가 전혀 없었다면, 이는 중대명백설의 견지에서 볼 때 취소사유의 하자를 구성하는 것으로 볼 수 있다.

2) 그 외의 요건충족 여부

사업인정과 수용재결은 모두 처분성이 있으며, 사업인정에 대하여 취소소송의 제소기간이 도과하여 다툴 수 없다. 따라서 하자승계의 요건은 모두 충족된 것으로 본다.

3. 하자승계 논의

(1) 학설

1) 전통적 견해

전통적 견해는 양 행위가 결합하여 하나의 행정목적을 추구하는 경우 하자가 승계되며, 양 행위가 별개의 효과를 발생하는 것을 목적으로 하는 경우 하자가 승계되지 않는다고 본다.

2) 구속력이론

구속력이론은 선행행위에 발생한 불가쟁력이 후행행위를 구속하여 하자가 승계되지 않게 되려면, 사물적 한계, 대인적 한계, 시간적 한계 이외에도 추가적 한계로 예측가능성, 수인가능성이 있어야 한다고 본다.

(2) 판례

판례는 대체로 전통적 견해에 입각하여 보고 있다. 사업인정과 수용재결에 대해서도 별개의 효과발생을 목적으로 한다고 보아 하자승계를 부인하고 있다. 그러나 개별공시지가와 과세처분은 결합하여 하나의 목적을 추구하고 있지 않다고 보면서도 예측가능성, 수인가능성이 없다고 보아 하자승계를 인정하였다.

(3) 검토의견

하자승계 논의는 법적 안정성 및 적법성 보장이라는 대립되는 가치를 조화시키는 문제이다. 법적 안정성을 위하여 하자승계를 전면적으로 부정하기보다는 당사자의 재판받을 권리가 존중되어야 할 특수한 경우에는 인정되어야 한다. 학설, 판례와 같이 ① 결합하여 하나의 법률효과를 추구하고 있는 경우이거나, ② 당사자에게 예측가능성, 수인가능성이 없는 경우에 인정되어야 한다.

4. 설문의 해결

(1) 결합하여 하나의 행정목적을 추구하는지

판례는 사업인정과 수용재결의 하자승계를 부인하고 있으나, 사업인정, 수용재결은 공용수용이라는 하나의 행정목적을 추구하고 있다는 점을 고려하여 하자승계를 인정하여야 한다는 견해가 대두되고 있다.

(2) 당사자에게 예측가능성, 수인가능성이 없는지

사업인정은 제3자효 행정행위로서 고시와 관련 당사자에게 통보하는 절차를 거쳐야 한다. 국토교통부장관은 乙 등에게 사업인정을 통지하여 고시하였으므로 당사자에게 예측가능성, 수인가능성이 없었다고 볼 수 없다.

(3) 하자승계 여부

사업인정과 수용재결을 별개의 효과를 추구하는 것으로 보는 판례의 입장에 의하면 하자승계는 인정될 여지가 없으나, 사업인정과 수용재결이 결합하여 공용수용이라는 하나의 행정목적을 추구하고 있다고 보는 견해의 설득력도 매우 높다고 판단된다. 이러한 견해에 의하면 乙은 권리구제를 받을 수 있을 것이다.

CHAPTER
02 재결

01 재결과 권리구제

 기출문제

[재결] 재결과 권리구제 [제16회 제1문]

공익사업시행자인 甲은 사업인정을 받은 후에 토지소유자 乙과 협의절차를 거쳤으나, 협의가 성립되지 아니하여 중앙토지수용위원회에 재결을 신청하였다. 그러나 丙이 乙명의의 토지에 대한 명의신탁을 이유로 재결신청에 대해 이의를 제기하자, 중앙토지수용위원회는 상당한 기간이 경과한 후에도 재결처분을 하지 않고 있다. 甲이 취할 수 있는 행정쟁송수단에 대해 설명하시오. 40점

Ⅰ. 문제의 제기
Ⅱ. 관련 행정작용의 검토
  1. 재결의 의의 및 취지
  2. 재결의 법적 성질
Ⅲ. 부작위 해당 여부 등의 검토
  1. 문제점
  2. 부작위의 해당 여부
    (1) 신청 및 신청권
    (2) 법률상 의무
    (3) 상당한 기간과 처분의 부존재
    (4) 사안의 경우
  3. 기타 요건의 검토
  4. 사안의 적용
Ⅳ. 행정쟁송의 검토
  1. 의무이행심판
  2. 부작위위법확인소송
  3. 의무이행소송의 제기가능성
Ⅴ. 사안의 해결

쟁점해설

1. 설문의 쟁점은 중앙토지수용위원회가 상당한 기간이 경과한 후에도 재결처분을 하지 않고 있는 것이 부작위의 개념에 포섭되는가이다. 설문에서 언급되고 있는 '명의신탁'은 사안해결에 무관하므로 이의 의미해석에 지나치게 시간을 뺏겨서는 안 될 것이다.
2. 설문의 물음이 '쟁송수단'이므로 각 쟁송수단을 개념중심으로 설명하되, 현행 법체계하에서의 문제점과 입법적 개선안을 간략히 서술하면 무난할 것이다.

예시답안

Ⅰ 문제의 제기

사안은 사업인정을 받은 사업시행자 甲이 협의 불성립을 이유로 중앙토지수용위원회에 재결을 신청하였으나, 丙이 재결신청에 대해 이의를 신청하자 중앙토지수용위원회가 상당한 기간이 경과한 후에도 재결처분을 하지 않고 있다. 이에 사업시행자 甲이 취할 수 있는 행정쟁송수단이 문제된다.

토지보상법상의 재결처분이 없었으므로 행정심판법 및 행정소송법이 적용될 것이므로 관련 행정작용으로서 재결을 검토하고 중앙토지수용위원회가 재결처분을 하지 않은 것이 부작위에 해당하는지 여부와 부작위에 해당된다면 행정쟁송수단으로서 의무이행심판과 부작위위법확인소송 및 의무이행소송을 검토하기로 한다.

Ⅱ 관련 행정작용의 검토

1. 재결의 의의 및 취지

재결이란 협의의 불성립 또는 불능의 경우 토지수용위원회가 사업시행자에게 부여된 수용권의 구체적 내용을 결정하고 실행을 완성하는 형성적 행정행위이다. 이는 공공복리의 실현을 위한 수용목적을 달성하고 엄격한 형식과 절차에 의해 공용수용의 최종단계에서 공·사익의 조화를 기하기 위한 행위이다.

2. 재결의 법적 성질

재결신청은 형식적 요건을 충족하면 구체적으로 일정한 법률효과의 발생을 목적으로 하는 수용재결을 반드시 해야하는 기속·형성행위이며 양 당사자의 이해관계를 독립된 행정기관인 토지수용위원회가 판단·조정하는 점에서 준사법적인 성격을 갖는다. 또한 제3자효행위이며 보상액에 대하여는 증액재결을 할 수 있다.

Ⅲ 부작위 해당 여부 등의 검토

1. 문제점

부작위란 행정청이 당사자의 신청에 대하여 상당한 기간 내에 일정한 처분을 하여야 할 법률상 의무가 있음에도 불구하고 이를 하지 아니하는 것을 말한다. 사안의 경우 행정심판법 및 행정소송법에 의거하여 행정쟁송을 제기하기 위해서는 재결처분을 하지 않은 것이 부작위에 해당하는지 여부 및 기타 요건에 대한 검토가 필요하다.

2. 부작위의 해당 여부

부작위가 되기 위해서는 당사자의 신청이 있고, 행정청이 일정한 처분을 하여야 할 법률상 의무가 있으며, 상당한 기간이 경과되고 처분이 부존재하여야 한다.

(1) 신청 및 신청권

판례 및 다수설은 '당사자의 신청'이란 법규상 · 조리상 응답신청권을 의미하는 것으로 개인적 공권과는 다른 일반적 · 추상적 응답요구권을 말한다. 일부 견해는 신청한 사실만으로 충분하다고 본다. 생각건대 신청권의 존부는 단순한 응답받을 추상적 권리로 파악함이 타당하다 생각된다.

(2) 법률상 의무

판례 및 다수설은 행정청에게 기속 · 재량행위인지 여부와 상관없이 응답을 하여야 할 법률상 의무가 있어야 한다고 보며, 응답신청권이 있는 경우에는 당연히 응답의무가 존재하게 된다. 일부 견해는 통상의 기속행위인 경우 의무가 존재하고, 재량의 경우에도 재량이 0으로 수축된 경우나 무하자재량행사청구권이 인정되는 경우에 의무가 존재한다고 본다.

(3) 상당한 기간과 처분의 부존재

부작위가 상당한 기간이 경과하여야 한다. 상당한지 여부는 사회통념에 따르며 처분으로 볼만한 외관이 존재하지 않아야 한다. 무응답 자체가 간주거부에 해당되는 경우에는 부작위에 해당하지 않는다.

(4) 사안의 경우

사안에서 재결은 처분에 해당되며 '토지보상법 제28조' 재결신청권에 의해 법규상 신청권이 인정되며, 기속행위로서 응답을 하여야 할 법률상 의무가 있다고 볼 것이다. 또한 설문상 상당한 기간이 경과되었고 처분으로 볼만한 외관이 존재하지 않으므로 부작위에 해당된다고 볼 것이다.

3. 기타 요건의 검토

부작위에 대한 행정쟁송을 제기하기 위해서는 기타 요건의 검토가 필요한바, 행정청의 부작위에 대하여 일정한 처분을 구할 법률상 이익이 있는 자이며, 부작위가 계속되는 한 제기기간의 제한은 없다고 할 것이다.

4. 사안의 적용

사안에서 사업시행자 甲에게 토지보상법 제28조에 의한 재결신청권이 인정되고, 재결은 기속행위이므로 중앙토지수용위원회는 재결신청에 응답할 법률상 의무가 있으므로 처분의 부작위에 해당된다고 할 것이다. 기타 요건은 충족되었다 볼 것이므로 사업시행자 甲은 행정심판법에 의한 의무이행심판, 행정소송법에 의한 부작위위법확인소송 및 무명항고소송으로서 의무이행소송의 제기를 고려할 수 있는바, 이하 검토하기로 한다.

Ⅳ 행정쟁송의 검토

1. 의무이행심판

의무이행심판이란 위법 또는 부당한 거부처분이나 부작위로 인하여 권익의 침해를 당한 자의 청구에 의하여 일정한 처분을 하도록 하는 심판을 말한다. 사업시행자 甲은 의무이행심판을 제기할 수 있다.

2. 부작위위법확인소송

부작위위법확인소송은 행정청이 당사자의 신청에 대하여 상당한 기간 내에 일정한 처분을 하여야 할 법률상 의무가 있음에도 불구하고 이를 하지 아니하는 경우 부작위의 위법성을 확인하는 소송이다. 제소기간의 제한은 있을 수 없고 행정심판은 취소소송과 마찬가지로 임의적 전치주의가 적용된다.

3. 의무이행소송의 제기가능성

의무이행소송이란 당사자의 행정행위 신청에 대하여 행정청이 거부・부작위로 대응하는 경우, 법원의 판결에 의하여 행정청으로 하여금 일정한 행위를 하도록 청구하는 소송을 말한다. 이는 행정청의 부작위에 대한 가장 강력한 수단이지만 현행법상 명문의 규정이 없어서 인정가능성이 문제된다.

부정설은 권력분립의 원칙에 반하고 행정소송법 제4조의 항고소송의 유형을 제한적 해석하여 인정될 수 없다고 보며, 긍정설은 당사자 권리보호 측면에서 권력분립의 원칙에 반하지 않으며 제4조의 유형을 예시적으로 이해하여 인정하고자 한다. 판례는 행정소송법 제4조를 제한적으로 해석하여 의무이행소송을 일관되게 인정하고 있지 않다. 생각건대 국민의 효율적 권리구제를 고려할 때 권력분립의 원칙에 모순된다고 볼 수는 없으나, 행정소송법 제4조는 제한적으로 이해되어야 할 것인바, 결국 의무이행소송은 그 필요성은 인정되지만, 법률의 개정을 통해서만 인정될 수 있을 것으로 판단된다.

Ⅴ 사안의 해결

사안은 사업시행자 甲의 재결신청에 대하여 중앙토지수용위원회가 재결처분을 하지 아니하고 있는 경우로서, 사업시행자 甲에게 토지보상법 제28조의 재결신청권이 인정되고 중앙토지수용위원회는 재결신청에 대한 응답의무를 가지므로 행정쟁송의 대상인 부작위에 해당된다고 볼 것이다. 따라서 사업시행자 甲은 의무이행심판, 부작위위법확인소송을 제기할 수 있을 것이며, 무명항고소송으로 의무이행소송의 가능성이 문제되나 현행 행정소송법하에서는 법률의 개정을 통해서만이 인정될 수 있을 것이다. 다만 최근 행정소송법 개정안에서 권익보호의 장점과 입법적 미비를 반영하여 소송유형의 다양화 측면에서 의무이행소송을 명문화하고 있어 긍정적으로 판단된다고 할 것이다.

기출문제

[재결] 재결과 권리구제 [제3회 제1문]

토지수용의 재결에 대한 불복을 논하시오. 50점

Ⅰ. 서

Ⅱ. 재결에 대한 법적 성질
1. 형성적 행위인지
2. 기속행위인지
3. 준사법적 행위인지
4. 제3자효 행위인지

Ⅲ. 재결에 대한 이의신청
1. 이의신청에 대한 의의 및 성격
2. 이의신청의 요건 및 효과
3. 재결 및 재결의 효과

Ⅳ. 재결에 대한 행정소송
1. 의의 및 유형
2. 제기요건 및 효과
3. 심리 및 판결
4. 판결의 효력

Ⅴ. 보상금증감청구소송
1. 의의 및 취지
2. 소송의 형태
3. 소송의 성질
4. 제기요건 및 효과
5. 심리범위
6. 심리방법
7. 입증책임
8. 판결
9. 취소소송과의 병합

Ⅵ. 결

쟁점해설

① 기본적으로 피수용자의 권리가 어떻게 구제될 수 있는가를 묻는 것이다. 이에는 재결에 대한 이의신청, 취소소송, 보상금증감청구소송이 있지만 본래 출제자가 의도한 것은 보상금증감청구소송에 중점이 두어져 있었다. 단지 문제의 중요성을 감안하여 기본문제로 구성한다는 것을 원칙으로 할 때 불복수단을 종합적으로 묻는 것이 바람직하다고 판단하여 불복에 대하여 논하라는 문제로 구성하게 되었다.

② 서론에서는 재결의 불복에 대한 의의가 분명히 나타나야 한다. 왜 재결에 대한 불복이 허용되어야 하는가를 밝히지 않고 재결에 대한 불복에 대하여 논한다는 것은 분명히 문제의 의도를 바르게 읽은 것이라 할 수 없다. 그래서 서론에서 파악하고 있는 문제의식을 바탕으로 본론을 정리해 나갈 수 있도록 하는 것이 효과적이다.

③ 이의신청의 내용에 대하여는 수험생들이 비교적 이해를 잘 하고 있다. 그러나 이의신청에 대한 재결이 있게 되면 이에 불복하여 행정소송을 제기할 수도 있고 그렇지 않은 경우에는 확정된다. 따라서 이의신청의 재결에 대한 효과로서 보상금의 지급 또는 공탁, 행정소송의 제기, 이의신청에 대한 재결의 확정, 재결확정증명서의 교부에 대한 설명이 어느 정도 언급되어야 할 것이다.

④ 이의신청에 대한 재결의 불복은 토지수용의 효과 그 자체를 다툴 때는 행정처분에 대한 취소소송의 일반원칙대로 토지수용위원회를 피고로 하여 취소소송을 제기할 수 있고, 단지 보상금액에 불복이 있을 때는 기업자와 피수용자 간에 보상금의 증감을 청구할 수 있는 형식적 당사자소송에 의하는 방법이 있다. 따라서 수험생들은 이를 하나로 묶어 행정소송에서 논할 수도 있고, 양자를 따로 구분하여 논할 수도 있다.

⑤ 행정소송은 이의신청에 대한 중앙토지수용위원회의 재결에 불복하는 경우 제기할 수 있다. 이에 대하여는 대부분의 수험생들이 대체적으로 잘 이해하고 있다. 그러나 행정소송의 의의에 대하여 간략하게 언급한 다음 요건은 열거하는 것이 좋을 것이다. 그리고 취소소송의 효과에 대하여도 빠뜨려서는 안 될 것이다.

⑥ 보상금증감청구소송에 대하여는 아직 교과서나 수험서에서 구체적으로 소개되고 있지 않다. 그러나 적어도 이 문제에 대한 답안은 제도에 대한 기초적인 이해와 논리적인 쟁점에 대하여 기술할 수 있어야 한다.
먼저 이 제도가 어떠한 연유에서 도입되었는가를 종래의 제도와 비교하여 설명하면서 제도의 의의에 대하여 논할 필요가 있다. 이 제도가 도입(1990.4.7.)되기 이전에는 단지 재결에 의한 보상금액에 대해서만 불복하는 경우에도 토지수용위원회를 피고로 재결의 취소소송을 제기하고, 재결이 취소된 뒤 토지수용위원회가 보상금에 대하여 다시 재결하여야 했기 때문에 권리구제가 우회적이었다. 그래서 이해관계인이 이의재결처분의 공정력을 배제하기 위하여 재결취소소송을 제기하는 동시에 관련 청구인의 권리관계(보상금의 증감 등)에 관한 당사자소송을 병합하지 않으면 안 되는 불편이 있었다. 그리고 토지수용위원회 측도 토지소유자와 기업자 간의 재산상 분쟁에 관한 소송에 피고로서 관여하고, 소송비용을 부담하여야 하는 불합리가 있었다. 형식적 당사자소송은 이러한 불편과 불합리를 소송기술적으로 해결하기 위해 제도화된 것이다.

⑦ 결론에서는 재결에 대한 불복제도가 권리구제 내지는 권리보호의 제도적 장치로서 어떻게 개선되어야 한다는 본인의 의견을 피력할 수 있어야 한다. 많은 수험생들이 사전적 절차의 보장에 대한 주장을 하고 있으나 어떠한 단계에서 어떻게 사전절차적 참여가 이루어져야 하는지에 대하여 언급이 없어 주관이 분명하지 못하다. 또한 '존속보장'이나, '성년의 주민'과 같이 아직 일반화되지 않은 특정용어를 의미도 모르는 상태에서 사용하는 것은 결코 바람직하다고는 할 수 없다. 여기서는 자신이 이 제도에 대하여 가지고 있는 나름의 견해를 정리하는 것이 더 중요할 것이다.

02 확장수용과 보상금증감청구소송

기출문제

[재결] 확장수용과 보상금증감청구소송 [제10회 제1문]

식량자원화 시대에 즈음하여, A회사는 비료공장을 건설하고자 공장부지를 매입하려고 하였으나, 여의치 않아 국토교통부장관에게 신청하여 사업인정을 받았다. 그 후 토지보상법상의 협의가 성립되지 못하였고, 중앙토지수용위원회의 재결에 의하여 수용이 행하여졌다. 피수용자인 甲은 사기업을 위한 해당 토지의 수용은 위법하다고 주장하고, 비록 적법하다고 하더라도 보상금이 충분하지 못하다는 이유로 이의신청을 하였지만, 중앙토지수용위원회는 기각재결을 하였다. 이에 甲은 행정소송을 제기하고자 한다.

(2) **甲이 보상금증액을 청구하는 소송을 제기하는 경우, 그 소송의 형태와 성질 등의 내용을 논술하시오.** 30점

1. 의의 및 취지
2. 소송의 형태
   (1) 개설
   (2) 형식적 당사자소송으로 보는 견해
   (3) 특수한 형태의 소송으로 보는 견해
3. 소송의 성질
   (1) 의의
   (2) 형성의 소
   (3) 급부 · 확인의 소
   (4) 검토
4. 소송의 내용
   (1) 소송당사자
   (2) 제소기간

쟁점해설

1. 의의 및 취지

보상금증감을 청구하는 소송이란 행정소송 제기 시 그 내용이 보상금에 관한 사항으로 사업시행자가 소 제기 시에는 재결청 이외에 토지소유자 또는 관계인을, 토지소유자 또는 관계인이 소 제기 시에는 사업시행자를 각각 피고로 하는 소송으로 토지보상법 제85조 제2항의 규정에 의한 소송으로 이해하고 있다. 종래에는 이의재결 중 보상재결부분에만 불복할 경우에 이의재결의 전체를 취소한 후 다시 이의재결에 의하는 등 피수용자의 권리구제가 우회적이었으므로 권리구제의 적정화, 소송경비의 절감 등을 위해 1990년 4월 7일 토지보상법에 신설되었다. 즉, 피수용자의 권리구제의 효율성을 도모하기 위하여 인정된 제도라 할 수 있다.

2. 소송의 형태(형식적 당사자소송인가, 특수한 형태의 소송인가)

(1) 개설

형식적 당사자소송이라 함은 행정청의 처분 등을 원인으로 하는 법률관계에 관한 소송으로서, ① 직접 다투는 것은 아니지만 실질적으로는 처분 등을 다투면서도, ② 행정청을 피고로 하지 않고 그 법률관계의 한쪽 당사자를 피고로 하는 소송이다. 즉, 실질은 항고소송이면서 형식은 당사자소송을 취하고 있다고 할 수 있다. 우리 행정소송법(제3조 제2호)은 당사자소송만을 규정하고 있다. 이 소송의 형태는 분쟁의 실질적인 이해관계자만을 소송당사자로 하고, 행정청을 배제함으로써, 신속한 권리구제를 도모하고 소송절차를 간소화하려는 데에 그 필요성이 있다. 그러나 공정력과의 문제로 개별법과의 명시적 규정이 있는 경우에만 인정될 것이다. 토지보상법상의 보상금증감청구소송이 형식적 당사자소송인지에 대해 논란이 있다. 대법원은 이를 공법상의 당사자소송이라 판시하고 있다.

(2) 형식적 당사자소송으로 보는 견해

① 해당 소송은 형식적 당사자소송으로 단지 소송의 제기에 재결취소소송의 병합이 요구된다고 보거나, ② 소송의 목적물은 보상금의 증감이고, 재결취소청구는 보상금의 증감을 위한 형식적인 전제요건으로 보아 형식적 당사자소송으로 본다.

(3) 특수한 형태의 소송으로 보는 견해

학자들은 이 소송을 항고소송과 실질적 당사자소송이 병합되어 있는 특수한 소송형태, 재결청도 피고로 하고 있다는 점에서 특수한 형태의 항고소송, 항고소송의 요소와 당사자소송의 요소가 결합한 특수한 형태의 소송 등으로 부르고 있다. 살펴보건대 재결청을 피고로 하고 있는 점에서 순수한 형태의 형식적 당사자소송이라 보기는 어려우며, 다수의 견해처럼 특수한 형태의 (항고)소송으로 보아야 할 것이다.

■ 현재는 토지보상법상 재결청을 피고에서 제외하였으므로 형식적 당사자소송으로 본다.

3. 소송의 성질(형성의 소송인가, 확인 · 급부의 소송인가)

(1) 의의

행정소송은 일반적인 민사소송의 경우와 같이 그 성질에 따라(또는 청구의 내용에 따라) 형성의 소, 이행의 소, 확인의 소로 분류할 수 있는데 본 소송과 관련하여서는 ① 형성의 소인지, ② 급부 · 확인의 소인지의 논의가 있다.

(2) 형성의 소

공정력을 가진 보상재결의 적극적 변경 또는 소극적 변경(증액 또는 감액)을 구하는 소송이다.

(3) 급부 · 확인의 소

재결의 취소, 변경과 같은 우회적 절차를 거칠 필요 없이 직접 정당보상액을 확인하고, 부족액의 급부를 구하는 것으로 본다.

(4) **검토**

형성소송설은 권력분립에 반할 수 있으며 일회적인 권리구제를 도모하기 위하여 확인・급부소송으로 보는 것이 타당하다.

4. 소송의 내용

(1) **소송당사자**

행정소송이 보상금의 증감(增減)에 관한 소송인 경우 그 소송을 제기하는 자가 토지소유자 또는 관계인일 때에는 사업시행자를, 사업시행자일 때에는 토지소유자 또는 관계인을 각각 피고로 한다.

(2) **제소기간**

토지보상법 제85조에서는 이의신청을 거친 경우에는 이의재결서를 받은 날부터 60일 이내라고 규정하고 있으므로 제소기간은 이의재결서를 받은 날부터 60일이 된다.

당사자소송에 관하여 법령에 제소기간이 정하여져 있는 때에는 그 기간은 불변기간으로 한다.

 기출문제

[재결] 확장수용과 보상금증감청구소송 [제10회 제3문]

토지보상법상의 확장수용(확대보상)을 설명하고, 확장수용청구가 거부된 경우 그 불복방법을 논급하시오. 20점

쟁점해설

1. 총체적 논점

이 문제의 논점은 먼저 토지보상법상의 확장수용, 즉 확대보상을 설명하고, 그 다음 확장수용청구가 받아들여지지 않은 경우 그 불복방법을 논급하는 내용이다.

2. 문제의 제기 내지 개설

확장수용의 의의와 한계 및 종류에 대한 개설적 언급이 있어야 하겠다. 예시하면 다음과 같다. "공용수용은 국민의 재산권에 대한 중대한 침해로서 엄격한 형식과 절차하에 이루어져야 한다. 일반적으로 수용의 대상이 되는 수용목적물의 범위는 비례의 원칙하에 필요한 최소한도 내에서 행하여져야 하나, 예외적으로 피수용자의 권리보호나 형평성 등의 문제하에서 확장수용이 인정된다. 토지보상법상 확장수용으로는 (구)토지수용법 제48조에 규정된 잔여지수용과 완전수용 및 동법 제49조에 규정된 이전에 갈음한 수용이 있다(현행 토지보상법 제73조 내지 제74조). 이하에서는 확장수용청구권의 법적 성질, 확장수용의 내용, 청구거부 시 그 불복방안에 대하여 기술하겠다."

3. 본론

확장수용의 내용과 그 불복수단이 구체적으로 다음과 같이 논급되면 바람직하다고 하겠다. 확장수용의 내용 내지는 종류가 핵심적 내용이 되어야 할 것이다.

(1) 의의 및 종류

확장수용이란 필요범위를 넘어 수용하는 경우를 말하는데, 이러한 확장수용에는 완전수용, 잔지수용, 이전수용이 있다. 확장수용은 피수용자 또는 사업시행자의 청구에 의하여 행하여지며, 확장수용을 청구하는 권리를 확장수용청구권이라 한다.

(2) 확장수용청구권의 법적 성질

사법상 매매설, 공법상 특별행위설, 공용수용설로 보는 견해로 갈라지나, 공용수용설이 통설이고 타당하다고 보고 있다.

4. 확장수용의 내용

여기에서는 완전수용 또는 사용수용, 잔지수용 또는 전부수용, 이전수용의 각각에 대하여 그 의의, 성질, 청구요건, 청구절차 등을 설명하면 된다. 전반적으로 많은 수험생들이 충실하게 준비한 분야이기 때문에 상대적으로 좋은 평가를 받았다. 그러나 독창성이 가미된 답안지는 흔하지 않았다.

5. 확장수용청구가 거부된 경우 그 불복방법

확장수용청구가 받아들여지지 않은 경우를 설명하고, 이 경우의 불복방법을 논술하면 될 것이다. 비교적 잘된 답안의 내용을 제시하면 다음과 같다.

"확장수용은 일반적으로 피수용자의 청구에 의하여 사업시행자와 협의에 의하나, 협의가 불성립할 경우 사업완료 시까지 관할 토지수용위원회에 이를 청구할 수 있다. 관할 토지수용위원회가 청구거부 시 그에 대한 불복절차에 대하여 토지보상법상 명문규정이 없으므로 일반 행정심판법과 행정소송법이 적용된다고 보인다. 따라서 피수용자는 거부처분취소심판이나 취소소송의 제기가 가능하다고 본다. 그러나 판례는 보상금증감청구소송의 제기를 통하여 해결하면 된다고 판시한 바 있다. 다만, 일반 행정소송법이 행정심판 임의주의를 취하므로 행정심판의 제기 없이 취소소송의 제기가 가능하다고 보이며 제소기간 내에 제기하여야 한다."

기출문제

[재결] 확장수용과 보상금증감청구소송 [제21회 제1문]

국토교통부장관은 전국을 철도로 90분 이내에 연결하기 위한 기본계획을 수립하였다. 이 계획에 기초하여 C공단 C이사장은 A지역과 B지역을 연결하는 철도건설사업에 대하여 국토교통부장관의 사업인정을 받았다. P는 B-3공구지역에 임야 3,000제곱미터를 소유하고 장뇌삼을 경작하고 있으며, 터널은 P소유 임야의 한 가운데를 통과한다. C공단 C이사장은 국토교통부장관이 제정한 K지침에 따라 P에 대하여 "구분지상권"에 해당하는 보상으로 900만원(제곱미터당 3,000원)의 보상금을 책정하고 협의를 요구하였다. P는 장뇌삼 경작임야에 터널이 건설되고 기차가 지나다닐 경우 농사가 불가능하다고 판단하여 C이사장의 협의를 거부하였다.

(1) P는 본인 소유 토지의 전체를 C이사장이 수용하여야 한다고 주장한다. 보상에 관한 C이사장의 결정과 P의 주장내용의 정당성을 판단하시오. 20점

(2) 토지보상법상 P가 주장할 수 있는 권리와 이를 관철시키기 위한 토지보상법상의 권리구제수단에 관하여 논술하시오. 20점

설문 (1)의 해결

Ⅰ. 쟁점의 정리

Ⅱ. K지침의 대외적 구속력 인정 여부
1. 행정규칙의 의의(K지침)
2. 법적 성질
(1) 학설
(2) 판례
(3) 검토
3. 사안에서 K지침의 법규성 인정 여부

Ⅲ. 잔여지수용청구의 인정 여부
1. 잔여지수용청구의 의의 및 취지
2. 잔여지수용청구의 법적 성질
(1) 학설 및 판례의 태도
(2) 판례
(3) 검토
3. 잔여지수용청구의 요건충족 여부
(1) 토지보상법 제74조 및 동법 시행령 제39조상 요건
(2) 사안의 경우

Ⅳ. 사안의 해결
1. C이사장 결정의 정당성 판단
2. P씨 주장 내용의 정당성 판단

설문 (2)의 해결

Ⅰ. 쟁점의 정리(P씨가 주장할 수 있는 권리)

Ⅱ. 토지보상법 제83조의 이의신청
1. 의의 및 성격(특별법상 행정심판, 임의주의)
2. 요건 및 효과(처분청 경유주의, 기간특례 등)
3. 재결(제84조) 및 재결의 효력(제86조)

Ⅲ. 토지보상법 제85조의 행정소송
1. 소송의 형태
(1) 학설
(2) 판례
(3) 검토
2. 보상금증감청구소송의 의의 및 취지
3. 소송의 성질
4. 제기요건 및 효과(기간특례, 원처분주의 등)
5. 심리범위 및 판결

Ⅳ. 사안의 해결

쟁점해설

제21회 [문제 1]은 C이사장과 P씨의 주장의 정당성과 토지보상법상 P씨의 권리를 보호할 수 있는 구제수단을 묻고 있다.

설문 (1)에서는 C이사장의 주장과 관련하여 K지침의 법규성이, P씨의 주장과 관련하여서는 토지보상법 제74조 및 동법 시행령 제39조의 요건충족이 문제가 된다.
이를 잔여지의 완전수용문제로 보지 않고 손실보상의 일반적 요건인 특별한 희생이나 간접손실로 보고 문제를 풀이한 경우도 상당한 것으로 알려져 있다.
어느 논거를 취하든 각 논거를 꼼꼼하게 포섭했다면 충분한 득점이 이루어진 것으로 알고 있다.

설문 (2)에서는 토지보상법상 구제수단이라고 문제에서 한정했으므로 P씨의 권리를 문제의 소재에서 간략히 언급하고 구제수단에 쟁점을 집중하여 사안을 해결하였다. 이는 토지보상법 제83조 및 토지보상법 제85조에 규정된 내용의 핵심 키워드를 체계적으로 나열하는 데 중점을 두었다.

예시답안

(설문 1)의 해결

I 쟁점의 정리

1. 보상액 900만원의 결정은 K지침에 따른 것이므로, K지침의 대외적 구속력 인정 여부에 따라 C이사장의 결정의 정당성이 결정된다.
2. 토지보상법 제74조 및 동법 시행령 제39조를 검토하여 확장수용의 대상이 되는지를 살펴보고 P씨의 주장 내용의 정당성을 검토한다.

II K지침의 대외적 구속력 인정 여부

1. 행정규칙의 의의(K지침)

K지침은 국토교통부장관이 보상과 관련된 내부적인 사무처리기준을 정한 것으로 볼 수 있으므로 행정규칙으로 볼 수 있다.

2. 법적 성질

(1) 학설

① 법규성을 부정하는 비법규설, ② 법규성을 인정하는 법규설, ③ 자기구속법리를 매개로 법규성을 인정할 수 있다는 준법규설이 대립된다.

(2) **판례**

훈령에 규정된 청문을 거치지 않은 것은 위법하다고 본 판례가 있으나 '일반적으로 행정규칙의 법규성을 인정하지 않는다.'

(3) **검토**

행정규칙의 법규성을 인정하는 것은 법률의 법규창조력에 반하며, 자기구속법리를 매개로 하는 경우에도 규칙 자체에는 법규성이 없다고 보는 것이 타당하므로 비법규설이 타당하다.

3. 사안에서 K지침의 법규성 인정 여부

K지침은 보상과 관련된 내부적인 사무처리기준(행정규칙)이므로 판례의 일반적인 태도에 비추어 볼 때 K지침의 법규성은 인정되지 않는다.

Ⅲ 잔여지수용청구의 인정 여부

1. 잔여지수용청구의 의의 및 취지

잔여지수용청구란 일단의 토지 중 편입되지 않은 부분에 대하여 수용을 청구하는 것을 말한다. 이는 피수용자의 권리보호 및 사업의 원활한 시행을 위하여 취지가 인정된다.

2. 잔여지수용청구의 법적 성질

(1) **학설 및 판례의 태도**

① 피수용자의 청구와 사업시행자의 동의를 전제로 하는 사법상매매설, ② 청구는 요건일 뿐, 본질이 수용인 공용수용설, ③ 공익사업의 필요범위를 넘는 점에서 공법상 특별행위설이라는 학설이 대립된다.

(2) **판례**

잔여지수용청구권은 그 요건을 구비한 때에는 토지수용위원회의 조치를 기다릴 것 없이, 청구에 의하여 수용의 효과가 발생하므로 이는 형성권적 성질을 갖는다고 판시한 바 있다.

(3) **검토**

잔여지수용의 취지가 피수용자의 권리구제에 있고, 잔여지수용 시 사업인정절차가 준용되므로 공용수용으로 봄이 타당하다.

3. 잔여지수용청구의 요건충족 여부

(1) **토지보상법 제74조 및 동법 시행령 제39조상 요건**

① 동일한 소유자의 토지일 것, ② 일단의 토지 중 일부가 편입될 것, ③ 종래의 목적으로 이용하는 것이 현저히 곤란할 것(영 제39조)을 요건으로 한다(㉠ 건축 및 영농이 현저히 곤란한 경우, ㉡ 교통이 두절된 경우 등이 해당한다).

(2) 사안의 경우

사안에서 P씨는 임야에서 장뇌삼을 경작하고 있다. 설문상 구체적인 사실관계가 적시되지는 않았으나, 터널이 건설되고 기차가 다님으로 인해서 농사가 불가능하다면 이는 토지보상법 시행령 제39조 제1항 제2호, 제3호, 제4호에 해당될 수 있다.

Ⅳ 사안의 해결

1. C이사장 결정의 정당성 판단

C이사장이 산정한 보상액 900만원은 법규성이 없는 K지침에 따른 것으로 볼 수 있다. 설문상 900만원의 보상액 산정과정이 토지보상법상 규정에 부합하는지가 설시되지 않았으므로, 상기 보상액이 헌법 제23조 및 토지보상법상의 정당한 보상에 부합하지 않는다면 C이사장의 주장은 정당하다고 볼 수 없다.

2. P씨 주장 내용의 정당성 판단

P씨는 본인 소유 토지의 전체를 수용할 것을 주장하고 있다. P씨 주장대로 P씨 소유의 임야에 터널이 건설되고 기차가 다님으로 인해서 농사를 할 수 없다면, 이는 토지보상법 제74조에서 규정하고 있는 요건을 모두 충족한다고 볼 수 있다. 따라서 P씨는 토지보상법 제74조 및 동법 시행령 제39조를 근거로 하여 확장수용을 주장할 수 있다고 판단된다. 즉, P씨 주장 내용은 정당하다고 판단된다.

(설문 2)의 해결

Ⅰ 쟁점의 정리(P씨가 주장할 수 있는 권리)

P씨는 설문상 토지보상법 제74조의 잔여지수용청구의 요건을 갖추었으므로 관할 토지수용위원회에 사업완료일 전까지 잔여지를 수용해 줄 것을 청구할 수 있다(토지보상법 제74조).

잔여지수용청구는 피수용자의 권익구제측면에서 취지가 인정되는 것이므로 관할 토지수용위원회가 잔여지수용의 거부재결을 하는 경우, 권리구제수단이 필연적으로 중요하게 된다.

현행 토지보상법 제83조 및 제85조에서는 이의신청과 행정소송을 규정하고 있으므로 이에 대한 구체적인 검토는 피수용자의 권리보호 측면에서 의미있다고 볼 수 있다.

Ⅱ 토지보상법 제83조의 이의신청

1. 의의 및 성격(특별법상 행정심판, 임의주의)

관할 토지수용위원회의 위법, 부당한 재결에 대하여 이의를 신청하는 것으로서 특별법상 행정심판에 해당하며 임의주의 성격을 갖는다. 또한 잔여지취득의 문제는 보상금증액청구의 성격을 갖는다.

2. 요건 및 효과(처분청 경유주의, 기간특례 등)

① 양 당사자는 재결서 정본을 받은 날부터 30일 이내에 처분청을 경유하여 중앙토지수용위원회에 이의를 신청할 수 있다. 판례는 30일의 기간은 수용의 신속을 기하기 위한 것으로 합당하다고 한다. ② 이의신청은 사업의 진행 및 토지의 사용・수용을 정지시키지 아니한다(토지보상법 제88조).

3. 재결(제84조) **및 재결의 효력**(제86조)

① 재결이 위법, 부당하다고 인정하는 때에는 재결의 전부, 일부를 취소하거나 보상액을 변경할 수 있다. ② 이의재결이 확정된 경우에는 민사소송법상의 확정판결이 있는 것으로 본다.

Ⅲ 토지보상법 제85조의 행정소송

1. 소송의 형태

토지보상법 제85조 제1항에서는 항고소송을, 동조 제2항에서는 보상금증감청구소송을 규정하고 있는바 실효적인 쟁송형태가 문제된다.

(1) 학설

① 취소 내지 무효등확인소송을 제기해야 한다는 견해, ② 확장수용은 손실보상의 일환인바 보상금증감소송을 제기해야 한다는 견해, ③ 청구에 의해 손실보상청구권이 발생하므로 손실보상청구소송을 제기해야 한다는 견해가 있다.

(2) 판례

"잔여지수용청구권은 손실보상책의 일환으로 부여된 권리여서 보상가액을 다투는 방법에 의하여도 행사할 수 있다."라고 판시한 바 있다.

(3) 검토

잔여지보상에 관한 소송은 재결의 위법성 여부를 따지는 것이 아니라 보상금과 관련된 사항을 경정하는 것이므로 분쟁의 일회적 해결을 위해서 보상금증감청구소송을 제기하는 것이 타당하다.

2. 보상금증감청구소송의 의의 및 취지

보상금증감에 대한 소송으로서 보상금과 관련된 분쟁을 일회적으로 해결하여 신속한 권리구제에 도모함에 제도적 취지가 있다(재결청을 공동피고에서 제외하여 형식적 당사자소송으로 본다).

3. 소송의 성질

① 형성소송설, 확인·급부소송설의 견해가 있으나, ② 〈판례〉는 해당 소송을 이의재결에서 정한 보상금이 증액, 변경될 것을 전제로 하여 기업자를 상대로 보상금의 지급을 구하는 확인·급부소송으로 보고 있다. ③ 〈생각건대〉 형성소송설은 권력분립에 반할 수 있으며 일회적인 권리구제에 비추어 확인·급부소송설이 타당하다.

4. 제기요건 및 효과(기간특례, 원처분주의 등)

① 토지보상법 제85조에서는 제34조 재결을 소의 대상으로 규정하고 있으므로 원처분을 대상으로 ② 재결에 불복할 때에는 재결서를 받은 날부터 90일 또는 이의신청을 거쳤을 때에는 60일(이의재결 시) 이내에 ③ 양 당사자는 각각을 피고로 하여 ④ 관할법원에 소를 제기한다. ⑤ 이는 사업의 진행 및 토지의 사용, 수용을 정지시키지 아니한다(토지보상법 제88조).

5. 심리범위 및 판결

① 손실보상액의 범위, 보상액과 관련한 보상면적, ② 손실보상의 지급방법(채권보상 여부 포함) 등이 심리범위이며, 판례는 ③ 지연손해금, 잔여지수용 여부, 보상항목 간 유용도 심리범위에 해당한다고 본다. 또한 법원이 직접 보상금을 결정하며 중앙토지수용위원회는 별도의 처분을 할 필요가 없다.

Ⅳ 사안의 해결

① P씨는 관할 토지수용위원회에 본인 소유의 토지 전부를 수용해 줄 것을 청구할 수 있으며, ② P씨의 수용청구에 대한 거부재결이 나온다면, 재결에 불복할 때에는 재결서를 받은 날부터 90일 이내에, 이의신청을 거쳤을 때에는 이의신청에 대한 재결서를 받은 날부터 60일 이내에 각각 행정소송을 제기할 수 있다. ③ 이 경우 P씨의 일회적인 구제를 도모하기 위해서 보상금 증감청구소송을 제기하는 것이 실효적인 수단이 될 것이다.

⊕ 생각해 볼 사항

해당 문제를 토지보상법 제72조 사용하는 토지의 매수청구로서 확장수용을 청구할 수 있는 것으로 보는 해설이 있는데, 설문은 토지사용이 아닌 구분지상권 설정이므로 제72조가 적용될 수 없다. 구분지상권은 소유권 외의 권리로서 토지의 사용과 구분된다.

기출문제

[재결] 확장수용과 보상금증감청구소송 [제22회 제1문]

A군에 사는 甲은 국토의 계획 및 이용에 관한 법률에 따라 지정된 개발제한구역 내에 과수원을 경영하고 있다. 甲은 영농의 편의를 위해 동 과수원 토지 내에 작은 소로(小路)를 개설하고, 종종 이웃 주민의 통행에도 제공해 왔다. A군은 甲의 과수원 부지가 속한 일단의 토지에 폐기물처리장을 건설하고자 하는 乙을 폐기물관리법에 따라 폐기물처리장 건설사업자로 지정하면서 동 처리장건설사업실시계획을 승인하였다. 甲과 乙 간에 甲 토지에 대한 협의매수가 성립되지 않아 乙은 甲 토지에 대한 수용재결을 신청하고, 관할 지방토지수용위원회의 수용재결을 받았다. 동 수용재결에서는 "사실상의 사도(私道)의 부지는 인근 토지에 대한 평가액의 3분의 1 이내로 평가한다."고 규정하고 있는 토지 등의 취득 및 보상에 관한 법률 시행규칙(이하 "토지보상법 시행규칙") 제26조 제1항 제2호의 규정에 따라, 甲의 토지를 인근토지가에 비하여 3분의 1의 가격으로 평가하였다. 이 수용재결에 대하여 이의가 있는 甲은 적절한 권리구제수단을 강구하고자 한다. 다음의 물음에 답하시오.

(1) **토지보상액에 대해 불복하고자 하는 甲의 행정쟁송상 권리구제수단을 설명하시오.** [20점]

설문 (1)의 해결

Ⅰ. 쟁점의 정리

Ⅱ. 이의신청(토지보상법 제83조 및 제84조)

1. 이의신청의 개념
2. 요건 및 효과(처분청 경유주의, 기간특례 등)
3. 재결(법 제84조) 및 재결의 효력(법 제86조)

Ⅲ. 보상금증감청구소송(토지보상법 제85조 제2항)

1. 보상금증감청구소송의 개념
2. 소송의 성질
   (1) 형식적 당사자소송
   (2) 형성소송인지, 확인 · 급부소송인지
3. 소송의 대상
4. 제기요건(기간특례, 원처분주의 등)
5. 심리범위
6. 판결의 효력
7. 관련문제(청구의 병합)

Ⅳ. 사안의 해결(권리구제수단)

쟁점해설

설문의 물음이 행정쟁송상 권리구제수단이므로, 행정쟁송의 유형인 행정심판과 행정소송을 중심으로 기술하되, 토지보상법 제83조 및 제85조의 규정을 중심으로 서술하면 무난할 것이다. 특히 보상액에 대한 구제수단으로는 토지보상법 제85조 제2항에서 보상금증감청구소송인 형식적 당사자소송을 명문으로 규정하고 있기에, 이를 체계적으로 잘 기술하는 것이 득점의 포인트이다.

예시답안

(설문 1)의 해결

I 쟁점의 정리

공용수용이란, 공익사업을 위해 특정 개인의 재산권을 법률의 힘에 의해 근거하여 강제적으로 취득하는 것으로 재산권 보장에 대한 중대한 예외적 조치이며, 그 종국적 절차인 재결은 협의 불성립 또는 협의불능의 경우에 사업인정을 통하여 사업시행자에게 부여된 수용권의 구체적인 내용을 결정하고 그 실행을 완성시키는 형성적 행정처분이다. 이러한 재결은 재산권 박탈을 의미하는 '수용재결'과 수용재결의 효과로서 보상금을 결정하는 '보상재결'로 구성되며, 사업시행자에게 보상금 지급을 조건으로 토지소유권을 취득하게 하고, 토지소유자 등에게는 그 권리를 상실시키는 형성적 행정행위로 작용하기 때문에 피수용자가 재결의 취소 또는 변경을 구할 수 있음은 법치주의원리상 당연하다고 볼 수 있다. 토지취득보상법은 재결에 대한 불복절차로서 이의신청(공익사업을 위한 토지 등의 취득 및 보상에 관한 법률(이하 '법') 제83조 및 제84조)과 행정소송(법 제85조)에 대한 규정을 두고 있다. 이에 대한 불복절차에 관하여 토지보상법에 규정이 있는 경우를 제외하고는 행정심판법과 행정소송법이 적용될 것이다.

甲은 자신의 토지가 수용된 것을 다투는 것이 아니라 보상액에 대해서만 불복하는 것이다. 따라서, 甲은 이의신청 또는 보상금증액청구소송을 제기할 수 있다. 이의신청은 보상금증감청구소송의 필요적 전치절차가 아니다.

II 이의신청(토지보상법 제83조 및 제84조)

1. 이의신청의 개념

이의신청이란, 토지수용위원회의 위법 또는 부당한 재결처분으로 인하여 권리 또는 이익을 침해당한 자가 중앙토지수용위원회에 그 처분의 취소・변경을 구하는 쟁송을 말한다. 토지수용위원회의 재결은 수용재결과 보상재결로 분리되는데, 이 중 어느 한 부분만에 대하여 불복이 있는 경우에도 토지수용위원회의 재결 자체가 이의신청의 대상이 된다.

2. 요건 및 효과(처분청 경유주의, 기간특례 등)

① 양 당사자는 재결서의 정본을 받은 날부터 30일 이내에 처분청을 경유하여 중앙토지수용위원회에 이의를 신청할 수 있다. 판례는 30일의 기간은 수용의 신속을 기하기 위한 것으로 합당하다고 한다. ② 이의신청은 사업의 진행 및 토지의 사용・수용을 정지시키지 아니하며(토지보상법 제88조) 행정쟁송법에 의한 집행정지 규정이 적용될 것이다.

3. 재결(법 제84조) 및 재결의 효력(법 제86조)

① 재결이 위법, 부당하다고 인정하는 때에는 재결의 전부 또는 일부를 취소하거나 보상액을 변경할 수 있다. ② 이의재결이 확정된 경우에는 민사소송법상의 확정판결이 있는 것으로 본다. 즉, 사업시행자가 이의재결에서 증액재결한 보상금의 지급을 이행하지 않는 경우 피수용자는 확정판결의 효력을 바탕으로 재결확정증명서를 받아 강제집행할 수 있게 된다.

Ⅲ 보상금증감청구소송(토지보상법 제85조 제2항)

1. 보상금증감청구소송의 개념

토지수용위원회의 보상재결에 대하여 토지소유자 및 관계인은 보상금의 증액을 청구하는 소송을 제기할 수 있고 사업시행자는 보상금의 감액을 청구하는 소송을 제기할 수 있다. 이를 보상금증감청구소송이라 한다. 이는 보상금에 대한 소송만을 인정함으로써 분쟁의 일회적 해결·소송경제·권리구제의 신속성·실효성 확보를 도모함에 제도적 취지가 인정된다.

2. 소송의 성질

(1) 형식적 당사자소송

보상금증감청구소송은 기본적으로 보상금액을 다투는 소송이며 소송을 제기함에 있어 재결청을 피고로 하는 것이 아니라 그 법률관계의 일방 당사자를 피고로 하는 소송에 해당하게 되므로 순수한 의미의 형식적 당사자소송이라 할 것이다.

(2) 형성소송인지, 확인·급부소송인지

형성소송인지, 확인·급부소송인지 견해의 대립이 있으나, 보상금증감청구소송은 재결청을 제외한 보상당사자만을 피고로 규정하고 있으므로 보상재결의 취소·변경 없이 헌법상 정당보상조항(헌법 제23조 제3항)에 의하여 당연히 발생·확정되는 정당보상액을 확인하고, 부족액의 급부를 구하는 확인·급부소송이 타당하다고 생각한다.

3. 소송의 대상

형식적 당사자소송의 대상은 법률관계이다. 따라서 보상금증감청구소송은 관할 토지수용위원회가 행한 재결로 형성된 법률관계인 보상금의 증감에 관한 것을 소송의 대상으로 삼아야 하며 보상금의 증감에 관한 사항 외에는 소송의 대상이 될 수 없다. 토지보상법은 행정쟁송법 제19조에 입각한 원처분주의를 채택한 것으로 해석되는 바, 이의재결에 고유한 위법이 있는 경우를 제외하고는 원재결로 형성된 법률관계인 보상금의 증감에 관한 것을 소송의 대상으로 삼아야 한다.

4. 제기요건(기간특례, 원처분주의 등)

① 제85조에서는 소의 대상으로 제34조 재결을 규정하고 있으므로 원처분을 소의 대상으로

하고, ② 재결서를 받은 날부터 90일 또는 60일(이의재결 시) 이내에, ③ 양 당사자는 각각을 피고로 하여, ④ 관할법원에 소를 제기할 수 있다.

5. 심리범위

① 손실보상의 지급방법(채권보상 여부 포함), ② 손실보상액의 범위, 보상액과 관련한 보상면적 및 ③ 지연손해금, 잔여지수용 여부, 보상항목 간의 유용도 심리범위에 해당한다고 본다(판례).

6. 판결의 효력

보상금증감소송에서 법원은 스스로 보상액의 증감을 결정할 수 있고 토지수용위원회는 별도의 처분을 할 필요가 없다. 법원의 판결이 있게 되면 기판력, 형성력, 기속력이 발생하고, 소의 각하·기각 또는 취하의 효과로서 법정이율의 가산지급(법 제87조)은 당사자소송에 있어서도 적용되는 것으로 보아야 할 것이다.

7. 관련문제(청구의 병합)

수용 자체에 대하여 불복이 있을 뿐만 아니라 보상금액에도 불복이 있는 경우에는 수용재결의 취소소송과 보상금증액청구소송을 별도로 제기할 수 있다. 그런데, 토지소유자는 우선 수용 자체를 다투고 만일 이것이 받아들여지지 않는 경우에는 보상금액의 증액을 청구할 필요가 있을 것이다. 이 경우에 수용재결에 대한 취소소송에서 보상금증액청구소송을 예비적으로 병합하여 제기할 수 있는가 하는 것이 문제된다. 분쟁의 일회적 해결을 위한다는 점에서 청구의 병합을 인정함이 타당하다.

Ⅳ 사안의 해결(권리구제수단)

甲은 관할 지방토지수용위원회의 재결에 의해 결정된 보상액에 대해서 중앙토지수용위원회에게 이의신청을 제기하거나, 이를 제기함이 없이 공법상 당사자소송으로써 보상금증액청구소송을 제기할 수 있을 것이다.

03 수용의 효과

기출문제

[재결] 수용의 효과 [제11회 제1문]

토지소유자인 甲은 중앙토지수용위원회의 수용재결에 불복하여 이의신청을 제기하였으나 기각되었다. 이에 따라 甲은 행정소송으로서 취소소송을 제기하고자 한다.

(1) 이때 甲은 무엇을 대상으로 하여 행정소송을 제기할 수 있는가와 관련하여 판례의 태도를 설명하고 이를 논평하시오. 30점

(2) 甲이 행정소송을 제기하는 경우에 이것이 토지에 대한 수용효력에 영향을 미치는가를 설명하시오. 10점

Ⅰ. 문제의 제기

Ⅱ. 원처분주의와 재결주의(설문 1)

1. 일반론
2. 판례의 태도
3. 판례의 태도에 대한 논평

Ⅲ. 집행정지의 문제(설문 2)

1. 집행부정지의 원칙
2. 설문 (2)의 수용효력에의 영향

Ⅳ. 문제의 해결

1. 설문 (1)의 경우
2. 설문 (2)의 경우

쟁점해설

1. 논점

설문에 의하면 중앙토지수용위원회의 수용재결에 불복하여 행정소송으로서 취소소송을 제기하고 그 소송은 수용재결의 불복인 취소소송이므로 손실보상재결의 불복인 당사자소송이 아닌 점이 분명하다. 따라서 행정소송을 제기하는 경우 그 대상을 중앙토지수용위원회의 수용재결로 할 것인가, 이의재결을 할 것인가, 토지수용법(현 토지보상법)의 규정내용과 판례의 태도는 어떠한가, 행정소송의 제기가 수용효력에 미치는 영향은 어떠한가 하는 점이 논점이 될 수 있다.

2. 답안의 요지

답안은 취소소송의 대상을 수용재결로 할 것인가, 이의재결로 할 것인가에 대하여 학설과 판례의 태도를 설명하고 행정소송의 제기로 인한 수용재결의 효력에 대하여도 언급하고 있다. 학설은 수용재결을 취소소송의 대상으로 하여야 한다는 원칙을 원처분주의, 이의재결을 취소소송의 대상으로 하여야 한다는 원칙을 재결주의라 하고, 판례는 재결주의의 입장임을 설명하

고 있다. 그리고 행정소송법과 토지보상법의 규정 예를 들어 집행부정지 원칙과 이에 대한 예외규정도 언급하고 있다.

3. 강평

1) 행정소송 대상

설문은 수용재결에 불복하여 이의신청을 제기하였으나 기각되어 이에 대한 행정소송으로서 취소소송을 제기하고자 하는 것이므로 이 경우 취소소송을 원재결인 수용재결을 대상으로 하여야 하는가, 아니면 이의신청을 기각한 이의재결을 대상으로 하여야 하는가 하는 점이 문제이다.

행정소송법은 원처분주의를 취하고 있으나 (구)토지수용법 제75조의2 제1항 본문은 중앙토지수용위원회의 이의재결에 대하여 행정소송을 제기할 수 있도록 특별히 규정하고 있다. 그리고 대법원 판례는 수용재결 자체가 당연무효가 아닌 한 중앙토지수용위원회의 이의재결을 행정소송 대상으로 하여야 하고, 행정소송에서는 이의재결 자체의 고유한 위법뿐만 아니라 이의신청 사유로 삼지 않은 수용재결의 하자도 주장할 수 있다고 하여 재결주의를 취하고, 불고불리의 원칙에 대한 예외도 인정하고 있다.

따라서 설문의 행정소송 대상에 대하여는 원처분주의와 재결주의에 관한 학설을 언급하고 판례의 태도와 학설의 비교 검토, (구)토지수용법 제75조의2 제1항의 해석과 재결주의의 문제점(재결부존재의 경우 등)을 중심으로 한 주관적 입장의 논평을 하면 될 것이다.

2) 행정소송제기가 수용효력에 미치는 영향

토지보상법은 토지수용위원회의 시심적 재결이 있게 되면 그 재결의 집행부정지 효력을 규정하고 있다. 다시 말하면 토지수용위원회의 시심적 재결로서 수용의 효력은 발생하고 행정대집행도 가능하며, 이에 대한 집행정지는 인정하지 않는다는 것이다.

그러나 행정소송법은 집행부정지 원칙과 집행정지의 예외규정을 두고 있는 결과 토지보상법과의 관계에 의문이 생기게 된다. 행정소송법의 이러한 규정에도 불구하고 토지보상법 기타 개별법에서 집행부정지 효력을 특별히 규정하는 것은 개별법의 목적을 달성하기 위한 필요성에 기인한다고 할 수도 있다.

따라서 이의재결에 대한 행정소송이 토지수용효력에 미치는 영향은 공공사업의 원활한 시행 및 집행정지의 남용방지라는 토지보상법의 특수한 목적과 재산권 보호와의 관계를 서로 관련시켜 설명하면 될 것이다.

기출문제

[재결] 수용의 효과 [제5회 제1문]

토지수용의 효과를 논하시오. 50점

Ⅰ. 서설
1. 공용수용의 의의
2. 공용수용의 일반적 효과

Ⅱ. 수용의 효과발생시기
1. 수용절차의 종결시기
(1) 협의의 성립
(2) 화해조서의 작성
(3) 재결
2. 수용절차의 종결 시 효과
3. 수용개시일의 효과

Ⅲ. 기업자(사업시행자)에 대한 효과
1. 손해보상금의 지급 또는 공탁의무
2. 권리의 취득
3. 목적물의 인도 · 이전 불이행 시 대행 대집행 청구권
4. 위험부담의 이전
5. 담보물권자의 물상대위

Ⅳ. 피수용자에 대한 효과
1. 목적물의 인도 · 이전의무
2. 손실보상청구권과 기타 청구권
3. 환매권

Ⅴ. 결론

쟁점해설

설문은 토지수용의 효과에 관한 것이다. 이는 다른 말로 하면 공용수용의 효과를 묻는 것과 다름이 없다. 이에 관하여는 기본적으로 다음의 내용을 정리하면 될 것이다. 우선적으로 토지수용의 개념과 제도적 의의, 토지수용 효과의 발생시기 그리고 토지수용의 대물적 효과의 개별적 내용을 설명하면 된다.

가장 중요한 핵심은 마지막 사항이다. 이를 어떠한 기준에 의하여 분류하든 그 내용을 체계적으로 정리하는 것이 본 설문의 가장 핵심이 된다. 이에 대해서는 그 내용을 다시 권리의 취득 또는 제한, 위험부담의 이전, 토지 · 물건의 인도 · 이전 등, 손실보상, 환매권 등으로 나누어 논하면 될 것이다. 이때에는 손실보상부분과 환매권부분에 관한 보충적 설명이 또한 필요하게 될 것이다.

이러한 설명이 다 된 후에는 토지수용재결에 대한 권리구제문제도 검토되어야 한다. 이는 이의신청과 행정소송으로 나누어서 검토되어야 할 것이다.

기출문제

[재결] 수용의 효과 [제19회 제1문]

서울특별시장은 도시관리계획결정에서 정해진 바에 따라 근린공원을 조성하기 위하여 그 사업에 필요한 토지들을 공익사업을 위한 토지 등의 취득 및 보상에 관한 법률의 규정에 의거하여 협의를 거쳐 취득하고자 하였으나 협의가 성립되지 않아 중앙토지수용위원회에 재결을 신청하였다. 중앙토지수용위원회의 수용재결(수용의 개시일 : 2005.6.30.)에 따라 서울특별시는 보상금을 지급하고 필요한 토지에 대한 소유권이전등기를 마쳤다. 서울특별시장은 토지를 취득한 후, 6개월간의 공사 끝에 공원을 조성하였다. 공원조성공사가 완료된 후 2년이 지난 뒤 위 토지를 포함한 일대의 토지들이 택지개발예정지구로 지정되었다(고시일 : 2008.6.30.). 국토교통부장관에 의하여 택지개발사업의 시행자로 지정된 대한주택공사는 택지개발사업실시계획의 승인을 얻어 공원시설을 철거하고, 그 지상에 임대주택을 건설하는 공사를 시행하고 있다. 이에 공원조성사업을 위해 수용된 토지의 소유자 甲은 2008.8.30. 서울특별시에 환매의 의사표시를 하였으나, 서울특별시는 甲에게 환매권이 없다고 하여 수용된 토지를 되돌려 주지 않았다. 이러한 경우에 甲이 소유권 회복을 위해 제기할 수 있는 소송수단 및 그 인용가능성에 대하여 검토하시오. 40점

Ⅰ. 쟁점의 정리

① 소송수단과 관련하여 환매권의 법적 성질이 문제된다.

② 인용가능성과 관련하여 환매권 행사요건 충족과 환매권 행사제한이 문제된다.

Ⅱ. 甲이 제기할 수 있는 소송수단

1. 환매권의 의의 및 취지

2. 환매권의 법적 성질

(1) 문제점

(2) 학설

(3) 판례

(4) 검토

3. 甲이 제기할 수 있는 소송수단

Ⅲ. 인용가능성

1. 환매권의 행사요건 충족 여부

(1) 문제점

(2) 당사자 및 목적물

(3) 사업의 폐지, 변경, 기타 사유로 필요 없게 된 때(토지보상법 제91조 제1항)

(4) 토지의 전부를 이용하지 아니한 때(토지보상법 제91조 제2항)

(5) 사안의 경우

2. 환매권 행사의 제한 가능성

(1) 공익사업 변환제도의 취지

(2) 위헌성 논의

(3) 공익사업 변환규정의 적용요건

① 주체요건

② 대상사업요건

(4) 사안의 경우

3. 인용가능성

Ⅳ. 사안의 해결

쟁점해설

* 제19회 제1문은 2가지를 묻고 있다. 하나는 환매권의 법적 성질에 따른 소송수단이고 또 다른 하나는 이러한 소송에서의 인용가능성이다.

* 소송수단은 환매권의 법적 성질을 검토하여 환매권을 공법상 권리로 보면 공법상 당사자소송의 방법을 제시하면 된다. 다만 판례가 사권으로 보고 있으므로 실무상 민사소송으로 소를 제기함을 언급하면 될 것이다.

* 인용가능성과 관련하여 환매권 행사요건 충족 및 행사제한의 검토가 쟁점이다.

① 행사요건과 관련하여서는 토지보상법 제91조 제1항, 제2항의 규정을 살펴보고 사안을 포섭하면 된다.

② 환매권 행사요건을 충족하더라도 이를 제한하는 공익사업 변환규정이 동법 제91조 제6항에 규정되어 있으므로 이를 추가적으로 검토해야 한다. 따라서 우선 변환규정의 위헌성을 검토하고, 변환규정의 요건인 사업의 주체와 대상사업을 순차적으로 포섭하면 될 것이다. 다만 대상사업이 택지사업이므로 이는 토지보상법 제91조 제6항에서 규정하는 제4조 제1호 내지 제4호의 범위에서 벗어나게 된다. 따라서 환매권 행사를 제한할 수 없다.

■ 현재에는 토지보상법 제91조 제6항이 개정되어 택지개발사업도 변환사업의 대상으로 규정하고 있다.

 기출문제

[재결] 수용의 효과 [제1회 제3문]

환매요건에 대하여 약술하시오. 10점

쟁점해설

토지보상법상 환매요건을 언급하면 된다. (구)법하에서는 토지수용법과 공특법으로 구분되어 있었고 각각의 요건을 언급하였으나 지금은 통합되었으므로 현행법상 요건을 언급하면 된다.

기출문제

[재결] 수용의 효과 [제13회 제2문]

토지보상법상 환매권의 목적물과 그 행사요건을 설명하시오. 20점

쟁점해설

(1) 환매권의 목적물

토지소유권에 한한다. 단 잔여지의 경우 접속된 부분이 필요 없게 된 경우가 아니면 환매가 불가능하다. 이에 대하여 환매목적물을 토지소유권으로 제한하고 건물소유자나 지상권자 등은 환매권자에서 제외되어 정당성 여부가 문제시된다.

> **헌재 2005.5.26, 2004헌가10 – 토지보상법 제91조 제1항에 대한 위헌제청**
> 건물에 대하여 환매권을 인정하지 않는 입법이 자의적인 것이라거나 정당한 입법목적을 벗어난 것이라고 할 수 없고 이미 정당한 보상을 받은 건물소유자의 입장에서는 해당 건물을 반드시 환매 받아야 할 중요한 사익이 있다고 보기도 어려우며 건물에 대한 환매권이 부인된다고 해서 종전 건물소유자의 자유실현에 여하한 지장을 초래한다고 볼 수 없다.

(2) 환매권의 행사요건

① 일정기간 내에 취득한 토지의 전부나 일부가 필요 없게 된 때

② 일정기간 경과해도 취득한 토지의 전부를 이용하지 아니한 경우

기출문제

[재결] 수용의 효과 [제16회 제3문]

토지 · 물건의 인도 · 이전의무에 대한 실효성 확보수단에 대해 설명하시오. 20점

쟁점해설

인도 · 이전의무에 대한 실효성 확보수단으로는 ① 대행, ② 대집행, ③ 기타 실효성 확보수단으로 직접강제 등이 있다. 특히 대집행의 경우 명도의무에 대한 대집행이 가능한지에 대한 논의가 필요하고 직접강제는 가장 침익적인 수단인바 개별법에 명문의 규정이 있는 경우에만 가능하다고 볼 것이다.

예시답안

Ⅰ 서설

수용의 효과로서 인도 · 이전의무를 강행규정으로 정한 취지는 공익사업의 원활한 수행을 위함이며, 이의 확보수단으로 대행(제44조), 대집행(제89조), 행정형벌(제97조)을 두고 있다.

Ⅱ 인도 · 이전의무와 의무이행 확보수단

1. 인도 · 이전의무(제43조)

토지소유자 및 관계인 기타 수용 또는 사용할 목적물에 대해 권리를 가진 자는 수용 또는 사용의 개시일까지 해당 토지나 물건을 사업시행자에게 인도하거나 이전하여야 한다.

2. 대행(제44조)

(1) 의의 및 취지

① 토지나 물건을 인도 · 이전하여야 할 자가 고의나 과실 없이 그 의무를 수행할 수 없을 때 또는 사업시행자가 과실 없이 토지나 건물의 인도 · 이전할 의무가 있는 자를 알 수 없을 때에 사업시행자의 신청에 의하여 시 · 군 · 구청장이 대행하는 것으로, ② 사업의 원활한 시행을 위해 인정된다.

(2) 법적 성질

① 행정대집행의 일종으로 보는 견해가 있으나, ② 이는 대집행의 요건 및 절차가 적용되지 않으므로 토지보상법 제89조(대집행) 요건에 해당하지 않는 부분의 특례로 보는 것이 타당하다.

(3) 요건 및 절차

① 인도, 이전의무자가 고의, 과실 없이 의무를 이행할 수 없거나, ② 사업시행자가 과실 없이 의무자를 알 수 없을 때, ③ 사업시행자의 신청에 의하여 대행한다.

(4) 대행청구대상의 범위

수용목적물이 아니더라도 사업추진에 방해가 되는 것이면 대행청구의 대상이 된다고 본다.

3. 대집행

(1) 의의 및 취지

공법상 대체적 작위의무의 불이행 시 행정청이 그 의무를 스스로 행하거나 제3자로 하여금 행하게 하고 의무자로부터 비용을 징수하는 것으로 토지보상법 제89조에서 규정하고 있다. 이는 공익사업의 원활한 수행을 위한 제도적 취지가 인정된다.

공법상 대체적 작위의무
법률에 의하여 직접 명령되었거나 법률에 의거한 행정청의 명령에 의하여 명하여진 의무로서 타인이 대신 행할 수 있는 의무

(2) 요건

1) 신청요건

① 이 법 또는 이 법에 의한 처분으로 생긴 의무를 이행하지 않거나, ② 기간 내에 의무를 완료하기 어려운 경우, ③ 의무자로 하여금 의무를 이행하게 함이 현저히 공익을 해한다고 인정되는 경우에 사업시행자는 시·도지사 및 시·군·구청장에게 대집행을 신청할 수 있다. 토지보상법 제89조에서는 시·도지사 및 시·군·구청장은 정당한 사유가 없는 한 이에 응해야 한다고 규정하고 있다. 단, 사업시행자가 국가나 지방자치단체인 경우에는 「행정대집행법」에서 정하는 바에 따라 직접 대집행을 할 수 있다.

2) 실행요건(행정대집행법 제2조)

① 공법상 대체적 작위의무의 불이행, ② 다른 수단으로의 이행확보가 곤란하며, ③ 의무불이행 방치가 심히 공익을 해한다고 인정될 것, ④ 요건충족 시에도 대집행권 발동 여부는 재량에 속한다.

3) 의무이행자의 보호(제89조 제3항)

국가·지방자치단체는 의무를 이행해야 할 자의 보호를 위하여 노력하여야 한다. 이는 공익사업 현장에서 인권침해 방지를 위한 노력을 강구하고자 하는 입법적 취지가 있다.

(3) 인도·이전의무가 대집행 대상인지

1) 문제점

인도·이전의무는 비대체적 작위의무인데 토지보상법 제89조에서는 이 법에 의한 의무로 규정하는 바, 토지보상법 제89조 규정을 대집행법의 특례규정으로 보아 대집행을 실

행할 수 있는지가 문제된다. 즉, 토지 등의 인도를 신체의 점유로써 거부하는 경우 이를 실력으로 배제할 수 있는가가 문제된다.

2) 견해의 대립

① 제89조는 수용자 본인이 인도한 것과 같은 법적 효과 발생을 목적으로 하므로(합리적, 합목적 해석) 대집행을 긍정하는 견해, ② 제89조의 의무도 대체적 작위의무에 한정된다고 보아 부정하는 견해가 대립된다.

3) 판례

① 도시공원시설인 매점점유자의 점유배제는 대체적 작위의무에 해당하지 않으므로 대집행의 대상이 아니라고 한다(대판 1998.10.23, 97누157). ② 토지보상법 제89조의 '인도'에는 명도도 포함되는 것으로 보아야 하고, 이러한 명도의무는 그것을 강제적으로 실현하면서 직접적인 실력행사가 필요한 것이지 대체적 작위의무라고 볼 수 없으므로 특별한 사정이 없는 한 행정대집행법에 의한 대집행의 대상이 될 수 있는 것은 아니다. ③ 철거의무 약정을 하였다 하더라도 그 명도의무는 대집행대상이 아니라고 판시한 바 있다.

> 명도는 토지나 건물로부터 존치물건을 반출하고 사람을 퇴거시켜 그것을 타인에게 인도하는 것을 말한다.

4) 검토

대집행은 국민의 권익침해의 개연성이 높으므로 토지보상법 제89조의 의무를 법치행정의 원리상 명확한 근거 없이 비대체적 작위의무로까지 확대해석할 수 없다고 할 것이다.

(4) 비대체적 작위의무 불이행의 대책

1) 각국의 예

① 독일은 실력행사를 규정하고, ② 일본은 공무집행방해죄 등을 적용하고 있으며, ③ 우리나라는 실무상 인도불응 시에 소유권이전등기 및 명도소송을 활용하고 있다.

2) 대책

토지보상법 제97조에서는 인도·이전의무 불응 시에 200만원 이하의 벌금을 규정하고 있으나 궁극적으로는 ① 공익사업의 홍보 및 피수용자와의 관계개선을 통하여 자발적 참여를 도모하는 것이 중요하고, ② 입법적으로 직접강제 및 새로운 실효성 확보수단의 법적 근거를 마련해야 할 것이다.

4. 행정벌

행정벌이란 행정법상의 의무위반에 대한 제재로서 행정형벌과 행정질서벌이 있다. 제93조 및 제97조는 행정형벌의 근거가 되며, 제99조는 행정질서벌의 근거가 된다.

Ⅲ 결어

토지보상법상 대행·대집행은 공익목적달성을 위한 실효성 확보수단이다. 다만, 이들은 국민의 권리침해의 개연성이 높으므로 법치행정의 원리상 엄격한 법적 근거, 요건 및 절차에 따라 이루어져야 할 것이다.

Ⅳ 관련문제(대집행실행 시 철거민의 저항에 대한 실력행사의 가부)

1. 문제점

실력행사가 대집행 일부로서 인정되는지가 문제된다.

2. 견해의 대립

① 필요한 한도에서 부득이한 실력행사는 대집행에 수반된 기능으로 보아서 실력행사가 가능하다는 견해와 ② 입법상 명문규정이 없으면 부정되며, 이는 신체에 대한 물리력 행사이므로 대집행에 포함될 수 없고 직접강제의 대상이 된다는 견해가 있다.

3. 검토

이는 행정의 이행확보란 공익과 국민의 기본권 보호라는 사익을 형량하여 해결해야 할 것이다. 최근 토지보상법 제89조 제3항에서는 의무이행자의 보호를 규정하는바 사익보호성이 강조된다고 본다. 따라서 명문규정이 없으면 부정된다고 생각된다.

 기출문제

[재결] 수용의 효과 [제22회 제3문]

A시는 시가지 철도이설사업을 시행하기 위하여 공익사업을 위한 토지 등의 취득 및 보상에 관한 법률 제16조에 따라 주택용지를 협의취득하면서 그에 따른 일체의 보상금을 B에게 지급하였고, B는 해당 주택을 자진철거하겠다고 약정하였다. B가 자진철거를 하지 않을 경우 B의 주택에 대하여 대집행을 할 수 있는지 판단하시오. 20점

Ⅰ. 쟁점의 정리

Ⅱ. 토지보상법 제16조 규정상 협의의 법적 성질

1. 협의의 의의 및 필수적 절차규정인지 여부

2. 협의의 법적 성질

(1) 견해의 대립

(2) 판례의 태도

(3) 검토

Ⅲ. 주택철거약정이 대집행의 대상인지 여부

1. 대집행의 의의 및 요건

2. 주택철거약정이 공법상 의무인지 여부

(1) 관련 판례의 태도

(2) 검토

3. 토지보상법 제89조의 적용 여부

Ⅳ. 사안의 해결

쟁점해설

설문은 대집행의 요건 중 공법상 의무에 해당하는지가 쟁점이다. 협의취득의 법적 성질을 사법상 계약으로 보는 판례의 태도를 서술하고 이에 대한 포섭을 하면 무난할 것이다.

예시답안

Ⅰ 쟁점의 정리

공익사업을 위한 토지의 취득에는 토지 등의 소유자의 의사에 반하는 강제취득인 공용수용 이외에 공용수용의 주체와 토지 등의 소유자 사이의 협의에 의한 취득이 가능하다.

협의취득에는 사업인정 이전의 협의취득과 사업인정 이후의 협의취득이 있는데, 사안에서의 협의취득은 사업인정 이전의 협의취득이다.

이러한 사업인정 이전의 협의취득의 계약내용으로 주택의 자진철거를 약정하였으나, 이를 이행하지 않은 경우에 대집행을 적용할 수 있는지가 문제된다. 논의의 전제로서 사업인정 이전의 협의의 법적 성질을 살펴본다.

Ⅱ 토지보상법 제16조 규정상 협의의 법적 성질

1. 협의의 의의 및 필수적 절차규정인지 여부

사업인정 전 협의란 공익사업의 목적물인 토지 등의 사용 또는 수용에 대한 사업시행자 및 토지소유자 간의 의사의 합치를 말한다. 공용수용 이전의 협의취득절차는 의무적인 절차는 아니며 공익사업의 주체가 이 절차를 거칠 것인지 여부를 결정한다. 공익사업의 주체는 협의에 의해 취득되지 못한 토지 등에 한하여 공용수용절차를 개시할 수 있다.

2. 협의의 법적 성질

(1) 견해의 대립

일부견해는 사업인정 전 협의취득도 실실적으로는 공익목적의 토지취득절차이므로 사법상의 토지매매계약으로는 볼 수는 없고 공법적 성질을 가지는 것으로 보아야 한다고 한다. 그러나, 법률관계의 공법성 주장은 사법적인 법률관계와 비교하여 그 특수성이 인정될 때에만 주장되는 매우 제한적인 것이다. 협의취득은 공용수용과 달리 사업시행자가 그 사업에 필요한 토지 등을 사경제주체로서 취득하는 행위이므로 그것은 사법상의 매매행위의 성질을 갖는다고 보는 것이 일반적이다.

(2) 판례의 태도

판례는 토지 등의 협의취득은 공공사업에 필요한 토지 등을 그 소유자와의 협의에 의하여 취득하는 것으로서 공공기관이 사경제주체로서 행하는 사법상 매매 내지 사법상 계약의 실질을 가지는 것으로 보고 있다(대판 2006.10.13, 2006두7096).

(3) 검토

사업인정 전 협의취득은 공익사업에 필요한 토지 등을 공용수용의 절차에 의하지 아니하고 사업시행자와 토지소유자의 자유로운 계약형식을 통하여 매매금액 및 소유권 이전시기 등을 결정할 수 있으므로, 이는 사법상 매매행위의 성질을 갖는다고 판단된다.

Ⅲ 주택철거약정이 대집행의 대상인지 여부

1. 대집행의 의의 및 요건

대집행이란 공법상 대체적 작위의무의 불이행에 대하여, 해당 행정청이 그 의무를 스스로 이행하거나 제3자로 하여금 이행하게 하고, 그 비용을 의무자로부터 징수하는 것을 말한다.
이러한 대집행을 실행하기 위해서는 공법상 대체적 작위의무의 불이행이 있고, 다른 수단으로는 그 이행확보가 곤란하며(보충성의 요건), 의무불이행을 방치함이 심히 공익을 해하는 경우(비례성의 요건)에 해당되어야 한다.

2. 주택철거약정이 공법상 의무인지 여부

(1) 관련 판례의 태도

행정대집행법상 대집행의 대상이 되는 대체적 작위의무는 공법상 의무이어야 할 것인데, 사업인정 전 협의는 사법상 계약의 실질을 가지는 것이므로, 그 협의취득 시 건물소유자가 매매대상 건물에 대한 철거의무를 부담하겠다는 취지의 약정을 하였다고 하더라도 이러한 철거의무는 공법상의 의무가 될 수 없고, 이 경우에도 행정대집행법을 준용하여 대집행을 허용하는 별도의 규정이 없는 한 위와 같은 철거의무는 행정대집행법에 의한 대집행의 대상이 되지 않는다고 한다.

(2) 검토

사업인정 전 협의는 사법상 매매의 성질을 가지므로, 당사자 간의 철거약정은 공법상의 의무로 볼 수 없을 것이다. 따라서 이러한 철거의무를 부담하겠다는 취지의 약정은 대집행의 대상이 되지 않는다는 판례의 태도는 합당하다.

3. 토지보상법 제89조의 대집행규정의 적용 여부

토지보상법 제89조의 대집행은 토지보상법 또는 토지보상법에 의한 처분으로 인한 의무불이행만이 그 적용대상이므로 사업인정 이전의 협의에 의한 취득의 경우 철거의무 불이행은 토지보상법 제89조의 대집행규정의 적용대상이 아니다.

참고로 사업인정 후의 협의의 경우 토지수용위원회가 이를 확인하면 재결로 보므로(토지보상법 제29조 제4항) 사업인정 후의 협의에 의한 취득의 경우 철거의무 불이행은 토지보상법 제89조의 대집행규정의 적용대상이 된다고 볼 수 있다.

Ⅳ 사안의 해결

협의취득 시 B가 약정한 철거의무는 공법상 의무가 아니다. 또한 토지보상법에서는 사업인정 전 협의취득에 있어서 건물소유자의 철거의무에 관한 규정을 두고 있지 아니할 뿐만 아니라, 행정청이 그 건물소유자에게 철거를 명할 수 있는 규정도 두고 있지 아니하다. 따라서 철거의무에 대한 강제적 이행은 대집행의 방법으로는 실현할 수 없다고 할 것이다.

04 기타

 기출문제

[재결] 기타 [제2회 제1문]

피수용자의 법적 지위에 관하여 설명하시오. 50점

Ⅰ. 서론

Ⅱ. 피수용자의 의의
토지보상법 제2조 토지소유자와 관계인

Ⅲ. 피수용자의 권리
1. 사업인정을 위한 열람 시 의견제출권
2. 사업인정 실효에 따른 손실보상청구권
3. 재결신청청구권
4. 확장수용청구권
5. 환매권
6. 수용사용에 따른 손실보상청구권

Ⅳ. 피수용자의 의무
1. 타인토지 출입 시 수인의무
2. 토지 등의 보존의무
3. 인도·이전의무

Ⅴ. 피수용자의 변동

Ⅵ. 피수용자의 권리구제
1. 사전적 권리구제(의견진술권, 문서열람권)
2. 사후적 권리구제
(1) 이의신청
(2) 취소소송
(3) 보상금증감청구소송

쟁점해설

① 시험답안에서 반드시 지켜야 하는 것은 출제된 문제의 논급에 충실하여야 하는 점이다. 따라서 답안에서는 일단 공용수용의 당사자로서 피수용자의 지위를 정리하고 그 내용으로서 피수용자의 권리와 의무를 중심으로 설명하는 것이 바람직하다. 그러므로 목차 구성은 1. 서언, 2. 피수용자의 권리, 3. 피수용자의 의무, 4. 피수용자의 권리구제, 5. 기타 관련논점, 6. 결어 등으로 하는 것으로 족하다.

② 서언에서는 피수용자의 의의, 법적 지위가 보장되어야 하는 이유와 그 내용 및 수용제도에 있어서의 최근의 이론적 동향을 간략하게 지적하는 것으로 족하다.
수용개념의 변화와 보상개념의 변화에 관한 논점은 피수용자의 권리에 대하여 그 의의 및 내용을 중심으로 구체적인 설명이 필요하다.

③ 피수용자의 권리구제에 관하여 절차적 구제와 실체적 구제를 구분하여 현행 행정쟁송제도를 중심으로 언급하는 것이 바람직하다.
절차적 측면에서는 수용의 보통절차에 있어서 피수용자의 참여에 관한 규정을 중심으로 그 당부와 절차하자문제와 그에 대한 구제를 논점으로 언급할 필요가 있으며, 실체적 측면에서는 하자 있는 사업인정에 대한 구제 및 재결에 대한 불복절차와 보상액 불복에 대한 쟁송법리를 논점으로 하여 언급하는 것이 바람직하다.

기출문제

[재결] 기타 [제6회 제2문]

「공익사업을 위한 토지 등의 취득 및 보상에 관한 법률」(이하 "토지보상법"이라 한다)에서 규정된 보존등기가 되어 있지 아니한 토지에 대한 보상절차와 내용을 설명하시오. 30점

최근 법 개정으로 삭제된 내용임.

기출문제

[재결] 기타 [제8회 제3문]

(구)토지수용법상의 협의와 (구)공공용지의 취득 및 손실보상에 관한 특례법(공특법)상의 협의를 비교하시오. 20점

쟁점해설

토지보상법 제16조 및 제26조에서는 사업인정 전과 사업인정 후의 협의규정을 두고 있다. 양 규정의 조문을 적시하고 법적 성질, 절차적 차이, 내용상 차이 및 효과상 차이 등을 중심으로 서술하면 무난할 것이다.

예시답안

Ⅰ 서설

협의란 사업시행자와 피수용자가 목적물에 대한 권리취득 및 소멸 등을 위하여 행하는 합의를 말한다. 이는 최소침해행위의 실현 및 사업의 원활한 시행에 취지가 인정된다.

Ⅱ 공통점

1. 제도적 취지

① 임의적 합의를 통한 최소침해원칙을 실현하고, ② 신속한 사업수행을 도모함에 취지가 인정된다.

2. 협의의 내용(토지보상법 제50조 제1항의 재결내용 준용)

① 수용하거나 사용할 토지의 구역 및 사용방법, ② 손실보상, ③ 수용 또는 사용의 개시일과 기간, ④ 그 밖에 이 법 및 다른 법률에서 규정한 사항 등을 협의내용으로 한다.

Ⅲ 차이점(① 사업인정 전 협의, ② 사업인정 후 협의)

1. 법적 성질

① 사업인정 전 협의의 경우 판례 및 다수설은 사법상 매매로 보며, ② 사업인정 후 협의의 경우 판례는 사법상 매매로 보나, 다수는 공법상 계약으로 본다.

2. 절차적 차이

① 사업인정 전 협의는 임의적 절차이나, ② 사업인정 후 협의는 원칙적으로 필수이지만 사업인정 전에 협의를 거쳤으며 협의내용에 변동이 없는 경우에는 생략이 가능하다.

3. 내용상 차이

① 사업인정 전 협의의 경우에는 협의성립확인제도가 없으나, ② 사업인정 후 협의의 경우에는 협의성립확인제도가 있다.

4. 효과상 차이

(1) 성립 시 취득효과

① 사업인정 전의 경우에는 사법상 매매이므로 승계취득의 효과가 발생하나, ② 사업인정 후 협의에 의한 취득은 협의성립 확인을 받은 경우에는 원시취득의 효과가 발생한다.

(2) 불성립 시

① 사업인정 전 협의가 불성립한 경우에는 국토교통부장관에게 사업인정을 신청할 수 있으나 ② 사업인정 후 협의가 불성립한 경우에는 관할 토지수용위원회에 재결을 신청할 수 있다.

5. 권리구제의 차이

① 사업인정 전 협의의 법적 성질을 사법상 매매로 보면 민사소송에 의한 구제를 도모할 수 있으며, ② 사업인정 후 협의의 법적 성질을 사법상 매매로 보는 판례의 태도에 따르면 민사소송으로 권리구제를 도모해야 하나, 공법상 계약으로 보는 견해에 따르면 공법상 당사자소송으로 권리구제를 도모할 수 있을 것이다.

Ⅳ 양자의 관계

1. 양자의 절차상 관계

사업인정 전 협의내용이 사업인정 후 협의의 내용을 구속하는 것은 아니므로, 사업인정 전의 협의 당시에 요구하지 않은 사실에 대해서도 요구할 수 있다.

2. 생략가능성

사업인정 전 협의내용에 변동이 없고, 당사자가 협의요구를 안 하면 사업인정 후 협의는 생략이 가능하다.

기출문제

[재결] 기타 [제8회 제4문]

토지보상법상 토지사용기간 만료 시의 법률관계를 설명하시오. 10점

쟁점해설

사업시행자는 토지의 사용기간이 만료되었을 때 또는 사업의 폐지·변경 기타의 사유로 인하여 사용할 필요가 없게 되었을 때는 지체 없이 토지를 원상회복하여 토지소유자에게 반환할 의무를 진다. 또한 토지소유자의 청구가 있을 때에는 미리 손실을 보상한 경우를 제외하고는 그 토지를 원상회복시켜야 하는 법률상의 의무를 지며 토지소유자는 그 권리를 발생시키는 법률관계를 형성시키게 됨을 기술하면 된다.

 기출문제

[재결] 기타 [제10회 제2문]

토지수용위원회, 토지평가위원회, 보상심의위원회를 비교 논술하시오. 20점
(현재는 토지평가위원회는 부동산가격공시위원회로, 보상심의위원회는 보상협의회로 바뀜)

쟁점해설

1. 서언적 논점

제2문은 토지수용위원회, 토지평가위원회, 보상심의위원회를 비교 논술할 것을 요구하고 있다. 비교의 기준은 법적 근거, 법적 지위, 조직 및 운영, 심의사항 등의 권한 등인바, 이를 관련 법규의 규정이나 내용에 따라 논하면 될 것이다.

2. 본론적 논점

구체적으로 먼저 위 3위원회의 근거법을 제시하면, 토지수용위원회는 토지수용법(현 토지보상법)에 마련되어 있고, 토지평가위원회의 근거법은 지가공시 및 토지평가에 관한 법률(지가공시법)(현 부동산공시법)이며, 보상심의위원회의 경우는 공특법(현 토지보상법)에 근거가 있다. 각 위원회의 법적 지위에 대하여는 그것이 임의기관인지, 필수기관인지, 또 의결기관인지, 심의기관적 성격인지, 아니면 자문적 성격의 기구인지를 논급하면 될 것이다. 그 밖의 조직 및 운영, 권한 등에 관한 구체적 내용을 요약하여 표로 만들어 제시하면 다음과 같다.

	토지수용위원회	부동산가격공시위원회	보상협의회
법적 근거	토지보상법	부동산공시법	토지보상법 제82조 동법 시행령 제44조
법적 지위	① 합의제 행정관청, 의결기관 ② 필수기관	① (필수적)심의기관 ② 필수기관	① 임의기관 ② 일정한 요건하에서는 필수기관
조직 운영	① 중앙 : (법 제52조) 위원장 1명 포함 위원 20명 이내 ② 지방 : (법 제53조) 위원장 1명 포함 위원 20명 이내 임기 : 3년	① 중앙 : (법 제24조) 위원장 포함 20명 이내 ② 시·군·구 : (법 제25조, 영 제74조) 위원장 포함 10명 이상 15명 이내	위원장 1명 포함 8명 이상 16명 이내, 지방자치단체에 설치, 위원 중 1/3 이상은 피수용자로 구성

* 보상협의회(10만제곱미터 이상과 토지소유자 50명 이상인 경우는 의무적으로 설치해야 한다.)

(1) 개정취지

종래에는 보상업무에 관한 사항을 심의하기 위해서 '보상심의위원회'를 두었으나 심의위원회의 성격, 운영, 심의사항 등이 불합리하여 보상업무의 지연을 초래하는 문제점이 있었다.

(2) 보상협의회의 의의 및 성격

보상협의회는 보상에 관한 사항을 협의하기 위한 기구를 말한다. 이는 협의기관, 자문기관의 성격을 갖는다.

(3) 설치 · 구성 및 운영

① 지방자치단체의 장이 필요하다고 인정하는 경우, 해당 사업을 관할하는 시·군·구에 설치한다. ② 위원장 1명을 포함하여 8명 이상 16명 이내의 위원으로 구성하되, 사업시행자를 위원에 포함시키고, 위원 중 1/3 이상은 토지소유자 및 관계인으로 구성하여야 한다. ③ 보상협의회의 회의는 재적위원 과반수의 출석으로 개의한다.

(4) 협의사항

① 보상액 평가를 위한 사전 의견수렴에 관한 사항, ② 잔여지의 범위 및 이주대책 수립에 관한 사항, ③ 해당 사업지역 내 공공시설의 이전 등에 관한 사항, ④ 토지소유자나 관계인 등이 요구하는 사항 중 지방자치단체의 장이 필요하다고 인정하는 사항, ⑤ 그 밖에 지방자치단체의 장이 회의에 부치는 사항을 협의한다.

 기출문제

[재결] 기타 [제10회 제4문]

공공용지의 취득과 손실보상에 관한 중요한 법으로 (구)토지수용법과 (구)공공용지의 취득 및 손실보상에 관한 특례법이 있다. 이 두 법령의 상호관계를 설명하고, 두 법령의 통합설을 논평하시오. 20점

현재는 토지보상법으로 통일되어 있으나 과거 토지수용법과 공특법으로 양분되었던 시기에 두 법의 통합논의가 지속적으로 있어 왔고 2003년부터 토지보상법이 시행되었다.
그 당시에는 시사적인 문제이었으나 지금은 통합되어 별 의미가 없는 문제라 하겠다.

 기출문제

[재결] 기타 [제11회 제4문]

공공사업시행 시 사업인정을 받은 토지상의 지상권자가 지상권의 손실보상을 청구하는 경우 그 지상권의 소멸절차를 설명하시오. 10점

쟁점해설

1. 논점

설문은 사업인정을 받은 공익사업이라는 점, 지상권자가 지상권에 대한 손실보상청구를 하고 있다는 점 등에 주목해야 한다. 즉, 사업인정을 받은 공익사업이므로 토지보상법을 적용해야 하고, 지상권의 손실보상을 청구하고 있으므로 사업시행자는 손실보상대상이 되는지를 판단하여 물건조서를 작성하여야 한다. 지상권 소멸은 토지소유권의 수용절차와 마찬가지로 협의에 의한 소멸과 재결에 의한 소멸절차로 구분할 수 있다.

2. 강평

설문에서 토지상의 지상권자는 지상권의 손실보상청구를 하고 있으므로 사업시행자는 먼저 그것이 손실보상대상이 되는지를 판단하여야 한다. (구)토지수용법 제45조 제1항은 관계인이 입은 손실에 대하여도 보상하도록 하고 있으므로 지상권자에게 그 지상권의 손실이 인정되면 손실보상의 대상이 됨은 의문의 여지가 없다. 유의할 것은 지상권자가 손실보상청구를 하고 있음에도 불구하고 이에 대한 보상을 하지 않고는 협의 또는 재결에 의한 토지소유권 변동 시 지상권이 당연히 소멸되거나 사업시행자에게 취득되지 않는다는 점이다.

사업시행자는 협의에 의하여 지상권자에게 손실보상을 하고 지상권을 소멸시킬 수 있다. 즉, 지상권의 손실보상대상이 인정된다고 판단되면 보상 물건조서를 작성하고, 2개 감정평가기관의 감정평가액의 산술평균치를 지상권자에게 제시하여 협의가 성립하면 말소등기로서 지상권을 소멸시킬 수 있다. 그리고 협의가 불성립하면 관할 토지수용위원회에 재결신청을 하여 그 재결의 효력으로서 지상권을 소멸시킬 수 있다. 이 경우에도 반드시 손실보상액을 지급하거나 공탁하지 않으면 아니 된다. 지상권에 대한 수용은 토지소유권의 취득수용과는 달리 소멸수용이다. 재결이 의제되는 협의성립의 확인, 화해절차도 지상권 소멸절차가 될 수 있다.

기출문제

[재결] 기타 [제7회 제1문]

무효인 재결과 취소할 수 있는 재결을 예시하여 설명하고, 양자의 구별실익을 논급하시오. 50점

Ⅰ. 서설
1. 재결의 의의
2. 무효와 취소의 구별기준(학설 · 판례 : 중대명백설)

Ⅱ. 무효인 재결(무효인 재결의 예시)

Ⅲ. 취소할 수 있는 재결(취소할 수 있는 재결의 예시)

Ⅳ. 양자의 구별실익
1. 선결문제
2. 행정쟁송 제기요건과의 관계(제소기간, 행정심판 전치주의)
3. 행정쟁송의 형식과의 관계
4. 사정재결 및 사정판결과의 관계
5. 하자의 승계와의 관계
6. 하자의 치유와 전환과의 관계

Ⅴ. 결어

교수강평

1. 논점 · 채점기준

① 제1문의 논점은 서론에서 재결의 의의를 언급하고 재결하자와 관련시켜 무효사유와 취소사유가 있다는 원칙적인 설명을 하고, 이와 관련하여 무효와 취소의 구별학설에 관하여 언급하되 통설인 중대명백설의 입장을 취하여 논리를 전개하여야 할 것이다.

② 무효인 재결(재결이 지닌 하자가 어떤 경우에 중대하고 명백한 것인지의 여부)과 취소할 수 있는 재결(예컨대 취소사유에 해당하는 권한초과, 행위능력결여, 공서양속위반행위, 경미한 법규위반, 불문법 또는 공익위반, 경미한 절차나 형식의 결여 등이 재결과 관련해서 행해진 것인지의 여부)에 대하여 큰 항목을 설정, 구분하여 설명하되 그 구체적인 예를 들어야 할 것이다.

③ 그리고 무효인 재결과 취소할 수 있는 재결을 구별해야 하는 실익[선결문제, 행정쟁송제기요건과의 관계(제소기간, 행정심판 전치주의), 행정쟁송의 형식과의 관계, 사정재결 및 사정판결과의 관계, 하자의 승계와의 관계, 하자의 치유와 전환과의 관계]을 구체적으로 언급하고, 종합적인 검토 내지 평가를 함에 있다.

④ 제1문의 채점기준은 1. 서론(5점), 2. 무효인 재결(10점), 3. 취소할 수 있는 재결(10점), 4. 양자의 구별실익(20점), 5. 평가(5점)에 두었다.

2. 채점평

① 제1문의 경우 수험생의 답안은 대체로 재결의 절차에 중점을 두어 언급하면서 무효인 재결과 취소할 수 있는 재결의 구분이나 그 구체적인 예 및 구별실익에 대하여는 언급을 소홀히

하는 경우가 많았으며, 재결의 법적 성질을 강조하여 설명하는 답안도 의외로 많았다. 재결의 흠을 언급함에 있어 주체 · 내용 · 형식 · 절차로 구분하여 설명하는 답안도 많았으며, 이와 같은 답안은 나름대로 노력한 흔적이 돋보이기는 하지만, 무효인 재결과 취소할 수 있는 재결을 큰 항목으로 구분하여 논점을 정리하는 답안형식이 보다 바람직하다고 할 수 있다.

② 답안 중에는 무효와 취소의 구별에 관한 학설을 제대로 설명하는 경우도 있었으나, 많은 답안은 그와 같은 학설에 대한 언급을 소홀히 하면서 재결이 지닌 흠에 대하여 학설의 인용 없이 '무효사유이다.' 또는 '취소사유이다.'라고 설명하였다.

③ 무효와 취소의 구별실익에 대해서 학설상의 이론을 충실히 설명한 답안도 있었지만, 대체로는 구별실익 중 한 두 가지의 예를 언급함에 그치는 경우가 많았다. 반면에 사업인정과 재결과의 관계에서 하자의 승계문제에 대하여 큰 비중을 두고 언급한 답안이 의외로 많았다. 답안에서 적시된 무효사유를 보면, 협의절차의 누락, 관계서류의 열람 · 의견청취절차의 누락, 사업인정절차를 누락한 수용재결, 재결신청이 없는데 행해진 재결, 재결의 형식결여, 관할을 위반한 재결, 사업인정이 실효된 이후에 행해진 재결, 위원회 구성에 흠결이 있는 위원회의 재결, 수용목적물이 아닌 물건에 대한 수용재결 등이었으며, 취소사유로는 통지의무위반, 재결기간의 경과, 관계기관과의 협의 등의 생략, 사업인정고시에서 토지세목을 누락한 사업인정에 근거한 재결, 단순 절차를 결한 재결 등이다.

④ 답안 중에는 실효사유를 무효사유로 적시한 경우도 많았다.

쟁점해설

무효인 재결과 취소할 수 있는 재결의 예 정도는 기억해야 할 것이다.

1. 무효인 재결의 예시

사업인정절차를 누락한 수용재결, 재결신청이 없는데 행해진 재결, 재결의 형식결여, 관할을 위반한 재결, 사업인정이 실효된 이후에 행해진 재결, 위원회 구성에 흠결이 있는 위원회의 재결, 수용목적물이 아닌 물건에 대한 수용재결 등

2. 취소할 수 있는 재결의 예시

취소사유에 해당하는 권한초과, 행위능력결여, 공서양속위반행위, 경미한 법규위반, 불문법 또는 공익위반, 경미한 절차나 형식의 결여 등이 재결과 관련해서 행해진 것인지의 여부
통지의무위반, 재결기간의 경과, 관계기관과의 협의 등의 생략, 사업인정 고시에서 토지세목을 누락한 사업인정에 근거한 재결, 단순 절차를 결한 재결, 협의절차의 누락, 관계서류의 열람 · 의견청취절차의 누락 등

CHAPTER
03 손실보상

01 손실보상과 정당보상의 의미

기출문제

[손실보상] 손실보상과 정당보상의 의미 [제4회 제1문]

A시는 도로건설용지로 사용하기 위하여 甲 소유 토지 1,000제곱미터를 수용하기 위하여 재결을 신청하였다. 이에 관할 토지수용위원회는 1993년 8월 20일자로 보상재결을 하려고 한다. 이 경우 수용위원회가 재결을 함에 있어서 적용할 현행법상의 보상기준에 대하여 논하고, 그 보상기준과 정당보상과의 관계를 언급하라. 50점

Ⅰ. 논점의 정리
Ⅱ. 수용재결 시 적용할 보상기준
  1. 헌법상 보상기준
    (1) 학설(완전보상설, 상당보상설, 절충설)
    (2) 판례(완전보상설)
    (3) 검토
  2. 개별법상 보상기준
    (1) 완전보상주의(시가보상주의, 공시지가기준보상)
    (2) 개발이익 배제
    (3) 생활보상의 지향
Ⅲ. 보상기준과 정당보상과의 관계
  1. 공시지가기준보상과 정당보상
  2. 채권보상(현물보상)과 정당보상
  3. 개발이익 배제와 정당보상
Ⅳ. 결어

쟁점해설

본문의 논점은 1. 서설(5점), 2. 보상기준(20점), 3. 보상기준과 정당보상과의 관계(20점), 4. 결어(5점)이었다. 즉, 손실보상의 기준을 설명하고 그 보상기준이 정당보상인지의 여부에 있기 때문에 목차구성에 있어 보상기준에 관한 헌법규정에 관한 학설을 중심으로 구체적으로 검토하는 것이 타당하며, 아울러 개별법 특히 토지수용법(현 토지보상법)에서 규정하고 구체적 보상기준을 상세하게 검토한 이후에 그와 같은 보상기준들이 정당보상에 해당하는 것인지에 대하여 평가하는 것이 타당하다. 그리고 사례에서 재결시점을 1993년 8월 20일자로 한다는 것을 명기하였기 때문에 공시기준일인 1월 1일부터 8월 20일까지의 기간에 생긴 지가상승분 또는 지가하락분에 대하여 어떤 기준을 적용하여 보상액을 산정하여야 하는지에 대하여 언급하는 것이 바람직하다.

기출문제

[손실보상] 손실보상과 정당보상의 의미 [제9회 제1문]

택지개발사업이 시행되는 지역에 농지 4,000제곱미터를 소유하고 있던 甲은 보상금으로 사업주변지역에서 같은 면적의 농지를 대토하고자 하였다. 이 지역의 농지가격수준은 사업이 시행되기 이전만 하더라도 주변지역과 같게 형성되고 있었다. 그러나 해당 사업으로 인해 주변지역의 지가가 상승하여 甲은 보상금으로 3,000제곱미터 밖에 매입할 수 없었다. 40점

(1) **甲이 받은 보상은 정당보상에 해당한다고 볼 수 있는가?** 20점

(2) **甲과 사업주변지역 토지소유자와의 불공평관계에서 나타나는 문제점과 개선대책은?** 20점

Ⅰ. 쟁점의 정리

Ⅱ. 설문 (1) : 보상금과 정당보상

1. 정당보상에 관한 학설과 보상기준
   (1) 정당보상에 관한 학설
       완전보상설 · 상당보상설 · 절충설
   (2) 정당보상에 관한 보상기준
       ① 공시지가보상과 정당보상
       ② 개발이익 배제와 정당보상
2. 정당보상 여부의 검토

Ⅲ. 설문 (2) : 피수용자와 사업주변지역 토지소유자와의 불균등문제

1. 개발이익의 사유화
2. 불균등의 문제점과 해소방안
   (1) 개발이익환수를 위한 새로운 법제도입
   (2) 생활보상
   (3) 토지세제개편 및 대토보상제
   (4) 개발이익 포함하여 보상하는 제도

Ⅳ. 사안의 해결

쟁점해설

1. 채점기준

(1) **보상금과 정당보상**

① 정당보상에 관한 학설과 보상기준

② 정당보상 여부의 검토

(2) **피수용자와 사업주변지역 토지소유자와의 불균등관계**

① 개발이익의 사유화

② 불균등의 문제점과 해소방안

2. 문제 1의 논점

(1) 설문 (1) : 보상금과 정당보상

정당보상 여부가 핵심논점인바, 이를 논하기 위해서는 정당보상에 관한 학설·판례와 그 보상기준을 제시하여야 할 것이다.

재산권에 대한 공용침해에 있어서는 손실보상의 원칙이 인정되며, 우리 헌법도 제23조 제3항에서 정당한 보상을 규정하고 있다. 정당보상의 개념에 대하여는 학설이 나누어진다. 즉, 미합중국 수정헌법을 근거로 피침해재산의 객관적 가치를 완전히 보상하여야 한다는 완전보상설과 바이마르 헌법에 근거하여 사회 국가적 기준에 의한 적정보상이면 완전보상을 밑도는 보상을 하여도 족하다고 보는 상당보상설이 대립하고 있다. 그 밖에 완전보상을 원칙으로 하되, 경우에 따라서는 상당보상을 행할 수 있다고 보는 절충설의 입장도 있다. 현재 우리나라의 다수학설은 절충설이다.

우리 헌법재판소와 대법원은 정당한 보상의 개념을 재산권 가치의 완전 회복을 의미하는 완전한 보상의 입장을 취한 바 있다. 따라서 학설과 판례의 입장을 종합하건대 현대국가의 보상은 사회복리 국가이념의 실현을 위한 보상, 즉 실질적 생활보상이어야 하고 이에는 부대적 손실(이전료, 영업보상)도 포함된다고 할 것이다. 설문 (1)에서는 정당보상의 여부 검토가 중요논점이라 할 것인바, 위에서 살펴본 학설과 판례에 입각하여 논술하면 될 것이다.

또 정당보상 여부의 구체적 기준 검토에 있어서는 공시지가기준과 개발이익 배제문제도 논급되어야 할 것이다.

① 공시지가를 기준으로 한 보상액 산정제도는 (구)토지수용법 제26조 제2항 제1호 및 동조 제3항에서 "협의 취득 또는 수용하여야 할 토지에 대하여는 … 공시지가를 기준으로 하되"라고 하고 있는바, 보상액 산정은 우선 공시지가를 기준으로 한다는 실정법적 근거에 입각하고 있다.
또 공시지가제도는 실정법적 근거 이전에 합리적 지가형성 도모, 국토의 효율적 이용 등을 고려할 때에도 이론상 타당하다고 할 것이다.

② 개발이익 배제와 관련하여 사업시행으로 인한 주변지가의 상승(개발)이익은 자신의 정당한 노력에 의하지 않은 불로소득이므로 보상액 산정에서 배제함이 정의와 공평의 원칙에 부합된다는 견해를 지지하는 견해와 이를 부정하는 견해가 있다. 대법원은 "개발이익은 객관적 가치에 해당하지 않으므로 피수용자의 손실에 포함되지 않는다."라고 판시하여 개발이익 배제가 정당보상임을 인정하는 입장을 취한 바 있다(헌재 1990.6.25, 89헌마107).

③ 이와 같은 이론을 설문에 적용시켜 볼 때, 비록 甲에게 개발이익이 배제되어 3,000㎡밖에 대토할 수 없더라도 정당보상의 원칙이 부정되었다고 할 수는 없을 것이고, 공시지가의 수준을 정당보상에 합치되도록 상향조정하는 것이 중요한 선결과제라 하겠다.

(2) 설문 (2) : 피수용자와 사업주변지역 토지소유자와의 불균등관계

이 문제는 ① 개발이익의 사유화 문제와, ② 피수용자와 사업주변지역 토지소유자와의 불균등 문제, 그리고 그 해소방안에 관한 문제이다.

1) 설문 (1)에서 제시한 바와 같이 사업시행으로 발생하는 개발이익을 누구에게 귀속시키느냐 하는 것은 개발사업의 정의와 형평성 확보에 따르는 중요한 문제이다. 설문에서 제시한 바와 같이 주변토지의 지가상승으로 같은 면적의 대토가 불가능하게 되면 피수용자에게 상대적 손실이 발생하게 된다. 즉, 피수용자에게 개발이익을 배제하고 사업주변지역 토지소유자에게 개발이익을 부여하는 것은 개발이익을 사유화하게 되고 정의와 형평의 원칙에 반하게 되는바, 불균등의 문제가 발생하게 된다. 따라서 그 해소방안이 요구된다.

2) 피수용자와 사업주변지역 토지소유자 간에 개발이익이 사유화되면 재산상 불균등의 문제가 발생하며, 그 해소책이 강구되어야 한다. 이러한 불균등문제 해소를 위하여서는 헌법상의 대원칙인 완전보상주의가 충실하게 실현되는 대전제하 개별법이 채택하고 있는 개발이익환수를 위한 새로운 법제의 도입과 그 보완・개선이 이루어져야 하겠다. 이러한 대원칙에는 생활보상이 새로운 바람직한 보상개념으로 제시되고 있다. 그 밖에 각종 토지세제의 개선과 현물보상의 확대도 검토할 만한 문제이다.

■ 최근 토지보상법 제63조에서 현물보상으로 대토보상제도를 도입하였고 공장에 대한 이주대책수립규정도 도입(법 제78조)하여 불균등문제를 입법적으로 해소하고 있다.

기출문제

[손실보상] 손실보상과 정당보상의 의미 [제12회 제1문]

(구)토지수용법 제46조는 다음과 같이 규정하고 있다. 이 규정과 관련하여 아래의 물음에 답하시오.

> **(구)토지수용법 제46조(산정의 시기 및 방법)**
>
> ① 손실액의 산정은 제25조 제1항의 규정에 의한 협의의 경우에는 협의성립 당시의 가격을 기준으로 하고 제29조의 규정에 의한 재결의 경우에는 수용 또는 사용의 재결 당시의 가격을 기준으로 한다.
>
> ② 제1항의 규정에 의한 보상액의 산정방법은 다음 각 호와 같다.
>
> 1. 협의취득 또는 수용하여야 할 토지에 대하여는 지가공시 및 토지 등의 평가에 관한 법률에 의한 공시지가를 기준으로 하되, 그 공시기준일로부터 협의성립시 또는 재결시까지의 관계법령에 의한 당해 토지의 이용계획, 당해 공익사업으로 인한 지가의 변동이 없는 지역의 대통령령이 정하는 지가변동률, 도매물가상승률 기타 당해 토지의 위치・형상・환경・이용상황 등을 참작하여 평가한 적정가격으로 보상액을 정한다.
> 2. 사용하여야 할 토지에 대하여는 그 토지 및 인근토지의 지료・임대료 등을 참작한 적정가격으로 보상액을 정한다.
>
> ③ 제2항의 규정에 의한 공시지가는 제16조의 규정에 의한 사업인정고시일전의 시점을 공시기준일로 하는 공시지가로서 당해 토지의 협의성립 또는 재결 당시 공시된 공시지가 중 당해 사업인정고시일에 가장 근접한 시점에 공시된 공시지가로 한다.

(1) **(구)토지수용법 제46조 제2항 제1호 및 제3항의 입법취지에 대하여 설명하시오.** 10점

(2) **(구)토지수용법 제46조 제2항이나 (구)지가공시 및 토지 등의 평가에 관한 법률 등에 의하여 손실보상액을 산정함에 있어, 보상선례를 참작할 수 있는가에 대하여 설명하시오.** 10점

(3) **(구)토지수용법 제46조에서 규정하는 산정방법에 의하여 보상액을 산정하는 것이 정당보상에 합치되는지 논하시오.** 10점

Ⅰ. 문제의 제기

Ⅱ. (구)토지수용법 제46조 제2항 제1호 및 제3항의 입법취지

1. 보상에서의 개발이익 배제
2. 보상의 기준시점과 산정의 기준시점 간 조정수단

Ⅲ. 보상선례의 참작가능성

1. 보상선례의 의의
2. (구)토지수용법 제46조 제2항 제1호의 해석
3. 보상선례에 관한 판례동향과 비판

Ⅳ. 정당보상과의 합치 여부

1. 공시지가보상과 정당보상
2. 개발이익 배제와 정당보상

Ⅴ. 결어

쟁점해설

1. 출제의도

공공사업을 위한 수용의 경우 보상은 협의성립 당시의 가격과 재결 당시의 가격을 기준으로 하는 일반원칙을 채용하고 있다. 그러나 가격시점의 보상액은 공시지가기준일로부터 시점을 수정하여 산정하는 방식에 의거하고 있다. 시점수정은 개발이익을 배제한 적정가격으로 보상액을 정하기 위한 제도이다. 이로 말미암아 보상액이 정당보상에 합치하는가에 대한 논의가 거듭되고 있으며, 시점수정에 의한 보상액의 산정 시 기타 사항으로 보상선례를 참작할 수 있는가에 대하여 견해가 나누어지고 있다. 따라서 공익사업을 위한 수용이 불가피적으로 인정된다 하더라도 보상액이 정당보상에 합치되어야 한다는 점에서 보상액의 산정시기와 방법에 대한 올바른 이해가 요구된다. 이 문제는 보상법규에서 가장 중요한 문제의 하나이고, 실무적으로도 매우 중요한 의미를 갖는다. 수험생들이 이 문제에 대한 준비를 철저히 한 것으로 알지만 기본 문제에 대한 이해를 바르게 하고 있는가에 주안점을 두고 출제하게 되었다. 특히 보상선례의 참작에 대한 최근 판례동향을 바르게 이해하고 이에 대한 비판을 기대하면서 출제하였다.

2. 채점기준

(1) 입법취지는 ① 보상액에서 개발이익의 배제(5점), ② 보상의 기준시점과 산정의 기준시점 간 조정수단(5점)

(2) 보상선례의 참작가능성은 ① 보상선례의 의의와 (구)토지수용법 제46조 제2항 제1호의 규정해석(5점), ② 보상선례에 관한 판례동향과 비판(5점)으로 세분하여 배점하였다. 특히 판례는 대법원의 최근 판례인 대법원 2001.4.24, 99두5085 판결과 대법원 2001.3.27, 99두7968 판결을 예정하고 있었다.

대판 2001.4.24, 99두5085

[3] (구)토지수용법 제46조 제2항이나 지가공시 및 토지 등의 평가에 관한 법률 등 토지수용에 있어서의 손실보상액 산정에 관한 관계규정에서 그 가격산정요인의 하나로 보상선례를 들고 있지 아니한 점에 비추어, 수용대상토지의 정당한 보상액을 산정함에 있어 보상선례를 반드시 참작하여야 하는 것은 아니고, 다만 인근 유사토지가 보상된 사례가 있고 그 가격이 정상적인 것으로서 적정한 평가에 영향을 미칠 수 있는 것임이 인정된 때에 한하여 이를 참작할 수 있다.

(3) 정당보상에의 합치 여부는 ① 보상기준(공시지가)과 정당보상(5점), ② 보상액의 산정방법(개발이익의 배제)과 정당보상(5점)으로 세분하여 배점하였다.

3. 전체적인 경향

이 문제에 대해서는 대체적으로 답안을 잘 작성하고 있어 기본문제에 충실하게 준비하였다는 생각이 들었다. 많은 답안이 서론을 구성하고 있으나, 이 문제는 다시 3개의 작은 문제로 구성되어 있어 서론을 반드시 기술할 필요는 없다. 채점기준이 서론에 대한 배점을 하지 않고 있기 때문에 구태여 지면과 시간을 낭비할 필요는 없기 때문이다. 하나의 문제가 무엇에 대하여 논하라거나 설명하라고 할 때는 서론이나 문제제기를 하여야 하나, 그렇지 않고 작은 문제로 나누어 답하도록 할 때는 질문에만 충실하게 답안을 작성해도 무방할 것이다.

(1)의 입법취지에 대해서는 개발이익을 배제하기 위한 것임을 잘 알고 설명하고 있으나, 채점기준에서 제시하고 있는 바와 같이 보상의 기준시점과 산정의 기준시점 간 조정방법에 대해서는 구체적으로 설명하지 못하고 있다. 따라서 어떠한 방법으로 개발이익을 배제하고 있는가에 대한 설명이 부족하다. 수험생에 따라서는 이 문제에서 장황하게 정당보상과의 관계에 대해서 설명하는 경우도 있었다. 이는 문제 (3)에서 설명할 것을 여기서도 설명함으로써 중복되어 득점에는 아무런 도움이 되지 못한다.

(2)의 보상선례의 참작가능성에 대하여는 (구)토지수용법 제46조 제2항 제1호의 기타사항과 관련하여 설명할 뿐만 아니라 이에 대한 견해와 대법원의 관련판례도 들어 설명하고 있어 대체적으로 우수하였다.

(3)의 정당보상에의 합치 여부는 비록 기술방법의 논리성이나 체계성에는 차이가 있다 하더라도 대부분의 답안이 정당보상에 합치한다는 결론을 내리고 있다. 그러나 이 문제에서 출제자는 보상기준 또는 공시지가와 정당보상, 개발이익의 배제와 정당보상을 기대하였다. 대개의 경우 개발이익의 배제와 정당보상에 대하여는 기술하고 있으나, 보상기준이나 공시지가와 정당보상의 관계에 대해서는 충분하지 못한 경향을 보이고 있었다.

02 손실보상의 요건

기출문제

[손실보상] 손실보상의 요건 [제8회 제1문]

법률이 공익목적을 위하여 재산권의 수용, 사용 또는 제한을 규정하고 있으면서도, 그에 따른 보상규정을 두고 있지 않은 경우, 재산권을 침해당한 자가 보상을 청구할 수 있는지 여부가 헌법 제23조 제3항의 정당한 보상과 관련하여 문제된다. 이 문제에 관한 해결방법을 논하시오. 50점

Ⅰ. 서론
Ⅱ. 손실보상의 기준 등
  1. 행정상 손실보상의 기준(정당보상의 원칙)
  2. 행정상 손실보상의 근거
Ⅲ. 손실보상에 관한 실정법적 근거에 관한 학설
  1. 방침규정설
  2. 위헌무효설
  3. 직접효력설
  4. 간접효력규정설
  5. 보상입법부작위 위헌설
Ⅳ. 판례
  1. 대법원의 입장
  2. 헌법재판소의 입장
Ⅴ. 결론(사안의 해결)

쟁점해설

제1문의 논점은 서론에서 헌법상 재산권의 의의를 언급하고 헌법 제23조의 재산권 보장조항의 규범구조를 설명하고 이와 관련하여 재산권의 제한 및 보상에 관한 법률의 유보의 의미를 언급하여야 할 것이다. 우리나라에서 공용제한에 대한 보상은 불과 몇 개의 법률에서, 그것도 지극히 추상적으로 규정하고 있을 따름이며, 그나마 도시이용계획제한에 관해서는 전혀 보상규정을 두고 있지 않은 것이 우리의 실정임을 밝혀 이 문제의 핵심적 논점을 제기하여야 한다.

서론에서 이러한 논점을 제기하여 재산권의 내재적 제한에 속할 수 있는지에 관한 재산권의 내재적 제약과 특별희생에 관한 기준을 설명하고, 공용제한이라 하더라도 재산권의 본질적 내용을 침해할 경우 보상이 필요하다고 해석하여야 할 논리적 설명을 가하여야 할 것이다.

다음으로 보상에 관하여 법률상 근거가 명확하면 그 이상으로 헌법상의 근거를 문제시할 필요는 없다. 그러나 법률상의 보상규정이 없거나 명확하지 않을 경우 직접 헌법 제23조 제3항의 규정에 의거하여 보상을 청구할 수 있는지 여부에 관하여 의견이 갈리고 있으며, 그러한 의견은 위의 헌법이 어떠한 효력을 가지는가에 관한 의견의 대립이다.

이 문제의 핵심은 이러한 학설들의 대립, 즉 ① 입법지침설, ② 입법자에 대한 직접효력설, ③ 국민에 대한 직접효력설, ④ 유추적용설을 정확히 이해하고 있느냐에 있으며, 또한 우리 판례의 경향의 변천과 현재 대법원과 헌재의 입장을 어떻게 평가할 수 있느냐를 서술해 주어야 할 것이다. 이와 관련하여 독일의 수용유사침해이론 등을 설명하고 우리나라에 미친 영향 등을 설명해 준다면 좋은 답안이라 할 수 있다.

* 판례

1. 대법원 판례

대법원은 제3공화국에서 당시 헌법 제20조 제3항이 직접적 효력이 있는 규정이라고 보았고 제4공화국에서 당시 헌법 제20조 제3항의 직접적 효력을 부정하였다. 현행 헌법 제23조 제3항의 직접효력 여부에 관하여는 아직 대법원 판례가 나오지 않고 있다.

대법원은 공용침해로 인한 특별한 손해에 대한 보상규정이 없는 경우에 관련 보상규정을 유추적용하여 보상하려는 경향이 있다.

> (구)수산업법상 어업허가를 받고 허가어업에 종사하던 어민이 공유수면매립사업의 시행으로 피해를 입게 된 경우에 헌법 제23조 제3항, 면허어업권자 내지는 입어자에 관한 손실보상을 규정한 구 공유수면매립법 제16조, (구)공공용지의 취득 및 손실보상에 관한 특례법 제3조 제1항 및 동법 시행규칙 제25조의2의 규정을 유추적용하여 피해어민들에게 손실보상을 하여 줄 의무가 있다(대판 1999.11.23, 98다11529).

2. 헌법재판소 판례

헌법재판소는 공익목적을 위한 재산권 제한을 분리이론에 따라 재산권의 내용과 한계를 정하는 문제로 보는 경향이 있다. 그리고 수용보상의 경우에 헌법재판소는 수용 등에 대한 보상규정을 법률이 정하도록 국가에게 명시적으로 입법의무를 부과하고 있다고 보고 있다.

기출문제

[손실보상] 손실보상의 요건 [제18회 제1문]

甲은 A道의 일정지역에서 20년 이상 제조업을 운영하여 왔다.

A도지사는 「(가칭)청정자연보호구역의 지정 및 관리에 관한 법률」을 근거로 甲의 공장이 포함되는 B지역 일대를 청정자연보호구역으로 지정하였다. 그 결과 B지역 내의 모든 제조업자들은 법령상 강화된 폐수배출허용기준을 준수하여야 한다. 이에 대하여 甲은 변경된 기준을 준수하는 것이 기술적으로 어려울 뿐만 아니라 수질정화시설을 갖추는 데 과도한 비용이 소요되므로 이는 재산권의 수용에 해당하는 것으로 손실보상이 주어져야 한다고 주장한다.

(1) 사례와 같은 甲 재산권의 규제에 대한 보상규정이 위 법률에 결여되어 있는 경우 甲 주장의 타당성을 검토하시오. 20점

(2) 사례와 같은 재산권 침해 논란을 입법적으로 해결할 필요가 있는 경우 도입할 수 있는 '현금보상이나 채권보상 이외의 보상방법' 및 '기타 손실을 완화할 수 있는 제도'에 관하여 검토하시오. 20점

설문 (1)의 해결

Ⅰ. 논점의 정리

Ⅱ. 손실보상의 의의 및 요건
1. 손실보상의 의의 및 요건
2. 특별한 희생인지 여부

Ⅲ. 보상규정이 결여된 경우
1. 문제점
2. 학설 및 판례의 태도
3. 소결

Ⅳ. 甲 주장의 타당성
1. 甲 공장을 종래 용도 목적대로 사용가능한지 여부
2. 현실적 수인가능성과 실질적인 이주대책의 필요성
3. 甲 주장의 타당성(소결)

설문 (2)의 해결

Ⅰ. 입법적 해결의 근본적 목적(취지)

Ⅱ. 현금보상이나 채권보상 이외의 보상방법
1. 대토보상의 현실적 필요성
2. 공사비 등의 보상
3. 검토

Ⅲ. 기타 손실을 완화할 수 있는 제도
1. 현행 법령의 문제점
2. 개발제한구역의 지정 및 관리에 관한 특별조치법상 매수청구제도
3. 기타 세금감면, 규제완화

Ⅳ. 소결

쟁점해설

설문 (1)의 물음은 보상규정이 없는 경우의 해결방안이므로, 손실보상의 요건을 개괄적으로 언급한 후, 보상규정이 없는 경우에 헌법 제23조의 해석을 통한 해결을 보여주면 될 것이다. 설문 (2)의 경우는 최근 개정된 대토보상규정 등을 중심으로 기술하면 될 것이다.

예시답안

(설문 1)의 해결

I 논점의 정리

설문에서 甲은 20년간 제조업 공장을 운영하여 오던 중 재산권 규제에 대하여 손실보상을 주장하는바 ① 손실보상의 의의 및 요건 등을 검토하고, ② 재산권 규제에 대한 보상규정이 위 법률에 결여된 경우, 甲 주장의 타당성을 헌재 1998.12.24, 89헌마214 헌법재판소 결정에서 제시한 근거를 토대로 논하기로 한다.

II 손실보상의 의의 및 요건

1. 손실보상의 의의 및 요건

손실보상이란 행정기관의 적법한 공권력 행사로 인하여 개인의 재산권에 의도된 특별한 희생에 대하여 사유재산권 보장과 평등부담의 차원에서 행하는 조절적, 재산적 보상을 말한다. ① 설문에서는 공공필요에 의한 재산권의 의도적 침해로서, ② 위 법률에 근거한다. ③ 특별한 희생 여부가 문제시되며, ④ 보상규정의 존재는 후술하기로 하고, 이하 특별한 희생을 고찰한다.

2. 특별한 희생인지 여부

특별한 희생은 인적 범위가 특정되고, 침해의 강도 등이 수인한도를 넘는 경우이어야만 한다. 설문에서 甲은 A도의 일정지역에서 20년 이상 제조공장을 운영하던 중 청정자연보호구역으로 지정되면서 폐수배출허용기준을 준수하여야 하는데, 기술적인 어려움이 존재한다. 또한 수질정화시설을 갖추는 데 과도한 비용이 소요되는바 甲으로서는 이를 현실적으로 감당하기 어려운 것으로 보여지고, 침해의 강도를 고려할 때도 개인의 수인한도를 넘는 것으로 특별한 희생으로 보상함이 타당시된다.

Ⅲ 보상규정이 결여된 경우(헌법 제23조 제3항 논의)

1. 문제점

헌법 제23조 제3항에서는 보상은 법률로써 하도록 규정하고 있는바 헌법의 취지상 원칙으로 개별법에 유보되어야 마땅하다. 그러나 청정자연보호구역의 지정 및 관리에 관한 법률에서는 보상규정이 결여된바, 학설 및 판례 등을 검토하여 보기로 한다.

2. 학설 및 판례의 태도

① 헌법 제23조 제3항의 해석을 통하여 손실보상을 긍정하는 직접효력설, 유추적용설이 있고 부정하는 방침규정설, 위헌무효설이 있다. 최근 위헌성 제거논의로 보상입법부작위 위헌설도 있다.

② 대법원은 시대상황을 반영한 판례를 내놓고 있고, 헌재는 89헌마214 결정에서 위헌성 심사기준, 특별한 희생구별, 해결방법 등에 대한 입법촉구를 제시한 바 있다.

3. 소결

헌법 제23조 제3항의 논의가 모두 일면 타당성이 있으나, 재산권 침해에 대한 甲의 실질적 해결책은 헌법에 의해 직접 보상하는 것이 실효성이 있다고 생각한다. 다만 법치주의원리상 구체적 입법으로 해결하는 것이 타당하다고 보인다. 이하에서는 89헌마214 결정에서 제시한 ① 종래 용도 목적대로 사용가능성, ② 현실적 수인가능성 등이 있는지를 고려하여 입법상 흠결에 대한 쟁점에 대하여 甲 주장의 타당성을 고찰한다.

Ⅳ 甲 주장의 타당성

1. 甲 공장을 종래 용도 목적대로 사용가능한지 여부

설문에서 20년간 제조업을 운영하던 甲은 청정자연보호구역지정 등으로 법령상 강화된 폐수배출허용기준을 준수하여야 한다. 이는 제조업의 특성상 종래의 기득권을 유지하는 것은 어려운바 甲의 손실보상 주장은 타당하다고 보인다.

2. 현실적 수인가능성과 실질적인 이주대책의 필요성

甲은 수질정화시설 등을 갖추어야 하는데 과도한 비용 등이 들게 되므로 이에 따른 현실적 대응한계와 수인가능성도 낮은바, 입법정책적으로 실질적인 이주대책 등이 행해지는 것이 타당시된다고 보인다.

3. 甲 주장의 타당성(소결)

일정지역에서 20년간 공장을 운영하며 생계 등을 유지하던 甲에게 청정구역지정으로 인한 재산권 규제는 위에서 상술한 바와 같이 손실보상하여 주는 것이 타당하다 생각된다. 다만 토지보상법상 실효성 있는 해결책 제시가 관건으로, 이하에서는 개정법령 등을 구체적으로 검토하기로 한다.

(설문 2)의 해결

I 입법적 해결의 근본적 목적(취지)

최근 토지보상법령 개정안에서는 현금보상이나 채권보상 이외에 대토보상 등이 새로이 도입되면서 실효적인 손실보상이 가능토록 입법조치하고 있다. 甲과 같이 공장을 운영하던 지역이 청정자연보호구역으로 지정되면 인근지가가 폭등할 개연성이 높고, 보상금을 받아 기존 공장 운영을 종래 목적대로 인근에서 할 수 없게 되는 것이 현실이다. 따라서 입법적 해결은 헌법상 존속보장의 취지를 살리고 국민의 재산권을 보호하는 근본적 법목적에 부합된다. 이하에서는 그 실질적인 방안으로서 입법적 해결책 등을 상세히 고찰하여 본다.

II 현금보상이나 채권보상 이외의 보상방법

1. 대토보상의 현실적 필요성(법 제63조 개정)

현금보상이나 채권 이외로 토지보상법 제63조 개정안에서는 일정한 기준과 절차에 따라서 〈토지로 보상받을 수 있는 자〉를 법정함으로써 인근 지가상승으로 인한 피수용자들의 현실적 박탈감을 해소하는 측면이 있다. 설문에서 甲의 경우 제조공장부지에 대한 실질적 보상책으로서 이주할 수 있는 토지를 보상하는 것은 매우 실효성 있는 조치로 판단된다.

2. 공사비 등의 보상

설문에서 甲이 20년간 공장을 운영하게 되면 그 공장건물이 시간의 경과 등으로 낡을 수도 있으나, 실제 운영에 전혀 어려움이 없는 상태라고 하면 공장건물 등을 지을 수 있는 공사비 등을 제공하는 것이 실효적인 조치라고 생각된다.

3. 검토

현행 토지보상법에서는 대토보상이나 공사비보상 등이 적시되어 있지 아니한바 개정안에서는 대토보상 등이 규정되어 매우 바람직하다고 보인다. 다만 설문에서 甲에게 가장 현실성 있는 입법조치는 이주공장을 제공하여 기존의 공장운영목적에 부합되는 보상조치를 하는 것인바 법령의 정비가 요구된다 할 것이다.

Ⅲ 기타 손실을 완화할 수 있는 제도

1. 현행 법령의 문제점

현행 토지보상법이나 개발제한구역의 지정 및 관리에 관한 특별조치법 등에서는 손실을 완화할 수 있는 직접적인 규정이 미비한 것이 현실이다. 따라서 이에 대한 정비가 시급하며 위의 공장 등이 수용에 해당되는 경우에 기타 손실을 완화하는 조치는 생업과 관련된 국민에게 절실한 생존의 문제이다.

2. 개발제한구역의 지정 및 관리에 관한 특별조치법상 매수청구제도

개발제한구역의 지정 및 관리에 관한 특별조치법에서는 일정기준에 해당되는 경우에는 매수청구권제도 등이 있다. 설문에서 甲 공장의 경우 A도지사의 청정자연보호구역 지정에 따른 재산권 침해에 대하여 매수청구권제도를 해당 법령에 적시한다면 어느 정도 손실을 완화하는 조치로 평가받을 수 있을 것이다.

3. 기타 세금감면, 규제완화

기타 손실을 완화할 수 있는 제도로서 甲 공장운영에 대하여 이주 시까지 각종 세금을 감면하여 준다든지, 공장설립허가 등을 다시 받는 경우에 규제완화조치 등도 가능하리라 본다. 다만 이에 대한 입법조치가 선행될 때 甲이 실무현장에서 실질적 도움이 될 수 있을 것이다.

Ⅳ 소결

1. 甲 공장운영에 대한 재산권 침해에 대하여 입법적 해결은 甲의 현실적 문제해결을 위한 필요불가결한 조치이다. 특히 대토보상 등을 통한 공장이주단지 등의 조성은 가장 실효성 있는 손실보상이 될 것으로 사료된다.
2. B지역 내 폐수배출허용기준 등이 강화됨으로써 이주가 불가피한 경우, 甲과 같은 제조공장 운영자들에게는 새로운 이주공장 설립허가 시에 규제 등을 완화하여 주고, 세금감면 등을 통하여 물질적인 것뿐만 아니라 심적 박탈감 등도 함께 고려하여 보상하는 것이 타당시된다고 보인다. 다만 보상법령 등의 재정비를 통한 제도적 법제화가 무엇보다 중요하다고 생각된다.

03 손실보상의 내용

 기출문제

[손실보상] 손실보상의 내용 [제15회 제3문]

생활보상에 관하여 약술하시오. 20점

쟁점해설

생활보상문제는 과거에 기출되었으나 이후에도 계속 출제될 수 있는 논점이다.
생활보상에서 중요한 논점은 생활보상의 개념으로 광의설과 협의설에 따라 생활보상의 범위가 달라지기 때문이다. 또한 생활보상의 인정취지, 즉 헌법상 정당보상이 재산권 보상에 한정되는 것이 아니라 생활보상까지 확장된 개념으로 본다.

생활보상의 개념

1. 광의설

생활보상은 종전과 같은 유기체적인 생활상태로 보장해 주는 것으로 정의하고 있다.

2. 협의설

현재 해당 지역에서 누리고 있는 생활이익의 상실로서 재산권 보상으로써 메꾸어지지 않은 손실에 대한 보상으로 정의한다.

기출문제

[손실보상] 손실보상의 내용 [제4회 제3문]

「공익사업을 위한 토지 등의 취득 및 보상에 관한 법률」이 규정하고 있는 생활보상적 성격을 지닌 보상에 대하여 설명하시오. 20점

쟁점해설

생활보상의 개념을 광의로 보는 견해는 그것을 주거총체가치의 보상, 소수잔존자보상, 이주대책 등 생활재건조치 등으로 구분하고 있다.
따라서 생활보상의 종류를 설명함에 있어서는 생활보상을 협의로 보는 경우와 광의로 보는 경우를 구분하여 설명하는 것이 좋다고 본다.

기출문제

[손실보상] 손실보상의 내용 [제20회 제1문]

A시는 도시개발사업을 하면서 주거를 상실하는 주거자에 대한 이주대책을 수립하였다. 이주대책의 주요내용은 다음과 같다. 이를 근거로 다음 물음에 답하시오. 45점

- 기준일 이전부터 사업구역 내 자기 토지상 주택을 소유하고 협의계약 체결일까지 해당 주택에 계속 거주한 자가 보상에 합의하고 자진 이주한 경우 사업구역 내 분양아파트를 공급한다.
- 분양아파트를 공급받지 않은 이주자에게는 이주정착금을 지급한다.
- 무허가건축물대장에 등록된 건축물 소유자는 이주대책에서 제외한다.

(1) 이주대책의 이론적 및 헌법적 근거를 설명하시오. 5점

(2) 주택소유자 甲이 보상에 합의하고 자진 이주하지 아니한 경우에도 이주대책에 의한 분양아파트의 공급 혹은 이주정착금의 지급을 요구할 수 있는지의 여부를 검토하시오. 20점

(3) 무허가건축물대장에 등록되지 않은 건축물 소유자 乙이 해당 건축물이 무허가건축물이라는 이유로 이주대책에서 제외된 경우에 권리구제를 위하여 다툴 수 있는 근거와 소송방법에 관하여 검토하시오. 20점

설문 (1)의 해결

1. 이주대책의 의의 및 취지
2. 이주대책의 이론적 근거
3. 이주대책의 헌법적 근거

설문 (2)의 해결

1. 문제의 소재
2. 甲이 이주대책의 대상자인지 판단
   (1) 이주대책대상자 요건
   (2) 甲이 이주대책대상자인지
3. 이주대책 수립내용의 구속성 검토
   (1) 관련 판례의 태도(대판 2009.3.12, 2008두12610)
   (2) 수립내용의 구속성
   (3) 사안의 경우(특별한 사정의 유무판단)
4. 甲이 분양아파트 공급 및 이주정착금을 요구할 수 있는지
   (1) 분양아파트의 공급 가능 여부
   (2) 이주정착금 지급을 요구할 수 있는지

설문 (3)의 해결

1. **문제의 소재**
2. **乙이 이주대책의 대상자인지**
   (1) 무허가건축물에 대한 부칙규정
   (2) 乙이 이주대책의 대상자인지
3. **乙이 다툴 수 있는 근거(수분양권의 발생시기 문제)**
   (1) 수분양권의 의의
   (2) 수분양권의 법적 성질
   (3) 수분양권의 발생시기
      1) 학설
         가. 이주대책계획수립이전설(법상취득설)
         나. 이주대책계획수립시설
         다. 확인 · 결정시설
      2) 판례
      3) 검토
4. **乙의 권리구제를 위한 소송방법**
   (1) 판례와 같이 확인 · 결정시설을 취하는 경우
   (2) 이주대책계획수립이전설(법상취득설)을 취하는 경우
   (3) 이주대책계획수립시설을 취하는 경우

쟁점해설

설문 (1)은 이주대책의 의의와 이론적, 헌법적 근거를 간략하게 적시하면 충분할 것으로 생각된다.

설문 (2)는 甲이 이주대책대상자에 해당하는지를 토지보상법 제78조 및 동법 시행령 제43조를 기준으로 살펴보고, 이주대책의 주요내용에 구속되는지를 최근 판례(대판 2009.3.12, 2008두12610)의 태도에 비추어 검토하여 해결하면 될 것이다.

설문 (3)에서 乙은 무허가건축물의 소유자이므로 이와 관련된 부칙규정(89.1.24)을 검토하여 乙이 이주대책대상자인지를 확인한다. 이주대책대상자에 해당한다면 권리구제를 위하여 수분양권의 권리가 인정되는지를 검토하고, 이주대책대상자에서 제외된 것을 대상으로 항고소송 및 확인소송이 가능한지를 적시하면 될 것이다.

예시답안

[설문 1]의 해결

1. 이주대책의 의의 및 취지

이주대책이란 주거용 건축물을 제공하여, 생활의 근거를 상실하는 자에게 종전생활을 유지시켜주는 일환으로 택지 및 주택을 공급하거나 이주정착금을 지급하는 것을 말한다. 개정된 토지보상법에서는 이주대책의 대상자를 주거용 건축물 제공자에서 공장부지 제공자까지 확대하여 국민의 권리구제를 두텁게 하고 있다.

2. 이주대책의 이론적 근거

이주자들에게 종전의 생활상태를 원상으로 회복시키면서 동시에 인간다운 생활을 보장하여 주기 위한 이른바 생활보상의 일환으로 국가의 적극적이고 정책적인 배려에 의하여 마련된 제도이다.

3. 이주대책의 헌법적 근거(생활보상의 법적 성격과 관련)

① 다수견해는(헌법 제23조 및 제34조 결합설) 정책배려로 마련된 생활보상의 일환이라고 한다. ② 소수견해는(제23조설) 정당보상 범주 내의 손실보상의 일환이라고 한다. ③ 헌법재판소는 생활보호차원의 시혜적 조치라고 한다. ④ 생각건대 생활보상의 근거는 생존권 보장인 점과, 손실보상의 근거는 헌법 제23조 제3항이므로 통합설이 타당하다.

(설문 2)의 해결

1. 문제의 소재

甲이 이주대책 수립내용을 따르지 않은 경우에 아파트 공급 및 이주정착금을 요구할 수 있는지가 문제된다. ① 甲이 이주대책대상자에 해당하는지를 살펴보고, ② 이주대책 수립내용의 구속성을 검토하여 사안을 해결한다.

2. 甲이 이주대책의 대상자인지 판단

(1) 이주대책대상자 요건(토지보상법 제78조 및 시행령 제40조)

주거용 건축물 제공, 무허가건축물이 아닐 것, 공고일부터 계약체결일 및 재결일까지 계속 거주할 것을 요건으로 규정하고 있다.

(2) 甲이 이주대책대상자인지

설문상 명확한 표현은 없으나, 甲이 적법한 주거용 건축물을 제공하고, 기준일 이전부터 협의계약체결일까지 계속 거주했다면 이주대책의 대상자로 볼 수 있을 것이다. 다만 이 경우에 사업시행자가 구체적으로 수립한 이주대책의 내용에 구속되는지 여부에 따라서 분양아파트를 공급받을 수가 있는지가 결정된다.

3. 이주대책 수립내용의 구속성 검토

(1) 관련 판례의 태도(대판 2009.3.12, 2008두12610)

판례는 사업시행자는 이주대책기준을 정하여 이주대책대상자 중에서 이주대책을 수립, 실시하여야 할 자를 선정하여 그들에게 공급할 택지 또는 주택의 내용이나 수량을 정할 수 있고, 이를 정하는 데 재량을 가지므로, 이를 위해 사업시행자가 결정한 기준은 그것이 객관적으로 합리적이 아니라거나 타당하지 않다고 볼 만한 다른 특별한 사정이 없는 한 존중되어야 한다.

(2) **수립내용의 구속성**

판례의 태도에 비추어 볼 때, 사업의 원활한 진행이 가능한 범위 내에서 신속한 이주대책을 수립, 실시하여 공사익을 도모하여야 하는 것으로 볼 수 있다. 따라서 특별한 사정이 없는 한 사업시행자가 수립한 이주대책의 수립내용은 존중되어야 하므로 이주대책대상자를 구속한다고 볼 수 있다.

(3) **사안의 경우**(특별한 사정의 유무판단)

설문에서는 해당 이주대책의 수립내용이 객관성을 결여하였거나 합리성이 결여되었다는 점이 없고, 타당하지 않다고 볼 만한 특별한 사정이 없는 것으로 보인다. 따라서 해당 수립내용은 이주대책대상자인 甲을 구속한다고 판단된다.

4. 甲이 분양아파트 공급 및 이주정착금을 요구할 수 있는지

(1) **분양아파트의 공급 가능 여부**

A시는 분양아파트를 공급받기 위해서는 보상에 합의하고 자진 이주할 것을 주요내용으로 수립하였으며, 이는 특별한 사정이 없는 한 존중되어야 한다. 甲은 보상에 합의하였으나 자진 이주를 하지 않았으므로 분양아파트 공급대상자에 해당된다고 볼 수 없다.

(2) **이주정착금 지급을 요구할 수 있는지**

甲은 토지보상법상의 이주대책대상자에 해당한다. 따라서 이주대책 수립내용상 분양아파트를 공급받지 않은 이주자에게는 이주정착금을 지급한다고 규정되어 있으므로 甲은 이주정착금의 지급을 요구할 수 있을 것이다.

[설문 3]의 해결

1. 문제의 소재

① 乙은 무허가건축물 소유자이므로 乙이 이주대책대상자에 해당되는지를 살펴보고, ② 만약 乙이 이주대책대상자에 해당함에도 불구하고 이주대책대상자에서 제외되었다면 이주대책대상자에서 제외됨을 이유로 다툴 수 있는 근거 및 소송방법과 관련하여 乙에게 수분양권이 발생했는지가 문제된다.

2. 乙이 이주대책의 대상자인지

(1) **무허가건축물에 대한 부칙규정**

토지보상법 시행령 부칙 제6조에서는 89.1.24. 이전의 무허가건축물에 대해서는 이주대책의 대상에 포함된다고 규정하고 있다.

(2) **乙이 이주대책의 대상자인지**

乙이 89.1.24. 이전에 무허가건축물을 건축한 경우라면 이주대책의 대상자에 포함된다. 따라서 乙은 이주대책대상자에서 제외된 것에 대하여 다툴 수 있는데, 이에 대한 법적 근거에 따라서 소송방법이 달라지므로 이하에서 구체적으로 검토한다.

3. 乙이 다툴 수 있는 근거(수분양권의 발생시기 문제)

(1) 수분양권의 의의

수분양권이란 이주자가 이주대책을 수립·실시하는 사업시행자로부터 이주대책대상자로 확인·결정을 받음으로써 취득하게 되는 택지나 아파트를 분양받을 수 있는 권리를 말한다. 문제는 이주대책대상자에게 언제 수분양권 등 특정한 실체법상의 권리가 취득되는가 하는 것이다.

(2) 수분양권의 법적 성질

이주대책이 공법적 성격을 가지므로 공법관계이고 판례도 수분양권은 대상자 확인·결정에 의해 취득하는 공법상 권리라고 한다.

(3) 수분양권의 발생시기

1) 학설

가. 이주대책계획수립이전설(법상취득설)

토지취득보상법 제78조 및 동법 시행령 제40조의 요건을 충족하는 경우에 실체적 권리인 수분양권이 취득된다고 보는 견해이다(대판 1994.5.24, 92다35783 全合에서 반대의견이 이 견해를 채택한 것으로 보인다).

나. 이주대책계획수립시설

사업시행자가 이주대책에 관한 구체적인 계획을 수립하여 이를 해당자에게 통지 내지 공고한 경우에 이것으로 이주자에게 수분양권이 취득된다고 보는 견해이다(대판 1994.5.24, 92다35783 全合에서 반대의견에 대한 보충의견이 이 견해를 취한 것으로 보인다).

다. 확인·결정시설

이주대책계획 수립 후 이주자가 이주대책대상자 선정을 신청하고 사업시행자가 이를 받아들여 이주대책대상자로 확인·결정하여야 비로소 수분양권이 발생한다고 보는 견해이다.

2) 판례

판례는 수분양권의 발생에 관하여 확인·결정시설을 취하고 있다(대판 1994.5.24, 92다35783 全合).

3) 검토

이주대책대상자의 경우 법상의 추상적인 이주대책권이 이주대책계획이 수립됨으로써 구체적 권리로 되는 것이므로 이주대책계획수립시설이 타당하다.

4. 乙의 권리구제를 위한 소송방법

(1) 판례와 같이 확인 · 결정시설을 취하는 경우

이주대책대상자 선정신청에 대한 거부는 거부처분이 되므로 이에 대하여 취소소송을 제기하고 부작위인 경우에는 부작위위법확인소송을 제기하여야 한다. 이주대책대상자 선정신청 및 이에 따른 확인 · 결정 등 절차를 밟지 아니하여 구체적인 수분양권을 아직 취득하지도 못한 상태에서 곧바로 분양의무의 주체를 상대방으로 하여 민사소송이나 공법상 당사자소송으로 이주대책상의 수분양권의 확인 등을 구하는 것은 허용될 수 없다.

(2) 이주대책계획수립이전설(법상취득설)을 취하는 경우

이주대책대상자 선정신청의 거부나 부작위에 대하여 행정쟁송을 제기할 수 있을 뿐만 아니라 구체적 이주대책계획에서 제외된 이주대책대상자는 자기 몫이 참칭 이주대책대상자에게 이미 분양되어 분양신청을 하더라도 거부할 것이 명백한 특수한 경우에는 이주대책대상자로서 분양을 받을 권리 또는 그 법률상 지위의 확인을 공법상 당사자소송으로 구할 수 있다고 보아야 한다.

(3) 이주대책계획수립시설을 취하는 경우

이주대책계획을 수립한 이후에는 이주대책대상자에서 제외된 이주대책대상자는 수분양권에 터잡은 분양신청을 하여 거부당한 경우에는 그 거부의 취소를 구하는 행정쟁송을 제기할 수 있을 것이다. 사업시행자가 실제로 이주대책계획을 수립하기 이전에는 이주자의 수분양권은 아직 추상적인 권리나 법률상의 지위 내지 이익에 불과한 것이어서 그 권리나 지위의 확인을 구할 수 없을 것이나, 이주대책계획을 수립한 이후에는 이주대책대상자의 추상적인 수분양권이 구체적 권리로 바뀌게 되므로 확인판결을 얻음으로써 분쟁이 해결되고 권리구제가 가능하여 그 확인소송이 권리구제에 유효적절한 수단이 될 수 있는 경우에는 당사자소송으로 수분양권 또는 그 법률상의 지위의 확인을 구할 수 있다고 보아야 한다.

*** 이주대책대상자의 확인 · 결정의 처분성 유무**

1. 형성처분설(특허)

   사업시행자가 하는 확인 · 결정은 곧 구체적인 이주대책상의 수분양권을 취득하기 위한 요건이 되는 행정작용으로서 처분이라고 한다. 따라서 이를 단순히 절차상의 필요에 따른 사실행위에 불과한 것으로 평가할 수 없다고 한다. 따라서 사업시행자의 확인 · 결정이라는 처분에 의해서 비로소 이주자에게 수분양권이라는 권리가 발생하는 것이므로 이를 형성처분으로 본다.

2. 이행처분설(확인)

이주자가 이미 취득하고 있는 수분양권에 대해 그 의무를 이행한 일련의 이행처분에 불과하고 이는 이주자가 이미 취득하고 있는 수분양권을 구체화시켜주는 과정에 불과하다고 한다. 협의가 성립되거나 재결이 있고 이주대책 수립할 요건에 해당되면 토지보상법 제78조의 규정에 의해서 이주자는 수분양권을 가지게 되므로, 사업시행자의 확인・결정은 이주대책을 수립, 실시절차를 이행하기 위해서 발하게 되는 이행처분으로 본다.

3. 검토

어느 견해에 의하든 확인・결정의 처분성은 인정하게 된다. 그러나 수분양권은 법률규정에 의해서 직접발생하는 것으로 보는 것이 국민의 권리구제에 유리하므로 이행처분설이 타당하다.

[관련판례]

대법원 2009.3.12, 2008두12610 판결[입주권확인]

[판시사항]

[1] 도시개발사업의 사업시행자가 이주대책기준을 정하여 이주대책대상자 가운데 이주대책을 수립・실시하여야 할 자를 선정하여 그들에게 공급할 택지 등을 정하는 데 재량을 가지는지 여부(적극)

[2] 도시개발사업의 사업시행자가 보상계획공고일을 기준으로 이주대책대상자를 정한 후, 협의계약 체결일 또는 수용재결일까지 당해 주택에 계속 거주하였는지 여부 등을 고려하여 이주대책을 수립・실시하여야 할 자를 선정하여 그들에게 공급할 아파트의 종류, 면적을 정한 이주대책기준을 근거로 한 입주권 공급대상자 결정처분에 재량권을 일탈・남용한 위법이 없다고 한 사례

[판결요지]

[1] (구)도시개발법(2007.4.11. 법률 제8376호로 개정되기 전의 것) 제23조, 공익사업을 위한 토지 등의 취득 및 보상에 관한 법률 제78조 제1항, 같은 법 시행령 제40조 제3항 제2호의 문언, 내용 및 입법 취지 등을 종합하여 보면, 위 시행령 제40조 제3항 제2호에서 말하는 '공익사업을 위한 관계 법령에 의한 고시 등이 있은 날'은 이주대책대상자와 아닌 자를 정하는 기준이지만, 나아가 사업시행자가 이주대책대상자 중에서 이주대책을 수립・실시하여야 할 자와 이주정착금을 지급하여야 할 자를 정하는 기준이 되는 것은 아니므로, 사업시행자는 이주대책기준을 정하여 이주대책대상자 중에서 이주대책을 수립・실시하여야 할 자를 선정하여 그들에게 공급할 택지 또는 주택의 내용이나 수량을 정할 수 있고, 이를 정하는 데 재량을 가지므로, 이를 위해 사업시행자가 설정한 기준은 그것이 객관적으로 합리적이 아니라거나 타당하지 않다고 볼 만한 다른 특별한 사정이 없는 한 존중되어야 한다.

[2] 도시개발사업의 사업시행자가 보상계획공고일을 기준으로 이주대책대상자를 정한 후, 협의계약 체결일 또는 수용재결일까지 당해 주택에 계속 거주하였는지 여부 등을 고려하여 이주대책을 수립・실시하여야 할 자를 선정하여 그들에게 공급할 아파트의 종류, 면적을 정한 이주대책기준을 근거로 한 입주권 공급대상자 결정처분에 재량권을 일탈・남용한 위법이 없다고 한 사례

04 경계이론 및 분리이론

기출문제

[손실보상] 경계이론 및 분리이론 [제14회 제2문]

손실보상에 있어서 사회적 제약과 특별한 희생의 구별기준에 관하여 경계이론과 분리이론의 입장을 설명하시오. 20점

Ⅰ. 서설(분리 · 경계이론의 논의배경)
Ⅱ. 분리이론과 경계이론의 개념
 1. 분리이론
 2. 경계이론
Ⅲ. 경계이론을 취할 경우 구별기준
 1. 형식적 기준설
 2. 실질적 기준설
 3. 검토(절충설)
Ⅳ. 분리이론을 취할 경우 구별기준
 1. 헌법 제23조 제1항, 제2항 규정
 2. 헌법 제23조 제3항 규정

쟁점해설

경계이론은 침해의 강도 등을 중심으로, 분리이론은 입법자의 의사에 따라서 사회적 제약과 특별한 희생의 구별기준이 달라짐을 헌법 제23조의 규범해석과 관련하여 서술하면 무난할 것이다.

예시답안

Ⅰ 서설(분리 · 경계이론의 논의배경)

우리나라의 경우 (구)도시계획법 제21조에 규정된 개발제한구역제도의 위헌성의 여부와 관련한 헌법재판소 판례를 계기로 논의가 본격화되었고 독일의 경우 자갈채취판결을 통해 이루어지기 시작했다. 또한 경계이론과 분리이론을 택하였을 때 손실보상 여부가 달라지므로 논의의 실익이 있다 하겠다.

Ⅱ 분리이론과 경계이론의 개념

1. 분리이론

입법자의 의사에 따라 공용침해와 재산권의 사회적 제한의 설정이 분리된다는 이론을 말한다. 따라서 입법자가 공용침해(수용 · 사용 · 제한)를 규정한 것이 아니라 재산권의 사회적 제한을 규

정하는 경우에는 원칙적으로 보상을 요하지 않는다. 그러나 입법자가 공용침해를 규정하였음에도 보상규정이 없다면 보상의 문제를 가져오는 것이 아니라, 위헌의 문제만을 가져온다는 견해이다. 분리이론은 우리의 헌법재판소가 취하는 입장이다.

2. 경계이론

재산권의 사회적 제한과 공용침해는 별개의 제도가 아니고, 양자 간에는 정도의 차이가 있을 뿐이며, 사회적 제한의 경계를 벗어나면 보상의무가 있는 공용침해로 전환한다는 이론을 말한다. 즉, 재산권의 사회적 제한을 벗어나는 재산권 규제는 특별한 희생으로서 보상규정의 유무를 불문하고 보상이 따라야 한다는 논리이다. 우리나라의 다수견해이고 대법원의 견해이다.

Ⅲ 경계이론을 취할 경우 구별기준

1. 형식적 기준설

침해행위가 일반적인 것이냐 아니면 개별적인 것이냐라는 형식적 기준에 의하여 특별한 희생과 사회적 제한을 구별하려는 견해이다.

2. 실질적 기준설

공용침해의 실질적 내용, 즉 침해의 본질성 및 강도를 기준으로 하여 특별한 희생과 사회적 제한을 구별하려는 견해이다. 이는 보호가치설, 수인한도설(수인기대가능성설), 사적효용설, 목적위배설, 상황구속설 등이 있다.

3. 검토(절충설)

우리나라의 통설은 형식적 기준설과 실질적 기준설이 일면의 타당성만을 갖는다고 보고 형식적 기준설과 실질적 기준설을 종합하여 특별한 희생과 사회적 제약을 구별하여야 한다고 본다.

Ⅳ 분리이론을 취할 경우 구별기준

1. 헌법 제23조 제1항, 제2항 규정(재산권의 내용 한계규정)

재산권의 사회적 제한과 공용침해규정은 별개의 규정이고 재산권의 사회적 제한규정(내용규정)은 재산권의 내용적 제한이 재산권에 내재하는 사회적 제약을 넘어 과도한 제한이 되는 경우에는 비례의 원칙, 평등의 원칙, 신뢰보호의 원칙에 반하게 된다. 이 경우에는 재산권의 내용적 제한이 과도한 제한이 되지 않도록, 즉 비례원칙 위반으로 인한 위헌성을 해소하기 위하여 조정조치가 필요하다. 입법자는 비례원칙 위반을 시정하여 재산권 제한을 합헌적으로 하여야 할 의무를 지는데 이 의무를 조정의무라고 한다. 조정조치로는 우선 비금전적 구제가 행해져야 하고 이러한 구제조치들이 어려운 경우 제2차적으로 손실보상, 매수청구 등 금전적 보상이 주어져야 한다.

2. 헌법 제23조 제3항 규정(공용침해규정)

공용침해는 공공필요, 보상 등 헌법 제23조 제3항이 스스로 정하고 있는 조건하에서만 허용된다.

[관련판례]

1. 대법원 판례 : 경계이론의 입장

도시계획법 제21조 제1항, 제2항의 규정에 의하여 개발제한구역 안에 있는 토지의 소유자는 재산상의 권리행사에 많은 제한을 받게 되고 그 한도 내에서 일반 토지소유자에 비하여 불이익을 받게 되었음은 명백하지만 '도시의 무질서한 확산을 방지하고 도시주변의 자연환경을 보전하여 건전한 생활환경을 확보하기 위하여, 또는 국방부장관의 요청이 있어 보안상 도시의 개발을 제한할 필요가 있다고 인정되는 때'에 한하여 가하여지는 위와 같은 제한은 공공복리에 적합한 합리적인 제한이라고 볼 것이고, 그 제한으로 인한 토지소유자의 불이익은 공공의 복리를 위하여 감수하지 아니하면 안 될 정도의 것이라고 인정되므로 이에 대하여 손실보상의 규정을 하지 아니하였다 하여 도시계획법 제21조 제1항, 제2항의 규정을 헌법 제23조 제3항이나 제37조 제2항에 위배되는 것이라고 할 수 없다(대결 1990.5.8, 89부2).

2. 헌법재판소 판례 : 분리이론의 입장

도시계획법 제21조에 규정된 개발제한구역제도 그 자체는 원칙적으로 합헌적인 규정인데, 다만 개발제한구역의 지정으로 말미암아 일부 토지소유자에게 사회적 제약의 범위를 넘는 가혹한 부담이 발생하는 예외적인 경우에 대하여 보상규정을 두지 않은 것에 위헌성이 있는 것이다(헌결 1998.12.24, 89헌마214, 90헌바16, 97헌바78(병합)).

05 손실보상기준

 기출문제

[손실보상] 손실보상기준 [제22회 제1문]

A군에 사는 甲은 국토의 계획 및 이용에 관한 법률에 따라 지정된 개발제한구역 내에 과수원을 경영하고 있다. 甲은 영농의 편의를 위해 동 과수원 토지 내에 작은 소로(小路)를 개설하고, 종종 이웃 주민의 통행에도 제공해 왔다. A군은 甲의 과수원 부지가 속한 일단의 토지에 폐기물처리장을 건설하고자 하는 乙을 폐기물관리법에 따라 폐기물처리장 건설사업자로 지정하면서 동 처리장건설사업실시계획을 승인하였다. 甲과 乙 간에 甲 토지에 대한 협의매수가 성립되지 않아 乙은 甲 토지에 대한 수용재결을 신청하고, 관할 지방토지수용위원회의 수용재결을 받았다. 동 수용재결에서는 "사실상의 사도(私道)의 부지는 인근 토지에 대한 평가액의 3분의 1 이내로 평가한다."라고 규정하고 있는 토지 등의 취득 및 보상에 관한 법률 시행규칙(이하 "토지보상법 시행규칙") 제26조 제1항 제2호의 규정에 따라, 甲의 토지를 인근 토지가에 비하여 3분의 1의 가격으로 평가하였다. 이 수용재결에 대하여 이의가 있는 甲은 적절한 권리구제수단을 강구하고자 한다. 다음의 물음에 답하시오.

(2) 甲이 제기한 쟁송에서 피고 측은 甲의 토지에 대한 보상액이 낮게 평가된 것은 토지보상법 시행규칙 제26조 제1항 제2호의 규정에 의한 것으로서 적법하다고 주장한다. 피고의 주장에 대해 법적으로 판단하시오. 15점

(3) 甲은 토지보상법 시행규칙 제26조 제1항 제2호의 규정은 헌법 제23조상의 재산권 보장 및 정당보상원칙을 위배하여 위헌적인 것이라고 주장한다. 甲의 주장을 관철할 수 있는 법적 수단을 설명하시오. 15점

설문 (2)의 해결

Ⅰ. 쟁점의 정리

Ⅱ. 토지보상법 시행규칙 제26조의 법적 성질(대외적 구속력 인정 여부)

1. **법규명령의 의의 및 필요성**
2. **법규명령의 근거**
3. **사안의 경우**

Ⅲ. 과수원 내의 소로가 사실상 사도에 해당하는지 여부

1. **사실상 사도의 개념**
2. **도로부지를 감가보상하는 이유(화체이론)**
3. **사실상 사도의 판단기준**
   (1) 토지보상법 시행규칙 제26조 제2항
   (2) 판례의 태도
4. **사안의 경우**

Ⅳ. 사안의 해결(피고 乙 주장의 타당성)

설문 (3)의 해결

Ⅰ. 쟁점의 정리

Ⅱ. 간접적 통제(명령심사제도)

1. **의의와 근거**
2. **통제의 대상**
3. **통제의 주체**
4. **법규명령의 위헌 여부**
5. **통제의 효력**

Ⅲ. 사안의 해결(甲 주장의 관철수단)

쟁점해설

설문의 쟁점은 토지보상법 시행규칙, 즉 보상기준의 규범성이다. 따라서 토지보상법 시행규칙의 법적 성질을 밝히고, 이러한 기준에 대한 구제방법을 서술하면 될 것이다. 종전의 기출문제는 행정행위에 의하여 침해된 구제수단을 중심으로 묻는 문제가 많았으나, 제22회의 경우에는 행정행위의 기준에 대한 구제수단을 물었기에 체계적인 준비가 부족한 경우는 답안작성이 어려웠을 것이다. 법규명령에 대한 간접적 통제수단인 명령심사제도를 체계적으로 서술하면 무난할 것이다.

예시답안

(설문 2)의 해결

Ⅰ 쟁점의 정리

甲이 제기한 쟁송(이의신청 및 보상금증감청구소송)에서 사업시행자인 乙은 해당 보상액이 토지보상법 시행규칙 제26조 제1항 제2호에 따른 적정한 것임을 주장하고 있다. 법규명령은 행정주체와 국민 간의 관계를 규율하는 법규범으로서 일반적으로 대외적 구속력이 인정된다. 따라서 동 규정의 법적 성질이 법규명령이고 과수원 내의 소로(小路)가 사실상 사도에 해당한다면 乙의 주장은 타당하게 될 것이다.

Ⅱ 토지보상법 시행규칙 제26조의 법적 성질(대외적 구속력 인정 여부)

1. 법규명령의 의의 및 필요성

법규명령이라 함은 행정권이 제정하는 법규를 말한다. 실무에서는 통상 명령이라는 용어를 사용한다. 법규명령은 행정권이 제정하는 법인 점에서 행정입법이라고도 부른다.

의회가 모든 법규를 제정한다는 것이 현실적으로 어려울 뿐만 아니라, 구체적이고 전문적인 사항은 법률보다는 행정입법으로 정하는 것이 보다 능률적이며 행정입법은 법률보다 사회의 변화에 맞추어 보다 신속하게 개정될 수 있다. 행정입법은 이러한 현실적 필요에 의해 인정되게 되었다.

2. 법규명령의 근거

우리 헌법은 대부분의 국가에서와 같이 행정입법의 근거를 규정하고 있다. 헌법 제75조는 대통령령(위임명령과 집행명령)의 근거를, 제95조는 총리령과 부령(위임명령과 집행명령)의 근거를 규정하고 있다.

3. 사안의 경우

토지보상법 제70조 제6항에서는 "보상액 산정 및 평가방법은 국토교통부령으로 정한다."라고 규정하고 있으며 토지보상법 시행규칙 제1조에서는 "토지보상법 및 동법 시행령에서 위임된 사항과 그 시행에 관하여 필요한 사항을 규정함을 목적으로 한다."라고 규정하고 있다.

따라서 토지보상법 시행규칙 제26조는 보상액 산정 및 평가의 시행을 위한 하나의 기준을 제시하는 법규명령의 성격을 갖는다고 본다.

Ⅲ 과수원 내의 소로가 사실상 사도에 해당하는지 여부

1. 사실상 사도의 개념

토지보상법은 사도법상의 사도, 사실상의 사도, 그 외의 도로부지로 분류하여 그 평가기준을 달리 정하고 있다(규칙 제26조). 여기서 사도법상의 사도는 사도개설의 허가를 얻은 도로를 말하며, 사실상의 사도는 사도법에 의한 사도 외의 도로로서 토지소유자가 자기 토지의 이익증진을 위하여 스스로 개설한 도로로서 도시계획으로 결정된 도로가 아닌 것을 말하며 "그 외의 도로"란 사도법상 사도도 아니고 사실상의 사도도 아닌 모든 도로를 포함한다고 할 수 있다.

2. 도로부지를 감가보상하는 이유(화체이론)

도로의 평가를 함에 있어서 인근 토지보다 낮게 평가한다고 규정한 취지는 현실 이용상황이 도로로 되었기 때문에 이를 감가한다는 뜻이 아니고 도로의 가치가 그 도로로 인하여 보호되고 있는 토지의 효용이 증가됨으로써 보호되고 있는 토지에 가치가 화체되었기 때문에 그 평가액은 당연히 낮아야 한다는 이유를 배경으로 일반토지에 비해 감가보상되는 것이다. 즉, 인근 토지에 비하여 낮게 평가하는 이유는 도로 자체를 독립하여 그 값을 평가할 수는 없으나, 인근 토지의 값을 증가시키는 데에 기여하였으므로 인근 토지에 기여한 정도를 파악하여 도로의 값을 산출할 수 있다는 논리에 근거하고 있다.

3. 사실상 사도의 판단기준

(1) 토지보상법 시행규칙 제26조 제2항

동 규칙에서는 ① 도로개설 당시의 토지소유자가 자기 토지의 편익을 위하여 스스로 설치한 도로, ② 토지소유자가 그 의사에 의하여 타인의 통행을 제한할 수 없는 도로, ③ 「건축법」 제45조의 규정에 의하여 건축허가권자가 그 위치를 지정・공고한 도로, ④ 도로개설 당시의 토지소유자가 대지 또는 공장용지 등을 조성하기 위하여 설치한 도로를 사실상 사도로 규정하고 있다.

(2) 판례의 태도

대법원은 '도로개설 당시의 토지소유자가 자기 토지의 편익을 위하여 스스로 설치한 도로' 인지 여부는 인접 토지의 획지면적, 소유관계, 이용상태 등이나 개설경위, 목적, 주위환경 등에 의하여 객관적으로 판단하여야 하고, '토지소유자가 그 의사에 의하여 타인의 통행을 제한할 수 없는 도로'에는 법률상 소유권을 행사하여 통행을 제한할 수 없는 경우뿐만 아니라 사실상 통행을 제한하는 것이 곤란하다고 보이는 경우도 해당한다고 할 것이나, 적어도 도로로의 이용상황이 고착화되어 해당 토지의 표준적 이용상황으로 원상회복하는 것이 용이하지 않은 상태에 이르러야 할 것이어서 단순히 해당 토지가 불특정 다수인의 통행에 장기간 제공되어 왔고 이를 소유자가 용인하여 왔다는 사정만으로는 사실상의 도로에 해당한다고 할 수 없다고 판시한 바 있다(대판 2007.4.12, 2006두18492).

4. 사안의 경우

설문에서 甲은 영농의 편의를 위해서, 즉 자기 토지의 편익을 위하여 스스로 소로(小路)를 개설한 목적과 경위가 인정된다. 또한 이를 종종 이웃주민의 통행에도 제공해 온 점에 비추어 볼 때 해당 소로(小路)는 종전의 과수원용지로 원상회복하는 것이 용이하지 않은 상태라고 볼 수 있다. 따라서 이를 사실상 사도로 봄이 타당하다.

Ⅳ 사안의 해결(피고 乙 주장의 타당성)

토지보상법 시행규칙 제26조 제1항 제2호는 법규명령으로서 대외적 구속력이 인정되며, 甲의 소로(小路)는 동 규정상 사실상 사도에 해당한다. 따라서 동 규정에 따라 산정된 보상액은 정당하다고 볼 수 있으므로 피고 乙의 주장은 타당하다.

(설문 3)의 해결

Ⅰ 쟁점의 정리

설문은 토지보상법 시행규칙 제26조 제1항 제2호(법규명령)가 헌법 제23조상의 재산권 보장 및 정당보상원칙에 반하는지 여부, 즉 법규명령의 위헌 여부를 관철하기 위한 수단을 묻고 있다. 법규명령에 대한 사법적 통제수단으로는 행정입법 자체를 직접적으로 소의 대상으로 하는 헌법소원 및 항고소송의 직접적 통제수단과, 다른 구체적인 사건에 관한 재판에서 해당 행정입법의 위헌・위법 여부가 선결문제가 되는 경우 해당 행정입법의 위법 여부를 판단하는 간접적 통제수단이 있다. 설문에서는 간접적 통제수단을 중심으로 설명한다.

Ⅱ 간접적 통제(명령심사제도)

1. 의의와 근거

간접적 통제라 함은 다른 구체적인 사건에 관한 재판에서 행정입법의 위법 여부가 선결문제가 되는 경우 해당 행정입법의 위법 여부를 통제하는 것을 말한다. 간접적 통제는 헌법 제107조 제2항에 근거한다.

2. 통제의 대상

헌법은 '명령・규칙'이 헌법이나 법률에 위반되는지 여부가 재판에서 전제가 된 경우에 법원에 의한 통제의 대상이 된다고 규정하고 있다. 여기에서 '명령'이란 법규명령을 의미하며, 위임명령과 집행명령 모두 통제의 대상이 된다.

3. 통제의 주체

각급 법원이 통제하고, 대법원이 최종적인 심사권을 갖는다. 대법원이 최종적 심사권을 갖는다는 것은 대법원이 위헌・위법이라고 판단한 경우에는 해당 명령의 위헌 또는 위법이 확정되며 그 위헌 또는 위법이 명백하게 된다는 것을 의미한다.

4. 법규명령의 위헌 여부

법규명령은 포괄위임금지 및 수권법률의 위임한계 내에서 입법되어야 한다. 즉, 위임의 내용・목적 및 범위가 명확하고 구체적으로 한정되어야 하며 상위법령에 위반하여서는 안 된다.

5. 통제의 효력

법규명령이 위법하다는 대법원의 판결이 있는 경우에 해당 명령은 효력을 상실하는 것으로 보는 견해도 있으나, 현재의 일반적인 견해는 해당 행정입법이 일반적으로 효력을 상실하는 것으로 보지 않고 해당 사건에 한하여 적용되지 않는 것으로 보고 있다. 위법인 법령에 근거한 행정처분은 중대명백설에 의할 때 통상 취소할 수 있는 처분으로 보아야 한다. 왜냐하면 처분근거 법령의 위헌 · 위법은 통상 중대한 하자이나 명백하지 않기 때문이다.

III 사안의 해결(甲 주장의 관철수단)

甲은 보상금증액청구소송에서 토지보상법 시행규칙 제26조 제1항 제2호의 규정(사실상 사도의 판단기준)이 헌법 제23조에 위배된다는 주장을 할 수 있다.

甲이 이의신청에서 토지보상법 시행규칙 제26조 제1항 제2호의 규정(사실상 사도의 판단기준)이 헌법 제23조에 위배된다는 주장을 할 수 있는지에 관하여는 논란이 있는데, 실무는 부정적으로 보고 있다.

기출문제

[손실보상] 손실보상기준 [제20회 제2문]

甲은 하천부지에 임시창고를 설치하기 위하여 관할청에 하천점용허가를 신청하였다. 이에 관할청은 허가기간 만료 시에 위 창고건물을 철거하여 원상복구할 것을 조건으로 이를 허가하였다. 다음 물음에 답하시오. 30점

(1) **甲은 위 조건에 대하여 취소소송으로 다툴 수 있는지 검토하시오.** 20점

(2) **甲은 창고건물 철거에 따른 손실보상을 청구할 수 있는지 검토하시오.** 10점

설문 (1)의 해결

Ⅰ. 쟁점의 정리
 1. 원상복구조건이 부담인지
 2. 원상복구조건에 대한 취소소송 가능 여부

Ⅱ. 원상복구조건의 법적 성질
 1. 부관의 의의 및 종류
 2. 조건과 부담의 구별기준
 3. 원상복구 조건의 법적 성질

Ⅲ. 원상복구조건만의 취소소송 가능 여부
 1. 문제점
 2. 부관만의 독립쟁송 가능 여부
  (1) 학설
  (2) 판례
  (3) 검토
 3. 원상복구조건만의 취소소송 가능 여부
  부담인바 원상복구 조건만의 취소소송 가능

설문 (2)의 해결

Ⅰ. 쟁점의 정리
 원상복구조건을 수락한 것이 손실보상청구권을 포기한 것으로 볼 수 있는지가 문제

Ⅱ. 손실보상을 청구할 수 있는지 여부
 1. 손실보상의 의의
 2. 손실보상의 요건
 3. 관련 판례(대판 2008.7.24, 2007두25930, 25947, 25954)
  원상복구부관 손실보상청구권을 포기한 것으로 본다.
 4. 손실보상의 청구가능 여부
  판례의 태도에 따를 때 부정된다.

쟁점해설

설문 (1)에서는 창고건물을 철거하고 원상복구하는 조건이 부담인지 조건인지를 판단하여 이 조건이 부담이라면 부담만의 취소소송이 가능한지가 쟁점이다.

이 당시 실제 시험장에서 많은 수험생들이 인용가능성과 관련하여 부담만을 독립적으로 취소할 수 있는지를 쓸지 말지를 고민했다고 한다. 본 문제에서는 취소소송으로 다툴 수 있는지까지만 물어보았고, 배점이 20점이므로 부담만의 독립가쟁성 가능 여부까지만 쓰는 것이 적절하다고 생각된다. 물론 독립취소가능성도 간략하게 2~3줄 정도 쓰는 것은 무방하다고 판단된다.

설문 (2)에서는 원상회복조건과 손실보상청구권의 성립 여부가 쟁점이다. 이와 관련하여 판례는 원상회복조건을 수락한 경우에는 손실보상청구권을 포기하는 것으로 해석하였다. 따라서 이러한 판례를 소개하고 판례의 태도에 따라 포섭하면 무난하였을 것이다.

 기출문제

[손실보상] 손실보상기준 [제9회 제2문]

「공익사업을 위한 토지 등의 취득 및 보상에 관한 법률 시행규칙」(구 공공용지의 취득 및 손실보상에 관한 특례법 시행규칙, 이하 "토지보상법 시행규칙"이라 한다.) 제23조는 공법상 제한을 받는 토지를 평가할 때에는, 제한받는 상태대로 평가하도록 규정하고 있다. 이와 같은 기준에 의거하여 토지를 평가하도록 하는 이론적 근거에 대하여 설명하시오. 20점

쟁점해설

1. 목차

(1) **서론**(2.5점)

(2) **공용제한과 보상**(5점)

① 재산의 제한과 보상(5점)

② 특별희생과 내재적 · 사회적 제약(5점)

(3) **결어**(2.5점)

2. 문제의 논점

(1) **서론**

이 문제는 (구)공특법 시행규칙 제6조 제4항의 이론적 근거를 설명하는 문제이다.

(2) **공용제한과 보상**

현대 국가의 재산권제도는 재산권 행사에 대한 사회적 구속성이라는 내재적 한계를 인정하고 있다. 즉, 용도지역 · 지구의 지정과 같은 공법상 제한이 사회적 제약을 넘어 특별한 희생이 될 경우에만 재산권 침해로서 손실보상의 대상이 될 수 있다. 공특법 제6조 제4항에 의거 용도지역 · 지구의 지정이 제한받는 상태대로 평가하는 이론적 근거도 특별한 희생에 해당하지 않는 사회적 제약이기 때문이다.

특별한 희생 즉, 사회적 구속을 넘는 손해에 해당되느냐의 이론적 기준은 피해자의 범위를 기준으로 하는 형식적 기준설과 침해행위의 성질을 기준으로 하는 실질적 표준설이 있다. 실질적 기준설은 다시 더 세부적인 기준에 따라 보호가치성설, 수인한도설, 사적효용설, 목적위배설, 보호가치설, 상황구속설, 중대설이 있다. 그 밖에 위의 견해를 종합하여 판단하여야 한다는 절충설이 있는데, 이 학설이 오늘날의 통설이다. 결론적으로 이와 같은 여러 견해가 (구)공특법 시행규칙 제6조 제4항이 규정하고 있는 설문의 내용과 같은 평가방법의 이론적 근거가 되고 있다.

기출문제

[손실보상] 손실보상기준 [제18회 제3문]

공부상 지목이 과수원(果)으로 되어 있는 토지의 소유자 甲은 토지상에 식재되어 있던 사과나무가 이미 폐목이 되어 과수농사를 할 수 없는 상태에서 사과나무를 베어내고 인삼밭(田)으로 사용하여 왔다. 또한 甲은 이 토지의 일부에 토지의 형질변경허가 및 건축허가를 받지 않고 2005년 8월 26일 임의로 지상 3층 건물을 건축하고, 영업허가 등의 절차 없이 식당을 운영하고 있다.

(1) 2007년 5월 25일 甲의 토지를 대상으로 하는 공익사업이 인정되어 사업시행자가 甲에게 토지의 협의매수를 요청하였지만 甲은 식당영업에 대한 손실보상을 추가로 요구하면서 이를 거부하고 있다. 甲의 식당영업손실 보상에 관한 주장이 타당한지에 대하여 논하시오. 15점

(2) 위 토지 및 지장물에 대한 보상평가기준에 대하여 설명하시오. 15점

설문 (1)의 해결

Ⅰ. 쟁점의 정리

Ⅱ. 영업손실보상의 요건 등

1. 영업손실보상의 의의 및 보상의 성격
2. 법적 근거
3. 영업손실의 보상대상인 영업(시행규칙 제45조)

Ⅲ. 사안의 해결(甲 주장의 타당성)

1. 시행규칙 제45조 제1호의 해당 여부
2. 시행규칙 제45조 제2호의 해당 여부
3. 甲 주장의 타당성

설문 (2)의 해결

Ⅰ. 개설

Ⅱ. 토지에 대한 보상평가기준

1. 일반적인 토지보상평가기준
   (1) 공시지가기준보상(토지보상법 제70조 제1항)
   (2) 현황평가 및 일반적 이용방법에 의한 객관적 상황기준 등(토지보상법 제70조 제2항)
   (3) 개발이익 배제(토지보상법 제67조 제2항)
2. 인삼밭(田)에 대한 토지보상평가기준
3. 형질변경허가 및 건축허가를 받지 않은 토지
   (1) 불법형질변경토지인지 무허가건축물 부지인지 여부
   (2) 무허가건축물 부지의 보상평가기준
   (3) 사안의 경우

Ⅲ. 지장물에 대한 보상평가기준

1. 일반적인 지장물에 대한 보상평가기준(토지보상법 제75조)
2. 무허가건축물의 보상평가기준
3. 인삼의 보상평가기준

쟁점해설

설문 (1)의 쟁점은 甲의 주장에 대한 타당성의 검토이므로, 토지보상법 시행규칙 제45조상의 영업보상 대상요건을 구체적으로 검토하면 된다. 설문에서는 영업장소가 무허가건축물이므로 적법한 장소에 해당하지 않으며, 허가 등의 절차 또한 없었으므로 보상대상이 아님을 밝혀주면 된다.

설문 (2)의 경우는 토지 및 지장물에 대한 보상평가기준으로서 토지보상법상 관련규정을 설명하면 된다. 논의의 전제로서 개설파트에서 정당보상원칙을 간략히 언급하고 서술하면 될 것이다.

예시답안

(설문 1)의 해결

I 쟁점의 정리

설문에서는 무허가건축물에서의 무허가영업에 대한 영업손실보상의 인정 여부가 문제되는바, 토지보상법 시행규칙 제45조의 요건을 검토하여 甲 주장의 타당성을 검토한다.

II 영업손실보상의 요건 등

1. 영업손실보상의 의의 및 보상의 성격

영업손실의 보상이란 공익사업의 시행으로 인하여 영업을 폐업하거나 휴업함에 따른 영업손실에 대하여 영업이익과 시설의 이전비용 등에 대하여 보상하는 것을 말한다. 영업손실의 보상은 주로 재산권 보상 중에서 일실손실의 보상이며, 생활보상을 광의로 해석하는 견해에 따르는 경우 생활보상의 성격을 갖는 것으로 볼 수 있다.

2. 법적 근거

영업손실보상은 토지보상법 제77조 제1항에 근거하며, 동조 제4항의 위임에 따라 동법 시행규칙 제45조에서 영업손실보상의 대상, 제46조에서 영업폐지에 대한 손실과 제47조에서 영업의 휴업에 대한 손실의 평가에 대해 규정하고 있다.

3. 영업손실의 보상대상인 영업(시행규칙 제45조)

① 사업인정고시일 등 전부터 적법한 장소에서 인적·물적 시설을 갖추고 계속적으로 행하고 있는 영업일 것(다만, 무허가건축물 등에서 임차인이 영업하는 경우에는 그 임차인이 사업인정고시일 등 1년 이전부터 사업자등록을 하고 행하고 있는 영업), ② 영업을 행함에 있어서 관계법령에 의한 허가 등을 필요로 하는 경우에는 사업인정고시일 등 전에 허가 등을 받아 그 내용대로 행하고 있는 영업일 것을 규정하고 있다.

Ⅲ 사안의 해결(甲 주장의 타당성)

1. 시행규칙 제45조 제1호의 해당 여부

甲은 사업인정고시일 등 이전부터 인적·물적 시설을 갖추고 계속적으로 영업을 행하고 있지만, 건축허가를 받지 않고 임의로 건축한 건물에서 영업을 하고 있어 적법한 장소의 요건에 해당하지 않는다. 단서의 요건인 사업인정고시일인 2012년 5월 25일부터 1년 이전인 2010년 8월 26일부터 영업을 행하고 있지만, 임차인이 아닌 소유자이므로 역시 요건에 해당되지 않는다.

2. 시행규칙 제45조 제2호의 해당 여부

또한 식당영업은 식품위생관련법령에 의한 인·허가 등을 받아야 함에도 불구하고 이를 받지 않고 식당을 운영하고 있으므로, 제2호의 요건에도 해낭되지 않는다.

3. 甲 주장의 타당성

영업손실보상의 대상이 되기 위해서는 시행규칙 제45조 각 호의 요건에 모두 해당되어야 함에도 불구하고 각 호의 요건에 모두 해당되지 않으므로 甲 주장의 타당성은 없다.

[설문 2]의 해결

Ⅰ 개설

'전'으로 이용되는 부분과 불법형질변경 후 허가 없이 건축물을 건축한 토지 및 지상의 무허가 건축물에 대하여 토지보상법 제70조 이하의 규정을 중심으로 보상평가기준을 설명하도록 한다.

Ⅱ 토지에 대한 보상평가기준

1. 일반적인 토지보상평가기준

(1) 공시지가기준보상(토지보상법 제70조 제1항)

공시지가를 기준으로 하여 보상하되, 그 공시기준일부터 가격시점까지의 관계법령에 따른 그 토지의 이용계획, 해당 공익사업으로 인한 지가의 영향을 받지 아니하는 지역의 대통령령으로 정하는 지가변동률, 생산자물가상승률과 그 밖에 그 토지의 위치·형상·환경·이용상황 등을 고려하여 평가한 적정가격으로 보상하여야 한다.

(2) 현황평가 및 일반적 이용방법에 의한 객관적 상황기준 등(토지보상법 제70조 제2항)

토지에 대한 보상액은 가격시점에서의 현실적인 이용상황과 일반적인 이용방법에 의한 객관적 상황을 고려하여 산정하되, 일시적인 이용상황과 토지소유자나 관계인이 갖는 주관적 가치 및 특별한 용도에 사용할 것을 전제로 한 경우 등은 고려하지 아니한다. 토지에 건축물 등이 있는 때에는 그 건축물 등이 없는 상태를 상정하여 토지를 평가한다(시행규칙 제22조 제2항).

(3) **개발이익 배제**(토지보상법 제67조 제2항)

보상액 산정에 있어서 공시지가의 적용과 해당 공익사업으로 인한 영향이 없는 지역의 지가변동률의 적용 및 공시지가의 선택제한 등을 통하여 해당 공익사업으로 인한 개발이익을 배제하고 취득하는 토지에 대한 보상액을 산정한다.

2. 인삼밭(田)에 대한 토지보상평가기준

일반적인 토지보상평가기준에 따라 보상하며, 토지소유자가 정당하게 자신의 토지를 이용하고 있는 경우라 하더라도, 지적공부상의 지목과 현실의 지목이 항상 일치하는 것은 아니므로, 지목과 실제 현황이 다른 경우에는 공부상 지목보다는 실제 현황을 기준으로 하여 평가하여야 함이 원칙이라는 판례의 태도에 비추어 과수원이 아닌 田을 기준으로 보상평가하여야 한다.

3. 형질변경허가 및 건축허가를 받지 않은 토지

(1) **불법형질변경토지인지 무허가건축물 부지인지 여부**

양자의 구별은 지상건축물의 존재 여부에 따라 결정하며, 이때 유의할 것은 무허가건축물 등 부지는 1989년 1월 24일, 불법형질변경토지는 1995년 1월 7일 공특법 개정으로 규정되었기 때문에, 무허가건축물 등의 부지에 해당하면 불법형질변경토지 규정은 적용되지 않는다. 따라서 사안의 경우에는 불법형질변경 후 무허가건축물을 건축하여 사용 중인 바, 무허가건축물 부지로 판단된다.

(2) **무허가건축물 부지의 보상평가기준**

시행규칙 제24조에서는 무허가건축물 등의 부지에 대하여 해당 토지에 무허가건축물 등이 건축될 당시의 이용상황을 상정하여 평가하도록 규정하고 있다. 다만, 89.1.24. 이전에 건축된 무허가건축물 등의 부지는 현실적 이용상황을 기준으로 평가한다.

(3) **사안의 경우**

甲의 건물은 89년 1월 24일 이후인 2010년 8월 26일 건축한 무허가건축물인바, 건축될 당시의 이용상황인 '전'을 기준하여 일반적인 토지보상평가기준에 따라 보상평가해야 할 것이다.

III 지장물에 대한 보상평가기준

1. 일반적인 지장물에 대한 보상평가기준(토지보상법 제75조)

지장물이란 공익사업시행지구 내의 토지에 정착한 건축물이 당해 공익사업의 수행을 위하여 직접 필요하지 아니한 것을 말한다(시행규칙 제2조 제3호). 지장물은 이전비로 보상하여야 한다. 다만, ① 건축물 등의 이전이 어렵거나 그 이전으로 인하여 건축물 등을 종래의 목적대로 사용할 수 없게 된 경우, ② 건축물 등의 이전비가 그 물건의 가격을 넘는 경우 물건의 가격으로 보상하되 원가법으로 평가한다(시행규칙 제33조).

2. 무허가건축물의 보상평가기준

해당 무허가건축물이 보상대상인지 여부가 1차적으로 문제되나, 판례가 사업인정고시 전에 건축한 건축물은 그 건축물이 적법하게 허가를 받아 건축한 것인지, 허가를 받지 아니하고 건축한 무허가건축물인지 여부와 관계없이 손실보상의 대상이 된다고 함에 따라 甲의 건물은 사업인정고시 전에 건축한 바, 보상대상에 해당한다. 따라서 이전비로 보상하되, 일정한 경우 원가법에 의한 가격으로 보상할 수 있다.

3. 인삼의 보상평가기준

토지보상법 제25조에 따라 사업인정 이전에 식재된 인삼의 경우에만 이전비로 보상한다. 인삼밭의 인삼이 사업인정 이전에 식재된 경우이나, 농작물을 수확하기 전이라면, 농작물의 종류 및 성숙도 등을 종합적으로 고려하여 평가한다.

06 손해배상 및 간접침해보상

기출문제

[손실보상] 손해배상 및 간접침해보상 [제12회 제2문]

기업자 甲이 산업단지를 조성하기 위해 매립 · 간척사업을 시행하게 됨에 따라 해당 지역에서 수산업법 제44조의 규정에 의한 신고를 하고 어업에 종사해 온 乙은 더 이상 신고한 어업에 종사하지 못하게 되었다. 그러나 甲은 乙에게 수산업법 제81조 제1항 제1호의 규정에 의한 손실보상을 하지 아니하고 공유수면매립사업을 시행하였다. 이 경우 乙의 권리구제방법은? 30점

Ⅰ. 쟁점의 정리

Ⅱ. 권리구제의 유형

1. **손실보상**
2. **손해배상**

Ⅲ. 권리구제의 절차

1. **손실보상청구절차**
2. **손해배상청구절차**

Ⅳ. 손해배상의 범위

판례 : 손실보상금상당액

Ⅴ. 결어

쟁점해설

1. 출제의도

수험생들은 피상적으로 토지보상법을 암기하거나 행정법이 보상법규의 기본이 된다 하여 막연히 공부하는 경향이 있다. 그러한 나머지 실제문제에 대해서는 어떻게 접근해야 할지를 잘 모르고 있다. 그래서 이 문제는 종래의 출제와는 달리 다음과 같은 관점에서 출제하게 되었다.

① 보상법규를 실무에 얼마만큼 응용하여 이해하고 있는가를 알아보기 위해서이다. 보상법규의 이해를 바탕으로 실제문제를 해결할 수 있는 나름의 지식을 갖는 것은 매우 중요함에도 불구하고 소홀히 다루어져 왔기 때문이다.

② 공공사업으로 인해 침해된 권리는 손실보상과 손해배상을 연계하여 권리구제가 이루어져야 한다는 것을 이해하고 있는가를 알아보기 위해서이다. 이제까지 보상법규는 일련의 절차중심으로 파악하고, 이와 관련하여 이론이나 소송에 관한 문제에 주로 관심이 기울어져 왔다. 그러한 나머지 보상법규는 수용과 손실보상이 중심을 이루었고, 수험생들은 이에 대해서만 준비하면 누구나 고득점을 할 수 있다는 생각을 해 왔다. 그러한 나머지 손실보상청구에 대해서는 어느 정도 이해하고 있으나, 손해배상과 연계시켜 파악하지는 못하고 있다.

③ 실제문제에 대한 판례에 관심을 가지고 있는가를 알아보기 위해서이다. 판례는 실제문제와 연관하여 공부하기에 적합하다. 그러나 수험생들은 교재에만 매달려 보상법규의 응용력이 부족하다. 따라서 최근의 판례에서 보상법규의 문제로 중요하다고 판단되는 사례를 문제로 구성하였다.

2. 채점기준

사안에 비추어 볼 때 기업자 甲은 이미 해당 사업을 실시하기 위한 적법절차를 거쳤으나, 신고어업에 종사하는 乙에게 (구)수산업법 제81조 제1항 제1호의 규정에 의한 손실보상을 하지 않았을 따름이다. 결과적으로 乙의 권리구제는 보상금을 받거나 그에 상당하는 손해배상을 받는 것밖에 없다. 따라서 이 설문에 대한 채점기준은 세 영역으로 나누어 배정하였다.

(1) 권리구제의 유형(10점)

(2) 권리구제의 절차(10점)

(3) 손해배상의 범위(10점)로 구성하였다.

(1)에서는 권리구제의 유형으로 (2)에서는 손실보상청구소송과 손해배상청구소송의 절차를 (3)에서는 손실보상액상당액의 손해배상액을 예상하였다.

3. 전체적인 경향

이 문제에 대한 답안은 생각했던 것처럼 전체적으로 미흡하였다. 대체로 무엇을 묻는 것인지를 파악하지 못한 나머지 답안의 내용은 횡설수설하는 형태가 많았고, 구성 자체도 산만하였다. 답안의 내용도 제각각이어서 이와 같은 유형의 문제에 대비하지 못한 흔적이 그대로 비쳐져 매우 아쉬웠다.

답안의 유형을 구분해 보면 손실보상과 손해배상으로 풀어가는 것, 국가배상문제로 풀어가는 것, 간접보상으로 풀어가는 것, 취소소송으로 풀어가는 것, 결과제거청구권으로 풀어가는 것 등 다양하고, 이들을 복합적으로 구성한 답안도 적지 않았다. 그러나 전체적으로 답안이 서론 수준에서 머물러 정작 본론에서 논해야 할 내용에 대해서는 제대로 답하지 못하고 있었다. 그래도 잘 썼다는 답안의 경우도 손실보상청구와 손해배상청구로 접근을 하다가 엉뚱한 곳으로 몰아가기 일쑤이고, 결과적으로는 어떻게 구제를 받을 수 있는가에 대하여는 전혀 논하지 못한 상태에서 끝내고 마는 경향을 보였다. 이 모두가 평소 이러한 유형의 실제문제에 대한 대비가 없었고, 보상법규에 대한 이해도가 높은 수험생도 이 문제를 바르게 파악하여 답안구성을 제대로 하지 못한 까닭이라 생각된다.

공공사업에 따라 침해된 권리의 구제는 그 전형이 손실보상이며, 손실보상을 받을 수 없을 때 피해구제를 위해 불법행위에 대한 손해배상을 청구할 수 있는 것이다. 이 문제와 관련하여 대법원은 "보상함이 없이 공유수면매립사업을 시행하여 그 보상을 받을 권리를 가진 자에게 손해를 입혔다면 이는 불법행위를 구성하는 것이고" "민사상의 손해배상채무를 지게 된다", 대법원은 "보상을 받을 권리자가 입게 되는 손해는 그 손실보상금 상당액"이라 판시하고 있다(대판 1999.6.11, 97다41028 ; 대판 1998.4.14, 95다15032, 15049).

기출문제

[손실보상] 손해배상 및 간접침해보상 [제11회 제3문]

공공사업의 시행으로 인하여 공공사업지구 밖에서 발생한 피해에 대한 보상의 이론적 근거, 실제유형과 보상의 한계에 대하여 논술하시오. 20점

쟁점해설

1. 논점

공공사업에 따른 손실보상은 공공사업지구 내에서 일어나는 것이 원칙이다. 그러나 제3문에서는 공공사업지구 밖에서 일어난 피해보상에 대하여 그 이론적 근거, 실제유형, 보상의 한계 등을 논술하도록 하고 있다. 여기서 공공사업지구 밖에서 발생한 피해보상의 의의, 현행 손실보상과의 관계 및 그 필요성, 토지보상법상의 규정례와 기타 사례, 현실적・실정법상의 보상한계 등이 논점이 될 수 있다.

2. 답안의 요지

간접보상의 이론적 근거는 사유재산권의 보장과 공평부담의 원칙에 두고 있다. 그리고 토지보상법 시행규칙에서 규정하고 있는 간접보상 유형을 들고 있고, 정신적 피해나 명문규정이 없는 피해 보상에 대한 문제점도 지적하고 있다. 또한 손실보상대상이나 정신적・문화적 손실보상의 기준 설정과 보상시기의 판단이 어렵다는 점, 간접손실의 대두로 공공사업이 위축되는 점 등의 보상한계에 관하여도 논술하고 있다.

3. 강평

공공사업에 따른 손실보상은 공공사업지구에 편입되는 토지・건물 기타 물건에 대하여 하는 것이 원칙이지만 토지보상법에서는 예외적으로 잔여지에 대한 손실과 공사비에 대한 보상을 할 수 있도록 특별히 규정하고 있을 뿐만 아니라 토지보상법 시행규칙에서는 댐건설사업에 따른 수몰지역이나 택지조성사업・산업단지조성사업지구 등의 바깥지역에 대하여도 간접보상이라 하여 토지, 건물, 영업에 대한 보상과 소위 생활보상규정을 두고 있다. 그리고, 토지보상법에 규정하고 있지는 않지만 공공사업에 따른 소음, 진동, 매연, 지하수 고갈 등의 피해에 대하여도 사업손실이라 하여 손실보상문제가 제기되기도 한다.

설문은 논술의 범위를 공공사업지구 밖에서 발생한 피해로 하고 있고, 그 피해보상의 이론적 근거, 실제유형, 보상한계 등으로 하고 있다. 논술의 범위와 대상이 다소 포괄적이기는 하지만 토지보상법에서 규정하고 있는 공공사업지구 밖의 손실보상규정과 소위 생활보상규정의 취지를 체계적으로 이해하고 있다면 배점에 맞추어 논술이 가능한 문제이다.

공공사업지구 밖의 피해보상에 대하여는 이론적으로 재산상의 손실을 보전하기 위하여 또는 전업에 따른 종래의 생활을 유지·회복시키기 위하여 인정될 수 있고, 이에 대한 견해의 대립도 있을 수 있다. 그리고 공공사업지구 밖의 피해보상의 유형은 토지보상법에 규정하고 있는 사항 이외의 현실적으로 표출되고 있는 피해 또는 손실보상에 대한 유형을 예시하면 좋을 것이다.

그리고 공공사업지구 밖에서 발생한 피해 보상을 공법상 손실보상으로 할 것인가, 사법상 손해배상으로 할 것인가 하는 범위와 기준의 설정이 어렵고, 피해발생 유형이 다양하여 일일이 입법화할 수 없을 뿐만 아니라 국가재정상 피해발생 유형마다 보상을 할 수 없는 한계가 있음을 논술하면 될 것이다. 공공사업지구 밖의 피해보상에 대하여도 헌법상 정당보상과 손실보상 법정주의의 개념을 이해할 필요가 있다.

기출문제

[손실보상] 손해배상 및 간접침해보상 [제14회 제3문]

공공사업으로 인한 소음・진동・먼지 등에 의한 간접침해의 구제수단을 설명하시오. 20점

예시답안

Ⅰ 의의

간접침해보상이란 대규모 공익사업의 시행 또는 완성 후의 시설로 인하여 사업지 밖에 미치는 사업손실 중 사회적・경제적 손실을 의미하는 간접보상을 제외한 물리적・기술적 손실에 대한 보상을 말한다.

간접침해는 재산권이 공익사업의 시행으로 인하여 야기된 소음, 진동, 일조권 침해, 용수고갈 등으로 기능의 저하나 가치의 감소를 가져오는 사업손실을 의미한다. 보통은 사업지 밖의 환경권 등의 침해에 대한 보상을 말한다.

Ⅱ 간접침해의 유형

① 공공사업으로 인한 소음, 진동, 먼지 등에 의한 침해, ② 환경오염 및 용수고갈 등으로 인한 손실, ③ 일조권 침해 등이 있다.

Ⅲ 간접침해보상의 법적 근거

간접침해가 손실보상의 요건을 갖추는 경우에는 보상이 가능하도록 보상규정을 두는 입법적 개선이 필요하지만 현행 토지보상법에는 명문의 규정이 없다.

Ⅳ 간접침해에 대한 권리구제

1. 손실보상

간접손실의 범위와 기준을 정하기 어렵고 유형화하기 힘드므로 구체적으로 보상의 대상이 되기 어려운 한계가 있다. 현행 토지보상법 제79조 제4항에서는 보상이 필요한 경우의 수권조항을 규정하고 있으므로 이를 기초로 한 입법정책을 통하여 점진적인 해결방안을 모색해야 할 것이다.

2. 손해배상

간접침해가 손해배상의 요건을 충족하는 경우에는 손해배상을 청구할 수 있을 것이나 위법성이나 고의 과실 여부가 명확하지 않아서 손해배상책임을 인정하기 어려운 면이 많다.

3. 환경분쟁조정

간접침해의 유형 중 소음, 진동 등은 물리적, 기술적 침해로서 환경분쟁조정법상 환경피해에 해당한다. 환경분쟁조정제도는 행정기관이 지니고 있는 전문성과 절차의 신속성을 충분히 활용하여 환경분쟁을 간편하고 신속, 공정하게 해결하기 위하여 마련된 제도이다. 반면에 이는 침해행위에 대한 명확한 기준이 없어서 형평성의 논란이 있을 수 있다.

4. 방해배제청구

간접침해가 생활방해나 주거환경의 침해를 의미하는 때에는 민법상 방해배제청구를 할 수 있다. 그러나 일반적으로 간접침해를 받은 사익이 공익사업의 공익성보다 크기는 어려울 것이므로 방해배제청구권이 인정되기는 어려울 것이다.

5. 시민고충처리위원회 민원제기

국민의 권리를 침해하거나 국민에게 불편을 주는 고충을 간편하고 신속하게 처리하기 위한 제도이나 집행력이 없다는 한계가 있다.

CHAPTER 04 공시지가

01 표준지공시지가 및 개별공시지가 기본

 기출문제

[공시지가] 표준지공시지가 및 개별공시지가 기본 [제8회 제2문]

표준지공시지가와 개별공시지가를 비교하시오. 20점

Ⅰ. 개설

Ⅱ. 공통점
1. 제도의 취지상 같은 점
2. 법적 성질
3. 의견청취제도의 존재
4. 권리구제상 공통점

Ⅲ. 차이점
1. 제도의 취지상 차이점
2. 공시주체의 차이점
3. 산정절차의 차이점
4. 효력 및 적용범위의 차이점
5. 적정성 확보방안의 차이점
6. 그 외(이의신청의 청구대상)

Ⅳ. 관련 문제(하자승계)

쟁점해설

① 제2문의 논점은 표준지공시지가와 개별공시지가의 의의를 설명하고, 표준지공시지가와 개별공시지가와의 조사・산정절차, 이의신청절차, 적용범위의 차이, 법적 성질, 표준지공시지가와 개별공시지가의 관계 등을 언급하여야 할 것이다.

② 구체적 공통점・차이점의 문제로서 표준지공시지가와 개별공시지가의 조사・산정방법, 절차, 기간, 공시사항의 차이점 및 이의신청절차, 개별공시지가의 검증, 확인절차 등을 언급하고 적용범위 내지 효력에 있어서 부동산공시법 제3조(표준지공시지가), 제10조(개별공시지가)의 차이점을 설명하여야 할 것이다.

표준지공시지가의 법적 성질과 개별공시지가의 법적 성질 문제에 관하여 행정계획설, 입법행위설, 사실행위설, 행정행위설 등의 견해의 대립을 보이고 있는 바, 이는 행정소송법은 항고소송을 "행정청의 처분 등이나 부작위에 대하여 제기하는 소송"이라고 하며(행정소송법 제3조 제1호), 처분 등을 "행정청이 행하는 구체적 사실에 관한 법집행으로서의 공권력의 행사 또는 그 거부와 그 밖에 이에 준하는 행정작용 및 행정심판에 대한 재결"이라 하고(동법 제2조 제1항 제1호), 취소소송은 "처분 등의 취소를 구할 법률상 이익이 있는 자가 제기할 수 있다."라고 규정하고 있다(동법 제12조 전단). 따라서 위법한 공시지가에 대한 사법심사가 가능한가에 관하여 추상적 규범통제가 허용되지 않고 있는 우리의 현행법제에서 공시지가를 처분 등으로 볼 수 있는가에 대하여 의문이 제기된다. 따라서 이에 관한 학설을 소개함과 아울러 우리나라 대법원의 견해도 밝혀야 할 것이다.
마지막으로 표준지공시지가와 개별공시지가를 다툴 수 있는 단계의 문제로서 하자의 승계문제가 관련된다. 하자의 승계에 관한 법리적 이론으로서 선행행위와 후행행위가 서로 결합하여 하나의 효과를 발생하는 경우와 서로 다른 효과를 발생하는 경우로 나누어 전자의 경우에만 선행행위의 하자가 후행행위에 승계된다고 하는 전통적 이론과, 하자의 승계문제를 불가쟁력이 발생한 선행행위의 후행행위에 대한 구속력의 문제로 파악하는 입장으로서 선행행위가 후행행위에 대하여 어느 정도의 구속력을 미치며 그의 한계는 무엇인가의 문제로 다루는 견해로 나누어져 있다. 판례는 표준지공시지가와 개별공시지가의 승계문제는 인정하지 아니하되 개별공시지가와 과세처분에는 이를 인정하고 있음을 밝혀야 한다.

예시답안

Ⅰ 개설

표준지공시지가라 함은 국토교통부장관이 조사·평가하여 공시한 표준지의 단위면적당 가격을 말하고, 개별공시지가란 시장·군수·구청장이 공시지가를 기준으로 산정한 개별토지의 단위당 가격을 말한다.
이하에서는 표준지공시지가와 개별공시지가의 조사·산정방법, 절차, 기간, 이의신청절차, 개별공시지가의 검증, 확인절차 등을 중심으로 설명한다.

Ⅱ 공통점

1. 제도의 취지상 같은 점

① 표준지공시지가는 적정가격을 공시하여 적정한 가격형성을 도모하고 국토의 효율적 이용 및 국민경제발전, 조세형평성을 향상시키기 위함이고, ② 개별공시지가는 조세 및 부담금산정의 기준이 되어 행정의 효율성 제고에 취지가 인정된다(부동산공시법 제10조). 따라서 각각의 공시제도는 조세제도의 형평성을 도모함에 공통적인 취지가 인정된다.

2. 법적 성질

표준지공시지가와 개별공시지가의 처분성 인정 여부에 대해서 견해의 대립이 있으나, 양자 모두 보상평가 및 조세의 기준이 되므로 조기에 이를 다툴 수 있게 함이 합당하므로 처분성을 인정함이 타당하다. 판례도 표준지공시지가와 개별공시지가의 처분성을 인정하고 있다.

3. 의견청취제도의 존재

공시지가가 결정된 때에는 그 타당성에 대해서 토지소유자의 의견을 들어야 하고 토지소유자가 의견을 제시한 때에는 그 평가가격의 적정 여부를 재검토하여야 한다.

4. 권리구제상 공통점

표준지공시지가와 개별공시지가에 이의가 있는 자는 각 공시일부터 30일 이내에 이의를 신청할 수 있으며, 각 공시제도의 처분성이 인정되므로 행정쟁송을 제기할 수 있다. 최근 이와 관련하여 대법원은 개별공시지가의 이의신청을 거친 후에도 행정심판을 제기할 수 있다고 하여, 국민의 권리구제의 방법이 넓어지는 측면에서 합당하다고 판단된다.

III 차이점

1. 제도의 취지상 차이점

개별공시지가는 주로 부담금이나 조세부과의 형평성을 도모하나 표준지공시지가는 조세는 물론 적정가격의 공시를 통하여 다양한 지가정보를 제공하고 국민경제발전에 이바지함을 목적으로 한다. 따라서 표준지공시지가의 제도적 취지가 개별공시지가의 취지를 포괄하여 더 넓은 것으로 볼 수 있겠다.

2. 공시주체의 차이점

표준지공시지가는 국토교통부장관이 공시(부동산공시법 제3조)하는 반면에 개별공시지가는 시장·군수·구청장이 공시(부동산공시법 제10조)한다.

3. 산정절차의 차이점

① 표준지공시지가는 국토교통부장관이 '표준지 선정 및 관리지침'에 따라 선정된 표준지에 대하여 공시일 현재의 적정가격을 조사·평가하고 중앙부동산가격공시위원회의 심의를 거쳐 공시해야 한다. ② 개별공시지가는 시·군·구청장이 지가를 산정하고, 그 타당성에 대하여 업자의 검증을 받고 토지소유자 기타 이해관계인의 의견을 들은 후 시·군·구부동산가격공시위원회의 심의를 거쳐 공시한다.

4. 효력 및 적용범위의 차이점

표준지공시지가는 ① 토지시장의 지가정보 제공, 일반적인 토지거래의 지표, 행정기관이 지가산정 시 및 감정평가업자가 개별적으로 토지평가 시 기준이 되고, ② 업자의 토지평가기준 및 개별공시지가의 산정기준(부동산공시법 제10조)이 된다. 또한 행정목적을 위한 산정기준이 되는데 이 경우 가감조정이 가능하다.

개별공시지가는 ① 국세, 지방세, 부담금 산정기준의 과세표준이 되고, ② 행정목적의 지가산정기준이 된다.

5. 적정성 확보방안의 차이점

표준지공시지가는 의견청취, 이의신청, 행정쟁송 및 규정된 절차를 거침으로써 적정성을 확보할 수 있으며 개별공시지가는 검증제도(제10조 제5항) 및 정정제도(제12조)가 부동산공시법에 규정되어 있다.

6. 그 외(이의신청의 청구대상)

상기의 차이점 외에도 이의신청과 관련하여 표준지공시지가는 국토교통부장관에게 신청하나 개별공시지가는 시·군·구청장에게 신청하는 차이점이 있다.

Ⅳ 관련 문제(하자승계)

① 사업인정과 재결, 표준지공시지가와 개별공시지가의 경우에는 하자승계를 부정한다.

② 개별공시지가와 과세처분의 경우, 별개의 법률효과를 목적으로 하지만 개별공시지가가 개별통지되지 않은 경우에는 하자승계를 인정한 바 있으나, 개별공시지가에 대해서 불복할 수 있었음에도 이를 하지 않은 경우에는 부정한 바 있다.

③ 최근 표준지공시지가와 재결에서는(보상금증감청구소송) 별개의 효과를 목적으로 하는 경우에도 예측가능성과 수인가능성이 없는 경우에 선행행위의 위법성을 다투지 못하게 하는 것이 수인한도를 넘는 불이익을 강요하는 것이 되는 경우에 한하여 하자승계를 긍정한 바 있다.

기출문제

[공시지가] 표준지공시지가 및 개별공시지가 기본 [제9회 제4문]

(구)「부동산 가격공시 및 감정평가에 관한 법률」상의 감정평가행위와 지가산정행위의 같은 점과 다른 점을 약술하시오. 20점

쟁점해설

1. 의의

감정평가행위란 토지 등에 대하여 경제적 가치를 판정하여 이를 가액으로 표시하는 것을 말하는데, 부동산공시법에는 표준지공시지가 조사・평가, 표준주택가격 조사・평가 등이 있다. 반면에 지가산정행위란 시・군・구청장이 각종의 세금 등에 사용할 목적으로 관할지역 안에 위치하고 있는 개별토지의 단위면적당 가격 및 개별주택가격을 산정하는 것을 말한다.

따라서 이 문제에서는 지가공시법상의 감정평가행위와 지가산정행위를 그 개념과 대표적인 유형을 통하여 같은 점과 다른 점을 비교하여 간단히 설명하면 될 것이다.

2. 같은 점과 다른 점

감정평가행위와 지가산정행위는 모두 지가형성행위이고, 평가기준이 공시지가라는 점에서 공통된다. 그러나 이 두 행위는 여러 가지 측면에서 서로 다른 측면을 가지고 있다.

무엇보다도 평가주체의 측면에서 보면, 감정평가행위는 국토교통부장관이 조사・평가의 주체이나, 지가산정행위는 시장・군수・구청장이 작성하게 되어 있다.

또 감정평가행위는 일반 거래의 지표, 보상평가 시의 기준 등으로 활용되나, 지가산정행위는 국세와 지방세 산정 시 과세표준이 되는 등 그 평가목적이 다르다. 뿐만 아니라 평가방법의 측면에서 비교하면 감정평가행위는 감정평가의 3방식에 따라 2인의 감정평가사가 평가한다. 그러나 지가산정행위는 표준지공시지가를 기준으로 시・군・구의 공무원이 산정하며, 시・군・구 부동산가격공시위원회의심의를 거쳐 국토교통부장관의 확인을 받아 공시하게 된다.

그 밖에도 평가절차와 경제적 가치성 판단 유무, 행정구제절차 등에서 다른 점을 발견할 수 있다.

기출문제

[공시지가] 표준지공시지가 및 개별공시지가 기본 [제1회 제2문]

공시지가는 어떻게 작성되며, 지가의 공시는 어떠한 성질과 효력을 가지는가에 대하여 설명하시오. 30점

Ⅰ. 공시지가의 의의

Ⅱ. 공시절차
1. 표준지 선정
2. 표준지가격의 조사 · 평가
3. 부동산가격공시위원회의 심의
4. 공시지가의 고시
5. 이의신청

Ⅲ. 표준지공시지가의 법적 성질
1. 성질규명의 필요성
2. 학설

Ⅳ. 결론
1. 효력의 내용
2. 효력의 한계

쟁점해설

공시지가의 의의, 공시지가 작성과정과 지가의 공시, 지가공시의 성질, 지가공시의 효력의 네 부분으로 나누어질 것이다.

기출문제

[공시지가] 표준지공시지가 및 개별공시지가 기본 [제3회 제3문의 3]

다음 문제를 약술하시오.

(3) 공시지가의 적용 10점

쟁점해설

공시지가의 적용은 공시지가의 효력과 구별하여 구체적인 적용을 중심으로 논하여야 한다. 이 문제에 대한 구성은 적용의 대상과 방법으로 구분하여 논하면 된다. 대상은 ① 개별토지의 평가와 ② 공공목적의 토지평가로 나눌 수 있지만, 후자의 경우는 법에서 구체적인 경우를 열거하고 있으므로 이를 설명하면 될 것이다. 이때 공시지가를 적용하여 행하는 평가가 표준지의 공시지가와 균형을 유지하여야 한다는 점이 강조되어야 할 것이다.

기출문제

[공시지가] 표준지공시지가 및 개별공시지가 기본 [제4회 제2문]

「부동산 가격공시에 관한 법률」에 근거하여 시장, 군수, 자치구 구청장이 행하는 개별토지가격결정의 법적 성질에 대하여 설명하라. 30점

Ⅰ. 서설

Ⅱ. 개별토지가격 결정절차

1. 개설
2. 개별공시지가의 산정
3. 개별공시지가 검증 및 의견청취
4. 시·군·구 부동산가격공시위원회의 심의 및 공시

Ⅲ. 개별토지가격 결정공시의 법적 성질

1. 학설
2. 판례
3. 검토

Ⅳ. 결

쟁점해설

본문의 논점은 개별토지가격의 결정절차(10점)와 그 법적 성질(15점)을 논함에 있다.

기출문제

[공시지가] 표준지공시지가 및 개별공시지가 기본 [제5회 제2문]

개별토지가격결정 절차상의 하자에 대한 불복절차를 설명하시오. 30점

Ⅰ. 서설
Ⅱ. 개별토지가격결정의 법적 성질
Ⅲ. 절차상 하자의 의미
  1. 개별지가 결정절차
  2. 절차상의 하자
Ⅳ. 절차상 하자에 대한 권리구제절차
  1. 이의신청
  2. 행정소송
  3. 하자승계
Ⅴ. 결어

쟁점해설

① 제2문은 두 개의 약술형 문제로 구성되어 있다. 그러나 이 중에서 중요한 비중을 갖는 문제는 물론 개별토지가격결정 절차상의 하자에 관한 문제이다.

② 우선 검토되어야 하는 논점은 (1) 개별토지가격결정의 법적 성질 문제이다. 이때에 조심할 것은 개별토지가격결정과 표준지공시지가의 법적 성질은 서로 구분되어야 한다는 점이다. 전자에 관하여는 행정행위설과 행정계획설이 대립할 수 있으나, 행정계획설의 주장은 그 체계에 맞지 않는다는 점에 유의하여야 한다. 오히려 후자인 표준공시지가의 법적 성질 문제에 들어가서야 비로소 행정계획설 논의가 타당하다는 점에 유의하여야 한다. 이는 수험생들 대부분이 범하고 있는 오류로서, 일부 논문의 잘못된 주장이 빚고 있는 파급적 문제이기도 하다. 이러한 학설대립에서는 자신의 입장이 분명히 정리되어야 한다. 다수견해에 따르지 않더라도 일관적인 논리로써 논지를 전개하는 것이 필요하다. 이는 다음에 논의될 다른 논점에 있어서의 결론에서도 계속 이어지는 문제이니만큼 그 일관성 있는 태도가 필요하게 된다.

③ 다음으로는 (2) 절차상의 하자의 의미에 대한 설명이 필요하다. 이는 개별적인 절차의 내용에 관한 이해를 필요로 하며, 구체적으로 어떠한 하자유형이 가능한지에 관해 정리되어야 한다.

④ 다음으로는 (3) 하자에 대한 권리구제절차에 대해 언급되어야 한다. 이에 관하여는 행정심판과 행정소송이 검토되어야 한다.

02 하자승계

 기출문제

[공시지가] 하자승계 [제13회 제3문]

甲시장은 개별공시지가를 乙에게 개별통지하였으나, 乙은 행정소송 제기기간이 경과하도록 이를 다투지 않았다. 후속 행정행위를 발령받은 후에 개별공시지가의 위법성을 이유로 후속 행정행위를 다투고자 하는 경우, 이미 다툴 수 있다고 인정한 바 있는 대판 1994.1.25, 93누8542 판결과 대비하여 그 가능성 여부를 설명하시오. 20점

Ⅰ. 쟁점의 정리

Ⅱ. 관련 판례 검토

1. 통지를 한 경우 판례
2. 통지를 하지 않은 경우 판례

Ⅲ. 하자승계의 가능성

1. 예측가능성
2. 수인가능성

Ⅳ. 결어

쟁점해설

이 문제는 일반적인 하자승계문제와 약간 다르게 학설 및 판례 검토가 아니라 두 개의 판례를 비교하는 것이 핵심이다. 즉, 개별통지한 경우에는 예측가능성, 수인가능성이 있으므로 하자승계를 부정하지만 개별통지하지 않은 경우에는 예측가능성, 수인가능성이 없어 하자승계를 긍정한 부분을 중심으로 설명하면 된다.

기출문제

[공시지가] 하자승계 [제21회 제2문]

뉴타운 개발이 한창인 A지역 인근에 주택을 소유한 P는 자신의 주택에 대하여 전년도 대비 현저히 상승한 개별공시지가를 확인하고 향후 부과될 관련 세금의 상승 등을 우려하여 부동산공시법 제11조에 따른 이의신청을 하였으나 기각되었다. 이에 P는 확정된 개별공시지가에 대하여 다시 행정심판을 제기하였으나 행정심판위원회는 그 청구를 받아들이지 않았다. 그 후 P는 자신이 소유한 주택에 대하여 전년도보다 높은 재산세(부동산보유세)를 부과받게 되었다.

(1) P가 이의신청과 행정심판을 모두 제기한 것은 적법한지에 대하여 설명하시오. 10점

(2) P가 소유 주택에 대하여 확정된 개별공시지가가 위법함을 이유로, 그 개별공시지가를 기초로 부과된 재산세에 대한 취소청구소송을 제기할 수 있는지에 대하여 논술하시오. 20점

설문 (1)의 해결

Ⅰ. 쟁점의 정리

Ⅱ. 이의신청이 특별법상 행정심판인지 여부

1. 부동산공시법 제11조의 이의신청의 의의 및 취지
2. 이의신청의 법적 성질
   (1) 학설
   (2) 판례
3. 검토

Ⅲ. 사안의 해결

설문 (2)의 해결

Ⅰ. 쟁점의 정리

Ⅱ. 하자승계의 개관

1. 의의 및 논의 배경
2. 전제요건
3. 하자승계의 해결논의
   (1) 학설
   (2) 판례
   (3) 검토

Ⅲ. 사안의 해결

1. 하자승계의 요건충족 여부
   (1) 선·후행위는 처분일 것
   (2) 선행행위에의 취소사유의 위법성
   (3) 후행행위의 적법성
   (4) 선행행위에 불가쟁력이 발생할 것
2. 하자승계 인정 여부
   (1) 별개의 효과인지
   (2) 예측가능성
   (3) 수인한도성
3. 사안의 해결

쟁점해설

설문 (1)에서는 최근 판례의 태도에 따라서 이의신청과 행정심판의 관계를 포섭하는 데 중점을 두었다. 판례의 태도에 따라서 국민의 권리구제에 유리하도록 부동산공시법상 이의신청은 강학상 이의신청으로 판단하였다.

설문 (2)에서는 하자승계가 논점이다. 하자승계의 쟁점은 하자승계를 인정한 판례의 요지이다. 따라서 예측가능성과 수인한도성의 구체적인 포섭이 쟁점이다. 이러한 내용을 문제에서 제시한 사실관계를 바탕으로 포섭하였다면 무난한 점수를 획득하였을 것이다.

예시답안

(설문 1)의 해결

Ⅰ 쟁점의 정리

행정심판법 제51조는 심판청구에 대한 재결이 있는 경우에는 해당 재결 및 동일한 처분 또는 부작위에 대하여 다시 심판청구를 제기할 수 없다고 하여 행정심판 재청구를 금지하고 있다. 부동산공시법 제11조에서 규정하고 있는 이의신청을 특별법상 행정심판으로 볼 수 있는지 여부에 따라서 결과가 달라지므로 이하에서 구체적으로 살펴본다.

Ⅱ 이의신청이 특별법상 행정심판인지 여부

1. 부동산공시법 제11조의 이의신청의 의의 및 취지

개별공시지가에 이의 있는 자가 시・군・구청장에게 이의를 신청하고 심사하는 제도(부동산공시법 제11조)로 개별공시지가의 객관성을 확보하여 공신력을 높이는 데 취지가 인정된다.

2. 이의신청의 법적 성질

(1) **학설**

1) 심판기관기준설

이 견해는 심판과 이의신청을 심판기관으로 구별하는 견해이다. 즉, 이의신청은 처분청 자체에 제기하는 쟁송이고, 행정심판은 행정심판위원회에 제기하는 쟁송이라고 본다.

2) 쟁송절차기준설

이 견해는 쟁송절차를 기준으로 행정심판과 '행정심판이 아닌 이의신청'을 구별하는 견해이다. 즉, 헌법 제107조 제3항은 행정심판절차는 사법심판절차가 준용되어야 한다고 규정하고 있는 점에 비추어 개별법률에서 정하는 이의신청 중 준사법절차가 보장되는 것만을 행정심판으로 보고, 그렇지 않은 것은 행정심판이 아닌 것으로 본다.

(2) 판례

최근 판례는 ㉠ 부동산공시법에 행정심판의 제기를 배제하는 명시적 규정이 없고, ㉡ 부동산공시법상 이의신청과 행정심판은 그 절차 및 담당기관에 차이가 있는 점을 종합하면 "다른 법률에 특별한 규정이 있는 경우"에 해당한다고 볼 수 없으므로 이의신청을 거친 경우에도 행정심판을 거쳐 소송을 제기할 수 있다고 판시한 바 있다.

3. 검토

부동산공시법은 이의신청절차를 준사법적 절차로 하는 명시적 규정을 두고 있지 않은 바 권리구제에 유리하도록 강학상 이의신청으로 봄이 타당하다.

Ⅲ 사안의 해결

P가 제기한 이의신청은 강학상 이의신청으로 봄이 P의 권리구제에 유리하다. 또한 부동산공시법상 행정심판법상 행정심판을 배제하는 규정이 없으므로 이의신청을 거쳤다 하더라도 행정심판에 의한 구제수단을 활용할 수 있다고 보아야 할 것이다. 따라서 P가 이의신청과 행정심판을 모두 제기한 것은 적법하다고 판단된다.

(설문 2)의 해결

Ⅰ 쟁점의 정리

P가 개별공시지가의 위법함을 이유로 재산세에 대한 취소소송을 제기 할 수 있는지에 대하여 묻고 있다. 개별공시지가와 과세처분 간의 하자승계와 관련된 판례의 태도에 따라 "예측가능성"과 "수인가능성"의 측면에서 사안을 논술하고자 한다.

Ⅱ 하자승계의 개관

1. 의의 및 논의 배경

하자승계란 둘 이상의 행정행위가 일련하여 동일한 법률효과를 목적으로 하는 경우에 선행행위의 하자를 이유로 후행행위를 다툴 수 있는지의 문제를 말한다. 이는 법적 안정성의 요청(불가쟁력)과 국민의 권리구제의 조화문제이다.

2. 전제요건

① 선·후행행위는 처분일 것, ② 선행행위에의 취소사유의 위법성, ③ 후행행위의 적법성, ④ 선행행위에 불가쟁력이 발생할 것을 요건으로 한다.

3. 하자승계의 해결논의

(1) 학설

1) 전통적 견해(하자승계론)

선·후행행위가 〈일련의 절차〉를 구성하면서 동일한 법률효과 즉, 〈하나의 효과〉를 목적으로 하는 경우에는 하자승계를 인정한다.

2) 새로운 견해(구속력론)

선행행위의 불가쟁력이 대물적(목적), 대인적(수범자), 시간적(사실, 법률관계의 동일성) 한계와 예측가능성·수인가능성 한도 내에서는 후행행위를 구속하므로 하자승계가 부정된다.

(2) 판례

개별공시지가와 과세처분의 경우, 별개의 법률효과를 목적으로 하지만 개별공시지가가 개별통지되지 않은 경우에는 하자승계를 인정한 바 있으나, 개별공시지가에 대해서 불복할 수 있었음에도 이를 하지 않은 경우에는 부정한 바 있다.

(3) 검토

전통적 견해는 형식을 강조하여 구체적 타당성을 확보하지 못하는 경우가 있을 수 있으므로, 판례의 태도에 따라 전통적 견해의 형식적 기준을 원칙으로 하되 개별사안에서 예측가능성·수인가능성을 판단하여 구체적 타당성을 기함이 타당하다.

Ⅲ 사안의 해결

1. 하자승계의 요건충족 여부

(1) 선·후행행위는 처분일 것

개별공시지가는 과세산정에 직접적인 구속력을 갖고, 인적 범위의 특정성과 상관없는 물적 행정행위로서 일반처분에 해당하는 바 처분성이 인정된다. 또한 재산세부과도 납세의무를 부과하므로 처분성이 인정된다.

(2) 선행행위에의 취소사유의 위법성

설문상 P가 주장하는 바를 전제로 하므로, 특별히 문제되지 않는 것으로 본다.

(3) 후행행위의 적법성

설문상 재산세부과는 적법한 것으로 본다.

(4) 선행행위에 불가쟁력이 발생할 것

설문상 개별공시지가에 대하여 이의신청을 제기하였으나 기각되었다. 이후 행정소송을 제기할 수 있었으나 이에 대한 사실관계가 적시되지 않았으므로 행정소송을 제기하지 않아서 불가쟁력이 발생한 것으로 보고 사안을 해결하고자 한다.

2. 하자승계 인정 여부

(1) 별개의 효과인지

개별공시지가는 개별지가 산정목적이고, 과세처분은 금전납부 부과의무의 상이한 목적을 갖는다.

(2) 예측가능성

일반적으로 토지소유자, 이해관계인에게 개별고지되도록 되어 있는 것이 아니어서 개별공시지가 결정내용을 알고 있다고 전제하기 곤란하고 결정된 개별공시지가가 자신에게 유리할지 불리할지 쉽사리 예견할 수 없으므로 예측가능성이 결여된다.

〈사안에서는〉 P가 처음부터 향후 부과될 관련 세금의 상승 등을 우려하고 있으므로 전년도보다 높은 재산세를 부과받을 것을 예측할 수 있다고 판단된다.

(3) 수인한도성

판례는 '소유자 등으로 하여금 장차 과세처분이 이루어질 것에 대비하여 항상 토지가격을 주시하고 개별공시지가 결정이 잘못된 경우에 정해진 시정절차를 통해서 시정하도록 요구하는 것은 부당하게 높은 주의의무를 지우는 것으로 볼 수 있다.'고 판시한 바 있으나, 〈사안에서는〉 P당사자의 부주의로 소송을 제기하지 않은 경우라면 이는 P가 수인하여야 할 범위 내의 것이라고 판단된다.

3. 사안의 해결

P는 당초부터 전년도 대비 현저히 상승한 개별공시지가로 인해서 관련 세금이 높게 부과될 것을 염려하였고, 확정된 개별공시지가의 위법함을 행정소송으로 다툴 수 있었을 것이다. 또한 P가 자신의 부주의로 개별공시지가의 위법함을 다투지 않은 경우라면, 그로 인한 재산세부과는 P가 감수해야 할 수인한도성이 인정된다고 볼 수 있다. 따라서 P는 확정된 개별공시지가가 위법함을 이유로, 그 개별공시지가를 기초로 부과된 재산세에 대한 취소청구소송을 제기할 수 없다고 판단된다.

03 토지가격비준표

기출문제

[공시지가] 토지가격비준표 [제14회 제1문]

서울시는 甲과 乙이 소유하고 있는 토지가 속한 동작구 일대에 공원을 조성하기 위하여 甲과 乙의 토지를 수용하려고 한다. 한편 乙의 토지가 표준지로 선정되어 표준지공시지가가 공시되었는데, 乙의 토지 인근에 토지를 보유하고 있는 甲은 乙의 토지의 표준지공시지가 산정이 국토교통부훈령인 표준지의 선정 및 관리지침에 위배되었다는 것을 알게 되었다. 이를 이유로 甲이 법적으로 다툴 수 있는지 논하라. 40점

Ⅰ. 문제의 제기

Ⅱ. 표준지공시지가의 법적 성질
  1. 표준지공시지가의 의의
  2. 학설
  3. 판례
  4. 검토

Ⅲ. 甲이 다툴 수 있는지 여부(원고적격성 여부)
  1. 문제의 소재
  2. 학설 검토
  3. 판례 및 소결
  4. 사안의 해결

Ⅳ. 표준지공시지가의 위법성 검토
  1. 문제의 소재
  2. 법령보충적 행정규칙의 의의 및 인정 여부
  3. 법적 성질에 대한 견해의 대립(대외적 구속력 인정 논의)
  4. 판례
  5. 검토

Ⅴ. 불복수단
  1. 이의신청
  2. 행정쟁송

Ⅵ. 사안의 해결

쟁점해설

사안과 관련한 쟁점은 먼저 표준지공시지가의 위법을 주장하면 당사자는 부동산공시법 제7조에 의거하여 이의신청을 할 수 있다. 이 경우 표준지공시지가의 처분성 여부와 무관하게 이의신청을 제기할 수 있다. 그리고 취소소송 제기와 관련하여 먼저 대상적격으로 표준지공시지가의 처분성 여부를 논하고 표준지 인근 토지소유자의 원고적격 논의를 행한 후 행정규칙 위반을 이유로 위법성을 주장할 수 있는지 여부를 검토한다. 구체적으로 해당 훈령이 보통의 행정규칙이라면 위법을 주장하기 힘들지만 법령보충적 행정규칙 내지 규범구체화 행정규칙이라면 그 위법성을 주장할 수 있다.

기출문제

[공시지가] 토지가격비준표 [제19회 제2문]

토지에 대한 개별공시지가결정을 다투려고 하는 경우 다음 각각의 사안에 대하여 논술하시오. 40점

(1) 甲은 A시장이 자신의 소유 토지에 대한 개별공시지가를 결정함에 있어서 부동산 가격공시에 관한 법률 제10조 제4항에 의하여 국토교통부장관이 작성한 토지가격비준표를 고려하지 않았다고 주장한다. 이에 A시장은 토지가격비준표를 고려하지 않은 것은 사실이나, 같은 법 제10조 제5항의 규정에 따른 산정지가검증이 적정하게 행해졌으므로, 甲소유의 토지에 대한 개별공시지가결정은 적법하다고 주장한다. A시장 주장의 타당성에 대하여 검토하시오. 20점

(2) 乙은 A시장이 자신의 소유 토지에 대한 개별공시지가를 결정함에 있어서 (구)부동산 가격공시에 관한 법률 제11조 제4항에 의하여 받아야 하는 산정지가검증을 거치지 않았다는 이유로 개별공시지가결정이 위법하다고 주장하였다. A시장은 乙의 주장이 있자 산정지가검증을 보완하였다. 乙이 검증절차의 위법을 이유로 개별공시지가결정을 다투는 소송을 제기하려는 경우 그 방법 및 인용가능성은? 20점

Ⅰ. 쟁점의 정리

Ⅱ. 하자치유의 개관

1. 의의 및 취지
2. 인정 여부
   (1) 학설 (2) 판례 (3) 검토
3. 인정범위
4. 인정시기(시적 한계)
   (1) 학설 (2) 판례 (3) 검토
5. 하자치유의 효과

Ⅲ. 설문 (1) A시장 주장의 타당성

1. 개별공시지가 산정의 내용
   (1) 개별공시지가의 의의 및 취지
   (2) 법적 성질
   (3) 개별공시지가의 결정절차
2. 개별공시지가 산정의 위법성 정도
   (1) 비준표의 의의 및 성질
   (2) 비준표의 대외적 구속력 논의
   (3) 비준표 활용상 하자에 대한 판례의 태도
   (4) 사안의 경우(위법성 정도)
3. A시장 주장의 타당성

Ⅳ. 설문 (2) 소송의 제기방법 및 인용가능성

1. 개별공시지가결정의 위법성 정도
   (1) 지가산정검증을 거치지 않은 것이 절차상 하자인지
   (2) 지가산정검증을 거치지 않은 절차상 하자의 독자적 위법성 인정 여부
      1) 문제점 2) 학설
      3) 판례 4) 검토
      5) 사안의 경우
   (3) 절차상 하자의 정도
2. 소송의 제기방법
3. 인용가능성

Ⅴ. 사안의 해결

쟁점해설

[제2문]은 개별공시지가 산정과 관련된 하자치유의 가능성과 관련된 문제이다.
따라서 하자치유에 대한 일반론을 적시한 후, 설문 (1)과 설문 (2)의 하자의 유형을 구분하여 판례의 태도를 기준으로 구체적으로 포섭하는 문제로 볼 수 있다.

비준표를 적용하지 않은 것은 내용상 하자로 보고, 산정지가검증절차를 거치지 않은 것은 절차상 하자로 보아 내용상 하자와 절차상 하자에 대한 하자치유 논리를 전체적으로 물어보았다.

예시답안

Ⅰ 쟁점의 정리

설문은 개별공시지가를 결정함에 있어서 발생된 하자가 치유될 수 있는지와 관련된 사안이다. 설문의 해결을 위하여 하자치유에 대한 일반법리를 살펴본 후, 이를 적용하여 설문을 검토한다.

Ⅱ 하자치유의 개관

1. 의의 및 취지

하자의 치유란 행정행위의 성립 당시 하자를 사후에 보완하여 그 행위의 효력을 유지시키는 것을 말한다. 이는 행정행위의 무용한 반복을 피하는 소송경제와 권리구제요청의 조화문제이다.

2. 인정 여부

(1) 학설

① 행정의 능률성 측면에서 긍정하는 견해와, ② 행정결정의 신중성 확보 및 사인의 신뢰보호 측면에서 부정하는 견해, ③ 원고의 공격방어권을 침해하지 않는 범위에서 제한적으로 긍정하는 견해가 있다.

(2) 판례

행정행위의 무용한 반복을 피하고 당사자의 법적 안정성을 위해서, 국민의 권리나 이익을 침해하지 않는 범위 내에서 구체적 사정에 따라 합목적적으로 인정해야 한다고 판시한 바 있다(대판 2002.7.9, 2001두10684).

(3) 검토

하자의 치유는 하자의 종류에 따라서, 하자의 치유를 인정함으로써 달성되는 이익과 그로 인하여 발생하는 불이익을 비교형량하여 개별적으로 결정하여야 한다.

3. 인정범위

판례는 절차, 형식상의 하자 중 취소사유만 인정한다. 이에 대해 내용상 하자에도 적용된다는 견해도 있다. 또한 하자치유는 행정행위의 존재를 전제로 하여 그 흠을 치유하여 흠이 없는 행정행위로 하는 것이므로 무효인 행정행위의 치유는 인정될 수 없다는 부정설이 통설이며 판례의 입장이다.

4. 인정시기(시적 한계)

(1) 학설

① 하자치유는 쟁송제기 전까지 가능하다는 견해와, ② 행정심판은 행정의 내부통제인바 행정소송제기 전까지 가능하다는 견해, ③ 소송경제를 위하여 판결 시까지 가능하다는 견해가 있다.

(2) 판례

판례는 이유제시의 하자를 치유하려면 늦어도 처분에 대한 불복 여부의 결정 및 불복신청에 편의를 줄 수 있는 상당한 기간 내에 하여야 한다고 하고 있다(대판 1983.7.26, 82누420).

(3) 검토

하자의 치유의 기능(행정경제 및 법적 안정성)을 고려하고 절차상 하자 있는 행위의 실효성 통제를 위해서 쟁송제기 이전까지 가능하다고 본다.

5. 하자치유의 효과

행정행위의 하자가 치유되면 해당 행정행위는 처분 시부터 하자가 없는 적법한 행정행위로 효력을 발생하게 된다.

Ⅲ 설문 (1) A시장 주장의 타당성

1. 개별공시지가 산정의 내용

(1) 개별공시지가의 의의 및 취지

개별공시지가란 시・군・구청장이 공시지가를 기준으로 산정한 개별토지의 단위당 가격을 말한다. 이는 조세 및 개발부담금 산정의 기준이 되어 행정의 효율성 제고를 도모함에 제도적 취지가 인정된다(부동산공시법 제10조).

(2) 법적 성질

개별공시지가는 과세산정에 직접적인 구속력을 갖고, 인적 범위의 특정성과 상관없는 물적 행정행위로서 일반처분에 해당하는바, 처분성이 인정된다고 본다. 따라서 조기에 법률관계를 확정하여 법적 안정성을 도모할 필요가 있다.

(3) 개별공시지가의 결정절차

시·군·구청장은 해당 토지와 유사하다고 인정되는 하나 또는 둘 이상의 표준지공시지가를 기준으로 비준표를 사용하여 지가를 산정하고 그 타당성에 대하여 감정평가법인 등의 검증을 받아야 한다. 그 후, 시·군·구부동산가격공시위원회의 심의를 거쳐 결정·공시하게 된다.

2. 개별공시지가 산정의 위법성 정도

(1) 비준표의 의의 및 성질

토지가격비준표는 표준지와 개별토지의 지가형성요인에 관한 표준적인 비교표로서, 행정목적을 위한 지가산정 시, 비용절감 및 전문성을 보완함에 제도적 취지가 인정된다. 또한 부동산공시법의 위임에 따라 법령내용을 보충하는 행정규칙의 성질을 갖는다.

(2) 비준표의 대외적 구속력 논의

판례는 토지가격비준표는 집행명령인 개별토지가격합동조사지침과 더불어 법령보충적 구실을 하는 법규적 성질을 가지고 있는 것으로 보아야 한다고 판시한 바 있다. 이처럼 법령의 위임에 따라 법령내용을 보충하는 경우에는 대외적 구속력이 인정된다고 보아야 할 것이다.

(3) 비준표 활용상 하자에 대한 판례의 태도

판례는 비교표준지와 개별토지의 특성을 비교하여 비준표상의 가격배율을 모두 적용하여야 하며, 이를 일부만 적용한 것은 위법하다고 판시하였다. 즉, 비준표상의 내용을 준수하지 않은 경우는 위법하다고 보고 있다.

(4) 사안의 경우(위법성 정도)

설문상 A시장이 개별공시지가를 산정함에 있어서 비준표를 고려하지 않은 것은 내용상 하자를 구성한다. 이는 중요 법률내용에 반하는 것이기는 하나, 일반인의 견지에서 외관상 명백하지 않으므로 취소사유로 볼 수 있다.

3. A시장 주장의 타당성

A시장이 비준표를 고려하지 않은 것은 개별공시지가 결정과정상 내용상 하자에 해당된다. 따라서 내용상 하자는 하자치유의 대상이 아니라고 보는 견해에 따르면, 산정지가검증이 적정하게 행해졌다 하더라도 비준표를 적용하지 않은 내용상 하자의 치유는 인정될 수 없다. 따라서 A시장의 주장은 타당하지 못하게 된다.

Ⅳ 설문 (2) 소송의 제기방법 및 인용가능성

1. 개별공시지가결정의 위법성 정도

(1) 지가산정검증을 거치지 않은 것이 절차상 하자인지

부동산공시법 제10조 제5항에서는 개별공시지가를 산정한 후, 감정평가법인 등에게 검증을 받도록 규정하고 있다. 따라서 검증을 거치지 않은 경우에는 부동산공시법상 제 절차를 준수하지 않은 절차상 하자가 존재하게 된다.

(2) 지가산정검증을 거치지 않은 절차상 하자의 독자적 위법성 인정 여부

1) 문제점

법원이 해당 처분의 실체법상의 위법 여부를 따지지 않고 또는 실체법상 적법함에도 불구하고 절차상의 위법만을 이유로 취소 또는 무효확인을 할 수 있는지가 문제된다.

2) 학설

① 적법절차 보장 관점에서 독자적 위법사유가 되며, 특히 행정소송법 제30조 제3항에서 절차하자로 인한 취소의 경우에도 기속력을 인정한다는 점을 논거로 하는 긍정설과 ② 절차는 수단에 불과하며, 적법한 절차를 거친 동일한 처분을 다시 받게 되어 행정경제상 불합리하다는 점을 논거로 하는 부정설이 대립한다. ③ 또한 기속, 재량을 구분하는 절충설이 있다.

3) 판례

대법원은 ① 기속행위인 과세처분에서 이유부기하자를, ② 재량행위인 영업정지처분에서 청문절차를 결여한 것은 절차적 하자를 구성한다고 판시한 바 있다.

4) 검토

내용상 하자만큼 절차적 적법성을 지키는 것이 필요하며, 현행 행정소송법 제30조 제3항에서 절차하자로 인한 취소의 경우에도 기속력을 준용하고 있으므로 독자적 위법사유가 된다고 보는 긍정설이 타당하다.

5) 사안의 경우

절차상 하자의 독자적 위법성이 인정되므로, 검증절차를 거치지 않은 A시장의 개별공시지가 결정은 위법하게 된다.

(3) 절차상 하자의 정도

검증제도의 취지는 시·군·구청장에 의해 산정되는 개별공시지가의 적정성을 검토함에 있으므로 이를 결여한 것은 중요 법률내용에 반하는 것으로 볼 수 있으나, 일반인의 견지에서 명백하지 않으므로 취소사유로 볼 수 있다.

2. 소송의 제기방법

행정소송법에서는 행정심판 임의주의를 규정하고 있으므로, 이에 따를 때 乙은 부동산공시법상 이의신청이나 행정심판을 거치지 않고도 개별공시지가 취소소송을 제기할 수 있으며, 이의신청이나 행정심판을 거쳐 개별공시지가 취소소송을 제기할 수도 있다.

3. 인용가능성

하자의 치유시기와 관련하여 쟁송제기 이전까지만 가능하다는 견해에 따를 경우, 乙이 행정쟁송을 제기하기 이전에 A시장이 검증절차를 보완하였으므로 하자의 치유가 인정될 수 있다. 따라서 乙의 주장은 기각될 것이다.

V 사안의 해결

1. 설문 (1)에서 비준표를 적용하지 않은 것은 개별공시지가 산정의 내용상 하자를 구성하여 산정지가검증이 적정하게 행해졌다고 하더라도 치유될 수 없으므로 A시장의 주장은 타당하지 못하게 된다.
2. 설문 (2)에서 산정지가검증을 거치지 않은 절차상 하자는 乙의 행정쟁송 이전에 보완되었는바, 乙이 개별공시지가 취소소송을 제기하더라도 乙의 주장은 인용될 수 없을 것이다.

04 기타

기출문제

[공시지가] 기타 [제6회 제3문]

「부동산 가격공시에 관한 법률」이 규정하고 있는 부동산가격공시위원회의 구성과 권한을 설명하시오. 30점

쟁점해설

사소한 문제이지만 지적하고 싶은 것은 한자의 사용에 관해서이다. 用語는 한자로 써 주는 편이 바람직하나 틀린 한자를 쓰는 것보다는 차라리 한글로 쓰는 것이 유리하다. 따라서 시간이 부족한 수험생이나 글씨를 빨리 쓰지 못하는 수험생은 작은 제목이나 처음 나오는 용어는 한자로 쓰되 나머지나 그 다음부터는 한글로 쓰는 것이 좋을 것이다. 쉽고 중요한 법률용어인 행정구제를 救濟라 하지 않고 求濟로 쓰는가 하면, 受忍을 受認으로 표기하는 등 한자를 잘못 쓰는 경우가 있다. 아울러 너무나 당연한 지적이지만 글씨를 읽기 쉽게 또박또박 써주는 것이 무엇보다도 중요하다. 즉, 수험생의 정신자세가 성실하다는 것이 나타나도록 답안을 쓸 필요가 있다.

마지막으로 언급하고 싶은 것은 사례문제의 출제가능성이다. 우리는 지금 국제화·세계화의 문턱에 와 있다. 이러한 환경변화 아래에서 각종 시험의 출제경향을 눈여겨 보아야 할 것이다. 앞으로 준케이스 문제와 종합적인 문제의 출제가능성을 염두에 둔, 전반적이고도 다양한 수험대책이 요구된다고 하겠다.

예시답안

Ⅰ 의의

부동산가격공시위원회란 부동산공시법상의 내용과 관련된 사항을 심의하는 위원회를 말하며, 국토교통부장관 소속하에 두는 중앙부동산가격공시위원회와 시·군·구청장 소속하에 두는 시·군·구부동산가격공시위원회가 있다.

Ⅱ 부동산가격공시위원회의 성격

1. 필수기관

중앙부동산가격공시위원회는 국토교통부장관의 소속하에 두고 시·군·구부동산가격공시위원회는 시·군·구청장 소속하에 두는 필수기관이다.

2. 심의기관의 성격

의결기관과 자문기관의 중간 형태인 심의기관의 성격이 있다고 본다.

Ⅲ 중앙부동산가격공시위원회

1. 설치 및 운영

① 국토교통부장관 소속하에 둔다. 위원장은 국토교통부 제1차관이 되고 공무원이 아닌 자는 2년을 임기로 한다. ② 위원회의 회의는 재적위원 과반수의 출석, 출석위원 과반수의 찬성으로 의결한다.

2. 심의사항

① 부동산 가격공시 관계법령의 제정・개정에 관한 사항 중 국토교통부장관이 심의에 부치는 사항, ② 표준지의 선정 및 관리지침, ③ 조사・평가된 표준지공시지가, ④ 표준지공시지가에 대한 이의신청에 관한 사항, ⑤ 표준주택의 선정 및 관리지침, ⑥ 조사・산정된 표준주택가격, ⑦ 표준주택가격에 대한 이의신청에 관한 사항, ⑧ 공동주택의 조사 및 산정지침, ⑨ 조사・산정된 공동주택가격, ⑩ 공동주택가격에 대한 이의신청에 관한 사항, ⑪ 비주거용 표준부동산의 선정 및 관리지침, ⑫ 조사・산정된 비주거용 표준부동산가격, ⑬ 비주거용 표준부동산가격에 대한 이의신청에 관한 사항, ⑭ 비주거용 집합부동산의 조사 및 산정지침, ⑮ 조사・산정된 비주거용 집합부동산가격, ⑯ 비주거용 집합부동산가격에 대한 이의신청에 관한 사항, ⑰ 계획수립에 관한 사항, ⑱ 그 밖에 부동산정책에 관한 사항 등 국토교통부장관이 심의에 부치는 사항

Ⅳ 시・군・구부동산가격공시위원회

1. 설치 및 운영

① 시・군・구청장 소속하에 둔다. 위원장은 부시장, 부군수, 부구청장이다. ② 시・군・구부동산가격공시위원회의 구성과 운영에 관하여 필요한 사항은 해당 시・군・구의 조례로 정한다.

2. 심의사항

① 개별공시지가의 결정에 관한 사항, ② 개별공시지가에 대한 이의신청에 관한 사항, ③ 개별주택가격의 결정에 관한 사항, ④ 개별주택가격에 대한 이의신청에 관한 사항, ⑤ 비주거용 개별부동산가격의 결정에 관한 사항, ⑥ 비주거용 개별부동산가격에 대한 이의신청에 관한 사항, ⑦ 그 밖에 시장・군수 또는 구청장이 심의에 부치는 사항

기출문제

[공시지가] 기타 [제7회 제2문]

개별공시지가의 검증 20점

쟁점해설

① 제2문의 논점은 검증의 의의를 설명하고, 검증절차 및 그 성질에 대하여 구체적으로 언급하고 검증제도에 대한 종합적인 평가를 함에 있다.

② 의의에서는 검증이란 감정평가업자가 시장・군수 또는 구청장이 산정한 개별토지가격의 타당성에 대하여 전문가적 입장에서 검토하는 것을 말하며, 이는 개별토지가격의 객관적 타당성을 부여하여 그의 공적 신뢰성을 제고하기 위한 제도라는 점을 언급하는 것으로 족하며, 절차와 관련해서는 검증의 종류, 검증의뢰기관, 검증기관, 검증기간, 토지소유자 등의 의견청취 등에 관하여 언급하고, 검증의 성질은 검증절차를 누락한 절차하자를 지닌 개별공시지가의 효력에 미치는 영향을 중심으로 검토하여야 할 것이나, 검증제도의 문제점 및 개선방안을 언급하는 것도 무방하다고 할 것이다. 제2문의 채점기준은 1. 검증의 의의(5점), 2. 검증의 성질 및 절차(10점), 3. 평가(5점)이다.

③ 제2문의 경우 대부분의 답안은 무난한 편이였다. 보통은 서론에서 개별공시지가의 의의를 언급하고 검증제도의 의의를 언급하였으며, 검증의 종류를 약식검증과 정밀검증 또는 서류검증 및 현장검증으로 구분하여 설명하였다. 검증을 행한 감정평가업자를 공무원으로 의제하여 가중처벌하도록 하고 있는데, 이는 논점은 아니나 대부분의 답안은 이를 언급하였다.

④ 답안 중에는 검증을 행정처분으로 보는 경우도 있었고, 행정조사로 보거나 사실행위로 보는 경우도 많았다. 검증은 개별토지가격의 타당성에 대하여 전문가적 입장에서 검토하는 것이고 그것은 개별공시지가의 객관적 타당성을 부여하고 공적 신뢰성을 제고하기 위한 것이기 때문에 국민의 권리・의무관계를 직접적으로 규율하는 것이 아니므로 처분이 아니다. 또한, 검증절차를 누락한 개별공시지가의 효력을 논하는 것이 논점이며 타당하다.

예시답안

1. 의의 및 취지(부동산공시법 제10조 제5항)

개별공시지가의 검증이란 감정평가법인 등이 시・군・구청장이 산정한 개별공시지가의 타당성에 대하여 전문가적 입장에서 검토하는 것으로서, 부동산공시법 제10조 제5항에 근거한다. 이는 개별공시지가 산정의 전문성을 보완하고 개별공시지가의 신뢰성과 객관성을 확보함에 취지가 인정된다.

2. 법적 성질

개별공시지가의 검증은 검증 자체로는 법률효과의 발생이 없으며, 개별공시지가 산정에 대한 적정성을 단순히 확인하고 의견을 제시하는 것이므로 사실행위로 볼 수 있다.

3. 내용

(1) 주체 및 책임(시행령 제18조)

검증의 주체는 감정평가법인 등이며 시·군·구청장은 해당 지역의 표준지공시지가를 조사하고 평가한 감정평가법인 등이나, 실적이 우수한 감정평가법인 등을(① 2년 연속 표준지공시지가 조사 및 ② 2년간 업무정지가 3회 이상이 아닌 경우) 지정할 수 있으며 검증업무를 수행하는 감정평가업자는 공무원으로 의제된다.

(2) 약식검증(산정지가검증)

1) 의의(부동산공시법 제10조 제5항 및 시행령 제18조)

약식검증이란 시·군·구청장이 개별공시지가를 산정한 후, 개별공시지가에 대한 타당성을 감정평가법인 등에게 검증받는 것을 말한다. 이는 산정지가검증이라고도 하며 지가현황도면 및 지가조사자료를 기준으로 하여 개별공시지가 산정대상의 전체 필지에 대하여 행하여진다.

2) 검증 실시 및 생략사유(시행령 제18조 제3항)

개발사업이 있거나 용도지역·지구가 변경된 경우에는 반드시 검증해야 하며, 개별토지의 지가변동율과 시·군·구의 연평균 지가변동의 차이가 작은 순으로 검증을 생략할 수 있다.

3) 검증내용(시행령 제18조 제2항)

① 비교표준지 선정의 적정성에 관한 사항, ② 개별토지가격 산정의 적정성에 관한 사항, ③ 산정한 개별토지가격과 표준지공시지가의 균형 유지에 관한 사항, ④ 산정한 개별토지가격과 인근 토지의 지가와의 균형 유지에 관한 사항, ⑤ 표준주택가격, 개별주택가격, 비주거용 표준부동산가격 및 비주거용 개별부동산가격 산정 시 고려된 토지 특성과 일치하는지 여부, ⑥ 개별토지가격 산정 시 적용된 용도지역, 토지이용상황 등 주요 특성이 공부(公簿)와 일치하는지 여부, ⑦ 그 밖에 시장·군수 또는 구청장이 검토를 의뢰한 사항 등을 검토·확인하고 의견을 제시해야 한다.

4) 검증을 결한 개별공시지가의 효력

검증을 임의적으로 생략했거나, 하자 있는 검증은 개별공시지가의 효력에 영향을 미치게 되며 하자의 정도에 따라 무효 또는 취소할 수 있는 행위가 된다.

(3) 정밀검증(시행령 제18조 제4항, 개별공시지가의 검증업무처리지침 제3조)

의견제출지가검증과 이의신청지가검증이 있다. ① "의견제출지가검증"이란 시장·군수·구청장이 산정한 지가에 대하여 법 제10조 제5항 및 영 제19조에 따른 토지소유자 및 그 밖의 이해관계인(이하 "개별토지소유자 등"이라 한다)이 지가열람 및 의견제출기간 중에 의견을 제출한 경우에 실시하는 검증을 말한다. ② "이의신청지가검증"이란 시장 · 군수 · 구청장이 개별공시지가를 결정 · 공시한 후 법 제11조 및 영 제22조에 따라 개별공시지가에 이의가 있는 자가 이의신청을 제기한 경우에 실시하는 검증을 말한다.

4. 문제점 및 개선방향

① 검증기간이 부족하므로 검증을 통한 적정성 확보가 어려운 바, 적정한 검증기간이 필요하다.
② 방대한 양의 공적자료의 충분한 제시가 요구되므로 관련 공무원의 협조요청이 필요하다.
③ 검증수수료의 현실화 및 예산집행의 실효성 확보가 필요하다.

CHAPTER 05 감정평가

01 감정평가법인 등의 법적 지위

기출문제

[감정평가] 감정평가법인 등의 법적 지위 [제2회 제2문]

감정평가법인 등의 의무와 책임을 설명하시오. 30점

Ⅰ. 서설

Ⅱ. 감정평가법인 등의 의무와 책임이 강조되는 이유

Ⅲ. 감정평가법인 등의 의무

1. 적정가격평가의무
2. 성실의무 등
3. 감정평가준수의무
4. 감정평가서 교부 및 보존의무
5. 국토교통부장관의 지도감독에 따를 의무
6. 공무원에 준하는 청렴의무

Ⅳ. 감정평가법인 등의 책임

1. 문제점
2. 민사상 책임
3. 행정상 책임
4. 형사상 책임

Ⅴ. 감정평가법인 등의 권익보호를 위한 장치

쟁점해설

감정평가법인 등의 의무와 책임의 문제는 거시적으로는 공시지가제도의 도입과 함께 감정평가를 인정하게 된 현실적인 부동산문제와 국가의 토지정책과 관련하여 요구되는 의무와 책임의 문제로 파악하여야 하는 문제라는 점에 유의할 필요가 있다.

기출문제

[감정평가] 감정평가법인 등의 법적 지위 [제18회 제2문]

감정평가법인 등의 성실의무와 그 의무이행 확보수단을 기술한 후 이들 각 수단의 법적 성질을 비교 · 검토하시오. 30점

Ⅰ. 논점의 정리(개정법령의 취지)

Ⅱ. 감정평가법인 등의 성실의무와 그 의무이행 확보수단

1. 감정평가사법 제25조 성실의무 등

2. 그 의무이행 확보수단

(1) 행정상 의무이행 확보수단

(2) 형사상 의무이행 확보수단

(3) 민사상 의무이행 확보수단

3. 소결

Ⅲ. 의무이행 확보수단 간 법적 성질 비교

1. 민사상 수단과 형사상 수단 간 비교

2. 형사상 수단과 행정상 수단 간 비교

3. 민사상 수단과 행정상 수단 간 비교

4. 소결

Ⅳ. 결어

1. 감정평가사법상 성실의무가 갖는 문제점

2. 의무이행 확보수단의 강화와 남겨진 문제

쟁점해설

먼저 이러한 문제를 출제하게 된 배경을 검토할 필요가 있다. 즉 이는 최근 감정평가사법 개정 취지와 관련된 것으로 보인다.

허위 · 부실감정평가에 따른 문제를 해소하고 감정평가에 대한 신뢰를 제고하기 위하여 감정평가사 자격등록제도를 도입하고, 감정평가법인 등이 하는 회계처리의 투명성과 객관성을 높이기 위하여 감정평가법인 등의 회계처리방식에 대한 기준을 마련하는 한편, 감정평가사에 대한 징계의 공정성을 확보하기 위하여 감정평가사에 대한 징계절차를 신설하고, 그 밖에 현행 제도의 운영상 나타난 일부 미비점을 개선 · 보완하려는 것이다.

즉, 최근에 부실감정 내지 허위감정이 늘어나면서 감정평가법인 등 및 감정평가사에 대한 처벌규정을 강화하고 감정평가에 대한 신뢰를 높이기 위해 최근 감정평가사법을 개정하였기 때문에 이와 관련된 문제로 생각된다.

이에 대하여 감정평가사의 성실의무를 규정한 취지와 최근에 법 개정 취지를 아울러 설명해 주면 좋을 것이며 구체적으로 그 의무이행 확보수단을 적시하면 될 것이다.

의무이행 확보수단은 민사상, 형사상, 행정상 수단으로 나뉘며 각각의 수단의 법적 성질을 비교 · 검토하면 될 것이다.

예시답안

Ⅰ 논점의 정리(개정법령의 취지)

최근 허위·부실 감정평가에 따른 문제를 해소하고, 감정평가에 대한 신뢰를 제고하기 위하여 감정평가사 자격등록제도가 도입되었다. 또한 감정평가사에 대한 징계절차 등을 신설하여 공정하고 투명한 행정절차를 명시함으로써 감정평가제도의 국민적 신뢰를 쌓아가고 있다. ① 이에 감정평가 및 감정평가사에 관한 법률상 감정평가업자의 성실의무(법 제25조)와 그 의무이행 확보수단의 고찰은 매우 의미가 크다. ② 또한 의무이행 확보수단의 법적 성질을 비교, 검토하고 이와 아울러 권리구제상의 상이점 등을 논의함으로써 감정평가제도의 대국민적 중요성과 신뢰성을 제고할 수 있다. ③ 특히 개정법령 등의 현실적 한계는 없는지 여부도 함께 고찰하여 봄으로써 감정평가업계의 향후 남겨진 과제 등도 논의하기로 한다.

Ⅱ 감정평가법인 등의 성실의무와 그 의무이행 확보수단

1. 감정평가사법 제25조 성실의무 등

감정평가사법 제25조에서는 감정평가법인 등의 성실의무로써 ① 품위유지의무, ② 신의성실의무, ③ 양도대여금지의무, ④ 불공정평가금지의무, ⑤ 비밀누설금지의무, ⑥ 금품수수금지 및 이중소속금지의무 등을 규정하고 있다. 이외에도 감정평가에 관한 규칙 제3조 등에서는 감정평가법인 등의 기본윤리 등을 정하고 있지만 규범성은 미약하다.

2. 그 의무이행 확보수단

(1) 행정상 의무이행 확보수단

감정평가사법 제39조에 징계의 종류를 명시하고 있다. ① 자격의 취소, ② 등록의 취소, ③ 2년 이하의 업무정지, ④ 견책 등을 구분하여 규정하고 있다.

(2) 형사상 의무이행 확보수단

감정평가사법 제49조 이하에서는 성실의무 위반 시에 징역 또는 벌금형에 처하도록 규정하고 있다. 특히 감정평가사법 제39조에 징계조항을 두고, 제40조에 징계위원회 등을 두도록 한 조치는 감정평가제도 질서확립을 위한 강력한 입법조치로 보인다.

(3) 민사상 의무이행 확보수단

감정평가사법 제28조에서는 감정평가업자의 손해배상책임 등을 규정하여 성실의무 위반 시에 그 의무이행 확보수단을 두고 있다.

3. 소결

감정평가법상 성실의무(법 제25조) 위반에 대한 행정상, 형사상, 민사상 의무이행 확보수단을 둔 것은 역설적으로 감정평가의 중요성을 대변한다고 볼 수 있다. 또한 징계절차 및 과징금의 조항은 감정평가법인 등의 대국민서비스의 투명성과 신뢰성을 제고하기 위함으로 평가된다.

Ⅲ 의무이행 확보수단 간 법적 성질 비교

1. 민사상 수단과 형사상 수단 간 비교

① 민사상 의무이행 확보수단은 감정평가법인 등과 의뢰인 또는 제3자 사이의 손해배상채권에 대한 민사소송 등이 주를 이루게 된다.

② 형사상 의무이행 확보수단과 중요한 관련 쟁점은 민사상 합의가 되더라도 반의사 불벌죄에서 제외되며, 오히려 법 제51조에서는 양벌규정을 두고 있다는 것이다.

2. 형사상 수단과 행정상 수단 간 비교

① 행정상 업무정지, 등록취소, 자격취소처분은 행정소송법 제2조상 처분의 성질을 지니며, 이에 대한 권리구제는 감정평가사법 이외에도 행정쟁송법에 의하여 일정한 쟁송절차에 의하게 된다.

② 형사상 처벌이 되는 경우에는 형벌로써 형법과 형사소송법이 정하는 절차에 의하여 권리구제가 가능하다.

3. 민사상 수단과 행정상 수단 간 비교

① 행정상 징계는 행정청이 행하는 처분행위로, 이러한 경우에는 의견청취, 청문절차 등 사전적 권리구제도 마련되어 있다.

② 민사상 의무이행 확보수단인 손해배상책임은 특별법상 손해배상책임에 대한 견해의 대립이 있으나, 대체로 민사소송에 의해 권리구제가 가능하다.

4. 소결

성실의무 위반에 따른 의무이행 확보수단이 최근 강화된 근본적인 이유는 감정평가법인 등의 평가행위가 국민에게 미치는 영향이 중대하기 때문이다. 평가전문가의 잘못된 판단은 국민생활에 직접적인 영향을 미치므로, 입법정책적으로 감정평가사법령을 강화하여 실효성을 높이기 위한 입법자의 고충이 그대로 반영된 것이라 보인다.

Ⅳ 결어

1. 감정평가사법상 성실의무가 갖는 문제점

감정평가사법 제25조상에는 감정평가업자의 성실의무를 나름대로 상세히 규정하고 있다. 그러나 법령규정이 추상적이기도 하며, 명확히 행정상, 민사상, 형사상 의무로 구분되어 있지 아니하고 나열식으로 규정된 측면이 있다. 좀 더 입법정책적으로 명확히 규정하여 감정평가법인 등의 대국민 신뢰를 향상시키는 것이 중요하리라 생각된다.

2. 의무이행 확보수단의 강화와 남겨진 문제

최근 징계위원회의 신설과 과징금 제도의 도입으로 인하여 평가현장에서 많은 이해관계의 조율사 역할을 하는 감정평가법인 등의 행동반경이 매우 축소될 우려가 있다.
토지보상법이나 감정평가사법 등 관계법령에 충실하여 평가하더라도 본의 아니게 성실의무 위반을 하는 경우에는 충분히 정상이 참작되고, 징계절차에 있어서도 공정한 징계의 기준과 근거가 마련될 때 감정평가업계의 신뢰적 질서확립이 정립되리라 생각한다.

기출문제

[감정평가] 감정평가법인 등의 법적 지위 [제11회 제2문]

감정의뢰인 甲은 감정평가사 乙이 고의로 자신의 토지를 잘못 평가하였음을 주장하여 국토교통부장관에게 乙에 대한 제재조치를 요구하였다. 이에 따라 국토교통부장관은 『감정평가 및 감정평가사에 관한 법률』의 권한을 행사하여 일정한 제재조치를 취하고자 한다. 이 경우에 국토교통부장관이 취할 수 있는 절차와 구체적 제재조치 내용을 설명하시오. 30점

Ⅰ. 논점의 정리(성실의무)

Ⅱ. 국토교통부장관이 취할 수 있는 절차
  1. 문제점(감정평가의뢰인의 시정요구권)
  2. 국토교통부장관의 타당성조사
    (1) 감정평가사의 직접 소명
    (2) 협회에 위탁하여 타당성조사

Ⅲ. 국토교통부장관의 제재조치
  1. 문제점
  2. 성실의무 위반의 내용
    (1) 경과실인 경우
    (2) 고의・중과실인 경우
  3. 감정평가사의 청문절차 유무
  4. 제재조치
    (1) 행정상 제재
    (2) 형사상 제재
    (3) 민사상 제재

Ⅳ. 결어

쟁점해설

설문에 의하면 감정평가사가 고의로 토지를 잘못 평가하였다는 주장을 근거로 국토교통부장관이 이에 대한 일정한 제재조치를 취하고자 한다. 감정평가사에 대하여 그 제재조치의 절차와 내용의 설명을 요구하는 것이라고 볼 수 있다.

감정평가의뢰인의 잘못된 평가라는 주장과 국토교통부장관에 대한 제재조치의 요구는 감정평가사법 제8조에 근거하는 것이며, 불법행위를 원인으로 한 손해배상의 사법관계와는 무관함을 쉽게 알 수 있다.

1. 제재절차

국토교통부장관은 감정평가사법의 규정에 의하여 감정평가법인 등에 대한 지도・감독권(제47조), 토지 등의 감정평가에 대한 타당성 조사권(감정평가사법 시행령 제8조 제2항)을 가지고 있으며, 이에 근거하여 감정평가의뢰인은 감정평가사의 위법・부당한 평가에 대한 시정의 요구를 하거나 권리구제를 받을 수 있다.

따라서 국토교통부장관은 감정평가의뢰인의 주장에 따라 고의로 자신의 토지를 잘못 평가하였는지 여부를 확인하여야 한다. 감정평가사법은 감정평가에 대한 타당성조사를 위한 청문규정을 두고 있지 않으므로 직접 감정평가사에게 해당 감정평가의 타당성을 소명하게 하거나 감정평가협회에 위탁하여 타당성조사를 하게 할 수도 있다. 감정평가사에 대한 제재절차는 이와 같이 감정평가에 대한 타당성조사의 결과에 따라 고의 또는 잘못 평가 여부를 판단하게 된다.

2. 제재내용

감정평가사법은 감정평가사에게 성실의무를 규정하고 있으므로 고의로 잘못 평가한 사실이 확인되면 국토교통부장관은 감정평가법인 등 또는 감정평가사에게 일정한 제재조치를 할 수 있다.

기출문제

[감정평가] 감정평가법인 등 법적 지위 [제21회 제3문]

감정평가업자 P와 건설업자 Q는 토지를 평가함에 있어 친분관계를 고려하여 Q에게 유리하게 평가하였다. 국토교통부장관은 P의 행위가 감정평가사법을 위반하였다고 판단하여 과징금, 벌금, 또는 과태료의 부과를 검토하고 있다.

(1) **과징금, 벌금, 과태료의 법적 성질을 비교하여 설명하시오.** 20점

(2) **국토교통부장관은 과징금과 벌금을 중복하여 부과하고자 한다. 중복부과처분의 적법성에 관하여 판단하시오.** 10점

쟁점해설

설문의 쟁점은 행정의 실효성 확보수단 중 행정벌과 새로운 실효성 확보수단인 과징금제도를 묻고 있다. 따라서 이들의 법적 성질을 형법적용 여부 등을 중심으로 검토하고, 각 수단의 목적과 취지에 비추어 중복부과할 수 있는 것인지를 설명하면 무난할 것이다.

예시답안

Ⅰ 개설

감정평가의 업무영역이 확대되고 면적사업이 증대되는 등 공공성이 강화됨에 따라 공적업무수행 역할의 중요성도 증대하였다. 따라서 공적업무수행(표준지, 표준주택 가격조사 등)시에 업무정지처분을 받는 경우 공적업무에 지장을 초래할 수 있으므로 이를 개선하기 위하여 과징금제도를 도입하였다. 이와 관련하여 설문을 해결하고자 한다.

Ⅱ 설문 (1) 각 개념의 법적 성질 비교

1. 과징금의 의의 및 법적 성질

(1) 본래적 의미의 과징금

과징금은 행정법상 의무위반 행위로 얻은 경제적 이익을 박탈하기 위한 금전상 제재금을 말한다. 과징금은 의무이행 확보수단으로 가해지는 점에서 의무위반에 대한 과태료와 구별된다.

(2) 감정평가사법 제41조의 과징금(변형된 의미의 과징금)

감정평가사법상 과징금은 계속적인 공적업무수행을 위하여 업무정지처분에 갈음하여 부과되는 것으로 변형된 과징금에 속한다. 이는 인・허가 철회나 정지처분으로 인해 발생하는 국민생활 불편이나 공익을 고려함에 취지가 인정된다.

(3) 법적 성질

과징금 부과는 금전상의 급부를 명하는 급부하명으로서 처분에 해당한다.

2. 벌금

(1) 의의

벌금은 행정상 중한 의무를 위반한 경우에 주어지는 행정형벌을 말한다. 행정형벌은 행정목적을 달성하기 위해 행정법규가 의무를 정해놓고 이를 위반한 경우의 제재수단이다.

(2) 성질

형법총칙이 적용되므로 형사상 책임에 해당한다.

3. 과태료(행정질서벌)

(1) 의의

행정질서벌이란 행정상 경미한 의무를 위반한 경우에 주어지는 벌로서 그 내용은 과태료 처분이다.

(2) 성질

행정질서벌은 형법총칙이 적용되지 않는다는 점에서 행정형벌과는 구별되며 행정상 책임에 해당된다.

III 설문 (2) 중복부과의 적법성 판단

1. 문제점

P의 행위가 감정평가사법에 위반된 경우 국토교통부장관이 과징금과 벌금을 중복부과할 수 있는지가 과잉금지 및 일사부재리의 원칙과 관련하여 문제된다. 이하에서 학설 및 판례의 태도를 살펴보고 본 사안을 해결한다.

2. 적법성 판단

(1) 견해의 대립

① 동일한 사안에 대해서 과징금과 벌금을 중복부과하는 것은 모두 금전적 제재라는 점에서 동일하며, 동일한 사안에 대하여 2번의 제재를 가하는 것이므로 이는 과잉금지(최소침해) 및 일사부재리에 비추어 정당하지 못하다. ② 과징금과 벌금의 취지가 적정한 행정의무이행과 공익보호에 있으므로 과징금과 벌금의 중복부과는 정당하다는 견해가 있다.

(2) 판례

판례는 벌금과 과태료는 그 성질과 목적을 달리하는 것이므로 양자를 병과할 수 있으며, 일사부재리의 원칙이 적용되지 않는다고 판시한 바 있다.

또한 과징금은 행정상 제재이고 범죄에 대한 국가의 형벌권의 실행으로서의 과벌이 아니므로 행정법규 위반에 대하여 벌금이나 범칙금을 부여하는 것은 이중처벌금지의 원칙에 반하지 않는다고 판시한 바 있다(헌재 1994.6.30, 92헌바38).

3. 검토

과징금과 벌금이 법적으로는 그 목적 및 성격이 구분되지만 위반행위에 대한 금전적 제재라는 점에서 형식 및 기능이 유사하며 중복부과할 경우 국민의 입장에서는 이중의 제재를 받게 돼 과도한 제재로 볼 수 있다고 판단된다. 따라서 과징금과 벌금의 중복부과처분은 정당하지 않다고 사료된다.

기출문제

[감정평가] 감정평가법인 등의 법적 지위 [제9회 제3문]

토지소유자 A는 감정평가법인 B에게 소유부동산의 감정평가를 의뢰하고, B는 이를 접수하여 소속 감정평가사인 C로 하여금 감정평가업무에 착수하게 하였다. 이 경우 다음 사항을 설명하시오. 20점

(1) A와 B의 법률관계의 성질 및 내용은?

(2) A가 국토교통부장관이고 C의 업무내용이 표준지공시지가의 조사・평가라면 A와 B의 법률관계와 C의 법적 지위는?

Ⅰ. A와 B의 법률관계의 성질과 내용
1. 법률관계의 성질
2. 법률관계의 내용

Ⅱ. 업무내용이 표준지공시지가의 조사평가인 경우
1. A와 B의 법률관계
2. C의 법적 지위
(1) 공무수탁사인으로서의 지위
(2) 벌칙적용에 있어 공무원으로서의 지위

쟁점해설

제3문의 설문 (1)에서 토지소유자 (A)와 감정평가법인 (B)와의 관계는 한마디로 감정평가의뢰관계인데, 그 관계의 성질과 내용을 묻는 문제이다. 또 설문 (2)는 국토교통부장관 (A)와 감정평가법인 (B)의 업무내용이 표준지공시지가의 조사・평가인 경우라면 A와 B의 법률관계의 성질과 소속 평가사 (C)의 지위를 묻는 문제이다.

1. 법률관계의 성질

원칙적으로 감정평가의뢰관계의 법적 성질에 관하여 감정평가사법 등 관련 실정법에 특별한 규정이 있으면 그 규정에 의한다. 그렇지 않은 경우 일반법이론에 따라 논하여야 한다. 일반적으로 법률관계를 공법관계와 사법관계로 나누고, 공법관계는 권력관계와 비권력(관리)관계로 나누고 있다. 이렇게 나누어 볼 때 토지소유자와 감정평가법인 사이의 감정평가의뢰관계는 상호 대등관계로서 사법관계의 성질을 띤다고 할 것이다.

그러나 감정평가업무가 단순한 사인 상호 간의 업무와 다른 공법적 성질을 띤 업무이고, 감정평가사 개인이 아닌 감정평가법인과의 관계인 때에는 단순히 사법관계와는 다른 공법적 성질의 관계라고 볼 수도 있다. 물론 상호 간에는 일방의 감정평가업무 위임과 타방의 그 대가지불을 내용으로 하는 유상의 쌍무적인 계약관계가 성립된다고 볼 것이다.

2. 법률관계의 내용

토지소유자와 감정평가법인과의 법률관계의 내용은 그 법률관계의 성질이 공법관계인가 사법관계인가에 따라 달라진다. 어느 관계이든지 권리와 의무관계임에는 틀림이 없다. 즉, 일방의 감정평가업무의 의뢰와 타방의 그 반대급부인 대가의 지급이 이루어진다.
그러나 그것이 공법관계라고 볼 경우에는 공권과 공의무가 인정되어 공익성이 더욱 강화되고 때로는 보호와 감독이 이루어진다.

설문 (2)의 내용은 국토교통부장관 (A)가 표준지공시지가의 조사·평가업무를 감정평가법인 (B)에게 의뢰한 경우에 A와 B의 법률관계와 감정평가사 (C)의 법적 지위를 묻고 있다. 먼저 A와 B의 법률관계는 제3문의 설문 (1)의 경우와 비교해 볼 때, 사인인 토지소유자가 아닌 행정관청인 국토교통부장관이 그 소관업무인 표준지공시지가의 조사·평가업무를 의뢰한 경우이므로, 감정평가사법 등의 실정법 규정을 근거로 제시하지 아니하더라도 공공성이 크게 인정된다. 따라서 이 관계는 공법관계로 보는 데 크게 무리가 없을 것이며, 공법상의 권리·의무관계가 성립된다고 할 것이다.

또 감정평가법인에 소속하고 있는 감정평가사는 국토교통부장관의 업무를 수탁받아 행하는 관계가 성립되므로 관계법령에 따라 자신의 책임 아래 업무를 수행하게 된다. 따라서 공무수탁수인으로서의 지위를 인정할 수 있을 것이다. 특히 감정평가사를 공무원으로 보는 경우도 있는 바, 공시지가의 조사·평가와 관련하여 형법 제129조 내지 제132조의 적용에 있어서 그러하다.

기출문제

[감정평가] 감정평가법인 등의 법적 지위 [제12회 제4문]

감정평가 및 감정평가사에 관한 법률 제28조 제1항의 규정에 의한 감정평가업자의 손해배상책임에 대하여 설명하시오. 10점

쟁점해설

감정평가사법 제28조에서는 감정평가업자에 대한 손해배상을 규정하고 있는데, 이는 부당한 감정으로 인한 의뢰인 등의 손해를 방지하여 올바른 평가질서를 확립함에 제도적 취지가 인정되고 있다. 따라서 동 규정이 민법상 손해배상규정의 특칙인지를 검토한 후, 해당 규정의 요건을 판례의 태도와 함께 체계적으로 기술하면 무난할 것이다.

예시답안

Ⅰ 손해배상책임의 의의 및 취지(감정평가사법 제28조)

손해배상이란 감정평가업자가 고의 또는 과실로 감정평가 당시의 적정가격과 현저한 차이가 있게 평가하여 의뢰인 등에게 손해가 발생한 경우 이를 배상하는 것을 말하며 ① 선의의 평가의뢰인이 불측의 피해를 입지 않도록 하기 위함이며, ② 또한 토지 등의 적정가격을 올바르게 평가하여 국토의 효율적인 이용과 국민경제의 발전을 도모하기 위함에 그 취지가 있다.

Ⅱ 감정평가의 법률관계

1. 논의의 실익

공법관계인지 사법관계인지에 따라서 법체계상 소송절차의 선택 및 적용법규 등에 있어서 차이가 있을 수 있다.

2. 공법관계인지 사법관계인지

감정평가의 의뢰는 상호 대등한 관계에서 행해지는 것이므로 사법관계의 성질을 갖는다고 볼 수 있다. 다만 감정평가의 사회성·공공성에 비추어 공법적 성질도 내포하고 있다고 볼 수 있다. 단, 공적업무를 위탁받은 경우는 공법상 관계이다. 사법관계로 보는 경우 어떠한 계약관계인지가 문제된다.

3. 도급계약인지 위임계약인지

① 일(감정평가)의 완성을 목적으로 수수료지급을 약정하는 도급계약이라는 견해와 ② 일정한 사무처리를 위한 통일적 노무의 제공을 목적으로 하는 유상특약의 위임계약이라는 견해가 있다. ③ 생각건대 업무수행 시 독립성이 인정되고, 업무 중단 시 중단 시까지 수행한 부분에 대한 보수청구가 인정되므로 위임계약으로 봄이 타당하다.

Ⅲ 감정평가사법 제28조와 민법 제390조 및 제750조와의 관계

1. 논의의 실익

위임계약으로 보면 선관의무에 따라 사무를 처리할 채무를 지게 된다. 따라서 감정평가결과가 부당하고 그 결과 의뢰인이 손해를 본 경우 ① 의뢰인에 대하여는 채무불이행 중 불완전이행의 법리에 따라 손해배상책임을 지고 ② 선의의 제3자에게는 민법 제750조의 불법행위책임을 지게 된다.

따라서 위임계약으로 보면 감정평가사법 제28조의 규정이 없어도 손해배상책임이 인정되므로 감정평가사법 제28조 규정이 민법상 손해배상 책임을 배제하는 특칙인지가 문제된다.

2. 견해의 대립

(1) 특칙이라는 견해(면책설)

이 견해는 감정평가의 경우 적정가격 산정이 어렵고, 평가수수료에 비해 배상의 범위가 넓으므로 감정평가사법 제28조를 감정평가업자를 보호하기 위한 특칙으로 본다.

(2) 특칙이 아니라는 견해(보험관계설)

이 견해는 감정평가사법 제28조 제1항은 제2항의 보험이나 공제에 관련하여 처리되는 감정평가법인 등의 손해배상책임의 범위를 한정한 것이므로 특칙이 아니라고 한다.

3. 판례

'감정평가법인 등의 부실감정으로 인하여 손해를 입게 된 경우 감정평가의뢰인이나 선의의 제3자는 감정평가사법상의 손해배상책임과 민법상의 불법행위로 인한 손해배상책임을 함께 물을 수 있다.'고 판시하여 특칙이 아니라고 보았다(대판 1998.9.22, 97다36293).

1. 특칙이라는 견해(면책설)

① 감정평가사법 제28조 문언의 반대해석상 감정평가법인 등에게 고의과실이 있더라도 감정평가결과가 적정가격과 현저한 차이가 없는 한 손해배상책임을 지지 않도록 하는 것이 이 법의 입법취지라는 점, ② 감정평가법인 등의 주관적 견해에 따라 감정평가액에 어느 정도의 차이가 발생하는 것이 불가피(객관적으로 적정가격을 알아내기 어렵다는 점)하므로 현저한 차이가 있을 경우에만 위법성이 있다고 보는 것이 상당한 점, ③ 소액의 감정수수료를 받는 감정평가법인 등이 손쉽게 막대한 손해배상책임을 진다거나 빈번한 배상책임을 추궁당하도록 하면 감정평가제도의 존속 자체가 위태로울 수 있다는 점, ④ 감정평가업의 사회성·공공성 측면에서 위법성을 인정하기 곤란

한바, 감정평가법인 등을 보호하기 위한 규정으로 감정평가법인 등의 책임을 경감하는 취지로 이해한다. 따라서 감정평가사법 제28조는 민법 제750조 및 제390조의 특칙으로 감정평가사법 제28조가 적용되는 범위 내에서는 민법 제750조가 적용되지 않으나, 감정평가사법 제28조 규정 외에는 민법 제750조가 보충 적용된다.

2. 특칙이 아니라는 견해(보험관계설)

감정평가사법 제28조는 감정평가법인 등의 책임을 제한하거나 경감하여 주기 위한 것이 아니라, 오히려 감정평가법인 등의 손해배상책임을 부과하여 이를 위한 보험가입 등의 조치를 취하도록 하기 위한 규정으로 본다(즉, 감정평가사법 제28조 제1항은 같은 조 제2항의 보험이나 공제에 관련하여서 규정된 것으로서 보험이나 공제로 처리되는 감정평가법인 등의 손해배상책임의 범위를 한정한 것일 뿐, 일반 채무불이행이나 불법행위책임을 배제하는 규정은 아니라고 본다).

4. 검토

① 적정가격의 산정이 어려움에도 손해배상책임을 널리 인정하면 평가제도가 위태로울 수 있고, ② 특칙이 아니라고 보면 감정평가사법 제28조 제1항 규정의 의미가 무색해지므로 특칙으로 봄이 타당하다.

Ⅳ 손해배상책임의 요건

1. 타인의 의뢰

감정평가사법 제28조에 의한 손해배상책임이 인정되기 위해서는 금융기관 등 타인의 의뢰가 있어야 한다.

2. 고의 또는 과실

① 고의란 부당한 감정평가임을 알고 있는 것을 말하며, ② 과실이란 감정평가를 함에 있어서 통상 주의의무를 위반한 것을 말한다. 입증책임은 주장하는 자에게 있다.

판례는 ① 고의 또는 과실에 대하여 감정평가법인 등의 통상적인 추상적 경과실로 보고 있다. ② 감정평가사법과 감정평가에 관한 규칙의 기준을 무시하고 자의적인 방법에 의하여 토지를 감정평가한 것은 고의 또는 과실에 의한 부당한 감정평가로 볼 수 있다. ③ 사전자료준비부주의, 평가절차부주의, 윤리규정부주의, 평가방식적용부주의를 과실의 예로 들고 있다.
또한 판례는 ④ 임대차사항을 상세히 조사할 것을 약정한 경우, 업자로선 협약에 따라 성실하고 공정하게 주택에 대한 임대차관계를 조사하여 금융기관이 불측의 손해를 입지 않도록 협력하여야 할 의무가 있다고 판시한 바 있다. 단순히 다른 조사기관의 전화조사만으로 확인된 실제와는 다른 임대차관계 내용을 기재한 임대차확인조사서를 제출한 사안에서 협약에 따른 조사의무를 다하지 아니한 과실이 있다고 판시한 바 있다. ⑤ 금융기관의 신속한 감정평가요구에 따라 그의 양해 아래 건물소유자를 통해 임대차관계를 조사한 경우에는 과실이 없다고 판시한 바 있다.

3. 부당한 감정평가

(1) 적정가격과의 현저한 차이

판례는 공시지가결정(1.3배), 보상액결정(1.3배 : 현행 1.1배)의 1.3배가 유일한 판단기준이 될 수 없고 부당감정에 이르게 된 업자의 귀책사유를 고려하여 사회통념에 따라 탄력적으로 판단하여야 하므로 현저한 차이는 고의와 과실의 경우를 다르게 보아야 한다고 한다.

> 표준지공시지가를 정하거나 공공사업에 필요한 토지의 보상가를 산정함에 있어서 2인 이상의 감정평가법인 등에 평가를 의뢰하였는데 평가액 중 최고평가액이 최저평가액의 1.3배를 초과하는 경우에는 국토교통부장관이나 사업시행자가 다른 2인의 감정평가법인 등에게 대상 물건의 평가를 다시 의뢰할 수 있다는 것뿐으로서 여기서 정하고 있는 1.3배의 격차율이 바로 지가공시 및 토지 등의 평가에 관한 법률 제26조 제1항이 정하는 평가액과 적정가격 사이에 '현저한 차이'가 있는가의 유일한 판단기준이 될 수 없다(대판 1997.5.7, 96다52427).
>
> 부당 감정과 과실에 의한 부당 감정의 경우를 한데 묶어서 그 평가액이 적정가격과 '현저한 차이'가 날 때에는 감정평가법인 등은 감정의뢰인이나 선의의 제3자에게 손해배상책임을 지도록 정하고 있는바, 고의에 의한 부당 감정의 경우와 과실에 의한 부당 감정의 경우를 가리지 아니하고 획일적으로 감정평가액과 적정가격 사이에 일정한 비율 이상의 격차가 날 때에만 '현저한 차이'가 있다고 보아 감정평가법인 등의 손해배상책임을 인정한다면 오히려 정의의 관념에 반할 수도 있으므로, 결국 감정평가액과 적정가격 사이에 '현저한 차이'가 있는지 여부는 부당 감정에 이르게 된 감정평가법인 등의 귀책사유가 무엇인가 하는 점을 고려하여 사회통념에 따라 탄력적으로 판단하여야 한다(대판 1997.5.7, 96다52427).

(2) 거짓의 기재

물건의 내용, 산출근거, 평가액의 거짓기재로써 가격변화를 일으키는 요인을 고의, 과실로 진실과 다르게 기재하는 것을 말한다.

> 감정업에 종사하는 자는 그 직무를 수행함에 있어서 고의로 진실을 숨기거나 허위의 감정을 하였을 때 처벌하도록 규정하고 있으므로 위 법조에 따른 허위감정죄는 고의범에 한한다 할 것이고 여기서 말하는 허위감정이라 함은 신빙성이 있는 감정자료에 의한 합리적인 감정결과에 현저히 반하는 근거가 시인되지 아니하는 자의적 방법에 의한 감정을 일컫는 것이어서 위 범죄는 정당하게 조사수집하지 아니하여 사실에 맞지 아니하는 감정자료임을 알면서 그것을 기초로 감정함으로써 허무한 가격으로 평가하거나 정당한 감정자료에 의하여 평가함에 있어서도 합리적인 평가방법에 의하지 아니하고 고의로 그 평가액을 그르치는 경우에 성립된다(대판 1987.7.21, 87도853).

4. 의뢰인 및 선의의 제3자에게 손해가 발생할 것

손해라 함은 주로 재산권적 법익에 관하여 받은 불이익을 말한다.

선의의 제3자 범위와 관련하여 판례는 ① '선의의 제3자는 감정내용이 허위 또는 적정가격과 현저한 차이가 있음을 인식하지 못한 것뿐만 아니라 타인이 사용할 수 없음이 명시된 경우에도 그러한 사용사실까지 인식하지 못한 제3자를 의미한다. 다만, 입증책임은 선의의 제3자에게 있으며 입증하지 못한 경우에는 상당한 인과관계에 있다고 할 수 없다.'고 한다. ② 사용주체가 달라도 동일한 목적에 사용된 경우에는 상당한 인과관계를 인정한 바 있다.

5. 인과관계

부당한 감정평가가 없었더라면 손해가 발생하지 않았을 것을 요한다. 판례는 감정평가의 잘못과 낙찰자의 손해 사이에는 상당인과관계가 있는 것으로 보아야 한다고 판시한 바 있다.

6. 위법성이 필요한지 여부

① 긍정설은 민법상 채무불이행의 경우도 별도의 규정은 없으나 위법성을 요구하고 있으므로 감정평가사법상 손해배상에서도 위법성이 요구된다고 한다. ② 이에 부정설은 고의 또는 과실에 위법성의 개념이 포함되거나, 부당감정에 포함되어 있다고 본다. ③ 생각건대 감정평가사법 제28조는 민법에 대한 특칙으로 보는 것이 타당하므로 위법성 요건은 불필요하다고 보며 이는 부당감정개념에 포함된 것으로 봄이 합당하다.

7. 기타(감정평가사법 제28조 제3항)

감정평가법인 등은 감정평가 의뢰인이나 선의의 제3자에게 법원의 확정판결을 통한 손해배상이 결정된 경우에는 국토교통부령으로 정하는 바에 따라 그 사실을 국토교통부장관에게 알려야 한다.

V 손해배상책임의 내용

1. 손해배상범위

불법행위로 인한 재산상 손해는 위법한 가해행위로 인하여 발생한 재산상 불이익, 즉 위법행위가 없었더라면 존재하였을 재산 상태와 위법행위가 가해진 현재의 재산 상태와의 차이가 되며, 계약의 체결 및 이행경위와 당사자 쌍방의 잘못을 비교하여 종합적으로 판단하여야 한다(과실상계인정).

판례는 ① 부당한 감정가격에 의한 담보가치와 정당한 감정가격에 의한 담보가치의 차액을 한도로 하여 실제로 정당한 담보가치를 초과한 부분이 손해액이 된다고 판시한 바 있다. ② 대출금이 연체되리라는 사정을 알기 어려우므로 대출금이 연체되리라는 사정을 알았거나 알 수 있었다는 특별한 사정이 없는 한 연체에 따른 지연손해금은 부당한 감정으로 인하여 발생한 손해라고 할 수 없다.

2. 임대차조사 내용

판례는 ① 금융기관의 양해 아래 임차인이 아닌 건물소유자를 통해 임대차관계를 조사한 경우는 과실이 없으므로 손해배상책임을 인정하지 않는다. ② 임대차조사 내용은 감정평가범위는 아니지만 고의과실로 임대차관계에 관한 허위의 기재를 하여 손해를 발생케 한 경우에는 손해를 배상할 책임이 있다.

3. 손해배상책임의 보장

감정평가업자의 손해배상책임을 보장하기 위하여 감정평가사법에서는 ① 보험 또는 공제사업에의 가입 및 ② 손해배상충당금 적립(한국감정원)을 규정하고 있다.

Ⅵ 관련문제

1. 민법상 소멸시효규정이 적용된다고 본다. 따라서 손해배상청구권은 손해를 안 날로부터 3년, 있은 날로부터 10년 이내에 행사해야 한다.

2. 법인은 사용자책임을 지며 해당 평가사에게 구상권을 행사할 수 있다.

3. 허위감정죄와의 관계

   감정평가사법 제49조에 의하면 고의로 업무를 잘못한 자에 대해서 허위감정죄로 처벌하도록 규정하고 있다. 따라서 부당감정평가와 허위감정죄가 동시에 성립되는 경우에 손해가 없더라도 고의로 잘못된 평가만 했다면 허위감정죄에 대한 처벌이 가능할 것이다.

Ⅶ 결

1. 부당한 감정인 경우에는 감정평가업자는 의뢰인이나 제3자에게 손해배상을 하여야 한다.

2. 부당한 감정은 아니지만 민법 제390조(채무불이행) 및 민법 제750조(불법행위)에 해당하는 경우에, 감정평가사법 제28조 규정을 특칙으로 본다면 손해배상을 청구할 수 없지만 특칙으로 보지 않는다면 민법상 손해배상을 청구할 수 있을 것이다.

3. 개선안

   부당한 감정인지를 사전에 검토하여 의뢰인이나 제3자가 피해를 보는 경우를 줄일 수 있을 것이다. 따라서 평가검토를 명문으로 도입하여 사전타당성을 강화하는 방안이 요구된다.

02 행정법 관련 CASE

기출문제

[감정평가] 행정법 관련 CASE [제14회 제4문]

감정평가사 A가 그 자격증을 자격이 없는 사람에게 양도 또는 대여한 것에 대하여 국토교통부장관은 감정평가 및 감정평가사에 관한 법률 위반을 이유로 그 자격을 취소하였다. 그에 대하여 구제받을 수 있는지를 설명하시오. 20점

Ⅰ. 문제의 제기

Ⅱ. 자격취소의 법적 성질

1. 강학상 철회인지
2. 재량행위성 여부

Ⅲ. A의 권리구제 가능성

1. 문제점
2. 재량권 행사의 한계
   평등의 원칙 위반, 비례의 원칙 위반 등
3. 권리구제수단
   행정심판, 행정소송, 손해배상 등

쟁점해설

1. 자격취소의 법적 성질

강학상 직권취소(성립상 하자를 이유로 한 취소)와, 후발적 사유로 인한 취소인 강학상 철회는 재량행위로 본다.

> 어느 행정행위가 기속행위인지 재량행위인지 나아가 재량행위라 할지라도 기속재량행위인지 또는 자유재량에 속하는 것인지의 여부는 일률적으로 규정지을 수 없고, 당해 처분의 근거가 된 규정의 형식이나 체제 또는 문언에 따라 개별적으로 판단하여야 한다(대판 1998.4.28, 97누21086).

2. 재량행위인 경우 권리구제

(1) 재량권의 한계

행정청에 재량권이 부여된 경우에는 재량권은 무한정한 것은 아니며 일정한 법적 한계가 있다. 재량권이 이 법적 한계를 넘은 경우에는 그 재량권의 행사는 위법한 것이 된다. 재량권의 한계는 재량권의 일탈 또는 남용을 말한다.

(2) 재량권의 한계를 넘는 재량권 행사

① 법규정 위반, ② 사실오인, ③ 평등원칙 위반, ④ 비례원칙 위반, ⑤ 절차 위반, ⑥ 재량권의 불행사 또는 재량의 해태, ⑦ 목적 위반

(3) 권리구제

재량권의 행사가 한계를 넘지 않으면 재량행위는 위법한 행위가 되지 않고 법원에 의한 통제의 대상이 되지 않는다. 그러나 재량권의 한계를 넘어 위법하게 되는 재량처분은 위법성 정도에 따라서 취소소송 및 무효등확인소송을 제기할 수 있다. 재량권의 한계를 넘지 않았지만 재량권 행사를 그르친 경우 해당 재량행위는 부당한 행위가 된다. 부당한 재량행위는 취소소송의 대상은 되지 않지만 행정심판에 의해 취소될 수 있다.

재량권의 일탈 또는 남용으로 손해를 입은 국민은 국가배상을 청구할 수 있다. 다만 이 경우에 공무원의 과실을 별도로 입증하여야 국가배상책임이 인정된다.

기출문제

[감정평가] 행정법 관련 CASE [제15회 제2문]

국토교통부장관이 「감정평가 및 감정평가사에 관한 법률」(이하 "감정평가사법"이라 한다)을 위반한 감정평가법인에게 업무정지 3월의 처분을 행하였다. 이에 대응하여 해당 법인은 위 처분에는 이유가 제시되어 있지 않아 위법하다고 하면서 업무정지처분취소소송을 제기하였다. 그러나 국토교통부장관은 (1) 감정평가 및 감정평가사에 관한 법률에 청문규정만 있을 뿐 이유제시에 관한 규정이 없고, (2) 취소소송심리 도중에 이유를 제시한 바 있으므로 그 흠은 치유 내지 보완되었다고 주장한다. 이 경우 국토교통부장관의 주장에 관하여 검토하시오. 30점

Ⅰ. 쟁점의 정리
Ⅱ. 국토교통부장관의 주장 (1)의 타당성
  1. 이유 제시의 의의 및 필요성
  2. 이유 제시의 내용
  3. 이유 제시를 결여한 것이 절차상 하자인지
    (1) 필수적 절차인지(생략사유)
    (2) 사안의 경우
  4. 절차상 하자의 독자성 인정 여부 및 정도
  5. 국토교통부장관의 주장의 타당성
Ⅲ. 국토교통부장관의 주장 (2)의 타당성
  1. 하자치유의 의의 및 필요성
  2. 하자치유의 인정 여부
  3. 하자치유의 인정범위
  4. 하자치유의 인정시기
  5. 국토교통부장관 주장의 타당성
Ⅳ. 사례의 해결

쟁점해설

Ⅰ 이유 제시(행정절차법 제23조)

1. 의의 및 필요성

이유 제시란 행정청이 처분을 하는 경우에 그 근거와 이유를 제시함을 말하고 모든 처분을 대상으로 한다. ① 이는 행정결정의 신중성 및 공정성을 도모하고, ② 행정쟁송 제기 여부의 판단 및 쟁송준비의 편의제공 목적에 취지가 인정된다.

2. 필수적 절차인지

① 당사자의 신청대로 인정하는 경우, ② 단순·반복적인 처분 및 경미한 처분으로 당사자가 그 이유를 명백히 알 수 있는 경우, ③ 긴급히 처분을 할 필요가 있는 경우를 제외하고는 반드시 거쳐야 하는 필수적 절차이다.

3. 이유 제시의 정도와 하자

판례는 '처분의 근거와 이유를 상대방이 이해할 수 있을 정도로 구체적으로 서면으로 하되, 이를 전혀 안 하거나 구체적이지 않은 경우 위법하게 된다.'고 한다.

이유 제시가 전혀 없거나 없는 것과 같이 불충분한 경우는 무효로 보고 불충분한 경우는 취소로 보아야 할 것이나 판례는 이유 제시 누락도 취소로 본다.

4. 이유 제시의 시기

이유 제시는 처분과 동시에 행하여야 한다. 행정청이 처분을 할 때에는 당사자에게 그 처분에 관하여 행정심판 및 행정소송을 제기할 수 있는지 여부, 그 밖에 불복을 할 수 있는지 여부, 청구절차 및 청구기간, 그 밖에 필요한 사항을 알려야 한다(행정절차법 제26조 고지).

Ⅱ 절차상 하자의 치유

1. 절차상 하자의 치유의 의의

절차상 하자의 치유란 행정행위가 발령 당시에 절차요건에 흠결이 있는 경우에 그 흠결을 사후에 보완하면, 발령 당시의 하자에도 불구하고 그 행위의 효과를 다툴 수 없도록 유지하는 것을 말한다.

2. 인정여부 및 치유시기

① 통설과 판례는 국민의 방어권 보장은 침해하지 않는 범위 내에서 제한적으로만 절차상 하자의 치유를 인정하여야 한다는 태도이다. ② 하자의 치유시기와 관련하여 다수설과 판례는 쟁송제기 이전까지만 치유가 가능하다고 한다.

기출문제

[감정평가] 행정법 관련 CASE [제17회 제2문]

감정평가업자 甲은 「감정평가 및 감정평가사에 관한 법률」 제25조의 성실의무 위반을 이유로 같은 법 제32조 제1항 제11호에 의하여 2006년 2월 1일 국토교통부장관으로부터 등록취소처분을 통보받았다. 이에 甲은 국토교통부장관이 등록취소 시 같은 법 제45조에 의한 청문을 실시하지 않은 것을 이유로 2006년 8월 1일 등록취소처분에 대한 무효확인소송을 제기하였다. 甲의 소송은 인용될 수 있는가? 30점

Ⅰ. 논점의 정리
Ⅱ. 무효확인소송의 소송요건 검토
- 1. 문제점
- 2. 등록취소의 처분성
- 3. 제소기간 여부
- 4. 기타의 요건 검토

Ⅲ. 무효확인소송의 본안요건 검토
- 1. 문제점
- 2. 청문절차 흠결이 절차상 하자인지
- 3. 청문절차 흠결의 독자적 위법성 논의
  - (1) 문제점
  - (2) 학설 및 판례
  - (3) 검토 및 사안의 경우
- 4. 청문절차 흠결의 위법성 정도
  - (1) 무효와 취소의 구별기준
  - (2) 사안의 경우(취소사유)

Ⅳ. 사안의 해결(관련문제 : 취소소송으로의 소변경 가능성)

쟁점해설

Ⅰ 청문

1. 청문의 의의 및 취지

청문은 행정청이 어떤 처분을 하기에 앞서 처분의 상대방 등의 의견을 직접 듣고 증거를 조사하는 절차를 말한다. 이는 어떠한 처분에 앞서 자기 방어의 기회를 주어 사전적 권리구제를 가능하게 함에 취지가 인정된다.

2. 필수적 절차 여부

청문에 대한 명문규정이 있거나 행정청이 필요하다고 인정하는 경우에만 필수적 규정이고, 행정절차법 제21조 제4항(사전통지 생략사유) 및 당사자의 포기의사가 있는 경우는 생략가능하다.

3. 관련 판례

(1) 청문서 도달기간을 준수하지 않은 청문의 효력

① 의견진술 통지기간의 불준수로 의견진술 준비기간이 법정기간보다 조금 모자라지만 자기 방어를 위한 준비에 곤란한 점이 없었다면 의견진술 통지기간의 불준수의 하자는 치유된다고 보아야 한다.

② 대법원은 청문서 도달기간을 지키지 않았다면 이는 청문의 절차적 요건을 준수하지 아니한 것이므로 이를 바탕으로 한 행정처분은 위법하다고 판시하였다. 다만 청문서 도달기간을 다소 어겼다 하더라도 당사자가 이의를 제기하지 아니하고 스스로 청문기일에 출석하여 충분한 방어기회를 가졌다면 청문서 도달기간을 준수하지 않은 하자는 치유되었다고 봄이 상당하다고 판시하였다(자기 방어가 충분하지 않았다면 청문을 거쳤어도 위법하다).

(2) 협의에 의한 청문배제 가능성

1) 학설

① 계약자유의 원칙에 따라 협약은 유효하다는 긍정설과 ② 청문취지상 이를 배제하는 협약은 위법이라는 부정설이 대립된다.

2) 판례

행정청이 당사자와 사이에 관계법령 및 행정절차법에 규정된 청문의 실시 등 의견청취절차를 배제하는 협약을 체결하였다 하여도 청문을 실시하지 않아도 되는 예외적인 경우에 해당한다고 할 수 없다고 하였다.

3) 검토

적법절차원리 준수 및 절차취지를 고려할 때 판례가 타당하다.

4. 사안의 경우

사안에서 청문을 실시하지 않아도 되는 예외적 사유에 해당하는지를 검토하고, 청문을 실시하여야 한다면 청문서 도달일을 준수하였는지, 협의에 의하여 배제하였는지 등을 검토하여 구체적인 사실관계를 바탕으로 사안포섭을 하면 된다.

Ⅱ 취소사유를 무효등확인소송으로 제기한 경우의 판결

1. 소변경필요설

무효확인청구는 취소청구를 포함한다고 보지만 법원은 석명권을 행사하여 무효확인소송을 취소소송으로 변경하도록 한 후 취소소송의 소송요건을 충족한 경우 취소판결을 하여야 한다고 보는 견해이다.

2. 취소소송포함설

무효확인청구에는 취소청구를 포함한다고 보고, 법원은 취소소송요건을 충족한 경우 취소판결을 하여야 한다는 견해이다.

3. 판례

"일반적으로 행정처분의 무효확인을 구하는 소에는 원고가 그 처분의 취소를 구하지 아니한다고 밝히지 아니한 이상 그 처분이 만약 당연무효가 아니라면 그 취소를 구하는 취지도 포함되어 있는 것으로 보아야 하므로 계쟁처분의 무효확인청구에 그 취소를 구하는 취지도 포함된 것으로 보아 계쟁처분에 취소사유가 있는지 여부에 관하여 심리판단하여야 한다.(대판 1994.12.23, 94누477)"라고 판시한 바 있다.

4. 결어

소송상 청구는 원고가 하며 법원은 원고의 청구에 대해서만 심판해야 하므로 법원이 일방적으로 변경할 수 없다. 따라서 법원은 석명권을 행사하여 취소소송으로 변경하도록 한 후 취소판결을 하여야 하는 것으로 보는 소변경필요설이 타당하다.

 기출문제

[감정평가] 행정법 관련 CASE [제16회 제2문]

감정평가사 甲은 감정평가를 함에 있어 감정평가준칙을 준수하지 아니하였음을 이유로 국토교통부장관으로부터 2개월의 업무정지처분을 받았다. 이에 甲은 처분의 효력발생일로부터 2개월이 경과한 후 제소기간 내에 국토교통부장관을 상대로 업무정지처분 취소소송을 제기하였다. 甲에게 소의 이익이 있는지의 여부를 판례의 태도에 비추어 설명하시오(「감정평가 및 감정평가사에 관한 법률 시행령」 제29조 [별표 3]은 업무정지처분을 받은 감정평가사가 1년 이내에 다시 업무정지의 사유에 해당하는 위반행위를 한 때에는 가중하여 제재처분을 할 수 있도록 규정하고 있다). 30점

Ⅰ. 쟁점의 정리
Ⅱ. 협의의 소익의 개관(권리보호의 필요)
  1. 협의의 소익의 의의 및 취지
  2. 원고적격과의 구별
  3. 행정소송법 제12조 제2문의 회복되는 법률상 이익의 의미
  4. 취소소송에서의 협의의 소익
Ⅲ. 가중처벌의 가능성을 규정한 관련법규의 법적 성질
  1. 문제점
  2. 법적 성질
    (1) 학설
    (2) 판례
    (3) 검토
    (4) 사안의 경우
Ⅳ. 가중처벌과 관련된 제재적 처분기준에 관한 판례
  1. 종전 판례의 태도
  2. 최근 판례의 태도
    (1) 다수견해
    (2) 소수견해
  3. 검토
Ⅴ. 甲에게 소익이 있는지 여부(사안의 해결)

쟁점해설

이 문제는 종전 법규명령 형식의 행정규칙에 가중처벌규정을 둔 경우 판례가 시행령 형식인 경우에는 이를 법규명령으로 보고 협의의 소익을 인정하고, 시행규칙으로 규정한 경우 협의의 소익을 부정하는 태도를 취하였고 이에 대한 학설의 비판이 있었다.

그러나 최근 대법원은 판례(대판 2006.6.22, 2003두1684 全合)를 변경하여 협의의 소익 유무를 가중법규의 법적 성질이 법규명령이냐 행정규칙이냐라는 형식적 기준에 의하여 판단하지 않고 구체적인 사안별로 관계법령의 취지를 살펴서 현실적으로 권리보호의 필요성이 있느냐를 기준으로 판단하고 있다.

1. 종전 판례

> 가중요건을 정한 시행규칙이 행정규칙이므로 구속력이 없고 따라서 가중적인 제재처분을 받을 불이익은 직접적·구체적 현실적인 것이 아니고, 가중처벌의 위법 여부는 당해 시행규칙이 아니라 처분의 근거법률에 비추어 판단되는 것이므로 당초의 제재처분의 위법 여부는 당초의 제재처분을 가중사유로 고려한 후의 제재처분의 위법 여부를 다투는 경우에 다툴 수 있다(대판 1995.10.17, 94누14148 全合).

2. 변경된 판례(대판 2006.6.22, 2003두1684 全合) 영업정지처분취소

제재적 행정처분의 가중사유나 전제요건에 관한 규정이 행정규칙의 형식으로 되어 있다고 하더라도, 그러한 규칙이 법령에 근거를 두고 있는 이상 관할 행정청이나 담당공무원은 이를 준수할 의무가 있으므로 이들이 그 규칙에 정해진 바에 따라 행정작용을 할 것이 당연히 예견되어 후행처분의 위험은 구체적이고 현실적인 것이고, 선행 제재처분의 취소를 구하여 가중 제재처분을 막는 것이 보다 실효적인 권리구제이므로 소의 이익을 인정하여야 한다고 본다.

> 제재적 행정처분의 가중사유나 전제요건에 관한 규정이 법령이 아니라 규칙의 형식으로 되어 있다고 하더라도, 그러한 규칙이 법령에 근거를 두고 있는 이상 그 법적 성질이 대외적 일반적 구속력을 갖는 법규명령인지 여부와는 상관 없이, 관할 행정청이나 담당공무원은 이를 준수할 의무가 있으므로 … 선행처분을 받은 상대방이 그 처분의 존재로 인하여 장래에 받을 불이익, 즉 후행처분의 위험은 구체적이고 현실적인 것이므로, 상대방에게는 선행처분의 취소소송을 통하여 그 불이익을 제거할 필요가 있다.
> … 비록 그 처분에서 정한 제재기간이 경과하였다 하더라도 그 처분의 취소소송을 통하여 그러한 불이익을 제거할 권리보호의 필요성이 충분히 인정된다고 할 것이므로, 선행처분의 취소소송을 구할 법률상 이익이 있다고 보아야 한다.

> **전원합의체 판결의 별개의견**
> 이 견해는 부령 형식의 행정규칙의 법규성을 인정하면서 이 경우에 가중된 제재처분을 받을 불이익을 제거하기 위하여 정지기간이 지난 정지처분의 취소를 구할 이익이 있다고 한다.

예시답안

Ⅰ 쟁점의 정리

취소소송이란 위법한 행정처분의 취소나 변경을 구하는 형성소송이므로, 처분의 효력이 소멸한 경우에는 원칙적으로 소의 이익이 부정될 것이지만 행정소송법 제12조 후문에서는 '처분 등의 효력이 소멸한 경우에도 취소소송을 제기할 수 있다.'고 규정하고 있다. 설문에서는 甲이 '장래에 가중처벌을 받을 수 있다는 위험'이 있음을 이유로, 효력이 소멸한 업무정지처분을 대상으로 취소소송을 제기할 수 있는지를 관련 판례의 태도에 비추어 설명하고자 한다.

Ⅱ 협의의 소익의 개관(권리보호의 필요)

1. 협의의 소익의 의의 및 취지

협의의 소익은 본안판결을 받을 현실적 필요성을 의미한다(행정소송법 제12조 제2문). 협의의 소익은 원고적격과 함께 소송요건이 되며 이는 남소방지와 충실한 본안심사를 통해 소송경제를 도모함에 취지가 인정된다.

2. 원고적격과의 구별

동 규정을 원고적격으로 보는 견해가 있으나 통상 협의의 소익규정으로 보며, 개정안에서는 별도로 규정하고 있다.

3. 행정소송법 제12조 제2문의 회복되는 법률상 이익의 의미

행정소송법 제12조 후문의 법률상 이익은 취소를 통하여 구제되는 기본적인 법률상 이익뿐만이 아니라 부수적인 이익도 포함된다고 보는 것이 다수견해이나, 판례는 처분의 근거 법률에 의해 보호되는 직접적이고 구체적인 이익을 말한다고 한다. 구체적 사안별로 권리보호의 현실적 필요성이 있는지를 검토함이 타당하므로 명예, 신용의 이익도 경우에 따라서는 소의 이익이 인정될 수 있을 것이다.

4. 취소소송에서의 협의의 소익

① 처분의 효력이 소멸한 경우(처분이 외형상 잔존함으로 인하여 어떠한 법률상 이익이 침해되고 있다고 볼 만한 특별한 사정이 있는 경우에는 그 처분의 취소를 구할 소의 이익이 있다), ② 원상회복이 불가능한 경우, ③ 처분 후의 사정에 의해 이익침해가 해소된 경우, ④ 보다 간이한 구제방법이 있는 경우에는 소의 이익이 없는 것으로 보아야 한다.

Ⅲ 가중처벌의 가능성을 규정한 관련법규의 법적 성질

1. 문제점

가중처벌의 기준은 법규명령의 형식으로 제정되었으나 그 실질이 행정규칙의 내용을 갖는 경우이므로, 이에 대한 대외적 구속력이 인정되는지가 문제된다.

2. 법적 성질

(1) 학설

① 규범의 형식과 법적 안정성을 중시하여 법규명령으로 보는 견해와, ② 규범의 실질과 구체적 타당성을 중시하여 행정규칙으로 보는 견해, ③ 상위법의 수권유무로 판단하는 수권여부기준설이 대립한다.

(2) 판례

대법원은 ① (구)식품위생법 시행규칙상 제재적 처분기준은 행정규칙으로 보며, ② (구)청소년보호법 시행령상 과징금처분기준을 법규명령으로 보면서 그 처분기준은 최고한도로 보아 구체적 타당성을 기한 사례가 있다.

(3) 검토

대통령령과 부령을 구분하는 판례의 태도는 합리적 이유가 없으므로 타당성이 결여된다. 또한 부령의 경우에도 법규명령의 형식을 갖는 이상 법제처의 심사에 의해 절차의 정당성을 확보하고, 공포를 통한 예측가능성이 보장된다는 점에서 부령인 경우도 법규성을 긍정함이 타당하다.

(4) 사안의 경우

시행령 제29조에서 규정하고 있는 제재적 처분기준(별표 3)은 그 형식이 대통령령이며, 상위법률인 감정평가사법의 처분기준을 각 사유마다 세분화하여 규정하여 개별사안에서 구체적 타당성을 기여하고 있다. 따라서 법규명령의 성질을 갖는 것으로 볼 수 있다.

Ⅳ 가중처벌과 관련된 제재적 처분기준에 관한 판례

1. 종전 판례의 태도

제재적 처분기준이 대통령령 형식인 경우에는 소의 이익이 있다고 보았으나 부령 형식의 경우에는 소의 이익이 없다고 보았다.

2. 최근 판례의 태도

(1) 다수견해

① 법규명령 여부와 상관없이 행정청은 처분기준을 준수할 의무가 있으므로, 상대방이 장래에 받을 수 있는 가중처벌규정은 구체적이고 현실적인 것이므로 "그 불이익을 제거할 필요가 있다."고 하여 제재적 처분이 부령 형식이라도 협의의 소익을 인정한다. 또한 ② 후에 동일내용을 다투는 경우 이중의 노력과 비용이 소모되고, ③ 시간의 경과로 인한 증거자료의 일실의 문제가 발생할 수 있는 측면에서도 협의의 소익을 인정한다.

(2) 소수견해

제재적 처분기준을 정한 부령인 시행규칙은 헌법 제95조에 의한 위임명령이므로 이의 법규성을 인정하는 이론적 기초 위에서 그 법률상 이익을 긍정함이 더욱 합당하다고 한다.

3. 검토

부령 형식으로 제정된 경우에도 법규성을 인정하는 논리적 기초 위에서 가중처벌에 따른 불이익의 위험을 제거함이 타당하다고 판단된다.

V 甲에게 소익이 있는지 여부(사안의 해결)

설문에서는 업무정지처분의 이력이 남아있으므로, 만약 甲이 감정평가준칙을 준수하지 않는다면 이는 가중처벌의 사유가 된다. 이러한 가중처벌을 규정한 제재적 처분기준의 대외적 구속력이 인정되므로, 甲은 효력이 소멸한 업무정지처분에 대한 취소를 구하여 (장래에) 가중처벌을 받을 수 있는 불이익한 상태를 제거할 현실적인 필요성이 인정된다고 볼 수 있다.

기출문제

[감정평가] 행정법 관련 CASE [제20회 제3문]

「감정평가 및 감정평가사에 관한 법률 시행령」 제29조 [별표 3](감정평가법인 등의 설립인가의 취소와 업무의 정지에 관한 기준)는 재판규범성이 인정되는지의 여부를 설명하시오. 25점

Ⅰ. 개설
1. 부동산의 사회성 · 공공성
2. 감정평가법인 등의 책임과 의무
3. 제재적 처분기준의 구속력 논의문제

Ⅱ. 시행령 제29조 [별표 3]의 법적 성질
1. 법규명령 형식의 행정규칙
2. 법적 성질
(1) 학설
(2) 판례
(3) 검토
(4) 사안의 경우
3. 재판규범성 인정 여부
[별표 3]은 대통령령 – 처분의 종류와 기준을 다양하게 유형화하여 구체적 사안의 개별성을 고려하고 있음.

Ⅲ. 가중처벌규정과 관련된 최근 판례의 태도
1. 종전 판례
2. 최근 판례
(1) 다수견해
(2) 소수견해
3. 검토

쟁점해설

법규명령 형식의 행정규칙 = (제재적 처분기준의 법적 성질)

1. 문제점

제재적 처분기준이 법규명령의 형식으로 제정되었으나 그 실질이 행정규칙의 내용을 갖는 경우, 이에 대한 대외적 구속력이 인정되는지가 문제된다.

2. 법적 성질

(1) 학설

① 규범의 형식과 법적 안정성을 중시하여 법규명령으로 보는 견해와, ② 규범의 실질과 구체적 타당성을 중시하여 행정규칙으로 보는 견해, ③ 상위법의 수권유무로 판단하는 수권여부기준설이 대립한다.

(2) 판례

대법원은 ① (구)식품위생법 시행규칙상 제재적 처분기준은 행정규칙으로 보며, ② (구)청소년보호법 시행령상 과징금처분기준을 법규명령으로 보면서 그 처분기준은 최고한도로 보아 구체적 타당성을 기한 사례가 있다.

(3) 검토

대통령령과 부령을 구분하는 판례의 태도는 합리적 이유가 없으므로 타당성이 결여된다. 또한 부령의 경우에도 법규명령의 형식을 갖는 이상 법제처의 심사에 의해 절차의 정당성을 확보하고, 공포를 통한 예측가능성이 보장된다는 점에서 부령인 경우도 법규성을 긍정함이 타당하다.

(4) 사안의 경우 = (감정평가사법 시행령 제29조 [별표 3]의 경우 예시)

시행령 제29조에서 규정하고 있는 제재적 처분기준은 그 형식이 대통령령이며, 상위법률인 감정평가사법의 처분기준을 각 사유마다 세분화하여 규정하여 개별사안에서 구체적 타당성을 기여하고 있다. 따라서 법규명령의 성질을 갖는 것으로 볼 수 있다.

기출문제

[감정평가] 행정법 관련 CASE [제22회 제2문]

다음 각각의 사례에 대하여 답하시오. 30점

(1) 국토교통부장관은 감정평가법인 등 甲에 대하여 법령상 의무 위반을 이유로 6개월의 업무정지처분을 하였다. 甲은 업무정지처분 취소소송을 제기하였으나 기각되었고 동 기각판결은 확정되었다. 이에 甲은 위 처분의 위법을 계속 주장하면서 이로 인한 재산상 손해에 대해 국가배상청구소송을 제기하였다. 이 경우 업무정지처분 취소소송의 위법성 판단과 국가배상청구소송의 위법성 판단의 관계를 설명하시오. 20점

(2) 감정평가법인 등 乙은 국토교통부장관에게 감정평가사 갱신등록을 신청하였으나 거부당하였다. 그런데 乙은 갱신등록거부처분에 앞서 거부사유와 법적 근거, 의견제출의 가능성 등을 통지받지 못하였다. 위 갱신등록 거부처분의 위법성 여부를 검토하시오. 10점

설문 (1)의 해결

Ⅰ. 개설

Ⅱ. 양 소송에서의 위법성 개념

1. 업무정지처분 취소소송에서의 위법성 개념
2. 국가배상청구소송에서의 위법성 개념
   (1) 견해의 대립
      1) 결과불법설
      2) 협의의 행위위법설
      3) 광의의 행위위법설
      4) 상대적 위법성설
   (2) 판례
   (3) 결어(광의의 행위위법설)

Ⅲ. 양 소송의 위법성 판단의 관계

1. 문제점
2. 기판력의 의의 및 범위
3. 기판력 부정설
4. 인용판결과 기각판결 구별설
5. 기판력 긍정설
6. 검토(개별적 판단설)

Ⅳ. 관련문제(국가배상소송의 기판력이 발생한 후의 취소소송)

설문 (2)의 해결

Ⅰ. 쟁점의 정리

Ⅱ. 거부처분이 사전통지의 대상인지 여부

1. 의견제출절차의 개념 및 근거규정
2. 거부처분이 사전통지 및 의견제출절차의 대상이 되는지 여부
   (1) 적극설
   (2) 소극설
   (3) 판례
3. 검토

Ⅲ. 절차의 하자의 독자적 취소사유성

1. 문제점
2. 소극설
3. 적극설
4. 절충설
5. 판례의 태도
6. 검토

Ⅳ. 사안의 해결

쟁점해설

설문 (1)의 쟁점은 취소판결이 확정된 경우, 이의 내용에 후소법원이 기속되는가의 문제인 기판력이다. 따라서, 각 소송에서의 위법성 개념을 설명하고 이에 기초하여 기판력이 인정되는지를 포섭하면 될 것이다.

설문 (2)의 쟁점은 거부처분이 사전통지의 대상이 되는가이다. 행정절차법 제21조에서는 '권익을 제한'하는 처분을 하는 경우에는 처분에 대한 불복방법 등을 사전에 통지하도록 규정하고 있는데, 거부처분을 '권익을 제한'하는 행위로 볼 수 있는지에 대한 학설과 판례의 태도를 중심으로 서술하면 무난할 것이다.

예시답안

[설문 1]의 해결

Ⅰ 개설

설문에서 甲은 국토교통부장관의 6개월의 업무정지처분에 대하여 업무정지처분 취소소송을 제기하였으나 기각되어 동 판결이 확정되었다. 따라서 甲은 더 이상 업무정지처분에 대하여 항고소송을 제기할 수 없을 것이나, 이와 별도로 국가배상을 청구할 수는 있을 것이다.
이 경우 국가배상청구소송의 위법성 판단과정에서 업무정지처분 취소소송의 확정판결의 기판력이 미치는지가 문제된다. 논의의 전제로서 양 소송의 위법성 개념을 살펴본다.

Ⅱ 양 소송에서의 위법성 개념

1. 업무정지처분 취소소송에서의 위법성 개념

취소소송은 위법한 처분으로 침해당한 법률상 이익을 보호하는 기능을 갖는데, 이때의 위법이란 외부효를 갖는 법규위반을 의미한다. 행정처분의 위법 여부는 공무원의 고의나 과실과는 관계없이 객관적으로 판단되어야 한다.

2. 국가배상청구소송에서의 위법성 개념

(1) 견해의 대립

1) 결과불법설

결과불법설은 국가배상법상의 위법을 가해행위의 결과인 손해가 결과적으로 시민법상의 원리에 비추어 수인되어야 할 것인가의 여부가 그 기준이 된다고 한다.

2) 협의의 행위위법설

협의의 행위위법설은 국가배상법상의 위법성을 항고소송에서의 위법성과 같이 공권력행사 자체의 '법' 위반으로 이해한다.

3) 광의의 행위위법설

광의의 행위위법설은 국가배상법상의 위법을 행위 자체의 법에의 위반뿐만 아니라, 행위의 태양(방법)의 위법, 즉 명문의 규정이 없더라도 공권력 행사의 근거법규(특히 권한근거규정), 관계법규 및 조리를 종합적으로 고려할 때 인정되는 공무원의 '직무상의 손해방지의무(안전관리의무)'의 위반을 포함하는 개념으로 이해하는 견해이다.

4) 상대적 위법성설

상대적 위법성설은 국가배상법상의 위법성을 행위의 적법, 위법뿐만 아니라, 피침해 이익의 성격과 침해의 정도 및 가해행위의 태양 등을 종합적으로 고려하여 행위가 객관적으로 정당성을 결여한 경우를 의미한다고 보는 견해이다. 상대적 위법성설은 피해자와의 관계에서 상대적으로 위법성을 인정한다.

(2) **판례**

판례는 원칙상 행위위법설을 취하고 있는 것으로 보인다. 즉, 원칙상 가해직무행위의 법에의 위반을 위법으로 보고 있다. 다만, 최근 판례 중 상대적 위법성설을 지지한 것으로 보이는 판결이 있다.

(3) **결어**(광의의 행위위법설)

① 법률에 의한 행정의 원리의 실질적 내용을 이루는 인권보장의 측면에서 볼 때 공무원에게 직무상의 일반적 손해방지의무를 인정하는 것이 타당하므로 ② 국가배상에 있어서는 행위 자체의 관계법령에의 위반뿐만 아니라 행위의 태양의 위법, 즉 피침해 이익과 관련하여 요구되는 공무원의 '직무상 손해방지의무 위반'으로서의 위법도 국가배상법상 위법이 된다고 보는 것이 타당하다.

Ⅲ 양 소송의 위법성 판단의 관계

1. 문제점

취소소송판결의 국가배상소송에 대한 기판력은 국가배상법상의 위법과 항고소송의 위법의 이동에 좌우된다. 즉, 국가배상법상의 위법과 항고소송의 위법이 동일하다면 취소소송판결의 기판력은 국가배상소송에 미치고, 동일하지 않다면 취소소송판결의 기판력이 국가배상소송에 미치지 않는다고 보아야 한다.

2. 기판력의 의의 및 범위

기판력은 일단 재판이 확정된 때에는 소송당사자는 동일한 소송물에 대하여는 다시 소를 제기할 수 없고 설령 제기되어도 상대방은 기판사항이라는 항변을 할 수 있으며 법원도 일사부재리의 원칙에 따라 확정판결과 내용적으로 모순되는 판단을 하지 못하는 효력을 말한다. 일반적으로 기판력은 판결의 주문에 포함된 것에 한하여 인정된다.

3. 기판력 부정설

결과불법설 또는 상대적 위법성설에 따르는 경우에는 국가배상소송에서의 위법은 항고소송에서의 위법에 대하여 독자적인 개념이 된다. 따라서 취소소송 판결의 기판력이 당연히 국가배상소송에 미치게 되는 것은 아니라고 본다.

4. 인용판결과 기각판결 구별설

국가배상법상의 위법을 항고소송의 위법보다 넓은 개념(광의의 행위위법설)으로 본다면 취소소송 판결 중 인용판결의 기판력은 국가배상소송에 미치지만 기각판결의 기판력은 국가배상소송에 미치지 않는다.

5. 기판력 긍정설

협의의 행위위법설을 따르는 경우에는 국가배상법상의 위법성을 항고소송에서의 위법과 달리 볼 아무런 근거가 없고, 따라서 취소소송 판결의 기판력은 당연히 국가배상소송에 미친다고 본다.

6. 검토(개별적 판단설)

광의의 행위위법설을 따르는 경우에는 국가배상소송에서 행위자체의 위법이 문제된 경우에는 항고소송의 판결의 기판력이 당연히 미치지만, 공무원의 직무상 손해방지의무 위반으로서의 위법, 즉 행위의 태양의 위법이 문제되는 경우에는 항고소송상의 위법과 판단의 대상과 내용을 달리 하므로 항고소송판결의 기판력이 이 경우에는 미치지 않는다.

Ⅳ 관련문제(국가배상소송의 기판력이 발생한 후의 취소소송)

국가배상청구소송의 기판력은 취소소송에 영향을 미치지 아니한다. 왜냐하면 국가배상청구소송은 국가배상청구권의 존부를 소송물로 한 것이지 위법 여부를 소송물로 한 것은 아니기 때문이다. 국가배상소송에 있어서의 위법성의 판단은 판결이유 중의 판단이고, 판결이유 중의 판단에는 기판력이 미치지 않기 때문이다.

(설문 2)의 해결

Ⅰ 쟁점의 정리

갱신등록거부처분에 앞서 거부사유와 법적 근거 및 의견제출의 가능성 등을 통지하지 않은 국토교통부장관의 거부처분이 절차상 하자를 구성하는지가 문제된다. 설문의 해결을 위하여 거부처분이 사전통지 및 의견제출절차의 대상인지를 검토한다.

Ⅱ 거부처분이 사전통지의 대상인지 여부

1. 의견제출절차의 개념 및 근거규정

의견제출절차란 "행정청이 어떠한 행정작용을 하기에 앞서 당사자 등이 의견을 제시하는 절차로서 청문이나 공청회에 해당하지 아니하는 절차"를 말한다. 사전통지는 의견제출의 전치절차이다. 행정절차법은 권익을 제한하는 경우에 대해서 사전통지(제21조)와 의견청취(제22조)를 하도록 규정하고 있다.

2. 거부처분이 사전통지 및 의견제출절차의 대상이 되는지 여부

(1) 적극설

당사자가 신청을 한 경우, 신청에 따라 긍정적인 처분이 이루어질 것을 기대하며 거부처분을 기대하지는 아니하고 있으므로 거부처분의 경우에도 사전통지 및 의견진술의 기회가 필요하다고 한다.

(2) 소극설

신청에 대한 거부처분은 그것이 불이익처분을 받는 상대방의 신청에 의한 것이므로 성질상 이미 의견진술의 기회를 준 것으로 볼 수 있으므로 의견진술의 기회를 줄 필요가 없다고 한다.

(3) 판례

신청에 따른 처분이 이루어지지 아니한 경우에는 아직 당사자에게 권익이 부과되지 아니하였으므로 특별한 사정이 없는 한 신청에 대한 거부처분이라고 하더라도 직접 당사자의 권익을 제한하는 것은 아니어서 사전통지대상이 된다고 할 수 없다고 판시한 바 있다(대판 2003.11.28, 2003두674).

3. 검토

거부처분을 권익을 제한하거나 의무를 부과하는 처분으로 볼 수 없고, 거부처분의 전제가 되는 신청을 통하여 의견제출의 기회를 준 것으로 볼 수 있으므로 소극설이 타당하다. 다만, 인·허가의 갱신과 관련된 거부는 종전에 발부된 인·허가의 권익을 제한하는 처분으로 보아 사전통지와 의견진술의 기회부여의 대상이 된다고 보아야 한다.

Ⅲ 절차의 하자의 독자적 취소사유성

1. 문제점

절차의 하자란 행정행위가 행해지기 전에 거쳐야 하는 절차 중 하나를 거치지 않았거나, 거쳤으나 절차상 하자가 있는 것을 말한다. 행정처분에 절차상 위법이 있는 경우에 절차상 위법이 당해 행정처분의 독립된 위법사유(취소 또는 무효사유)가 되는가, 달리 말하면 법원은 취소소송의 대상이 된 처분이 절차상 위법한 경우 당해 처분의 실체법상의 위법 여부를 따지지 않고 또는 실체법상 적법함에도 불구하고 절차상의 위법만을 이유로 취소 또는 무효확인할 수 있는지가 문제된다.

2. 소극설

소극설은 법원이 절차상 하자를 이유로 취소하더라도 행정청은 절차의 하자를 치유하여 동일한 내용의 처분을 다시 할 수 있으므로 절차상의 하자만을 이유로 취소하는 것은 행정상 및 소송상 경제에 반한다고 한다.

3. 적극설

행정소송법상 취소판결 등의 기속력이 절차의 위법을 이유로 취소되는 경우에 준용되고(행정소송법 제30조 제3항), 소극설을 취하는 경우에는 절차적 규제가 유명무실해질 우려가 있다. 따라서 행정절차의 실효성을 보장하기 위하여는 절차상의 하자를 독립된 취소사유로 보아야 한다고 한다.

4. 절충설

절차의 하자가 독립된 무효 또는 취소사유가 될 수 있는가에 관하여 경우에 따라서 독립된 취소사유로 보거나 보지 않는 절충적 견해가 있다.

5. 판례의 태도

대법원은 기속행위인 과세처분에서 이유부기하자를, 재량행위인 영업정지처분에서 청문절차를 결여한 것은 절차적 하자를 구성한다고 판시한 바 있다.

6. 검토

현행 행정소송법이 절차의 위법을 이유로 한 취소판결을 인정하고 있으므로 현행법상 소극설은 타당하지 않다. 또한 행정기관의 절차경시의 사고가 강한 현재의 상황하에서 절차의 하자를 독립된 취소사유로 봄으로써 절차중시행정을 유도하는 것이 타당하므로 적극설이 타당하다.

Ⅳ 사안의 해결

감정평가법인 등 乙의 갱신등록 신청에 대한 국토교통부장관의 거부는 종전에 발부된 자격증등록의 효과를 제한하는 처분으로 볼 수 있다. 또한 절차의 하자를 독자적 취소사유로 보는 것이 타당하므로 거부사유와 법적 근거 및 의견제출의 가능성 등을 통지하지 않은 국토교통부장관의 거부처분은 위법하다.

박문각

감정평가 및 보상법규

기출문제해설

PART 02

최신기출문제

CHAPTER 01

제23회 기출문제 답안

문제 01

A도는 2008년 5월경 국토교통부장관으로부터 관계법령에 따라 甲의 농지 4,000m²를 포함한 B시와 C시에 걸쳐있는 토지 131,000m²에 '2009 세계엑스포' 행사를 위한 문화시설을 설치할 수 있도록 하는 공공시설입지승인을 받았다. 그 후 A도는 편입토지의 소유자들에게 보상협의를 요청하여 甲으로부터 2008년 12월 5일 「공익사업을 위한 토지 등의 취득 및 보상에 관한 법률」에 의하여 위 甲의 농지를 협의취득하였다. A도는 취득한 甲의 토지 중 1,600m²를 2009년 5월 31일부터 2011년 4월 30일까지 위 세계엑스포 행사 및 기타 행사를 위한 임시주차장으로 이용하였다가 2012년 3월 31일 농지로 원상복구하였다. 그 후 위 1,600m²의 토지는 인근에서 청소년수련원을 운영하는 제3자에게 임대되어 청소년들을 위한 영농체험 경작지로 이용되고 있다. 40점

(1) 甲은 농지로 원상복구된 토지 1,600m²에 대한 환매권을 행사하려고 한다. 甲의 권리구제방법에 대하여 설명하시오. 25점

(2) A도는 환매권 행사 대상 토지의 가격이 현저히 상승된 것을 이유로 증액된 환매대금과 보상금상당액의 차액을 선이행하거나 동시이행할 것을 주장하려 한다. 환매대금 증액을 이유로 한 A도의 대응수단에 대하여 설명하시오. 15점

(설문 1-1)의 해결

Ⅰ 쟁점의 정리

설문은 2009 세계엑스포 행사를 위해 취득된 甲 토지에 대한 환매권 행사와 관련된 사안으로서, 이의 해결을 위하여 甲이 환매권을 행사할 수 있는 요건을 충족하였는지(특히 甲의 토지가 해당 사업에 필요없게 되었는지) 여부 및 환매권의 법적 성질을 검토하여 甲의 권리구제방법에 대하여 설명한다.

Ⅱ 환매권의 의의, 취지, 근거 및 법적 성질

1. 환매권의 의의 및 취지

환매권이라 함은 수용의 목적물인 토지가 공익사업의 폐지 · 변경 또는 그 밖의 사유로 인해 필요 없게 되거나, 수용 후 오랫동안 그 공익사업에 현실적으로 이용되지 아니할 경우에, 수용 당시의 토지소유자 또는 그 포괄승계인이 원칙적으로 보상금에 상당하는 금액을 지급하고 수용의 목적물을 다시 취득할 수 있는 권리를 말한다. 이는 재산권의 존속보장 및 토지소유자의 소유권에 대한 감정존중을 도모한다.

2. 환매권의 근거

오늘날 환매권의 이론적 근거를 재산권 보장, 보다 정확히 말하면 재산권의 존속보장에서 찾는 것이 유력한 견해가 되고 있다. 대법원은 환매권을 공평의 원칙상 인정되는 권리로 보면서도 재산권 보장과의 관련성을 인정하고 있다. 토지보상법 제91조와 제92조에 개별법률상 근거를 갖는다.

3. 환매권의 법적 성질

(1) 문제점

환매권이 형성권인 점에서 학설, 판례가 일치하나 공 · 사권에 대한 견해의 나뉨이 있다. 논의의 실익은 환매권에 대한 다툼이 있는 경우 적용법규와 쟁송형태에 있다.

(2) 학설

1) 공권설

환매권은 공법적 원인에 의해 상실된 권리를 회복하는 제도이므로 공권력주체에 대해 사인이 가지는 공법상 권리라고 한다.

2) 사권설

환매권은 피수용자가 자기의 이익을 위하여 일방적으로 행사함으로써 환매의 효과가 발생하는 형성권으로서 사업시행자의 동의를 요하지 않고, 이 권리는 공용수용의 효과로 발생하기는 하나 사업시행자에 의해 해제처분을 요하지 않는 직접 매매의 효과를 발생하는 것으로 사법상 권리라고 한다.

(3) 판례

대법원은 원소유자가 환매권의 행사에 의하여 일방적으로 사법상 매매를 성립시키고 행정청의 공용수용해제처분을 요하지 않으므로 사법상 권리로 보아 환매권에 기한 소유권이전등기청구소송을 민사소송으로 다루고 있다.

(4) 검토

공법상 수단에 의하여 상실한 권리를 회복하는 제도로서, 공법상의 주체인 사업시행자에 대하여 사인이 가지는 권리이므로 공법상 권리로 볼 수 있다.

III 환매권의 행사요건

1. 문제점(환매권의 성립시기)

환매권은 수용의 효과로서 수용의 개시일에 법률상 당연히 성립·취득하는 것이므로 토지보상법상 요건은 이미 취득·성립된 환매권을 현실적으로 행사하기 위한 행사요건의 검토가 필요하다.

2. 환매권의 행사요건

(1) 당사자 및 목적물

당사자는, 환매권자는 토지소유자 또는 그 포괄승계인이고 상대방은 사업시행자 또는 현재의 소유자이다. 환매목적물은 토지소유권에 한한다. 단 잔여지의 경우 접속된 부분이 필요 없게 된 경우가 아니면 환매는 불가하다.

(2) 공익사업의 폐지·변경 또는 그 밖의 사유로 필요 없게 된 때(토지보상법 제91조 제1항)

사업의 폐지·변경으로 취득한 토지의 전부 또는 일부가 필요 없게 된 경우는 관계 법률에 따라 사업이 폐지·변경된 날 또는 사업의 폐지·변경 고시가 있는 날, 그 밖의 사유로 취득한 토지의 전부 또는 일부가 필요 없게 된 경우는 사업완료일부터 10년 이내에 그 토지에 대하여 받은 보상금에 상당하는 금액을 사업시행자에게 지급하고 그 토지를 환매할 수 있다.

'필요 없게 되었을 때'란 사업시행자의 주관적 의도가 아닌 해당 사업의 목적과 내용, 협의취득의 경위와 범위, 해당 토지와 사업의 관계, 용도 등 여러 사정에 비추어 객관적·합리적으로 판단하여야 한다(대판 2010.9.30, 2010다30782).

(3) 취득한 토지의 전부를 사업에 이용하지 아니한 때(토지보상법 제91조 제2항)

취득일부터 5년 이내에 취득한 토지의 전부를 해당 사업에 이용하지 아니하였을 때에는, 취득일부터 6년 이내에 환매권을 행사할 수 있다.

(4) 제91조 제1항과 제2항 행사요건의 관계

그 요건을 서로 달리하고 있으므로, 어느 한쪽의 요건에 해당되면 다른 쪽의 요건을 주장할 수 없게 된다고 할 수 없고, 양쪽의 요건에 모두 해당된다고 하여 더 짧은 제척기간을 정한 제2항에 의하여 제1항의 환매권의 행사가 제한된다고 할 수도 없을 것이므로, 제2항의 규정에 의한 제척기간이 도과되었다 하여 제1항의 규정에 의한 환매권 행사를 할 수 없는 것도 아니라고 할 것이다.

3. 환매권 행사의 제한(토지보상법 제91조 제6항)

국가, 지방자치단체 또는 공공기관이 사업인정을 받아 공익사업에 필요한 토지를 협의취득 또는 수용한 후 해당 공익사업이 제4조 제1호 내지 제5호에 규정된 다른 사업으로 변경된 경우 환매기간은 관보에 변경을 고시한 날로부터 기산하도록 하는 것을 말한다. 이 경우 국가, 지방자치단체 또는 정부투자기관은 변경사실을 환매권자에게 통지하도록 하고 있다.

Ⅳ 사안의 해결(甲의 권리구제방법)

1. 환매권 행사요건의 충족 여부

설문에서 당초사업은 세계엑스포 행사와 관련된 사업이며, 甲 토지는 2009 세계엑스포 행사를 위한 임시주차장 등으로 사용되다가 2012년 3월 31일 농지로 원상복구된 후 제3자에게 임대되어 영농체험 경작지로 이용하는 점 등을 고려할 때, 甲의 토지는 당초사업에 필요 없게 되었다고 판단된다. 또한 설문상 공익사업의 변환 등의 사유는 보이지 않으므로 甲은 환매권 행사요건을 충족한다.

2. 甲의 권리구제방법

甲은 사업시행자를 상대로 환매권을 행사할 수 있으며, 사업시행자가 이를 거부하는 경우 환매권의 법적 성질을 공권으로 보면 공법상 당사자소송으로 소유권이전등기를 청구할 수 있을 것이다. 판례는 실무상 민사소송으로 해결하고 있다.

(설문 1-2)의 해결

Ⅰ 쟁점의 정리

A도는 환매권 행사 대상 토지가격이 현저하게 상승함을 이유로 증액된 환매대금과 보상금상당액 차액을 선이행 또는 동시이행할 것을 주장하고 있다. 환매권이 형성권의 성질을 갖는지 여부 및 환매권 행사의 절차 등을 검토하여 A도의 대응수단에 대하여 설명한다.

Ⅱ 환매권이 형성권인지 여부 및 행사절차

1. 환매권이 형성권인지 여부

대법원은 환매권은 재판상이든 그 제척기간 내에 이를 일단 행사하면 그 형성적 효력으로 매매의 효력이 생기는 것으로 보고 있다(대판 1992.10.13, 92다4666).

2. 환매절차

(1) 사업시행자의 통지 등(토지보상법 제92조)

사업시행자는 환매할 토지가 생겼을 때 지체 없이 환매권자에게 통지하거나 사업시행자의 과실 없이 환매권자를 알 수 없는 경우 이를 공고해야 한다.

(2) 환매권의 행사

환매권자는 환매의사 표시와 함께 사업시행자와 협의 결정한 보상금을 선지급함으로써 행사한다. 환매권은 형성권이므로 사업시행자의 승낙·동의 없이도 그 환매의 효과가 발생한다. 사업시행자는 소로써 법원에 환매대금의 증액을 청구할 수 있을 뿐 환매권 행사로 인한 소유권이전등기 청구소송에서 환매대금 증액청구권을 내세워 증액된 환매대금과 보상금 상당액의 차액을 지급할 것을 선이행 또는 동시이행의 항변으로 주장할 수 없다(대판 2006.12.21, 2006다49277).

(3) 환매금액

환매금액은 원칙상 환매 대상토지 및 그 토지에 대한 소유권 이외의 권리에 대해 사업시행자가 지급한 보상금에 상당한 금액이며, 정착물에 대한 보상금과 보상금에 대한 법정이자는 불포함된다. 다만, 가격변동이 현저한 경우에 양 당사자는 법원에 그 금액의 증감을 청구할 수 있다(토지보상법 제91조 제4항). 토지의 가격이 취득일 당시에 비하여 현저히 변동된 경우는 환매권 행사 당시의 토지가격이 지급한 보상금에 환매 당시까지의 해당 사업과 관계없는 인근 유사토지의 지가변동률을 곱한 금액보다 높은 경우를 말한다(토지보상법 시행령 제48조).

III 사안의 해결(A도의 대응수단)

환매권은 형성권이므로 사업시행자의 승낙·동의 없이도 그 환매의 효과가 발생하므로, A도는 토지가격이 상승되었다는 이유로 환매금액과 보상금 상당액 차액을 선이행 또는 동시이행을 청구할 수 없을 것이다. A도는 토지보상법 제91조 제4항에 따라 당사자 간 협의를 통하거나, 환매권의 법적 성질을 공권으로 본다면 당사자소송의 형식으로 법원에 그 금액의 증감을 청구하여야 할 것이다.

관련판례

1. 대판 2011.5.13, 2010다6567[소유권이전등기]

[판시사항]

[1] 공익사업을 위한 토지 등의 취득 및 보상에 관한 법률 제91조 제1항에서 정한 '해당 사업'의 의미 및 협의취득 또는 수용된 토지가 필요 없게 되었는지 여부의 판단기준

[2] 甲 지방자치단체가 '세계도자기엑스포' 행사를 위한 문화시설 설치사업을 위하여 乙에게서 丙 토지를 협의취득하였는데, 丙 토지가 위 행사용 임시주차장 등으로 사용되다가 농지로 원상복구된 이래 제3자에게 임대되어 영농체험 경작지 등으로 이용되기도 하다가 현재는 밭, 구거, 주차장 부지로 이용되고 있는 사안에서, 여러 사정에 비추어 丙 토지는 더 이상 협의취득의 목적이 되는 '해당 사업'에 필요 없게 되었으므로, 을의 환매권 행사를 인정한 원심판단을 수긍한 사례

2. 대판 2006.12.21, 2006다49277[소유권이전등기]

[판시사항]

공익사업을 위한 토지 등의 취득 및 보상에 관한 법률 제91조에서 정한 환매권의 행사 방법 및 그 환매권 행사로 인한 소유권이전등기 청구소송에서 사업시행자가 환매대금 증액청구권을 내세워 선이행 또는 동시이행의 항변을 할 수 있는지 여부(소극)

[판결요지]
공익사업을 위한 토지 등의 취득 및 보상에 관한 법률 제91조에 의한 환매는 환매기간 내에 환매의 요건이 발생하면 환매권자가 지급받은 보상금에 상당한 금액을 사업시행자에게 미리 지급하고 일방적으로 의사표시를 함으로써 사업시행자의 의사와 관계없이 환매가 성립하고, 토지 등의 가격이 취득 당시에 비하여 현저히 변경되었더라도 같은 법 제91조 제4항에 의하여 당사자 간에 금액에 관하여 협의가 성립하거나 사업시행자 또는 환매권자가 그 금액의 증감을 법원에 청구하여 법원에서 그 금액이 확정되지 않는 한, 그 가격이 현저히 등귀한 경우이거나 하락한 경우이거나를 묻지 않고 환매권을 행사하기 위하여는 지급받은 보상금 상당액을 미리 지급하여야 하고 또한 이로써 족한 것이며, 사업시행자는 소로써 법원에 환매대금의 증액을 청구할 수 있을 뿐 환매권 행사로 인한 소유권이전등기 청구소송에서 환매대금 증액청구권을 내세워 증액된 환매대금과 보상금 상당액의 차액을 지급할 것을 선이행 또는 동시이행의 항변으로 주장할 수 없다.

문제 02

한국수자원공사는 「한국수자원공사법」 제9조 및 제10조에 근거하여 수도권(首都圈) 광역 상수도사업 실시계획을 수립하여 국토교통부장관의 승인을 얻은 후, 1필지인 甲의 토지 8,000㎡ 중 6,530㎡를 협의취득하였다. 협의취득 후 甲의 잔여지는 A지역 495㎡, B지역 490㎡, 그리고 C지역 485㎡로 산재(散在)하고 있다. 30점

(1) 甲은 위 잔여지의 토지가격의 감소를 이유로 손실보상을 청구하려고 한다. 이 경우 잔여지의 가격감소에 대한 甲의 권리구제방법을 설명하시오. 15점

(2) 호텔을 건립하기 위해 부지를 조성하고 있던 甲은 자신의 잔여지를 더 이상 종래의 사용목적대로 사용할 수 없게 되자 사업시행자와 매수에 관한 협의를 하였으나, 협의가 성립되지 아니하였다. 이에 甲은 관할 토지수용위원회에 잔여지의 수용을 청구하였지만 관할 토지수용위원회는 이를 받아들이지 않았다. 이 경우 잔여지수용청구의 요건과 甲이 제기할 수 있는 행정소송의 형식을 설명하시오. 15점

[설문 2-1]의 해결

Ⅰ 쟁점의 정리

甲은 잔여지의 토지가격 감소를 이유로 토지보상법 제73조에서 규정하고 있는 손실보상을 청구하려고 한다. 토지보상법 제73조에서는 손실보상청구와 관련하여 동법 제9조 제6항(협의) 및 제7항(재결)을 준용하고 있으므로 이를 검토하여 甲의 권리구제방법을 설명한다.

Ⅱ 잔여지 가격감소에 대한 손실보상 청구

1. 잔여지 가격감소에 대한 손실보상 청구의 의의 및 취지

잔여지란 동일소유자의 일단의 토지 중 공익사업을 위하여 취득되고 남은 잔여토지를 말하는데 잔여지는 형상, 도로접면 등의 조건 등이 일단의 토지보다 열악한 경우가 많다. 잔여지 가격감소에 대한 손실보상이란 상기 제 원인으로 인한 가격감소분을 보상하는 것을 말하며 재산권에 대한 정당보상을 실현함에 제도적 취지가 인정된다.

2. 손실보상의 청구(토지보상법 제73조 제1항)

토지보상법 제73조 제1항에서는 사업시행자는 동일한 소유자에게 속하는 일단의 토지의 일부가 취득되거나 사용됨으로 인하여 잔여지의 가격이 감소하거나 그 밖의 손실이 있을 때에는

그 손실을 보상하되, 동법 제2항에서는 손실의 보상은 사업완료일부터 1년이 지난 후에는 청구할 수 없다고 규정하고 있다. 따라서 이에 근거하여 잔여지 가격감소에 대한 손실보상을 청구할 수 있을 것이다.

3. 손실보상의 청구절차(토지보상법 제73조 제4항)

토지보상법 제73조 제4항에서는 손실의 보상은 사업시행자와 손실을 입은 자가 협의하여 결정하되(제9조 제6항), 협의가 성립되지 아니하면 사업시행자나 손실을 입은 자는 대통령령으로 정하는 바에 따라 제51조에 따른 관할 토지수용위원회(이하 "관할 토지수용위원회"라 한다)에 재결을 신청할 수 있다(제9조 제7항)고 규정하고 있다. 따라서 당사자 간 협의 및 재결을 통하여 보상액이 결정될 것이다.

4. 손실보상 재결에 대한 불복방법

재결의 내용이 수용 등을 수반하지 않는 경우에는, 보상원인이 되는 재산권 침해행위와 보상결정행위가 서로 분리하여 존재하기 때문에 그에 대한 불복도 분리하여 행하여야 한다. 따라서 보상재결의 처분성을 부정한다면 공법상 당사자소송에 의할 것이나, 처분성을 인정한다면 항고소송을 통한 구제가 이루어져야 할 것이다. 토지보상법에서는 재결에 대한 불복규정을 두고 있으므로 이에 따라 이의신청(제83조)과 행정소송(제85조 제2항)을 제기하는 것이 타당하다.

Ⅲ 사안의 해결

甲은 자신의 잔여지 가격감소에 대해서 사업시행자와 협의하되, 협의가 불성립한 경우에는 관할 토지수용위원회에 보상재결을 신청할 수 있을 것이다. 재결에 의한 보상금액에 불복하는 경우에는 토지보상법 제83조 및 제85조에 따라 불복이 가능하다. 잔여지의 가격 감소분이 잔여지의 가격보다 큰 경우에는 사업시행자는 그 잔여지를 매수할 수 있다.

(설문 2-2)의 해결

Ⅰ 쟁점의 정리

설문은 甲의 잔여지수용청구의 거부에 대한 행정소송의 형식을 묻고 있다. 이의 해결을 위하여 甲에게 잔여지수용청구 요건이 충족되었는지와, 甲이 재결취소소송을 제기해야 하는지 보상금의 증액을 구하는 소송을 제기해야 하는지를 검토한다.

Ⅱ 잔여지수용청구의 요건

1. 의의 및 취지(토지보상법 제74조)

'잔여지수용'이란 동일한 토지소유자에 속하는 일단의 토지의 일부를 수용함으로 인하여 잔여지를 종전의 목적에 사용하는 것이 현저히 곤란할 때에, 토지소유자의 청구에 의하여 그 잔여지도 포함하여 전부를 수용하는 것을 말한다. 토지보상법 제74조에 근거규정을 두고 있다.

2. 잔여지수용청구권의 법적 성질

잔여지수용청구권은 형성권적 권리로 보는 견해와, 손실보상책임의 일환으로 인정된 권리로 보는 견해가 있다. 판례는 형성권적 권리로 본다.

3. 잔여지수용청구의 요건

(1) 내용상 요건(토지보상법 시행령 제39조)

토지보상법 제74조에서는 '잔여지를 종래의 목적에 사용하는 것이 현저히 곤란한 경우'를 요건으로 규정하고 있다. 즉, ① 대지로서 면적이 너무 작거나 부정형 등의 사유로 인하여 건축물을 건축할 수 없거나 건축물의 건축이 현저히 곤란한 경우, ② 농지로서 농기계의 진입과 회전이 곤란할 정도로 폭이 좁고 길게 남거나 부정형 등의 사유로 영농이 현저히 곤란한 경우, ③ 공익사업의 시행으로 인하여 교통이 두절되어 사용이나 경작이 불가능하게 된 경우, ④ 그 밖에 이와 유사한 정도로 잔여지를 종래의 목적대로 사용하는 것이 현저히 곤란하다고 인정되는 경우가 해당된다(토지보상법 시행령 제39조).

(2) 절차상 요건(토지보상법 제74조 제1항)

해당 토지소유자는 사업시행자에게 일단의 토지의 전부를 매수하여 줄 것을 청구할 수 있으며, 협의가 불성립된 경우에는 관할 토지수용위원회에 사업완료일까지 수용을 청구할 수 있다(토지보상법 제74조 제1항). 협의가 필수적 전치규정인지에 대해서는 견해가 대립하나 잔여지수용청구제도의 취지상 임의적 전치규정으로 봄이 타당하다.

4. 사안의 경우

설문상 사업시행자와의 협의가 불성립되었으며, 甲의 잔여지를 더 이상 종래의 사용목적대로 사용할 수 없는 사유가 토지보상법 시행령 제39조상의 이유로 인한 것이라면 甲은 잔여지수용청구의 요건을 충족한 것으로 볼 수 있다.

Ⅲ 甲이 제기할 수 있는 행정소송의 형식

1. 문제점

확장수용의 결정은 토지수용위원회의 재결에 의해서 결정되므로 재결에 대한 일반적인 불복수단이 적용될 것이다. 이 경우 제85조 제2항의 보상금증감청구소송의 심리범위에 손실보상의 범위가 포함되는지에 따라 실효적인 쟁송형태가 달라지게 된다.

2. 행정소송의 형태

(1) 학설

1) 취소소송설 및 무효등확인소송설

보상금증감청구소송은 문언에 충실하게 '보상금액의 다과'만을 대상으로 하며, 확장수용은 수용의 범위 문제인바, 먼저 재결에 대해 다투어야 하므로 취소 내지 무효등확인소송을 제기해야 한다고 한다.

2) 보상금증감청구소송설

확장수용은 손실보상의 일환으로서 보상금증감청구소송의 취지가 권리구제의 우회방지이고, 손실보상액은 손실보상 대상의 범위에 따라 달라지므로 손실보상의 범위도 보상금증감소송의 범위에 포함된다고 본다.

3) 손실보상청구소송설

확장수용청구권은 형성권인바 이에 의해 손실보상청구권이 발생하고, 확장수용청구권의 행사에 의해서 수용의 효과가 발생하므로 이를 공권으로 본다면 공법상 당사자소송으로 손실보상청구를 하여야 한다고 본다.

(2) 판례

대법원은 '잔여지수용청구권은 토지소유자에게 손실보상책의 일환으로 부여된 권리이어서 이는 수용할 토지의 범위와 그 보상액을 결정할 수 있는 토지수용위원회에 대하여 토지수용의 보상가액을 다투는 방법에 의하여도 행사할 수 있다.'고 판시한 바 있다.

(3) 검토

잔여지보상에 관한 소송은 위법성 여부를 따지는 것이 아니라 보상금과 관련된 사항이므로 분쟁의 일회적 해결을 위해서 보상금증감청구소송이 타당하다.

3. 사안의 경우

손실보상금은 수용목적물의 범위에 따라 달라지므로 보상금증감청구소송의 심리범위에는 수용목적물의 범위판단도 포함된다. 따라서 甲은 보상금증감청구소송을 통하여 잔여지수용청구에 대한 구제를 받을 수 있을 것이다.

Ⅳ 사안의 해결

甲의 잔여지는 더 이상 종래의 목적대로 사용할 수 없으므로 잔여지수용청구요건을 충족하고, 관할 토지수용위원회가 이의 수용을 받아들이지 않은 경우에는 분쟁의 일회적 해결을 위하여 토지보상법 제85조 제2항에서 규정하고 있는 보상금증감청구소송을 통해서 권리구제를 받을 수 있다.

문제 03

20년 이상 감정평가업에 종사하고 있는 감정평가사 甲은 2년 전에 국토교통부장관 乙의 인가를 받아 50명 이상의 종업원을 고용하는 감정평가법인을 설립하였다. 그 후 乙은 甲이 정관을 거짓으로 작성하는 등 부정한 방법으로 감정평가법인의 설립인가를 받았다는 이유로 「감정평가 및 감정평가사에 관한 법률」 제32조 제1항 제13호에 따라 설립인가를 취소하였다. 甲은 乙의 인가취소가 잘못된 사실관계에 기초한 위법한 처분이라는 이유로 취소소송을 제기하면서 집행정지신청을 하였다. 甲의 집행정지신청의 인용여부를 논하시오. 20점

(설문 3)의 해결

Ⅰ 쟁점의 정리

설문에서 甲은 인가취소에 대한 취소소송을 제기하면서 집행정지를 신청하였다. 甲의 집행정지 신청이 인용되기 위해서는 집행정지요건을 모두 충족해야 하는바, 이하에서 검토한다.

Ⅱ 집행정지의 요건 및 절차 등

1. **의의**(집행부정지 원칙과 예외적인 집행정지) **및 근거**(행정소송법 제23조 제1항 및 제2항)

   집행부정지 원칙은 취소소송의 제기는 처분 등의 효력이나 그 집행 또는 절차의 속행에 영향을 주지 아니함을 말한다. 단, 처분이 진행되는 등의 사정으로 회복되기 어려운 손해가 발생할 경우 예외적으로 집행정지를 인정한다.

2. 요건

   (1) **신청요건**(형식적 요건 : 미충족 시 각하결정)

   1) 정지대상인 처분 등이 존재할 것

   행정소송법상 집행정지는 종전의 상태, 즉 원상을 회복하여 유지시키는 소극적인 것이므로 침해적 처분을 대상으로 한다.

   2) 적법한 본안소송이 계속 중일 것

   행정소송법상의 집행정지는 민사소송에서의 가처분과는 달리 적법한 본안소송이 계속 중일 것을 요하며, 계속된 본안소송은 소송요건을 갖춘 적법한 것이어야 한다.

   3) 신청인적격 및 신청이익

   집행정지를 신청할 수 있는 자는 본안소송의 당사자이다. 신청인은 '법률상 이익'이 있는 자이어야 한다. 또한 집행정지결정의 현실적 필요성이 있어야 한다.

(2) 본안요건(실체적 요건 : 기각결정 또는 인용결정(집행정지결정))

1) 회복하기 어려운 손해

판례는 금전보상이 불가능하거나 사회통념상 참고 견디기가 현저히 곤란한 유・무형의 손해(적소는 요건 아님)와 중대한 경영상의 위기(아람마트 사건)를 회복하기 어려운 손해로 보고 있다. 이에 대한 소명책임은 신청인에게 있다.

2) 긴급한 필요의 존재

회복하기 어려운 손해의 발생이 절박하여 손해를 회피하기 위하여 본안판결을 기다릴 여유가 없을 것을 말한다(대결 1994.1.17, 93두79).

3) 공공복리에 중대한 영향이 없을 것

처분의 집행에 의해 신청인이 입을 손해와 집행정지에 의해 영향을 받을 공공복리 간 이익형량을 하여 공공복리에 중대한 영향을 미칠 우려가 없어야 한다(대결 1999.12.20, 99무42).

4) 본안청구가 이유 없음이 명백하지 아니할 것

집행정지는 인용판결의 실효성을 확보하기 위하여 인정되는 것이며 행정의 원활한 수행을 보장하며 집행정지신청의 남용을 방지할 필요도 있으므로 본안청구가 이유 없음이 명백하지 아니할 것을 집행정지의 소극적 요건으로 하는 것이 타당하다는 것이 일반적 견해이며 판례도 이러한 입장을 취하고 있다(대결 1992.8.7, 92두30).

3. 절차

본안이 계속된 법원에 당사자의 신청 또는 직권에 의하여 처분 등의 효력이나 그 집행 또는 절차의 속행의 전부 또는 일부의 정지를 결정할 수 있다.

4. 내용

① 처분의 효력을 존재하지 않는 상태에 놓이게 하는 처분의 효력정지, ② 처분의 집행을 정지하는 집행정지, ③ 여러 단계의 절차를 통하여 행정목적이 달성되는 경우에 절차의 속행을 정지하는 절차속행의 정지를 내용으로 한다.

Ⅲ 사안의 해결

설문상 인가취소는 감정평가업무를 더 이상 수행하지 못하도록 하는 처분이며, 이에 대한 취소소송은 적법하게 계속 중인 것으로 보인다. 취소소송의 인용판결이 있을 때까지 업무수행을 하지 못하여 발생한 손실은 금전적으로 배상이 가능할 것으로 보이나, 甲 법인의 명예나 주요 거래처와의 신뢰악화 등의 중대한 경영상의 위험은 회복되기 어려운 손해로 예상된다. 따라서 법원은 집행정지 결정을 해야 할 것이며 국토교통부장관은 이에 대하여 즉시항고할 수 있다(행정소송법 제23조 제5항).

문제 04

「공익사업을 위한 토지 등의 취득 및 보상에 관한 법률」상 사업인정고시의 효과에 대하여 설명하시오. 10점

(설문 4)의 해결

Ⅰ 사업인정의 의의 및 취지 등

사업인정이란 공익사업을 토지 등을 수용 또는 사용할 사업으로 결정하는 것을 말하며(제2조 제7호), ① 사업 전의 공익성 판단, ② 사전적 권리구제(의견청취, 절차참여), ③ 수용행정의 적정화, ④ 피수용자의 권리보호에 취지가 있다.

Ⅱ 사업인정 고시의 효과(① 대상확정, ② 관계인확정, ③ 보전의무, ④ 측량조사권, ⑤ 수용권설정)

1. 개설

사업인정은 사업인정의 고시일부터 효력이 발생하며, 사업인정도 행정행위인바 공정력・구속력・존속력 등 일반행정행위의 효력이 발생한다.

2. 사업시행자

(1) 수용권 설정 및 토지・물건조사권(제27조)

사업시행자는 일정한 절차를 거칠 것을 조건으로 목적물을 수용할 수 있는 권한이 부여되며, 해당 토지나 물건에 출입하여 측량하거나 조사할 수 있다.

(2) 협의성립확인 신청권(제29조)

사업시행자와 토지소유자 및 관계인 간에 협의가 성립되었을 때에는 사업시행자는 토지소유자 및 관계인의 동의를 받아 관할 토지수용위원회에 협의 성립의 확인을 신청할 수 있다.

(3) 재결신청권(제28조)

협의가 성립되지 아니하거나 협의를 할 수 없을 때에는 사업시행자는 사업인정고시가 된 날부터 1년 이내에 관할 토지수용위원회에 재결을 신청할 수 있다.

3. 토지소유자

(1) 토지 등의 보전의무(제25조)

사업인정고시가 된 후에는 누구든지 고시된 토지에 대하여 사업에 지장을 줄 우려가 있는 형질의 변경이나 물건을 손괴하거나 수거하는 행위를 하지 못한다.

(2) 재결신청청구권(제30조)

사업인정고시가 된 후 협의가 성립되지 아니하였을 때에는 토지소유자와 관계인은 대통령령으로 정하는 바에 따라 서면으로 사업시행자에게 재결을 신청할 것을 청구할 수 있다.

(3) 관계인의 범위 확정(제2조)

"관계인"이란 사업시행자가 취득하거나 사용할 토지에 관하여 지상권·지역권·전세권·저당권·사용대차 또는 임대차에 따른 권리 또는 그 밖에 토지에 관한 소유권 외의 권리를 가진 자나 그 토지에 있는 물건에 관하여 소유권이나 그 밖의 권리를 가진 자를 말한다. 사업인정의 고시가 된 후에 권리를 취득한 자는 기존의 권리를 승계한 자를 제외하고는 관계인에 포함되지 아니한다.

4. 기타(손실보상액 고정의 효과)

토지보상법 제70조 제4항에서는 보상액 산정의 기준이 되는 공시지가의 적용시점을 규정하고 있는바, 이에 따라 손실보상액이 고정되는 효과를 가져오게 된다.

Ⅲ 관련문제(사업인정의 효력소멸)

사업인정의 효력은 ① 수용절차 종결(협의, 화해, 재결), ② 하자 있는 사업인정의 소멸(취소, 무효), ③ 하자 없는 사업인정의 소멸(철회, 실효)로 효력이 소멸된다. ③은 공공성의 계속적 담보를 통한 제도이다. 실효 및 사업의 폐지·변경으로 인한 손실은 보상해야 하며 실효 여부에 다툼이 있으면 실효확인소송을 제기할 수 있다.

CHAPTER 02 제24회 기출문제 답안

문제 01

甲은 S시에 600㎡의 토지를 소유하고 있다. S시장 乙은 2002년 5월 「국토의 계획 및 이용에 관한 법률」에 의거하여 수립한 도시관리계획으로 甲의 토지가 포함된 일대에 대하여 공원구역으로 지정하였다가 2006년 5월 민원에 따라 甲의 토지를 주거지역으로 변경 지정하였다. 乙은 2010년 3월 정부의 녹색도시조성 시책에 부응하여 도시근린공원을 조성하고자 甲의 토지에 대하여 녹지지역으로 재지정하였다. 다음 물음에 답하시오. 40점

(1) 甲은 乙이 2010년 3월 그의 토지에 대하여 녹지지역으로 재지정한 것은 신뢰보호의 원칙에 위배될 뿐만 아니라 해당 토지 일대의 이용상황을 고려하지 아니한 결정이었다고 주장하며, 녹지지역 지정을 해제할 것을 요구하고자 한다. 甲의 주장이 법적으로 관철될 수 있는가에 대하여 논하시오. 20점

(2) 乙은 공원조성사업을 추진하기 위하여 甲의 토지를 수용하였는데, 보상금산정 시 녹지지역을 기준으로 감정평가한 금액을 적용하였다. 그 적법성 여부를 논하시오. 20점

[설문 1-1]의 해결 : 1안 답안

Ⅰ 쟁점의 정리

설문에서 甲은 녹지지역 지정을 해제할 것을 요구하고자 한다. 녹지지역 지정의 해제요구는 도시계획의 변경신청 및 변경청구를 의미하므로 甲에게 이러한 신청권이 인정되는지가 문제된다. 설문의 해결을 위하여 甲의 주장대로 녹지지역의 재지정이 신뢰보호원칙에 반하는지와 계획재량권 행사의 정당성을 살펴보고, 甲에게 계획보장청구권이 인정될 수 있는지를 검토한다.

Ⅱ 녹지지역 지정이 신뢰보호원칙에 반하는지 여부

1. 녹지지역 지정행위의 법적 성질

녹지지역은 자연환경・농지 및 산림의 보호와 도시의 무질서한 확산을 방지하기 위하여 녹지의 보전이 필요한 지역으로서 도시관리계획으로 결정・고시된 지역을 말하며, 도시관리계획은 특별시・광역시・시 또는 군의 개발・정비 및 보전을 위하여 수립하는 공간구조와 발전방향에 대한 행정계획을 말한다.

2. 신뢰보호원칙의 의의 및 요건 등

(1) 의의 및 근거(효력)

행정법상의 신뢰보호의 원칙이라 함은 행정기관의 어떠한 적극적 또는 소극적 언동에 대해 국민이 신뢰를 갖고 행위를 한 경우 그 국민의 신뢰가 보호가치 있는 경우에 그 신뢰를 보호하여 주어야 한다는 원칙을 말한다. 행정기본법 제12조, 행정절차법 제4조 제2항 및 국세법 제18조 제3항에 실정법상 근거를 두고 있다. 신뢰보호의 원칙에 반하는 행정권 행사는 위법하다.

(2) 요건

① 행정청이 개인에 대하여 신뢰의 대상이 되는 공적인 견해표명을 하여야 하고, ② 행정청의 견해표명이 정당하다고 신뢰한 데에 대하여 그 개인에게 귀책사유가 없어야 하며, ③ 그 개인이 그 견해표명을 신뢰하고 이에 상응하는 어떠한 행위를 하였어야 하고, ④ 행정청이 위 견해표명에 반하는 처분을 함으로써 그 견해표명을 신뢰한 개인의 이익이 침해되는 결과가 초래되어야 한다.

(3) 한계(공익과의 형량, 판례는 소극적 요건으로 본다)

신뢰보호의 원칙은 법적 안정성을 위한 것이지만, 법치국가원리의 또 하나의 내용인 행정의 법률적합성의 원리와 충돌되는 문제점을 갖는다. 결국 양자의 충돌은 법적 안정성(사익보호)과 법률적합성(공익상 요청)의 비교형량에 의해 문제를 해결해야 한다(비교형량설).
또한 신뢰보호의 이익과 공익 또는 제3자의 이익이 상호 충돌하는 경우에는 이들 상호 간에 이익형량을 하여야 한다.

3. 사안의 경우

설문상 甲의 토지를 주거지역으로 변경지정한 행위를 공적 견해표명으로 볼 수 있는지가 문제되는데, 판례는 "용도지역을 결정한 것만으로는 용도지역을 종래와 같이 유지하거나 변경하지 않겠다는 취지의 공적인 견해표명을 한 것이라고 볼 수 없다."라고 판시한 바 있다. 이러한 판례의 태도에 따를 때, 신뢰보호의 요건은 충족되지 않는다.

Ⅲ 녹지지역 재지정과 계획재량의 하자 유무

1. 계획재량의 의의

행정계획을 수립, 변경함에 있어서 계획청에게 인정되는 재량을 말한다. 계획재량은 행정목표의 설정이나 행정목표를 효과적으로 달성할 수 있는 수단의 선택 및 조정에 있어서 인정된다.

2. 재량과의 구분

① 계획재량은 목적과 수단의 규범구조이므로 요건과 효과인 재량과 상이하고 형량명령이론이 존재하므로 구분되어야 한다는 견해(질적차이 긍정설)와 ② 재량의 범위인 양적 차이만 있고 형량명령은 비례원칙이 행정계획분야에 적용된 것이라는 견해(질적차이 부정설)가 있다. ③ 생각건대 규범구조상 계획재량은 목적프로그램에서, 행정재량은 조건프로그램에서 문제되며 전자는 절차적 통제가 중심적이나, 후자는 실체적 통제도 중요한 문제가 되므로 양자의 적용범위를 구분하는 것이 합당하다. 그러나 다같이 행정청에게 선택의 자유를 인정하는 것이므로 질적인 면에서 차이가 있다고 보는 것은 타당하지 않다.

3. 형량명령(계획재량에 대한 사법적 통제)

(1) 의의

형량명령이란 행정계획을 수립함에 있어서 관련된 이익을 정당하게 형량하여야 한다는 원칙을 말한다.

(2) 형량하자

판례는 행정주체가 행정계획을 입안, 결정함에 있어서 ① 이익형량을 전혀 행사하지 아니하거나(형량의 해태), ② 이익형량의 고려대상에 마땅히 포함시켜야 할 사항을 누락한 경우(형량의 흠결) ③ 또는 이익형량을 하였으나 정당성과 객관성이 결여된 경우에는(형량의 오형량) 그 행정계획결정은 형량에 하자가 있어서 위법하게 된다고 판시한 바 있다.

4. 사안의 경우

설문상 용도지역의 지정 및 변경에 대한 제 요인이 설시되지 않은 바, S시가 용도지역 지정 및 변경 시에 관계된 제이익을 종합적으로 고려하지 못한 경우라면 해당 행정계획결정은 위법하다고 볼 수 있을 것이나, 그렇지 않은 경우라면 해당 계획은 정당한 결정이라고 볼 수 있을 것이다.

Ⅳ 甲에게 계획보장청구권이 인정되는지 여부

1. 계획보장청구권의 의의

행정계획에 대한 이해관계인의 신뢰보호를 위해 이해관계인에게 인정되는 행정주체에 대한 권리를 총칭하여 계획보장청구권이라고 한다. 계획보장청구권은 특정행위청구권, 즉 계획존속청구권, 계획이행청구권, 계획변경청구권 등의 상위개념으로 정의하는 것이 일반적이다.

2. 계획보장청구권의 근거

계획보장청구권을 인정하는 법령의 규정이 있는 경우에는 법령에 근거하여 계획보장청구권을 인정할 수 있을 것이며, 계획보장청구권의 이론적 근거로는 계약의 법리, 법적 안정성, 신뢰보호의 원칙, 재산권 보장 등이 주장되고 있다.

3. 계획보장청구권의 인정요건

계획보장청구권은 개인적 공권의 일종인 바, 그 성립요건으로는 ① 공법상 법규가 국가 또는 그 밖의 행정주체에 행정의무를 부과할 것, ② 관련법규가 오로지 공익실현을 목표로 하는 것이 아니라 적어도 개인의 이익의 만족도에도 기여하도록 정해질 것이 요구된다.

4. 관련 판례의 태도

대법원은 "구 국토이용관리법상 주민이 국토이용계획의 변경에 대하여 신청을 할 수 있다는 규정이 없을 뿐만 아니라, 국토건설종합계획의 효율적인 추진과 국토이용질서를 확립하기 위한 국토이용계획은 장기성, 종합성이 요구되는 행정계획이어서 원칙적으로는 그 계획이 일단 확정된 후에 어떤 사정의 변동이 있다고 하여 그러한 사유만으로는 지역주민이나 일반 이해관계인에게 일일이 그 계획의 변경을 신청할 권리를 인정하여 줄 수는 없다."라고 판시한 바 있다(대판 2003.9.23, 2001두10936).

5. 사안의 경우

설문상 도시관리계획(녹지지역 지정)을 입안 · 결정하는 것은 행정청의 의무로 판단되나, 도시관리계획이 사익을 위한 것이라는 취지의 규정을 찾아볼 수 없을 뿐만 아니라, 도시관리계획은 해석상 공익실현을 위한 것이지 사익을 위한 것으로 보기는 어렵다. 따라서 甲에게는 계획보장청구권(신청권)이 인정되지 않는다고 볼 것이다.

Ⅴ 사안의 해결(도시계획의 변경으로 인한 권리구제 방안)

S시장의 도시관리계획변경결정은 신뢰보호원칙상 선행조치로 볼 수 없으며, 설문상 특별한 형량하자도 보이지 않는다. 또한 甲이 녹지지역 지정을 해제할 것을 요구하려면 甲에게 개인적 공권, 즉 계획변경청구권이 인정되어야 하나, 국토계획법의 관련규정에서 공권성립요건 중 사익보호성을 도출해 낼 수 없기에 甲에게 계획보장청구권을 인정할 수 없을 것이다.

다만, 적법한 도시계획의 변경으로 인하여 특별한 희생이 발생하였다면 甲은 손실보상을 청구할 수 있을 것이다. 그런데, 통상 계획의 변경으로 인한 손실에 대하여 법률에 보상규정을 두고 있지 않은 경우가 많으므로 이 경우 보상규정이 결여된 손실보상의 문제가 되고, 이는 헌법 제23조 제3항에 대한 논의로 해결해야 할 것이다.

(설문 1-1)의 해결 : 2안 답안

Ⅰ 쟁점의 정리

설문에서 甲이 녹지지역 지정을 해제할 것을 요구하기 위해서는 甲에게 계획보장청구권(계획변경신청권)이 인정되어야 한다. 계획보장청구권은 일반적으로 행정계획의 변경이나 폐지가 이루어질 경우에 그 계획의 존속에 대한 신뢰가 법적으로 보호될 정도의 경우에 주장될 수 있는 권리를 말한다. 행정계획이 변경 또는 폐지된다면 국민은 불이익을 받게 되는데 이를 당사자가 감수하도록 하는 것은 신뢰보호의 원칙에 반하는 결과를 가져오게 되기 때문에 행정계획의 변경 또는 폐지에 있어서 행정계획을 신뢰함으로써 받게 되는 불이익을 구제해 줄 필요성에서 계획보장청구권이론이 형성된 것이다. 이러한 계획보장칭구권은 법치국가의 원리의 하나인 신뢰보호의 원칙의 구체적인 실현을 담보하는 권리라 할 수 있으며, 계획보장청구권의 내용에 관하여는 계획존속청구권, 계획이행청구권, 손실보상청구권 등이 있다.

Ⅱ 甲에게 계획보장청구권(계획변경청구권)이 인정될 수 있는지 여부

1. 계획보장청구권의 의의

행정계획에 대한 이해관계인의 신뢰보호를 위해 이해관계인에게 인정되는 행정주체에 대한 권리를 총칭하여 계획보장청구권이라고 한다. 계획보장청구권은 특정행위청구권, 즉 계획존속청구권, 계획이행청구권, 계획변경청구권 등의 상위개념으로 정의하는 것이 일반적이다.

2. 계획보장청구권의 근거

계획보장청구권을 인정하는 법령의 규정이 있는 경우에는 법령에 근거하여 계획보장청구권을 인정할 수 있을 것이며, 계획보장청구권의 이론적 근거로는 계약의 법리, 법적 안정성, 신뢰보호의 원칙, 재산권 보장 등이 주장되고 있다.

3. 계획보장청구권 인정 여부에 대한 학설

(1) 적극설

일설은 도시계획변경에 관한 신청권을 부인하게 되면 도시계획변경거부의 처분성을 인정할 수 없어 취소소송의 제기가 불가능하게 되므로, 도시계획변경 거부결정의 위법성 여부에 대한 재판청구권을 보장할 필요가 있다고 보고 있다. 또 다른 견해는 국토이용법상 '도시계획입안 제안권'을 근거로 법규상 또는 조리상 신청권 등을 통해 도시계획변경거부의 처분성을 인정할 수 있다고 본다. 그리고 도시계획변경신청거부에 의해 제3자의 기본권이 침해받게 되는 경우에 예외적으로 도시계획변경거부를 인정할 수 있다거나, 그 밖에 장기미집행 도시계획시설의 경우에 대해서 신청권을 인정할 수 있다는 견해도 있다. 적극설의 주요 논거는 당사자의 권리구제를 위해 도시계획변경신청권을 인정하자는 것으로 압축될 수 있다.

(2) 소극설

소극설은 도시계획수립 및 변경에 있어서 일반적으로 계획행정청에 광범위한 형성의 자유가 보장되어 있으므로, 계획수립청구권 및 계획변경신청권을 허용할 수 없다고 보고 있다. 소극설이 다수설이다.

(3) 검토

개별법령에서 특별규정을 두고 있거나, 특별한 사정이 없는 한, 변화하는 행정의 탄력적 운용 측면에서 이러한 권리들은 인정되기 어려울 것이다. 그러나, 예외적으로 법규상 또는 조리상 계획변경신청권이 인정되는 경우에는 해당 계획의 변경을 청구할 수 있을 것이다.

4. 관련 판례의 입장

(1) 원칙적 부정

대법원은 소극설의 입장에 서서 원칙적으로 국민에 행정계획의 변경신청권을 인정하지 않고, 도시계획변경신청에 대한 거부행위도 행정처분으로 보고 있지 않다. 즉, 판례는 행정계획이 일단 확정된 후에는 일정한 사정변동이 있다고 하여 지역주민에게 일일이 그 계획의 변경 또는 폐지를 청구할 권리를 인정해 줄 수 없다고 하여, 행정계획의 변경신청권을 원칙적으로 부인하고 있다. 특히 국토이용계획변경신청불허처분취소사건에서 대법원은 "구 국토이용관리법상 주민이 국토이용계획의 변경에 대하여 신청을 할 수 있다는 규정이 없을 뿐만 아니라, 국토건설종합계획의 효율적인 추진과 국토이용질서를 확립하기 위한 국토이용계획은 장기성, 종합성이 요구되는 행정계획이어서 원칙적으로는 그 계획이 일단 확정된 후에 어떤 사정의 변동이 있다고 하여 그러한 사유만으로는 지역주민이나 일반 이해관계인에게 일일이 그 계획의 변경을 신청할 권리를 인정하여 줄 수는 없다."라고 판시한 바 있다 (대판 2003.9.23, 2001두10936).

(2) 예외적으로 계획변경청구권을 인정한 판례

판례는 원칙적으로 국토이용계획의 변경을 신청할 권리를 인정할 수 없다고 보면서도, 장래 일정한 기간 내에 관계 법령이 정하는 시설 등을 갖추어 일정한 행정처분을 구하는 신청을 할 수 있는 법률상 지위에 있는 자가 한 국토이용계획변경신청이 거부되는 것은 실질적으로 해당 행정처분 자체를 거부하는 결과가 된다고 보고, 이러한 경우에는 예외적으로 그 신청인에게 국토이용계획변경신청권을 인정하고 있다. 한편, 대법원은 문화재보호구역의 지정해제신청에 대한 거부회신에 대해 처분성을 인정한 바 있다.

5. 사안의 경우

도시계획수립 및 변경에 있어서 일반적으로 계획행정청에 광범위한 형성의 자유가 보장되어 있으므로, 甲에게 계획수립청구권 및 계획변경신청권을 허용할 수는 없을 것이다.
계획행정청은 도시계획결정을 함에 있어서 광범위한 형성의 자유를 가질 뿐만 아니라, 관련된 공·사익을 제 형량하여야 한다. 이러한 계획의 특성으로 인해 계획재량의 사법적 통제에는 어려움이 따른다. 따라서 행정청이 형량을 함에 있어서 형량 그 자체를 전혀 행하지 않았거나(형량의 불행사), 형량을 해야 할 관련된 제 이익의 요소 중 일부를 누락하였거나(형량의 흠결), 또는 그러한 제 이익의 형량을 잘못한 경우(오형량), 그리고 형량의 결과가 비례원칙에 위반되는 경우(형량의 불비례)에는 형량에 하자가 있는 경우에 형량의 하자를 인정할 수 있고, 해당 도시계획결정은 위법하게 된다.

Ⅲ 사안의 해결(및 권리구제수단 등)

녹지지역 지정행위인 도시관리계획은 특별시·광역시·시 또는 군의 개발·정비 및 보전을 위하여 수립하는 공간구조와 발전방향에 대한 행정계획이며, 이러한 계획에는 광범위한 형성의 자유가 인정된다. 따라서, 甲에게는 해당 녹지지역의 지정을 변경 및 해제할 신청권은 허용되지 않는다고 볼 것이다.

다만, 적법한 도시계획의 변경으로 인하여 특별한 희생이 발생하였다면 甲은 손실보상을 청구할 수 있을 것이다. 그런데, 통상 계획의 변경으로 인한 손실에 대하여 법률에 보상규정을 두고 있지 않은 경우가 많으므로 이 경우 보상규정이 결여된 손실보상의 문제가 되고, 이는 헌법 제23조 제3항에 대한 논의로 해결해야 할 것이다.

[설문 1-2]의 해결

Ⅰ 쟁점의 정리

설문은 공원조성사업의 시행을 위하여 수용된 甲 토지의 보상금과 관련된 사안이다. 보상금 산정시에 해당 사업시행을 위하여 변경된 용도지역을 기준하여 보상금이 산정된 바, 토지보상평가기준과 관련하여 "공법상 제한을 받는 토지의 평가기준(토지보상법 시행규칙 제23조)"을 검토하여 해당 보상금의 적법성 여부를 논하고자 한다.

Ⅱ 공법상 제한을 받는 토지의 평가기준(토지보상법 시행규칙 제23조)

1. 공법상 제한의 의의 및 종류

공법상 제한받는 토지라 함은 관계법령에 의해 가해지는 토지이용규제나 제한을 받는 토지로서, 이는 국토공간의 효율적 이용을 통해 공공복리를 증진시키는 수단으로 기능한다. 그 제한사항은 일반적 제한과 개별적 제한으로 구분된다.

(1) 일반적 제한

일반적 제한이란 제한 그 자체로 목적이 완성되고 구체적 사업의 시행이 필요하지 않은 경우를 말한다. 그 예로는 국토의 이용 및 계획에 관한 법률에 의한 용도지역, 지구, 구역의 지정, 변경 기타 관계법령에 의한 토지이용계획 제한이 있다.

(2) 개별적 제한

개별적 제한이란 그 제한이 구체적 사업의 시행을 필요로 하는 경우를 말한다.

2. 공법상 제한을 받는 토지의 평가기준

(1) 일반적 제한의 경우(토지보상법 시행규칙 제23조 제1항)

일반적 제한의 경우에는 제한 그 자체로 목적이 완성되고 구체적 사업의 시행이 필요하지 않은 경우이므로 그 제한받는 상태대로 평가한다.

(2) 개별적 제한의 경우(토지보상법 시행규칙 제23조 제1항 단서)

개별적 제한이 당해 공익사업의 시행을 직접 목적으로 가해진 경우에는 제한이 없는 상태로 평가한다. "당해 공익사업의 시행을 직접 목적으로 하여 가하여진 경우"에는 당초의 목적사업과 다른 목적의 공익사업에 취득·수용 또는 사용되는 경우를 포함한다. 이는 공익사업의 시행자가 보상액을 감액하기 위하여 고의적으로 다른 사유로 사권에 제한을 가하고 그와 다른 사업을 시행하면 토지소유자는 불이익을 받게 되는바, 이러한 실체적인 불합리성을 방지하기 위한 것이다.

(3) 해당 사업으로 인해 용도지역이 변경된 경우(토지보상법 시행규칙 제23조 제2항)

용도지역 등 일반적 제한일지라도 당해 사업 시행을 직접 목적으로 하여 변경된 경우에는 변경되기 전의 용도지역을 기준으로 하여 평가한다. 이는 개발이익의 배제 및 피수용자의 보호에 목적이 있다. 그러나, 그러한 제한이 당해 공익사업의 시행을 직접 목적으로 하여 가하여진 것이 아닌 경우에는 그러한 공법상 제한을 받는 상태대로 손실보상액을 평가하여야 한다.

3. 관련 판례의 태도

(1) 일반적 제한의 경우

해당 공공사업의 시행 이전에 이미 해당 공공사업과 관계없이 도시계획법에 의한 고시 등으로 일반적 계획제한이 가하여진 상태인 경우 그러한 제한을 받는 상태 그대로 평가하여야 하며, 도시계획법에 의한 개발제한구역의 지정은 위와 같은 일반적 계획제한에 해당하므로 해당 공공사업의 시행 이전에 개발제한구역 지정이 있었을 경우 그러한 제한이 있는 상태 그대로 평가함이 상당하다(대판 1993.10.12, 93누12527).

(2) 해당 사업을 위해 용도지역이 변경된 경우

① 공원조성사업의 시행을 직접 목적으로 일반주거지역에서 자연녹지지역으로 변경된 토지에 대한 수용보상액을 산정하는 경우, 그 대상 토지의 용도지역을 일반주거지역으로 하여 평가하여야 한다(대판 2007.7.12, 2006두11507).

② 해당 사업인 택지개발사업에 대한 실시계획의 승인과 더불어 그 용도지역이 주거지역으로 변경된 토지를 그 사업의 시행을 위하여 후에 수용하였다면 그 재결을 위한 평가를 함에 있어서는 그 용도지역의 변경을 고려함이 없이 평가하여야 한다(대판 1999.3.23, 98두13850).

③ 공법상 제한을 받는 토지에 대한 보상액을 산정할 때에 해당 공법상 제한이 구 도시계획법에 따른 용도지역・지구・구역의 지정 또는 변경과 같이 그 자체로 제한목적이 달성되는 일반적 계획제한으로서 구체적 도시계획사업과 직접 관련되지 아니한 경우에는 그러한 제한을 받는 상태 그대로 평가하여야 하지만, 도로・공원 등 특정 도시계획시설의 설치를 위한 계획결정과 같이 구체적 사업이 따르는 개별적 계획제한이거나 일반적 계획제한에 해당하는 용도지역・지구・구역의 지정 또는 변경에 따른 제한이더라도 그 용도지역・지구・구역의 지정 또는 변경이 특정 공익사업의 시행을 위한 것일 때에는 해당 공익사업의 시행을 직접 목적으로 하는 제한으로 보아 위 제한을 받지 아니하는 상태를 상정하여 평가하여야 한다(대판 2012.5.24, 2012두1020).

Ⅲ 사안의 해결

乙은 공원조성사업을 추진하기 위하여 甲의 토지를 수용하였으며, 甲의 토지는 공원조성사업을 추진하는 과정에서 주거지역에서 녹지지역으로 용도지역이 변경된바, 토지보상법 시행규칙 제23조 제2항에 근거하여 변경 전 용도지역을 기준하여 보상금이 산정되었어야 한다. 따라서 녹지지역을 기준으로 평가된 보상금은 적정하지 않은 것으로 판단된다.

문제 02

S시에 임야 30,000㎡를 소유하고 있다. S시장은 甲 소유의 토지에 대하여 토지의 이용 상황을 실제 이용되고 있는 '자연림'으로 하여 개별공시지가를 산정한 다음 A감정평가법인에 검증을 의뢰하였는데, A감정평가법인이 그 토지의 이용 상황을 '공업용'으로 잘못 정정하여 검증지가를 산정하고, 시(市) 부동산가격공시위원회가 검증지가를 심의하면서 그 잘못을 발견하지 못하였다. 이에 따라 甲 소유 토지의 개별공시지가가 적정가격보다 훨씬 높은 가격으로 결정 · 공시되었다. B은행은 S시의 공시지가를 신뢰하고, 甲에게 70억원을 대출하였는데, 甲이 파산함에 따라 채권회수에 실패하였다. 다음 물음에 답하시오. 30점

(1) B은행은 S시를 대상으로 국가배상을 청구하였다. S시의 개별공시지가 결정행위가 국가배상법 제2조상의 위법행위에 해당하는가에 관하여 논하시오. 20점

(2) S시장은 개별공시지가제도의 입법목적을 이유로 S시 담당공무원들의 개별공시지가 산정에 관한 직무상 행위와 B은행의 손해 사이에 상당인과관계가 없다고 항변한다. S시장의 항변의 타당성에 관하여 논하시오. 10점

[설문 2-1]의 해결

Ⅰ 쟁점의 정리

B은행은 甲 토지의 개별공시지가를 신뢰하고 甲에게 70억원을 대출하였으나, 개별공시지가는 이용상황이 잘못 적용되어 적정가격보다 훨씬 높은 가격으로 공시되었다. 이후, 甲이 대출금을 상환하지 못한 것에 대하여 B은행이 S시에 국가배상을 청구하였는데, S시의 개별공시지가 결정행위가 국가배상법 제2조상의 위법행위에 해당하는지가 문제된다. 이의 해결을 위하여 개별공시지가의 산정절차를 살펴보고, 산정절차상 이용상황의 오류를 발견하지 못한 직무의무 위반이 국가배상법 제2조상 위법행위에 해당되는지를 검토한다.

Ⅱ 개별공시지가의 산정절차 및 지가산정 담당공무원 등의 직무상 의무

1. 개별공시지가의 의의 및 취지(부동산공시법 제10조)

개별공시지가란 시 · 군 · 구청장이 공시지가를 기준으로 산정한 개별토지의 단위당 가격을 말한다. 이는 조세 및 개발부담금 산정의 기준이 되어 행정의 효율성 제고를 도모함에 제도적 취지가 인정된다.

2. 개별공시지가의 법적 성질

판례는 “개별토지가격결정은 관계법령에 의한 토지초과이득세 또는 개발부담금 산정의 기준이 되어 국민의 권리나 의무 또는 법률상 이익에 직접적으로 관계되는 것으로서 항고소송의 대상이 되는 행정처분에 해당한다.(대판 1994.2.8, 93누111)”라고 하여 처분성을 인정하고 있다.

3. 개별공시지가의 산정절차

개별공시지가를 산정하여 결정・공시함에 있어 시장・군수 또는 구청장은 해당 토지와 유사한 이용가치를 지닌다고 인정되는 하나 또는 둘 이상의 표준지의 공시지가를 기준으로 토지가격비준표를 사용하여 지가를 산정하되, 당해 토지의 가격과 표준지공시지가가 균형을 유지하도록 하여야 하고(부동산공시법 제10조 제4항), 산정한 개별토지 가격의 타당성에 대하여 원칙적으로 감정평가법인 등의 검증을 받고 토지소유자 그 밖의 이해관계인의 의견을 들어야 하며(부동산공시법 제10조 제5항), 시・군・구부동산가격공시위원회의 심의를 거쳐야 한다(부동산공시법 제10조 제1항, 제25조 제1항).

4. 담당공무원 등의 직무상 의무

개별공시지가 산정업무를 담당하는 공무원으로서는 해당 토지의 실제 이용상황 등 토지특성을 정확하게 조사하고 해당 토지와 토지이용상황이 유사한 비교표준지를 선정하여 그 특성을 비교하는 등 법령 및 ‘개별공시지가의 조사・산정지침’에서 정한 기준과 방법에 의하여 개별공시지가를 산정하고, 산정지가의 검증을 의뢰받은 감정평가법인 등이나 시・군・구부동산가격공시위원회로서는 위 산정지가 또는 검증지가가 위와 같은 기준과 방법에 의하여 제대로 산정된 것인지 여부를 검증, 심의함으로써 적정한 개별공시지가가 결정・공시되도록 조치할 직무상의 의무가 있다.

Ⅲ 공무원의 위법행위로 인한 국가배상책임 요건(국가배상법 제2조)

1. 개념

국가의 과실책임이란 공무원의 과실 있는 위법행위로 인하여 발생한 손해에 대한 배상책임을 말한다. 국가배상법 제2조에 근거규정을 둔다.

2. 국가배상 청구요건(국가배상법 제2조)

국가배상법 제2조에 의한 국가배상책임이 성립하기 위하여는 ① 공무원이 직무를 집행하면서 타인에게 손해를 가하였을 것, ② 공무원의 가해행위는 고의 또는 과실로 법령에 위반하여 행하여졌을 것, ③ 손해가 발생하였고, 공무원의 불법한 가해행위와 손해 사이에 인과관계(상당인과관계)가 있을 것이 요구된다.

(1) 공무원

국가배상법 제2조상의 '공무원'은 국가공무원법 또는 지방공무원법상의 공무원뿐만 아니라 널리 공무를 위탁(광의의 위탁)받아 실질적으로 공무에 종사하는 자(공무수탁사인)를 말한다. 달리 말하면 국가배상법 제2조 소정의 공무원은 실질적으로 공무를 수행하는 자, 즉 기능적 공무원을 말한다. 또한 그것은 최광의 공무원 개념에 해당한다.

(2) 직무행위

국가배상법 제2조가 적용되는 직무행위에 관하여 판례 및 다수설은 공권력 행사 외에 비권력적 공행정작용을 포함하는 모든 공행정작용을 의미한다고 본다. 또한 '직무행위'에는 입법작용과 사법작용도 포함된다.

(3) 직무를 집행하면서(직무관련성)

공무원의 불법행위에 의한 국가의 배상책임은 공무원의 가해행위가 직무집행행위인 경우뿐만 아니라 그 자체는 직무집행행위가 아니더라도 직무와 일정한 관련이 있는 경우, 즉 '직무를 집행하면서' 행하여진 경우에 인정된다.

(4) 법령위반(위법)

1) 학설

① 결과불법설

손해배상소송이 손해전보를 목적으로 하는 것이라는 전제하에, 국민이 받은 손해가 시민법상 원리로부터 수인될 수 있는지를 기준으로 위법성 여부를 판단하는 견해이다.

② 상대적 위법성설

행위 자체의 위법, 적법뿐만 아니라 피침해 이익의 성격과 침해의 정도, 가해행위의 태양 등을 고려하여 위법성 여부를 판단하자는 견해이다.

③ 행위위법설

법률에 의한 행정의 원리 또는 국가배상소송의 행정통제기능을 고려하여 가해행위가 객관적인 법규범에 합치되는지 여부를 기준으로 위법성 여부를 판단하는 견해이다(다수설).

④ 직무의무위반설

국가배상법상의 위법을 법에 부합하지 않는 해당 행정처분으로 인해 법익을 침해한 공무원의 직무의무의 위반으로 보는 견해로 취소소송의 위법성은 행정작용의 측면에서만 위법 여부를 판단하지만 국가배상책임에서의 위법성은 행정작용과 행정작용을 한 자와의 유기적 관련성 속에서 위법 여부를 판단한다. 즉 전자가 처분의 전체 법질서에 대한 객관적 정합성을 무게중심으로 하는 반면, 후자는 불법한 처분의 주관적 책임귀속을 무게중심으로 한다고 한다(김남진, 김연태).

2) 판례

① 판례는 원칙상 행위위법설을 취하고 있는 것으로 보인다. 즉, 원칙상 가해직무행위의 법에의 위반을 위법으로 보고 있다. 그리고 명문의 규정이 없는 경우에도 일정한 경우 공무원의 손해방지의무를 인정하고 있다(대판 2000.11.10, 2000다26807, 26814). ② 다만, 최근 판례 중 상대적 위법성설을 지지한 것으로 보이는 판결이 있다.

3) 결어

① 법률에 의한 행정의 원리의 실질적 내용을 이루는 인권보장의 측면에서 볼 때 공무원에게 직무상의 일반적 손해방지의무를 인정하는 것이 타당하므로, ② 국가배상에 있어서는 행위 자체의 관계법령에의 위반뿐만 아니라 행위의 태양의 위법, 즉 피침해 이익과 관련하여 요구되는 공무원의 '직무상 손해방지의무 위반'으로서의 위법도 국가배상법상 위법이 된다고 보는 것이 타당하다.

(5) 고의 또는 과실

주관설은 과실을 '해당 직무를 담당하는 평균적 공무원이 통상 갖추어야 할 주의의무를 해태한 것'으로 본다. 과실이 인정되기 위하여는 위험 및 손해 발생에 대한 예측가능성과 회피가능성(손해방지가능성)이 있어야 한다. 이 견해가 다수설과 판례의 입장이다.

(6) 위법과 과실의 관계

위법과 과실은 개념상 상호 구별되어야 한다. 행위위법설에 의할 때 위법은 '행위'가 판단대상이 되며 가해행위의 법에의 위반을 의미하는 것이며, 과실은 '행위의 태양'이 직접적 판단대상이 되며 판례의 입장인 주관설에 의하면 주의의무 위반(객관설에 의하면 국가작용의 흠)을 의미한다.

(7) 손해

공무원의 불법행위가 있더라도 손해가 발생하지 않으면 국가배상책임이 인정되지 않는다. 국가배상책임으로서의 '손해'는 민법상 불법행위책임에 있어서의 그것과 다르지 않다.

(8) 인과관계

공무원의 불법행위와 손해 사이에 인과관계가 있어야 한다. 국가배상에서의 인과관계는 민법상 불법행위책임에서의 그것과 동일하게 상당인과관계가 요구된다.

Ⅳ 사안의 해결

개별공시지가 산정업무를 담당하는 공무원으로서는 해당 토지의 실제 이용상황 등 토지특성을 정확하게 조사하고 해당 토지와 토지이용상황이 유사한 비교표준지를 선정하여 그 특성을 비교하는 등 법령 및 「개별공시지가의 조사・산정지침」에서 정한 기준과 방법에 의하여 개별공시지가를 산정하고, 산정지가의 검증을 의뢰받은 감정평가법인 등이 시・군・구부동산가격공시위원회로서는 위 산정지가 또는 검증지가가 위와 같은 기준과 방법에 의하여 제대로 산정된 것인지 여부를 검증, 심의함으로써 적정한 개별공시지가가 결정·공시되도록 조치할 직무상의 의무가 있고, 이러한 직무상 의무는 단순히 공공 일반의 이익을 위한 것이거나 행정기관 내부의 질서를 규율하기 위한 것이 아니고 전적으로 또는 부수적으로 국민 개개인의 재산권 보장을 목적으로 하여 규정된 것이라고 봄이 상당하다. 따라서 개별공시지가 산정업무 담당공무원 등이 그 직무상 의무에 위반하여 현저하게 불합리한 개별공시지가가 결정되도록 함으로써 국민 개개인의 재산권을 침해한 경우에는 그 손해에 대하여 상당인과관계 있는 범위 내에서 그 담당공무원 등이 소속된 지방자치단체가 배상책임을 지게 된다고 할 수 있다.
인과관계가 인정되는지에 관해서는 설문 (2)에서 구체적으로 논하고자 한다.

(설문 2-2)의 해결

Ⅰ 쟁점의 정리

S시장은 개별공시지가 산정상 직무행위와 B은행의 손해 사이에는 인과관계가 없다고 항변하고 있다. 설문의 해결을 위하여 개별공시지가의 산정목적 범위 및 개별공시지가가 은행업무 등 사적인 부동산거래의 직접적인 평가근거로 활용될 수 있는지를 검토한다.

Ⅱ 개별공시지가의 산정목적 범위 등

1. 개별공시지가의 산정목적 범위

개별공시지가는 그 산정목적인 개발부담금의 부과, 토지 관련 조세부과 등 다른 법령이 정하는 목적을 위해 지가를 산정하는 경우에 그 산정기준이 되는 범위 내에서는 납세자인 국민 등의 재산상 권리·의무에 직접적인 영향을 미칠 수 있다.

2. 개별공시지가가 사적 부동산거래에 있어서 구속력을 갖는지 여부

부동산공시법 제1조에서 이 법의 목적이 부동산의 적정가격(適正價格) 공시에 관한 기본적인 사항과 부동산 시장·동향의 조사·관리에 필요한 사항을 규정함으로써 부동산의 적정한 가격형성과 각종 조세·부담금 등의 형평성을 도모하고 국민경제의 발전에 이바지함을 목적으로 한다고 규정함과 아울러, 법 제9조에서 표준지공시지가가 토지시장의 지가정보를 제공하고 일반적인 토지거래의 지표가 된다고 규정하고 있는 취지는, 일반 국민에 대한 관계에서 토지에 관하여 합리적으로 평가한 적정가치를 제시함으로써 토지를 거래하는 당사자의 합리적인 의사결정의 지표가 될 만한 지가정보를 제공한다는 의미에 불과할 뿐 표준지공시지가 또는 그에 기초한 개별공시지가를 지표로 거래해야 한다는 법적 구속력을 부여하는 의미라고 보기 어렵다. 따라서 개별공시지가는 그 산정목적인 개발부담금의 부과, 토지 관련 조세부과 등 다른 법령이 정하는 목적을 위해 지가를 산정하는 경우에 그 산정기준이 되는 범위 내에서는 납세자인 국민 등의 재산상 권리・의무에 직접적인 영향을 미칠 수 있지만, 이에 더 나아가 개별공시지가가 해당 토지의 거래 또는 담보제공을 받음에 있어 그 실제 거래가액 또는 담보가치를 보장한다거나 어떠한 구속력을 미친다고 할 수는 없다(대판 2010.7.22, 2010다13527).

Ⅲ 사안의 해결

공시지가는 행정기관이 사용하는 지가를 일원화하여 일정한 행정목적을 위한 기준으로 삼음으로써 국토의 효율적인 이용과 국민경제의 발전에 기여하려는 목적과 기능이 있으므로, 개별공시지가가 해당 토지의 거래 또는 담보제공을 받음에 있어 그 실제 거래가액 또는 담보가치를 보장한다거나 어떠한 구속력을 미친다고 할 수는 없다. 따라서 담당공무원 등의 개별공시지가 산정에 관한 직무상 위반행위와 위 손해 사이에 상당인과관계가 있다고 보기 어려울 것으로 보이므로 S시장의 항변의 타당성이 인정된다.

문제 03

乙은 감정평가사 甲이 감정평가업무를 행하면서 고의로 잘못된 평가를 하였다는 것을 이유로, 「감정평가 및 감정평가사에 관한 법률」 제32조 제1항 제11호 및 동법 시행령 제29조 [별표 3]에 따라 6개월의 업무정지처분을 하였고, 乙은 이에 불복하여 취소소송을 제기하였다. 소송의 계속 중에 6개월의 업무정지기간이 만료하였다. 甲은 위 취소소송을 계속할 이익이 인정되는가? 20점

(설문 3)의 해결

Ⅰ 쟁점의 정리

설문은 업무정지취소소송 중 업무정지기간이 만료된 경우 해당 취소소송을 계속할 소의 이익이 있는지를 묻고 있다. 6개월의 업무정지처분의 효력이 소멸한 이후에 가중처벌의 불이익을 제거하기 위하여 취소소송을 계속할 소의 이익이 있는지를 묻는 것이므로 ① 해당 제재적 처분기준인 감정평가사법 시행령 제29조 [별표 3]의 법적 성질이 법규성을 갖는지를 살펴보고 ② 처분의 효력이 소멸했음에도 甲에게 취소소송의 본안판결을 받을 현실적 필요성이 인정되는지를 협의의 소익과 관련하여 검토한다.

Ⅱ 제재적 처분기준의 법적 성질

1. 문제점

제재적 처분기준이 법규명령의 형식으로 제정되었으나 그 실질이 행정규칙의 내용을 갖는 경우, 대외적 구속력이 문제된다.

2. 법적 성질

(1) 학설

① 규범의 형식과 법적 안정성을 중시하여 법규명령으로 보는 견해, ② 규범의 실질과 구체적 타당성을 중시하여 행정규칙으로 보는 견해, ③ 상위법의 수권유무로 판단하는 수권여부기준설이 대립한다.

(2) 판례

대법원은 ① (구)식품위생법 시행규칙상 제재적 처분기준은 행정규칙으로 보며, ② (구)청소년보호법 시행령상 과징금처분기준을 법규명령으로 보면서 그 처분기준은 최고한도로 보아 구체적 타당성을 기한 사례가 있다.

(3) 검토

대통령령과 부령을 구분하는 판례의 태도는 합리적 이유가 없으므로 타당성이 결여된다. 또한 부령의 경우에도 법규명령의 형식을 갖는 이상 법제처의 심사에 의해 절차의 정당성을 확보하고, 공포를 통한 예측가능성이 보장된다는 점에서 부령인 경우도 법규성을 긍정함이 타당하다.

국민의 시각에서 형식에 따라 대외적 구속력을 예측하는 것이 일반적일 것이므로 법규명령으로 봄이 타당하다.

(4) 사안의 경우

감정평가사법 시행령 제29조 [별표 3]은 형식이 대통령령이며 상위법률인 감정평가사법의 처분기준을 각 사유마다 세분화하여 규정하였으며 가감규정을 두어 개별사안에서 구체적 타당성을 기여하고 있다. 따라서 법규명령의 성질을 갖는 것으로 볼 수 있다.

Ⅲ 처분의 효력이 소멸한 경우의 협의소익 인정 여부

1. 문제소재

처분 등의 효력이 소멸한 경우에는 원칙적으로 소의 이익이 없으나, 예외적으로 권리보호를 위해 소의 이익이 인정될 수 있는바 이하 검토한다.

2. 협의의 소익의 의의 및 취지

협의의 소익은 본안판결을 받을 현실적 필요성을 의미한다(행정소송법 제12조 제2문). 협의의 소익은 원고적격과 함께 소송요건이 되며 이는 남소방지와 충실한 본안심사를 통해 소송경제를 도모함에 취지가 인정된다. 동 규정을 원고적격으로 보는 견해가 있으나 통상 협의의 소익규정으로 본다.

3. 행정소송법 제12조 제2문의 회복되는 법률상 이익의 의미

(1) 학설

① 〈소극설〉은 제12조 전문의 법률상 이익과 동일하다고 본다. ② 〈적극설〉은 이에 명예, 신용 등 이익도 포함된다. ③ 〈정당한 이익설〉은 경제, 사회, 문화적 이익까지 포함한다고 본다.

(2) 판례

처분의 근거법률에 의해 보호되는 직접적이고 구체적인 이익을 말하며, 간접적이고 사실적인 이익은 해당하지 않는다고 한다.

(3) 검토

구체적 사안별로 권리보호의 현실적 필요성이 있는지를 검토함이 타당하다. 따라서 명예, 신용의 이익도 경우에 따라서는 소의 이익이 인정될 수 있을 것이다.

4. 가중처벌과 관련된 제재적 처분기준에 관한 판례

(1) 종전 판례

제재적 처분기준이 대통령령 형식인 경우에는 소의 이익이 있다고 보았으나 부령 형식의 경우에는 소의 이익이 없다고 보았다.

(2) 최근 판례

1) 다수견해

① 법규명령 여부와 상관없이 행정청은 처분기준을 준수할 의무가 있으므로, 상대방이 장래에 받을 수 있는 가중처벌규정은 구체적이고 현실적인 것이므로 "그 불이익을 제거할 필요가 있다."고 하여 제재적 처분이 부령 형식이라도 협의의 소익을 인정한다. 또한 ② 후에 동일내용을 다투는 경우 이중의 노력과 비용이 소모되고, ③ 시간의 경과로 인한 증거자료의 일실의 문제가 발생할 수 있는 측면에서도 협의의 소익을 인정한다.

2) 소수견해

제재적 처분기준을 정한 부령인 시행규칙은 헌법 제95조에 의한 위임명령이므로 이의 법규성을 인정하는 이론적 기초 위에서 그 법률상 이익을 긍정함이 더욱 합당하다고 한다.

(3) 검토

부령 형식으로 제정된 경우에도 법규성을 인정하는 논리적 기초 위에서 가중처벌에 따른 불이익의 위험을 제거함이 타당하다고 판단된다.

5. 사안의 경우

甲에 대한 6개월의 업무정지처분의 효력은 기간의 도과로 효력이 소멸하였지만, 후에 甲이 업무정지사유에 해당하게 되면 제재적 처분기준의 법적 성질을 어느 것으로 보더라도 가중처벌을 받을 위험이 존재한다. 따라서 甲은 이러한 가중처벌의 위험을 제거할 현실적인 필요성이 인정된다.

Ⅳ 사안의 해결

감정평가사법 시행령 제29조 [별표 3]의 제재적 처분기준은 법규명령으로써 대외적 구속력이 인정되므로 甲이 2회 이상의 법규위반을 하게 되면 가중처벌을 받을 위험이 존재하게 된다. 따라서 업무정지처분의 효력은 소멸하였지만 가중처벌을 받을 현실적인 위험을 제거하기 위하여 甲에게 협의의 소익이 인정된다.

문제 04

「공익사업을 위한 토지 등의 취득 및 보상에 관한 법률」상 보상금증액청구소송을 하면서 해당 재결에 대한 선행처분으로서 수용대상 토지가격 산정의 기초가 된 표준지공시가격 결정이 위법함을 독립한 사유로 다툴 수 있는가에 관하여 논하시오. 10점

(설문 4)의 해결

Ⅰ 쟁점의 정리

설문은 보상금증액청구소송을 하면서 해당 재결에 대한 선행처분으로서 수용대상 토지가격 산정의 기초가 된 표준지공시가격결정이 위법함을 독립한 사유로 다툴 수 있는지를 묻고 있다. 이의 해결을 위하여 하자승계를 검토한다.

Ⅱ 하자승계의 인정 논의

1. 하자승계의 의의 및 취지

하자승계문제란 행정행위가 일련의 단계적 절차를 거치는 경우에 선행행위의 위법을 후행행위의 단계에서 주장할 수 있는가의 문제이다. 이와 같은 하자승계의 문제는 법적 안정성의 요청(불가쟁력)과 행정의 법률 적합성의 요청(재판받을 권리)과의 조화의 문제이다.

2. 하자승계의 전제요건

① 두 행정작용이 모두 처분에 해당하여야 하고, ② 선행행위에 취소사유의 하자가 있고, 후행행위는 적법하여야 하고, ③ 선행행위에 불가쟁력이 발생하여야 한다. 사안에서 표준지공시지가결정과 재결은 모두 처분이며, 그 밖의 제 요건은 문제되지 않는 것으로 보인다.

3. 하자승계의 판단기준

(1) 학설

1) 전통적 하자승계론

선행처분과 후행처분이 결합하여 하나의 법효과를 완성하는 경우에 하자가 승계된다고 본다.

2) 선행행위의 구속력이론

2 이상의 행정행위가 동일한 법적 효과를 추구하고 있는 경우에는 선행행위는 일정한 조건하에서 판결의 기판력에 준하는 효력을 가지므로 후행행위에 대하여 구속력을 가지게 된다고 한다. 그리고 이러한 구속력이 미치는 한도 내에서는 후행행위에 대하여 선행행위의 효과(내용상 구속력)와 다른 주장을 할 수 없다고 한다.

(2) 판례

판례는 기본적으로 전통적 하자승계론에 입각하여 하자승계 여부를 검토하되, 개별・구체적으로 타당성 없는 결과를 방지하기 위하여 일반적 법원리(예측가능성, 수인한도성)를 도입하여 조화로운 판단을 하고 있다. 또한 판례는 표준지공시지가와 수용재결 사이에서의 하자승계를 인정한 바 있다(대판 2008.8.21, 2007두13845).

(3) 검토

전통적 하자승계론에 입각하여 하자승계 여부를 판단하되 그에 따른 결론이 개별・구체적으로 보아 타당하지 못한 경우에는 다수의 신뢰이익과 처분상대방의 재판받을 권리 및 재산권에 대한 권익을 비교형량하여 결정하는 것이 타당할 것이다.

Ⅲ 사안의 해결

1. 동일한 법효과를 목적으로 하는지 여부

사안에서 표준지공시지가와 재결은 서로 다른 법효과를 목적으로 하는 행정처분이다. 따라서 전통적 하자승계론에 입각하여 볼 때 하자승계는 인정되지 아니한다.

2. 예측 및 수인가능성 인정 여부

표준지공시지가는 이를 인근 토지의 소유자나 기타 이해관계인에게 개별적으로 고지하도록 되어 있는 것이 아니어서 인근 토지의 소유자 등이 표준지공시지가결정 내용을 알고 있었다고 전제하기가 곤란할 뿐만 아니라, 결정된 표준지공시지가가 공시될 당시 보상금 산정의 기준이 되는 표준지의 인근 토지를 함께 공시하는 것이 아니어서 인근 토지소유자는 보상금 산정의 기준이 되는 표준지가 어느 토지인지를 알 수 없으므로, 인근 토지소유자가 표준지의 공시지가가 확정되기 전에 이를 다투는 것은 불가능하다. 또한 인근 토지소유자 등으로 하여금 결정된 표준지공시지가를 기초로 하여 장차 토지보상 등이 이루어질 것에 대비하여 항상 토지의 가격을 주시하고 표준지공시지가결정이 잘못된 경우 정해진 시정절차를 통하여 이를 시정하도록 요구하는 것은 부당하게 높은 주의의무를 지우는 것으로 볼 수 있다.

3. 하자승계의 인정 여부

위법한 표준지공시지가결정에 대하여 그 정해진 시정절차를 통하여 시정하도록 요구하지 않았다는 이유로 위법한 표준지공시지가를 기초로 한 수용재결 등 후행 행정처분에서 표준지공시지가결정의 위법을 주장할 수 없도록 하는 것은 수인한도를 넘는 불이익을 강요하는 것으로서 국민의 재산권과 재판받을 권리를 보장한 헌법의 이념에도 부합하는 것이 아니다. 따라서 표준지공시지가결정이 위법한 경우에는 그 자체를 행정소송의 대상이 되는 행정처분으로 보아 그 위법 여부를 다툴 수 있음은 물론, 수용보상금의 증액을 구하는 소송에서도 선행처분으로서 그 수용대상 토지가격 산정의 기초가 된 비교표준지공시지가결정의 위법을 독립한 사유로 주장할 수 있다고 사료된다.

감정평가 및 보상법규 채점평

2013년도 제24회 감정평가사 제2차 시험

문제 1

문제 1은 행정계획을 전제로 하여 발생될 수 있는 분쟁을 해결하는 문제로서 행정계획의 변경청구권을 묻는 제1문과 계획 제한된 토지의 평가를 묻는 제2문으로 구성되어 있다.

제1문은 녹지지정의 해제는 도시관리계획이라는 수단을 통하여 행하여야 하기 때문에 녹지지정의 해제청구는 도시계획의 변경신청 또는 변경청구를 의미하는 점을 서술하여야 한다. 행정계획의 변경신청 가능성과 행정계획변경청구권의 인정여부를 묻는 문제로 난이도가 그리 높지 않은 문제라 할 수 있다. 그러나 상당수의 수험생들이 문제의 취지나 출제의도를 정확하게 파악하지 못하여 녹지지역재지정처분의 취소청구소송으로 이해하여 답안을 작성하였기 때문에 중요한 논점을 언급하지 못하였다. 이는 모두 행정법의 기초지식과 기본 법리에 대한 이해부족을 단적으로 드러낸 것이라 할 수 있는 만큼, 보다 성의 있고 내실 있는 기본기 확립이 필요할 것으로 보인다.

제2문은 계획 제한된 토지의 평가에 관한 문제로 상당수의 수험생들이 예상할 수 있었던 문제로 일반적 계획 제한된 토지에 대한 평가와 특정 공익사업의 시행을 목적으로 가해진 제한된 토지의 평가를 구분하여 설명하였다면 별다른 어려움 없이 해결할 수 있었던 문제이다.

문제 2

본문은 개별공시지가의 검증의 오류와 관련한 국가배상청구의 가능성에 관한 것으로 물음은 두 가지이다. 첫째, S시의 개별공시지가 결정행위가 국가배상법 제2조상의 위법행위 해당성, 둘째, S시장은 개별공시지가 제도의 입법목적을 이유로 S시의 담당공무원들의 개별 공시지가 산정에 관한 직무상 행위와 B은행의 손해 사이에 상당인과관계가 없다고 항변하는데, 그 타당성을 논하라는 내용이다.

첫 번째 질문은 국가배상법 제2조의 위법행위에 해당하는가를 판단하는 것이다. 국가배상법 제2조의 기본적인 요건으로서 그 행위를 위법성에 대한 판단과 과실에 대한 판단을 논리적으로 연결하여 기술하면 된다.

두 번째 질문에 대하여는 개별공시지가 제도의 입법목적을 논리적으로 서술하고 개별공시지가가 은행의 담보평가 등 사적인 부동산 거래의 직접적인 평가 근거로 활용됨을 목적으로 하는 것인가에 대한 검토 후 판례의 입장을 고려하여 상당인과관계를 논하는 것이 좋다.

이 문제는 감정평가사가 하는 일상에 관련되어 있고, 담보평가의 중요성 및 입법목적과 직접적으로 연결되어 있어 매우 중요하므로 수험생들도 이미 익숙하게 공부하였을 것으로 생각된다. 공시지가의 결정 및 검증 작업에서 발생하는 오류가 국가배상 및 손해배상과 어떤 인과관계에 놓여 있는가를 정확히 파악하는 것은 감정평가사 직업의 수행에 있어 필수적이다. 금번 출제 및 채점은 이런 사전 지식을 충분히 습득하고 있는가를 판단할 수 있는 좋은 기회가 되었다고 생각한다.

문제 3

제재처분의 기간이 경과한 경우 취소소송을 계속할 이익이 있는지에 관하여는 전형적인 소송법상의 주요 쟁점으로 다루어지기 때문에 예상대로 상당수의 답안들이 협의의 소익을 주제로 하여 매우 잘 정리된 목차와 내용들을 기술하였다. 우선 제재처분의 기준을 정하고 있는 대통령령의 법적 성질이 어떠한지를 검토한 후 협의의 소익에 관한 일반적인 내용 및 제재처분의 기준에 관하여 장차 동일한 위반행위에 대한 가중처벌에 관한 규정이 존재하는 경우, 법률의 형식과 행정규칙의 형식으로 규정되어 있는 경우, 협의의 소익을 인정할 것인지에 관한 대법원 전원합의체 판결 전후를 비교하여 검토하는 형식의 답안이 많았으며, 매우 평이하고 무난한 문제였기 때문에 이미 대다수의 수험생들이 예상문제로 많은 연습을 하였을 것으로 생각된다.

문제 4

문제 4는 하자의 승계를 묻는 것으로 수험생들이 충분히 예상할 수 있었던 문제로 대법원의 판결이 나와 있는 상황이므로 이 문제의 쟁점과 관련 판례를 알고 있다면 어려움 없이 해결할 수 있는 문제라 할 것이다. 다만, 제한된 시간으로 인하여 답안의 구성이 잘못되었거나 목차만으로 구성된 답안지 등도 있었으며 소의 병합이나 청구의 변경 등을 중점적으로 서술한 답안지도 있었다. 시험에서는 문제당 배점을 고려하여 주어진 시간을 잘 분배하는 것이 필요한 것으로 보인다.

총평

[감정평가 및 보상법규]는 감정평가 업무의 근거가 되는 「부동산 가격공시 및 감정평가에 관한 법률」과 「공익사업을 위한 토지 등의 취득 및 보상에 관한 법률」의 해석·적용 능력을 평가하는 시험이다. 시험의 대상이 되는 두 법률은 행정법의 분야에 속하는 법률이어서 행정법총론과 행정구제법의 지식이 바탕이 되어야 정확한 해석 및 적용이 가능하다.

이번 시험은 4개의 사례로 구성되었으며, 40점, 30점, 20점 및 10점의 비중을 부여하였다. ① 부동산의 가격은 지역·지구의 지정 및 변경에 따라 급격한 차이를 보인다. ② 공시지가는 적법한 절차에 따라 조사·평가되어야 하며, 법률이 정한 목적에 부합되게 활용되어야 한다. ③ 감정평가사가 법률을 위반하여 업무를 수행하면 행정제재의 대상이 된다. ④ 표준지공시지가가 잘못 선정되면, 보상금에 악영향을 미치므로 이를 다툴 수 있어야 한다. 이번 시험은 위와 같은 네 가지 기본적인 관념에 그 토대를 두었다.

전체적으로 감정평가 및 보상법규의 내용을 행정법의 이론 체계 속에서 균형 있게 풀어낸 답안지를 다수 만날 수 있었다. 이론적인 지식에 기초하여 실무적인 사례를 논리적으로 풀어내는 능력을 갖춘 답안지를 다수 발견할 수 있었던 것은 매우 고무적인 일이었다고 생각된다.

CHAPTER 03 제25회 기출문제 답안

문제 01

S시의 시장 A는 K구의 D지역(주거지역)을 「도시 및 주거환경정비법」(이하 "도정법"이라 함)상 정비구역으로 지정·고시하였다. 그러자 이 지역의 주민들은 조합을 설립하여 주택재개발사업을 추진하기 위해 도정법에서 정한 절차에 따라 조합설립추진위원회를 구성하였고, 동 추진위원회는 도정법 제16조의 규정에 의거하여 D지역의 일정한 토지등소유자의 동의, 정관, 공사비 등 정비사업에 드는 비용과 관련된 자료 등을 첨부하여 A로부터 X조합설립인가를 받아 등기하였다. X조합은 조합총회를 개최하고 법 소정의 소유자 동의 등을 얻어 지정개발자로서 Y를 사업시행자로 지정하였다. 다음 물음에 답하시오. [40점]

(1) D지역의 토지소유자 중 甲이 "추진위원회가 주민의 동의를 얻어 X조합을 설립하는 과정에서 '건설되는 건축물의 설계의 개요' 등에 관한 항목 내용의 기재가 누락되었음에도 이를 유효한 동의로 처리하여 조합설립행위에 하자가 있다."고 주장하며 행정소송으로 다투려고 한다. 이 경우 조합설립인가의 법적 성질을 검토한 다음, 이에 기초하여 쟁송의 형태에 대해 설명하시오. [20점]

(2) Y는 정비사업을 실시함에 있어 이 사업에 반대하는 토지등소유자 乙 등의 토지와 주택을 취득하기 위하여 「공익사업을 위한 토지 등의 취득 및 보상에 관한 법률」에 의거한 乙 등과 협의가 성립되지 않아 지방토지수용위원회의 수용재결을 거쳤는데, 이 수용재결에 불복하여 Y가 중앙토지수용위원회에 이의재결을 신청하여 인용재결을 받았다. 이 경우 乙 등이 이 재결에 대해 항고소송을 제기한다면 소송의 대상은 무엇인가? [20점]

(설문 1-1)의 해결

Ⅰ 쟁점의 정리

조합설립행위에 하자가 있는 경우에 조합설립행위(결의)에 대한 효력을 다투는 소송을 제기하여야 하는지, 아니면 설립행위(결의)의 하자를 이유로 조합설립인가처분의 효력을 다투는 소송을 제기하여야 하는지가 문제된다. 이는 조합설립인가의 법적 성질과 직결되는 문제인바, 이에 대한 법적 성질과 쟁송형태를 검토한다.

Ⅱ 조합설립인가의 법적 성질

1. 재개발조합의 법적 지위

조합은 공공조합으로서 공법인(행정주체)이다. 조합은 재개발사업이라는 공행정목적을 수행함에 있어서 행정주체의 지위에 서며 재개발사업이라는 공행정목적을 직접적으로 달성하기 위하여 행하는 조합의 행위는 원칙상 공법행위라고 보아야 한다.

2. 조합설립인가의 법적 성질

(1) 인가로 보는 견해

1) 인가의 의의

인가는 제3자의 법률행위를 보충해서 그 효력을 완성시켜주는 행정행위로서 인가를 받지 않고 행한 행위는 무효가 된다.

2) 인가의 효력

인가는 기본행위가 효력을 상실하면 당연히 효력을 상실한다. 즉, 인가의 효력이 그 기본이 되는 법률행위의 효력에 의존하는 보충적인 효력을 가지며 이러한 점이 다른 행정행위와 구별되는 개념적인 징표가 될 것이다.

3) 종전 판례와 학설의 태도

종래 학설과 판례는 토지 등의 소유자 중 조합설립에 동의하는 자들의 합의에 의하여 작성된 정관과 동의서 등을 조합설립 인가 시 제출하는 서류 등을 심사하여 조합설립이라는 기본행위의 유효함을 확인함으로써 그 조합설립의 법률상 효력을 완성시키는 보충행위로 판단하였다. 따라서 기본행위인 조합설립에 하자가 있더라도 그 이유로 바로 그에 대한 감독청의 인가처분의 취소 또는 무효확인을 소구할 법률상 이익은 없다고 보았다.

(2) 특허로 보는 견해

1) 특허의 의의 및 효력

특허란 상대방에게 특별한 권리나 능력 등을 창설해 주는 행위를 말한다.

2) 최근 판례의 태도

대법원은 '조합설립인가처분은 단순히 사인들의 조합설립행위에 대한 보충행위로서의 성질을 갖는 것에 그치는 것이 아니라 법령상 요건을 갖출 경우 도시정비법상 주택재개발사업을 시행할 수 있는 권한을 갖는 행정주체(공법인)로서의 지위를 부여하는 일종의 설권적 처분의 성격을 갖는다.'고 판시하였다.

3. 검토

재개발조합설립인가는 공행정주체의 기능을 담당하는 사업시행자를 만들어내는 행위로서의 성격이 있으므로 이러한 인가의 법적 성질은 최근 판례와 같이 특허로 봄이 타당하다고 판단된다.

Ⅲ 사안의 해결(조합설립행위의 하자를 다투는 방법)

조합설립인가를 특허로 본다면, 조합설립행위(결의)는 조합인가처분이라는 행정처분을 하는 데 필요한 요건 중 하나에 불과한 것이어서, 조합설립행위(결의)에 하자가 있다면 그 하자를 이유로 직접 항고소송의 방법으로 조합설립인가처분의 취소 또는 무효확인을 구하여야 할 것이다. 단, 강학상 인가로 보는 견해에 따르면 기본행위의 하자가 있는 경우에는 민사소송을 통해서 기본행위의 효력을 다툴 수 있을 것이다.

[설문 1-2]의 해결

Ⅰ 쟁점의 정리

토지보상법 제83조에서는 수용재결에 대한 이의신청을 규정하고 있으며, 이는 특별법상 행정심판의 성격을 갖는다. 乙 등이 이러한 이의신청의 재결에 대하여 소를 제기하는 경우 소의 대상이 수용재결인지 이의재결인지가 문제되는데, 현행 행정소송법 및 토지보상법의 태도가 ① 원처분주의인지, ② 원처분주의라면 이의재결을 다투는 것이 재결 자체의 고유한 하자를 다투는 것인지를 검토하여 설문을 해결한다.

Ⅱ 원처분주의와 재결주의

1. 원처분주의와 재결주의

(1) 의의

"원처분주의"란 원처분의 위법은 원처분에 대한 항고소송에서만 주장할 수 있고, 재결에 대한 항고소송에서는 재결 자체의 고유한 하자에 대해서만 주장할 수 있는 제도를 말한다. "재결주의"는 재결만이 행정소송의 대상이 되며, 원처분의 위법사유도 아울러 주장할 수 있는 원칙을 의미한다.

(2) 현행법의 태도

현행 행정소송법 제19조는 "취소소송의 대상은 처분 등을 대상으로 한다. 다만, 재결취소소송의 경우에는 재결 자체에 고유한 위법이 있음을 이유로 하는 경우에 한한다."라고 하여 원처분주의를 채택하고 있다. 또한 토지보상법 제85조에서도 "제34조에 따른 재결에 불복할 때에는 소를 제기할 수 있다."라고 규정하여 원처분주의를 채택하고 있다.

2. 재결이 취소소송의 대상이 되는 경우

재결이 취소소송의 대상이 되는 경우는 재결 자체에 고유한 위법이 있는 경우에 한하는 바, ① 주체상 하자로는 권한없는 기관의 재결, ② 절차상 하자로는 심판절차를 준수하지 않은 경우 등, ③ 형식상 하자로는 서면으로 하지 않거나, 중요기재사항을 누락한 경우, ④ 내용상 하자의 경우 견해대립이 있으나 판례는 '내용의 위법은 위법・부당하게 인용재결을 한 경우에 해당한다.'고 판시하여 내용상 하자를 재결고유의 하자로 인정하고 있다.

3. 원처분주의의 위반효과(재결의 고유한 위법없이 소를 제기한 경우)

고유한 위법없이 소송을 제기한 경우에는 각하판결을 해야 한다는 견해(행정소송법 제19조 단서를 소극적 소송요건으로 보는 견해)가 있으나, 다수・판례는 재결 자체의 위법 여부는 본안사항이므로 기각판결을 해야 한다고 본다.

Ⅲ 재결 자체의 고유한 위법을 다투는 것인지 여부

1. 학설의 대립

① 이 경우를 재결 자체에 고유한 위법이 있는 경우로 보아 행정소송법 제19조 단서에 의해 재결이 소의 대상이 되는 것이라고 보는 견해가 있는 반면, ② 해당 인용재결은 제3자와의 관계에서는 별도의 처분이 되는 것이므로 이 경우는 행정소송법 제19조 본문에 의해 처분이 소의 대상이 되는 것이라고 보는 견해가 있다.

2. 판례의 태도

판례는 "인용재결은 원처분과 내용을 달리 하는 것이므로 그 인용재결의 취소를 구하는 것은 원처분에는 없는 재결에 고유한 하자를 주장하는 셈이어서 당연히 항고소송의 대상이 된다.(대판 1997.12.23, 96누10911)"라고 판시하여 재결의 고유한 하자로 본다.

3. 검토

원처분의 상대방인 제3자는 인용재결로 인해서 비로소 권익을 침해받게 되므로 인용재결은 형식상 재결이나 실질적으로 제3자에게는 최초의 처분으로서의 성질을 갖게 된다. 따라서 행정소송법 제19조 본문에 의해 인용재결의 취소를 구하는 것으로 해석함이 타당하다고 본다.

Ⅳ 사안의 해결

현행 행정소송법 및 토지보상법의 태도인 원처분주의 하에서 乙은 이의재결에 대해 항고소송을 제기하여야 할 것이다. 그 법리구성은 행정소송법 제19조 단서에 의한 인용재결 자체의 고유한 하자로 인한 것이 아니라, 본 사안에서 인용재결은 乙에 있어서 최초의 처분으로서 성격을 지니기에 제19조 본문에 의거하여 항고소송을 제기할 수 있다고 보는 것이 올바른 해석이라고 본다.

문제 02

甲은 A시의 시외로 나가는 일반도로에 접한 자신 소유의 X토지에 교통로를 개설하고 대형음식점을 운영하고 있다. A시에서는 X토지와 이에 접하여 연결된 Y · W토지의 소유권을 취득하여 혼잡한 교통량을 분산할 목적으로 「국토의 계획 및 이용에 관한 법률」에 의거하여 우회도로를 설치한다는 방침을 결정하고, A시의 시장은 X · Y · W토지의 개별공시지가 및 이 개별공시지가 산정의 기초가 된 P토지의 표준지공시지가와 도매물가상승률 등을 반영하여 산정한 보상기준가격을 내부적으로 결정하고 예산확보를 위해 중앙부처와 협의 중이다. 다음 물음에 답하시오. 30점

(1) 甲은 보상이 있을 것을 예상하여 더 많은 보상금을 받기 위해 「부동산 가격공시에 관한 법률」에 의거하여 감정평가사를 통해 산정된 P토지의 표준지공시지가에 불복하여 취소소송을 제기하려고 한다. 이 경우 甲에게 법률상 이익이 있는지 여부를 검토하시오. 15점

(2) 위 취소소송에 P토지의 소유자인 丙이 소송에 참가할 수 있는지 여부와 甲이 확정인용판결을 받았다면 이 판결의 효력은 Y · W토지의 소유자인 乙에게도 미치는지에 대하여 설명하시오. 15점

[설문 2-1]의 해결

Ⅰ 쟁점의 정리

행정소송법 제12조에서는 "법률상 이익 있는 자"가 취소소송을 제기할 수 있다고 규정하고 있다. 표준지공시지가는 인근 토지의 보상액 산정의 기준이 되므로, 甲이 더 많은 보상금을 받을 수 있는 법률상 이익이 인정되는지를 관련 규정을 검토하여 해결한다.

Ⅱ 원고적격과 법률상 이익

1. 의의

원고적격이란 본안판결을 받을 수 있는 자격을 말한다. 행정소송법 제12조에서는 '법률상 이익 있는 자'로 규정하고 있다.

2. 법률상 이익의 의미

(1) 학설

① 침해된 권리회복이라는 권리구제설, ② 근거법상 보호되는 이익구제인 법률상 보호이익설, ③ 소송법상 보호가치 있는 이익구제라는 견해, ④ 행정의 적법성 통제라는 적법성 보장설의 견해가 있다.

(2) 판례

해당 처분의 근거, 관련법규에 의해 보호되는 개별적 · 직접적 구체적인 이익을 의미하며, 사실상이며 간접적인 이익은 법률상 보호이익이 아니라고 판시한 바 있다.

(3) 검토

권리구제설은 원고의 범위를 제한하고, 소송법상 보호가치 있는 이익구제설은 보호가치 있는 이익의 객관적 기준이 결여되는 문제가 있다. 또한 적법성 보장설은 객관소송화의 우려가 있다. 따라서 취소소송을 주관적, 형성소송으로 보면 법률상 보호이익설이 타당하다.

3. 법률의 범위

① 근거 법률은 물론 관련법규까지 포함하는 견해와, 헌법상 기본권 및 민법상 일반원칙까지 포함하는 견해가 있으며, ② 대법원은 관계법규와 절차법규정의 취지도 고려하는 등 보호규범의 범위를 확대하는 경향을 보인다.

Ⅲ 사안의 해결

1. 관련규정의 검토

(1) 토지보상법 제70조

동법 제1항에서는 "취득하는 토지에 대하여는 공시지가를 기준으로 하여 보상하되, 그 공시기준일부터 가격시점까지의 관계 법령에 따른 그 토지의 이용계획, 해당 공익사업으로 인한 지가의 영향을 받지 아니하는 지역의 대통령령으로 정하는 지가변동률, 생산자물가상승률과 그 밖에 그 토지의 위치 · 형상 · 환경 · 이용상황 등을 고려하여 평가한 적정가격으로 보상하여야 한다."라고 규정하고 있다.

(2) 부동산공시법 제7조 및 동법 시행령 제12조

부동산공시법 제7조 및 동법 시행령 제12조에서는 표준지공시지가에 대한 이의신청을 규정하고 있으며, 이의신청을 할 수 있는 자를 소유자로 한정하고 있지 않다.

2. 사안의 해결

헌법 제23조에 의하여 모든 국민은 정당한 보상을 받을 권리가 보장된다. P토지의 공시지가가 甲 토지의 보상금 산정의 기초가 되므로, P토지의 공시지가는 甲의 재산권에 영향을 미친다고 볼 수 있다. 따라서 토지보상법 및 부동산공시법 등의 관련 규정을 중심으로 검토해 볼 때, 甲은 '정당한 보상을 받을 권리실현'을 위한 법률상 이익이 인정된다고 판단된다.

(설문 2-2)의 해결

I 쟁점의 정리

甲이 P토지의 공시지가를 대상으로 취소소송을 제기하는 경우 P토지의 소유자인 丙이 자신의 권리보호를 위하여 소송에 참가할 수 있는지와, 동 취소소송에서 인용판결을 받는다면 소송당사자가 아닌 乙에게도 판결의 효력이 미치는지를 검토한다.

II 제3자의 소송참가

1. 의의(행정소송법 제16조)

제3자의 소송참가라 함은 소송의 결과에 의하여 권리 또는 이익의 침해를 받을 제3자가 있는 경우에 당사자 또는 제3자의 신청 또는 직권에 의하여 그 제3자를 소송에 참가시키는 제도를 말하며, 제3자의 권익을 보호하기 위하여 인정된 제도이다.

2. 참가의 요건

① 타인 간의 취소소송 등이 계속되고 있을 것, ② 소송의 결과에 의해 권리 또는 이익의 침해를 받을 제3자(소송당사자 이외의 자)일 것을 요건으로 한다.

3. 참가의 절차

제3자의 소송참가는 당사자 또는 제3자의 신청 또는 직권에 의하여 결정으로써 행한다(제16조 제1항). 법원이 제3자의 소송참가를 결정하고자 할 때에는 미리 당사자 및 제3자의 의견을 들어야 한다(제16조 제2항). 소송참가 신청을 한 제3자는 그 신청을 각하한 결정에 대하여 즉시항고할 수 있다(제16조 제3항).

4. 관련 문제(제3자의 재심청구 : 행정소송법 제31조)

처분 등을 취소하는 판결에 의하여 권리 또는 이익의 침해를 받은 제3자가 자기에게 책임 없는 사유로 소송에 참가하지 못함으로써 판결의 결과에 영향을 미칠 공격 또는 방어방법을 제출하지 못한 때에는 이를 이유로 확정된 종국판결에 대하여 재심의 청구를 하는 것을 말한다.

III 취소판결의 제3자효(형성력)

1. 의의 및 취지(행정소송법 제29조 제1항)

계쟁처분 또는 재결의 취소판결이 확정된 때에는 해당 처분 또는 재결은 처분청의 취소를 기다릴 것 없이 당연히 효력을 상실하는데, 이를 형성력이라 한다. 형성력은 위법상태를 시정하여 원상을 회복하는 소송이라는 취소소송의 목적을 달성하도록 하기 위하여 인정되는 효력이다.

2. 제3자효(대세효)

(1) 의의

취소판결의 취소의 효력은 소송에 관여하지 않은 제3자에 대하여도 미치는데 이를 취소의 대세적 효력이라 한다. 행정소송법 제29조 제1항은 이를 명문으로 규정하고 있다.

(2) 취소판결의 제3자효의 내용(제3자의 범위)

취소판결의 형성력은 제3자에 대하여도 발생하며 제3자는 취소판결의 효력에 대항할 수 없다. 행정상 법률관계를 통일적으로 규율하고자 하는 대세효 인정의 취지에 비추어 취소판결의 효력이 미치는 제3자는 모든 제3자를 의미하는 것으로 보는 것이 타당하며 이것이 일반적 견해이다.

(3) 일반처분의 취소의 제3자효

일반처분은 불특정 다수인을 상대방으로 하여 불특정 다수인에게 효과를 미치는 행정행위를 말한다. 일반처분의 취소의 소급적 효과가 소송을 제기하지 않은 자에게도 미치는가 하는 것인데, 이에 관하여 견해가 대립되고 있다.

1) 상대적 효력설(부정설)

취소소송은 주관적 소송으로서, 그 효력은 원칙적으로 당사자 사이에서만 미치는 것이므로 명시적 규정이 없는 데도 불구하고, 제3자가 그 효력을 적극적으로 향수할 수 있다고 인정하는 데에는 무리가 있다고 본다.

2) 절대적 효력설(긍정설)

일반처분이 불특정 다수인을 대상으로 하는 처분이라는 점, 공법관계의 획일성이 강하게 요청된다는 점 등에 비추어 원칙적으로 제3자의 범위를 한정할 이유는 없다고 한다.

3) 결어

행정소송법 제29조의 입법취지에 비추어 볼 때, 일반처분의 경우에도 제3자의 범위를 한정할 이유는 없다고 판단된다.

3. 관련 문제(제3자 보호)

취소판결의 효력이 제3자에게도 미침으로 인하여 제3자가 불측의 손해를 입을 수 있으므로 행정소송법은 제3자의 권리를 보호하기 위하여 제3자의 소송참가제도(제16조)와 제3자의 재심청구제도(제31조)를 인정하고 있다.

Ⅳ 사안의 해결

1. 丙은 자신의 P토지의 공시지가가 올라간다면 이는 가감조정 없이 과세의 기준이 되므로 소송의 결과에 따라 권리 또는 이익의 침해를 받을 수 있다. 따라서 甲이 제기한 취소소송에 참가하여 권익보호를 주장할 수 있을 것이다.
2. 甲이 제기한 취소소송의 인용판결이 있게 되면 동 소송에 참가하지 않은 제3자도 판결의 내용에 구속된다. 따라서 乙은 甲이 제기한 취소소송에 참가하여 권익보호를 위한 주장을 할 수 있으며, 만약 소송에 참가하지 못한다면 재심청구를 통해 권익보호를 실현할 수 있을 것이다.

문제 03

법원으로부터 근저당권에 근거한 경매를 위한 감정평가를 의뢰받은 감정평가사 乙이 감정평가 대상토지의 착오로 실제 대상토지의 가치보다 지나치게 낮게 감정평가액을 산정하였다. 토지소유자인 甲이 이에 대해 이의를 제기하였음에도 경매담당 법관 K는 乙의 감정평가액을 최저입찰가격으로 정하여 경매절차를 진행하였으며, 대상토지는 원래의 가치보다 결국 낮게 丙에게 낙찰되어 甲은 손해를 입게 되었다. 甲이 법관의 과실을 이유로 국가배상을 청구할 경우 이 청구의 인용가능성을 검토하시오. [20점]

(설문 3)의 해결

Ⅰ 쟁점의 정리

법관이 착오로 지나치게 낮게 산정된 감정평가액을 기초로 최저입찰가를 결정하여 소유자에게 손해가 발생한 경우, 법관의 과실로 국가배상을 청구할 수 있는지를 국가배상법 제2조의 요건을 중심으로 검토한다.

Ⅱ 국가배상청구(공무원의 과실책임) 요건 검토

1. 국가배상청구의 의의 및 성질

국가배상이란 국가 등 행정기관의 위법한 행정작용으로 인하여 발생한 손해에 대하여 국가 등의 행정기관이 배상하여 주는 제도를 말한다. 판례는 국가배상법을 민법상 특별법으로 보아 민사소송으로 해결하나 행정기관의 행정작용을 원인으로 하는 것이므로 당사자소송을 통하여 해결함이 타당하다.

2. 공무원의 위법행위로 인한 국가배상책임 요건

국가배상법 제2조에 의한 국가배상책임이 성립하기 위하여는 ① 공무원이 직무를 집행하면서 타인에게 손해를 가하였을 것, ② 공무원의 가해행위는 고의 또는 과실로 법령에 위반하여 행하여졌을 것, ③ 손해가 발생하였고, 공무원의 불법한 가해행위와 손해 사이에 인과관계(상당인과관계)가 있을 것이 요구된다.

(1) 공무원

국가배상법 제2조상의 '공무원'은 국가공무원법 또는 지방공무원법상의 공무원뿐만 아니라 널리 공무를 위탁(광의의 위탁)받아 실질적으로 공무에 종사하는 자(공무수탁사인)를 말한다.

달리 말하면 국가배상법 제2조 소정의 공무원은 실질적으로 공무를 수행하는 자, 즉 기능적 공무원을 말한다. 또한 그것은 최광의 공무원 개념에 해당한다.

(2) 직무행위

국가배상법 제2조가 적용되는 직무행위에 관하여 판례 및 다수설은 공권력 행사 외에 비권력적 공행정작용을 포함하는 모든 공행정작용을 의미한다고 본다. 또한 '직무행위'에는 입법작용과 사법작용도 포함된다.

(3) 직무를 집행하면서(직무관련성)

공무원의 불법행위에 의한 국가의 배상책임은 공무원의 가해행위가 직무집행행위인 경우뿐만 아니라 그 자체는 직무집행행위가 아니더라도 직무와 일정한 관련이 있는 경우, 즉 '직무를 집행하면서' 행하여진 경우에 인정된다.

(4) 법령위반(위법)

학설은 일반적으로 국가배상법상의 '법령위반'이 위법 일반을 의미하는 것으로 보고 있고 판례도 그러하다(대판 1973.1.30, 72다2062).

(5) 고의 또는 과실

주관설은 과실을 '해당 직무를 담당하는 평균적 공무원이 통상 갖추어야 할 주의의무를 해태한 것'으로 본다. 과실이 인정되기 위하여는 위험 및 손해발생에 대한 예측가능성과 회피가능성(손해방지가능성)이 있어야 한다. 이 견해가 다수설과 판례의 입장이다.

(6) 위법과 과실의 관계

위법과 과실은 개념상 상호 구별되어야 한다. 행위위법설에 의할 때 위법은 '행위'가 판단대상이 되며 가해행위의 법에의 위반을 의미하는 것이며, 과실은 '행위의 태양'이 직접적 판단대상이 되며 판례의 입장인 주관설에 의하면 주의의무 위반(객관설에 의하면 국가작용의 흠)을 의미한다.

(7) 손해

공무원의 불법행위가 있더라도 손해가 발생하지 않으면 국가배상책임이 인정되지 않는다. 국가배상책임으로서의 '손해'는 민법상 불법행위책임에 있어서의 그것과 다르지 않다.

(8) 인과관계

공무원의 불법행위와 손해 사이에 인과관계가 있어야 한다. 국가배상에서의 인과관계는 민법상 불법행위책임에서의 그것과 동일하게 상당인과관계가 요구된다.

Ⅲ 사안의 해결

경매감정평가란 집행법원이 감정인에게 부동산 시가의 감정평가를 명하는 것으로 경매절차에서 대상 부동산의 시가를 정확히 파악하여 최저매각가격을 결정하기 위한 것이다. 민사집행법이 최저매각가격을 규정하고 있는 것은 부동산의 공정・타당한 가격을 유지하여 부당하게 염가로 매각되는 것을 방지함과 동시에 목적부동산의 적정한 가격을 표시하여 매수신고를 하려는 사람에게 기준을 제시함으로써 경매가 공정하게 이루어지도록 하고자 함에 있다. 따라서 경매담당 법관 K가 토지소유자의 이의제기가 있었음에도 지나치게 낮은 가격으로 경매를 진행하게 하여 손해를 입힌 경우라면 국가배상청구를 통하여 손해를 전보받을 수 있을 것이다.

문제 04

「공익사업을 위한 토지 등의 취득 및 보상에 관한 법률」상 사업인정 전 협의와 사업인정 후 협의의 차이점에 대하여 설명하시오. 10점

(설문 4)의 해결

I 서설

협의란 사업시행자와 피수용자가 목적물에 대한 권리취득 및 소멸 등을 위하여 행하는 합의를 말한다. 이는 최소침해행위의 실현 및 사업의 원활한 시행에 취지가 인정된다.

II 공통점

1. 제도적 취지

① 임의적 합의를 통한 최소침해원칙을 구현하고, ② 신속한 사업수행을 도모함에 취지가 인정된다.

2. 협의의 내용(토지보상법 제50조 재결내용 준용)

① 수용하거나 사용할 토지의 구역 및 사용방법, ② 손실의 보상, ③ 수용 또는 사용의 개시일과 기간, ④ 그 밖에 이 법 및 다른 법률에서 규정한 사항 등을 협의내용으로 한다.

III 차이점(① 사업인정 전 협의, ② 사업인정 후 협의)

1. 법적 성질

① 사업인정 전 협의의 경우 판례 및 다수설은 사법상 매매로 보며, ② 사업인정 후 협의의 경우 판례는 사법상 매매로 보나, 다수는 공법상 계약으로 본다.

2. 절차적 차이

① 사업인정 전 협의는 임의적 절차이나, ② 사업인정 후 협의는 원칙적으로 필수이지만 사업인정 전에 협의를 거쳤으며 협의내용에 변동이 없는 경우에는 생략이 가능하다.

3. 내용상 차이

① 사업인정 전 협의의 경우에는 협의성립확인제도가 없으나, ② 사업인정 후 협의의 경우에는 협의성립확인제도가 있다.

4. 효과상 차이

(1) 성립 시 취득효과

① 사업인정 전의 경우에는 사법상 매매이므로 승계취득의 효과가 발생하나, ② 사업인정 후 협의성립확인에 의한 취득은 원시취득의 효과가 발생한다.

(2) 불성립 시

① 사업인정 전 협의가 불성립한 경우에는 국토교통부장관에게 사업인정을 신청할 수 있으나, ② 사업인정 후 협의가 불성립한 경우에는 관할 토지수용위원회에 재결을 신청할 수 있다.

5. 권리구제의 차이

① 사업인정 전 협의의 법적 성질을 사법상 매매로 보면 민사소송에 의한 구제를 도모할 수 있으며, ② 사업인정 후 협의의 법적 성질을 사법상 매매로 보는 판례의 태도에 따르면 민사소송으로 권리구제를 도모해야 하나, 공법상 계약으로 보는 견해에 따르면 공법상 당사자소송으로 권리구제를 도모할 수 있을 것이다.

Ⅳ 양자의 관계

1. 양자의 절차상 관계

사업인정 전 협의내용이 사업인정 후 협의의 내용을 구속하는 것은 아니므로, 사업인정 전의 협의당시에 요구하지 않은 사실에 대해서도 요구할 수 있다.

2. 생략가능성

사업인정 전 협의내용의 변동이 없고, 당사자가 협의요구를 안 하면 사업인정 후 협의는 생략이 가능하다.

감정평가 및 보상법규 채점평

2014년도 제25회 감정평가사 제2차 시험

문제 1

문제 1은 감정평가실무상 감정, 재감정의 업무수행에서 흔하게 접하게 되는 "도시 및 주거환경정비법"(이하 '도정법'이라 함)과 관련하여 조합설립인가의 법적 성질과 그 쟁송형태, 그리고 현행 "공익사업을 위한 토지 등의 취득 및 보상에 관한 법률"(이하 '공익사업법'이라 함)상 수용재결의 단계를 거쳐 이의재결이 인용된 경우 항고소송의 대상이 무엇인지, 두 가지 쟁점을 병렬적으로 묻고 있다.

<제1문>은 종래까지 (구)주택건설촉진법·도시개발법 등에 따른 조합설립행위에 대한 인가를 강학상 인가로 보아온 판례의 입장과 학설, 그리고 2009년 대법원 전원합의체에 의해 도정법상 조합설립행위에 대한 인가를 강학상 특허로 본 판례와 학설을 이해하고, 이에 따라 쟁송형태가 어떻게 되는지를 논증하는 것이 질문의 핵심이다. 변경 전의 판례와 학설에 의하면 인가의 기본행위와의 관계에서 보충성과 유효요건이란 점에서 기본행위인 조합설립행위라는 민사관계에 하자가 있으므로 민사소송의 형식을 취하게 되나(다른 견해도 있음), 변경 후의 판례에 따라 조합설립인가를 특허로 보게 되면 조합설립행위는 설립인가(특허)의 성립요건이므로 이에 대한 하자에 관한 쟁송형태는 당연히 항고쟁송(항고소송)이어야 한다. 이 문제에서 쟁송형태에 관해 어떠한 결론을 낼지는 조합설립인가의 법적 성질을 어떻게 파악하는지에 따라 다르므로 평가의 중심은 판례와 학설에 따른 논증의 정도와 논리적 체계성이다. 수험생들의 대다수는 <제1문>의 출제의도와 질문을 잘 파악하고 있고 답안지의 양적 안배에서도 충분히 기술하고 있음에도 주어진 질문에 답하는 논증의 수준은 크게 높지 않았다.

<제2문>은 행정소송법 제19조의 원처분주의 원칙이 공익사업법상 수용재결과 이의재결에 어떻게 적용되는지 기본적인 쟁점에 관한 질문이다. 이 문제에 대해서는 행정소송법상 원처분주의와 재결주의의 명확한 이해, 제3자효 행정행위의 인용재결이 행정소송법 제19조 단서의 재결 자체의 고유한 위법에 해당되는지 여부, 현행 공익사업법 제85조에 의할 때 이의 인용재결이 있은 경우에 무엇이 항고소송의 대상이 되는지 여부가 질문의 핵심이다. <제2문>도 <제1문>과 마찬가지로 대부분의 수험생들이 무엇을 질문하는지 알고 있었다. 그러나 원처분주의와 재결주의에 대한 정확한 개념 정의가 부정확한 경우도 많았다. 특히, 이 문제와 같이 평이한 쟁점의 경우 법률, 판례, 학설에 의한 입체적이고 유기적인 논증을 통해 질문에 알찬 답안을 법리적으로 기술하여야 함에도 불구하고 상당수 수험생들은 이런 점을 소홀히 하여 피상적이거나 중요 판례를 제외하고 기술하는 등 논증의 치밀성과 체계성이 떨어지는 답안도 상당수 있었다. 결국, 이 문제에서도 기본기가 충실하고 이해 위주로 공부한 수험생들이 후한 점수를 받았다고 본다.

문제 2

문제 2는 표준지공시지가 불복과 관련된 행정소송의 가능성에 관한 것으로 물음은 2가지이다. 제1문은 표준공시지가에 불복하여 취소소송을 제기할 수 있는지, 즉 법률상 이익이 있는지 여부를 검토하는 것이고, 제2문은 제3자의 소송 참가 가능성과 판결의 효력에 대해 검토하는 것이다. 제1문의 경우에는 최근 중앙행정심판위의 재결도 있었지만, 표준지공시지가에 대한 취소소송의 법률상 이익 여부를 묻는 문제로 난이도가 그리 높지 않은 문제라고 할 수 있다. 상당수의 수험생들도 논점을 명확히 인식하고 있었으며, 관련 학설과 판례를 중심으로 답안을 작성하였다. 다만, 수험생들이 학설에 대한 정확한 이해와 판례에 대한 충분한 분석은 부족해 보였다.

제2문은 제3자의 소송참가와 제3자에 대한 취소소송의 효력에 대해 정확히 알고 있는지 묻는 문제이다. 제1문과 마찬가지로 상당수의 수험생들이 충분히 예상할 수 있었던 문제였던 것으로 생각되며 평이한 문제라고 생각한다. 그런데 이 문제 또한 논리전개에 있어서 미흡한 부분이 많았다고 생각한다.

결론적으로 문제 2는 다수의 학생들이 비교적 쉽게 논점을 파악하기는 하였으나, 답안 작성에서는 미흡한 부분이 많았다. 향후 법학과 관련하여 공부를 할 때에는 정확한 이해를 바탕으로 쟁점별 정리하는 훈련을 해야 할 것으로 보인다.

문제 3

문제 3은 경매담당 법관의 경매절차 진행과정에 있어서의 과실 여부와 그와 관련된 국가배상청구의 가능성에 관한 것이다. 국가배상청구 문제는 감정평가사 업무와 관련해서 매우 중요할 뿐만 아니라, 이미 다수 출제된 적이 있어서 수험생들에게도 익숙하였을 것으로 생각한다. 그래서인지 예상대로 상당수 답안들이 공무원(법관)의 직무행위로 인한 국가배상청구소송 가능성을 주제로 하여 매우 잘 정리된 목차와 내용들을 기술하였다. 구체적으로는 법관이 공무원인지, 그 행위가 위법한지, 고의 또는 과실은 있는지 등 국가배상법 제2조의 기본적인 요건에 충족되는지를 논리적으로 연결하여 기술하였다. 또한 관련 요건의 서술에 있어서 대법원 판례를 검토하는 형식으로 작성한 답안도 많았다. 이 문제는 수험생 입장에서 국가배상법의 이론에 대해 깊이 있는 고민을 해본 사람이라면 쉽게 답안을 작성할 수 있었을 것이라고 생각한다.

문제 4

문제 4는 공익사업을 위한 토지 등의 취득방법이 최근 실무에서 협의에 의한 경우가 많다는 점에 착안하여 공익사업법상 사업인정 전후 협의의 차이점을 묻는 것으로 관련법조와 학설, 판례를 토대로 사업인정 전후 협의의 차이점을 어느 정도 논증하는지가 핵심이다. 예상대로 대다수 수험생들이 이 문제의 답안을 기술하였으나, 공익사업법을 중심으로 한 논증의 정도는 수험생에 따라 상당히 달랐다.

CHAPTER 04

제26회 기출문제 답안

문제 01

「공익사업을 위한 토지 등의 취득 및 보상에 관한 법률」(이하 '공익사업법'이라 한다)에 따라 도로확장건설을 위해 사업인정을 받은 A는 해당 지역에 위치한 甲의 토지를 수용하고자 甲과 협의를 시도하였다. A는 甲과 보상액에 관한 협의가 이루어지지 않자 공익사업법상의 절차에 따라 관할 토지수용위원회에 재결을 신청하였다. 그런데 관할 토지수용위원회는 「감정평가에 관한 규칙(국토교통부령)」에 따른 '감정평가실무기준(국토교통부 고시)'과는 다르게 용도지역별 지가변동률이 아닌 이용상황별 지가변동률을 적용한 감정평가사의 감정결과를 채택하여 보상액을 결정하였다. 그 이유로 해당 토지는 이용상황이 지가변동률에 더 큰 영향을 미친다는 것을 들었다. 다음 물음에 답하시오. 40점

(1) 甲은 보상액 결정이 '감정평가실무기준(국토교통부 고시)'을 따르지 않았으므로 위법이라고 주장한다. 甲의 주장은 타당한가? 20점

(2) 甲은 위 토지수용위원회의 재결에 불복하여 공익사업법에 따라 보상금의 증액을 구하는 소송을 제기하고자 한다. 이 소송의 의의와 그 특수성을 설명하시오. 20점

(설문 1-1)의 해결

I 쟁점의 정리

설문은 토지수용위원회의 보상액 결정이 위법한지를 묻고 있다. 甲은 위법성 사유로서 '감정평가실무기준(국토교통부 고시)'을 따르지 않았음을 주장하고 있다. '감정평가실무기준'이 형식은 행정규칙이지만 실질이 대외적 구속력을 갖는 법규명령이라면, 이와 다르게 이용상황별 지가변동률을 적용한 감정평가는 법령에 반하는 평가가 될 것이다. 이하에서 검토한다.

II 감정평가실무기준의 법적 성질

1. 법령보충적 행정규칙의 의의 및 인정 여부

(1) 법령보충적 행정규칙의 의의

법령보충적 행정규칙이란 법률의 위임에 의해 법령을 보충하는 법규사항을 정하는 행정규

칙을 말한다. 헌법 제75조 및 제95조와 관련하여 이러한 행정규칙의 인정 여부에 대하여 견해의 대립이 있으나 다수견해 및 판례는 법령의 수권을 받아 제정되는 것을 논거로 하여 긍정한다.

(2) 감정평가실무기준이 법령보충적 행정규칙인지 여부

1) 감정평가실무기준의 의의 및 근거규정

감정평가실무기준이란 감정평가사가 감정평가업무를 수행하면서 지켜야 할 세부적인 기준을 국토교통부장관이 정하여 고시한 것으로서, 「감정평가 및 감정평가사에 관한 법률(이하 '감정평가사법')」 제3조 제3항 및 감정평가에 관한 규칙 제28조에 근거규정을 두고 있다.

2) 사안의 경우

감정평가실무기준은 감정평가를 수행함에 있어서 지켜야 할 세부적인 기준으로서 법령의 위임을 두고 있는 바, 이는 법령보충적 행정규칙이라 볼 수 있다.

2. 법적 성질에 대한 견해의 대립(대외적 구속력 인정논의)

(1) 학설

1) 행정규칙설

법규명령은 의회입법원칙의 예외이므로 법령보충적 행정규칙도 행정규칙에 불과하다고 한다.

2) 법규명령의 효력을 갖는 행정규칙설

법령보충적 행정규칙에 법규와 같은 효력(구속력)을 인정하더라도 행정규칙의 형식으로 제정되었으므로 법적 성질은 행정규칙으로 보는 것이 타당하다고 한다.

3) 법규명령설

해당 규칙이 법규와 같은 효력을 가지므로 법규명령으로 보아야 한다고 한다.

4) 수권여부기준설

법령에 근거가 있는 경우와 없는 경우로 구분하여, 법령의 수권이 있는 경우에 한해서 법규성을 가질 수 있다고 본다.

(2) 판례

1) 일반적인 판례의 태도

① 국세청장훈령인 재산세제사무처리규정은 상위법인 소득세법 시행령과 결합하여 법규성을 가진다고 판시한 바 있다. ② 토지가격비준표는 집행명령인 개별토지가격합동조사지침과 더불어 법령보충적 구실을 하는 법규적 성질을 가지고 있는 것으로 보아야 한다고 판시한 바 있다.

2) 감정평가실무기준에 대한 판례의 태도

감정평가에 관한 규칙에 따른 '감정평가실무기준'은 감정평가의 구체적 기준을 정함으로써 감정평가법인 등이 감정평가를 수행할 때 이 기준을 준수하도록 권장하여 감정평가의 공정성과 신뢰성을 제고하는 것을 목적으로 하는 것이고, 한국감정평가업협회가 제정한 '토지보상평가지침'은 단지 한국감정평가업협회가 내부적으로 기준을 정한 것에 불과하여 어느 것도 일반 국민이나 법원을 기속하는 것이 아니라고 판시한 바 있다(대판 2014.6.12, 2013두4620).

(3) 검토

상위법령의 위임이 있는 경우에는 그와 결합하여 법령을 보충하므로 법규성을 인정하는 것이 행정현실상 타당하다고 판단된다. 다만, 일반적인 법규명령절차를 거치지 않기 때문에 '국민의 예측가능성'을 고려하여 고도의 전문적 영역에 한정되어 최소한도로 인정해야 할 것이다.

3. 위법한 법령보충적 행정규칙의 효력

판례는 법령보충적 행정규칙이 법령의 위임범위를 벗어난 경우에는 위법한 법규명령이 되는 것이 아니라 법규명령으로서의 대외적 구속력이 인정되지 않으므로 행정규칙에 불과한 것이 된다고 한다.

4. 사안의 경우

감정평가실무기준은 상위법령의 근거규정을 두고 있으며, 감정평가법인 등은 감정평가를 행함에 있어서 법에서 규정된 절차와 방법을 따라야 할 의무가 있다고 할 것이다. 따라서 감정평가실무기준은 법령보충적 행정규칙으로서 대외적 구속력을 갖는다고 볼 것이다.

Ⅲ 사안의 해결

감정평가실무기준은 대외적 구속력이 인정되기에 이와 다르게 평가하는 것은 위법하므로 甲 주장은 타당하다고 볼 수 있다. 그러나, 감정평가실무기준의 내용으로 용도지역별 지가변동률을 적용하도록 규정된 것이 상위법령의 내용에 반하는 것으로 본다면 이는 단순 행정규칙으로서 대외적 구속력을 갖지 못할 것이다. 판례도 이러한 취지에서 보다 더 합리적인 방법을 적용할 수 있도록 감정평가실무기준의 대외적 구속력을 부정한 것이다.

[설문 1-2]의 해결

Ⅰ 쟁점의 정리

토지보상법 제85조에서는 토지수용위원회의 재결에 대한 불복방법을 규정하고 있으며, 불복의 대상이 보상금에 관한 사항일 때에는 보상금증감청구소송을 제기하도록 규정하고 있다. 행정소송법 제8조에서는 다른 법률에 특별한 규정이 있는 경우에는 다른 법률의 내용이 우선한다고 규정하고 있는 바, 토지보상법 제85조 제2항을 기준하여 이 소송의 의의와 그 특수성을 설명한다.

Ⅱ 토지보상법 제85조 제2항 보상금증감청구소송

1. 의의 및 취지

(보상재결에 대한) 보상금의 증감에 대한 소송으로서 사업시행자, 토지소유자는 각각을 피고로 제기하며(제85조 제2항), ① 보상재결의 취소 없이 보상금과 관련된 분쟁을 일회적으로 해결하여, ② 신속한 권리구제를 도모함에 취지가 있다.

2. 소송의 형태

종전에는 형식적 당사자소송이었는지와 관련하여 견해의 대립이 있었으나, 현행 토지보상법 제85조에서는 재결청을 공동피고에서 제외하여 형식적 당사자소송임을 규정하고 있다.

3. 소송의 성질

(1) 학설

① 법원이 재결을 취소하고 보상금을 결정하는 형성소송이라는 견해, ② 법원이 정당보상액을 확인하고 금전지급을 명하거나 과부과된 부분을 되돌려 줄 것을 명하는 확인·급부소송이라는 견해가 있다.

(2) 판례

판례는 해당 소송을 이의재결에서 정한 보상금이 증액, 변경될 것을 전제로 하여 기업자를 상대로 보상금의 지급을 구하는 확인·급부소송으로 보고 있다.

(3) 검토

형성소송설은 권력분립에 반할 수 있으며, 일회적인 권리구제를 도모하기 위하여 확인·급부소송으로 보는 것이 타당하다.

4. 제기요건 및 효과(기간특례, 당사자, 원처분주의, 관할)

① 토지보상법 제85조에서는 제34조 재결을 규정하므로 원처분을 대상으로, ② 재결서를 받은 날부터 90일 또는 60일(이의재결 시) 이내에, ③ 토지소유자, 관계인 및 사업시행자는 각각을 피고로 하여, ④ 관할법원에 당사자소송을 제기할 수 있다.

5. 심리범위

① 손실보상의 지급방법(채권보상 여부 포함)과 ② 적정손실보상액의 범위 및 보상액과 관련한 보상면적(잔여지수용 등) 등은 심리범위에 해당한다. 판례는 ③ 지연손해금 역시 손실보상의 일부이고, ④ 잔여지수용 여부 및 ⑤ 개인별 보상으로서 과대, 과소항목의 보상항목 간 유용도 심리범위에 해당한다고 본다.

6. 심리방법

법원 감정인의 감정결과를 중심으로 적정한 보상금이 산정된다.

7. 입증책임

입증책임과 관련하여 민법상 법률요건분배설이 적용된다. 판례는 재결에서 정한 보상액보다 정당한 보상이 많다는 점에 대한 입증책임은 그것을 주장하는 원고에게 있다고 한다.

Ⅲ 사안의 해결(판결의 효력 및 취소소송과의 병합)

산정된 보상금액이 재결금액보다 많으면 차액의 지급을 명하고, 법원이 직접 보상금을 결정하므로 소송당사자는 판결결과에 따라 이행하여야 하며 중앙토지수용위원회는 별도의 처분을 할 필요가 없다. 또한 수용재결에 대한 취소소송에 보상금액에 대한 보상금증감청구소송을 예비적으로 병합하여 제기하는 것도 가능하다.

문제 02

B시에 거주하는 甲은 2005년 5월 자신의 토지 위에 주거용 건축물을 신축하였다. 그런데 甲은 건축허가 요건을 충족하지 못하여 행정기관의 허가 없이 건축하였다. 甲은 위 건축물에 입주하지 않았으나, 친척인 乙이 자신에게 임대해 달라고 요청하여 이를 허락하였다. 乙은 필요시 언제든 건물을 비워주겠으며, 공익사업시행으로 보상의 문제가 발생할 때에는 어떠한 보상도 받지 않겠다는 내용의 각서를 작성하여 임대차계약서에 첨부하였다. 乙은 2006년 2월 위 건축물에 입주하였는데, 당시부터 건축물의 일부를 임의로 용도변경하여 일반음식점으로 사용하여 왔다. 甲의 위 토지와 건축물은 2015년 5월 14일 국토교통부장관이 한 사업인정고시에 따라서 공익사업시행지구에 편입되었다. 甲은 이 사실을 알고 동년 6월에 위 건축물을 증축하여 방의 개수를 2개 더 늘려 자신의 가족과 함께 입주하였다. 다음 물음에 답하시오. 30점

(1) 위 甲의 건축물은 「공익사업을 위한 토지 등의 취득 및 보상에 관한 법률」에 따른 손실보상의 대상이 되는지, 만일 된다면 어느 범위에서 보상이 이루어져야 하는지 설명하시오. 10점

(2) 甲과 乙은 주거이전비 지급대상자에 포함되는지 여부를 그 지급요건에 따라서 각각 설명하시오. 20점

[설문 2-1]의 해결

Ⅰ 쟁점의 정리

설문은 사업인정고시일 이전에 신축된 무허가건축물 및 사업인정고시일 이후에 증축된 부분에 대한 보상대상성을 묻고 있다. 토지보상법상 보상대상을 판단하는 기준을 검토하여 설문을 해결한다.

Ⅱ 무허가건축물에 대한 보상대상 판단기준 및 보상범위

1. 무허가건축물이 보상대상인지 여부

(1) 문제점

무허가건축물 중 특히 사업인정 이전 무허가건축물의 보상대상 여부가 법률의 규정이 없어 해석의 문제가 발생한다. 손실보상의 요건과 관련하여 공공필요, 적법한 침해, 특별한 희생은 문제되지 않으나, 재산권의 충족 여부가 문제된다.

(2) 판례의 태도

대법원은 지장물인 건물을 보상대상으로 함에 있어서 건축허가 유무에 따른 구분을 두고 있지 않을 뿐만 아니라, 주거용 건물에 관한 보상특례 및 주거이전비는 무허가건물의 경우에는 적용되지 아니한다고 규정하여 무허가건물도 보상의 대상에 포함됨을 전제로 하고 있는 바, 사업인정고시 이전에 건축된 건물이기만 하면 손실보상의 대상이 됨이 명백하다고 판시한 바 있다(대판 2000.3.10, 99두10896).

(3) 사안의 경우

토지보상법 제25조 제1항에서는 '사업인정고시가 된 후에는 누구든지 고시된 토지에 대하여 사업에 지장을 줄 우려가 있는 형질의 변경이나 물건을 손괴하거나 수거하는 행위를 하지 못한다.'고 규정하여 사업인정고시 이후의 토지보전의무를 규정하고 있을 뿐, 허가유무에 대한 규정을 따로 두고 있지 않다. 따라서 사업인정고시일 이전에 건축된 무허가건물도 보상대상에 해당한다고 할 것이다. 다만, 사업인정고시일 이후에 증축된 부분은 보상대상이 아니다.

2. 무허가건축물에 대한 보상범위

(1) 건축물 자체에 대한 이전비 보상

토지보상법 제75조에서는 해당 물건의 가격을 상한으로 하여 이전비로 보상하도록 규정하고 있다. 만약 가격으로 보상해야 하는 경우에는 동법 시행규칙 제33조에 따라서 원가법으로 산정하나 거래사례비교법에 의한 가격이 큰 경우에는 비준가격을 적용한다.

(2) 이사비 지급

토지보상법 시행규칙 제55조에서 규정하고 있는 이사비를 청구할 수 있다. 이사비란 가재도구 등 동산의 운반에 필요한 비용을 말한다.

(3) 무허가건축물에서 행해진 영업이 보상대상인지 여부

토지보상법 시행규칙 제45조 제1호에서는 무허가건축물에서 임차인이 사업인정고시일 등 1년 이전부터 사업자등록을 행하고 있는 영업인 경우에는 보상대상에 해당한다고 규정하고 있으므로, 사업인정고시일 등 1년 이전부터 사업자등록을 행하고 영업을 행하고 있는 경우라면 영업보상을 받을 수 있을 것이다(다만, 일반음식점으로 임의로 용도변경한 것이 세입자인 乙이라면 불법적 이용임을 알고 행한 것이므로 특별한 희생으로 볼 수 없을 것이다).

(4) 이주정착금 및 재편입가산금

토지보상법 시행규칙 제53조 및 제58조에서 규정하고 있는 이주정착금 및 재편입가산금은 무허가건축인 경우에는 적용되지 않는다.

(5) 주거이전비

무허가건축물에 대해서 소유자는 보상대상이 아니나, 세입자의 경우는 공익사업을 위한 관계법령에 의한 고시 등이 있는 당시 해당 공익사업시행지구 안에서 3개월 이상 거주한 경우에 한해서 주거이전비를 청구할 수 있다.

Ⅲ 쟁점의 정리

사업인정고시일 이전에 신축된 무허가건축물은 손실보상의 대상에 해당되나, 사업인정고시일 이후에 증축된 부분은 토지보상법 제25조에 따라 보상대상에서 제외될 것이다. 또한, 토지보상법 시행규칙 제33조 및 제58조에 따라 주거용 건물에 대한 비준가격 및 이사비(제55조)도 지급될 수 있다. 일정요건을 갖춘 경우에는 주거이전비도 청구할 수 있을 것이다.

[설문 2-2]의 해결

Ⅰ 쟁점의 정리

설문은 甲과 乙이 주거이전비 지급대상자에 포함되는지를 묻고 있다. 설문의 해결을 위하여 토지보상법 시행규칙 제54조의 주거이전비 규정을 검토한다.

Ⅱ 주거이전비의 지급요건 등

1. 주거이전비의 의의 및 법적 성질(토지보상법 시행규칙 제54조)

주거이전비란 주거용 건축물의 상실로 인한 총체적 가치의 보상으로, ① 사업추진을 원활하게 하려는 정책적 목적과 ② 사회보장적인 차원에서 지급되는 금원의 성격을 가지는 공법상의 법률관계로 볼 것이다.

2. 소유자에 대한 주거이전비 보상

공익사업시행지구에 편입되는 주거용 건축물의 소유자에 대하여는 해당 건축물에 대한 보상을 하는 때에 가구원 수에 따라 2개월분의 주거이전비를 보상하여야 한다. 다만, 건축물의 소유자가 해당 건축물 또는 공익사업시행지구 내 타인의 건축물에 실제 거주하고 있지 아니하거나 해당 건축물이 무허가건축물 등인 경우에는 그러하지 아니한다.

3. 세입자에 대한 주거이전비 보상

공익사업의 시행으로 인하여 이주하게 되는 주거용 건축물의 세입자로서 사업인정고시일 등 당시 또는 공익사업을 위한 관계 법령에 따른 고시 등이 있은 당시 해당 공익사업시행지구 안에서 3개월 이상 거주한 자에 대하여는 가구원 수에 따라 4개월분의 주거이전비를 보상해야 한다. 다만, 무허가건축물 등에 입주한 세입자로서 사업인정고시일 등 당시 또는 공익사업을 위한 관계 법령에 따른 고시 등이 있은 당시 그 공익사업지구 안에서 1년 이상 거주한 세입자에 대해서는 본문에 따라 주거이전비를 보상해야 한다.

4. 기타 관련 판례

(1) 소유자 또는 세입자가 아닌 가구원이 주거이전비 지급을 구할 수 있는지 여부

주거이전비는 가구원 수에 따라 소유자 또는 세입자에게 지급되는 것으로서 소유자와 세입자가 지급청구권을 가지는 것으로 보아야 하므로, 소유자 또는 세입자가 아닌 가구원은 사업시행자를 상대로 직접 주거이전비 지급을 구할 수 없다(대판 2011.8.25, 2010두4131).

(2) 세입자에 대한 주거이전비 지급의무규정이 강행규정인지 여부

세입자에 대한 주거이전비는 공익사업 시행으로 인하여 생활근거를 상실하게 되는 세입자를 위하여 사회보장적 차원에서 지급하는 금원으로 보아야 하므로, 당사자 합의 또는 사업시행자 재량에 의하여 적용을 배제할 수 없는 강행규정이라고 보아야 한다(대판 2011.7.14, 2011두3685). 따라서 세입자가 주거이전비를 받을 수 있는 권리를 포기한다는 취지의 포기각서를 제출하였다 하여도 이는 무효이므로 세입자는 주거이전비를 청구할 수 있다.

Ⅲ 사안의 해결

1. 甲이 주거이전비를 청구할 수 있는지 여부

甲은 무허가건축물의 소유자이므로 주거이전비를 청구할 수 있는 보상대상자가 아니다.

2. 乙이 주거이전비를 청구할 수 있는지 여부

乙은 세입자로서 사업인정고시일 등 당시 사업지구 안에서 1년 이상 거주하고 있었으므로 주거이전비를 청구할 수 있을 것이다. 주거이전비 규정은 강행규정이므로 어떠한 보상도 받지 않겠다는 각서와 무관하게 주거이전비를 청구할 수 있으며, 주거이전비의 지급의무는 이행기의 정함이 없는 채무이므로 사업시행자는 이행청구를 받은 다음 날부터 이행지체의 책임이 있다(대판 2012.4.26, 2010두7475).

문제 03

甲은 C시 소재 전(田) 700㎡(이하 '이 사건 토지'라고 한다)의 소유자로서, 여관 신축을 위하여 부지를 조성하였는데, 진입로 개설비용 3억원, 옹벽공사비용 9천만원, 토목설계비용 2천만원, 토지형질변경비용 1천만원을 각 지출하였다. 그런데 건축허가를 받기 전에 국토교통부장관이 시행하는 고속도로건설공사에 대한 사업인정이 2014년 7월 15일 고시되어 이 사건 토지 중 500㎡(이하 '이 사건 수용 대상토지'라고 한다)가 공익사업시행지구에 편입되었고, 2015년 7월 17일 관할 토지수용위원회에서 수용재결이 있었다. 그 결과 이 사건 토지에서 이 사건 수용 대상토지를 제외한 나머지 200㎡(이하 '이 사건 나머지 토지'라고 한다)는 더 이상 여관 신축의 용도로는 사용할 수 없게 되어 그 부지조성 비용은 이 사건 나머지 토지의 정상적인 용도에 비추어 보았을 때에는 쓸모없는 지출이 되고 말았다. 이에 甲은 이 사건 나머지 토지에 들인 부지조성 비용에 관하여 손실보상의 지급을 청구하고자 한다. 다음 물음에 답하시오. 20점

(1) 위 청구권의 법적 근거에 관하여 설명하시오. 10점

(2) 甲은 다른 절차를 거치지 않고 바로 국가를 상대로 손실보상을 청구하는 소송을 제기할 수 있는가? 10점

[설문 3-1]의 해결

I 쟁점의 정리

설문은 수용되고 남은 잔여토지에 지출된 부지조성비용에 대한 손실보상청구권의 법적 근거를 묻고 있다. 잔여토지에 지출된 조성비용은, 잔여토지는 더 이상 신축의 용도로는 사용할 수 없게 되어 지목 "전(田)"에 비추어 볼 때 쓸모없는 지출이 되었다. 이러한 내용이 잔여지의 손실로 인정될 수 있는지를 토지보상법 제73조 및 동법 시행규칙 제57조를 중심으로 설명한다.

II 잔여지에 지출된 조성공사비용의 청구근거 규정

1. 잔여지의 손실과 공사비 보상(토지보상법 제73조)

(1) 동 규정의 내용

토지보상법 제73조 제1항에서는 "사업시행자는 동일한 소유자에게 속하는 일단의 토지의 일부가 취득되거나 사용됨으로 인하여 잔여지의 가격이 감소하거나 그 밖의 손실이 있을 때 또는 잔여지에 통로·도랑·담장 등의 신설이나 그 밖의 공사가 필요할 때에는 국토교

통부령으로 정하는 바에 따라 그 손실이나 공사의 비용을 보상하여야 한다. 다만, 잔여지의 가격 감소분과 잔여지에 대한 공사의 비용을 합한 금액이 잔여지의 가격보다 큰 경우에는 사업시행자는 그 잔여지를 매수할 수 있다."라고 규정하고 있다.

(2) 검토

甲은 수용 대상토지를 제외한 나머지 토지는 더 이상 여관신축의 용도로는 사용할 수 없게 되어 그 부지조성비용은 잔여토지의 정상적인 용도에 비추어 보았을 때에는 쓸모없는 지출이 되었다고 주장하고 있다. 이러한 손실을 토지보상법 제73조 제1항에 근거하여 청구할 수 있을 것이다.

2. 사업폐지 등에 대한 보상(토지보상법 시행규칙 제57조)

(1) 동 규정의 내용

시행규칙 제57조에서는 "공익사업의 시행으로 인하여 건축물의 건축을 위한 건축허가 등 관계법령에 의한 절차를 진행 중이던 사업 등이 폐지·변경 또는 중지되는 경우 그 사업 등에 소요된 법정수수료 그 밖의 비용 등의 손실에 대하여는 이를 보상하여야 한다."라고 규정하고 있다.

(2) 검토

甲이 주장하는 비용손실은 해당 사업의 시행으로 인하여 더 이상 여관신축계획을 진행하지 못하여 발생되는 것이므로 동 규칙을 근거로 손실보상을 청구할 수 있을 것이다.

3. 관련 판례의 태도

판례는 "토지소유자가 자신의 토지에 숙박시설을 신축하기 위해 부지를 조성하던 중 그 토지의 일부가 익산－장수 간 고속도로 건설공사에 편입되자 사업시행자에게 부지조성비용 등의 보상을 청구한 사안에서, 잔여지에 지출된 부지조성비용은 그 토지의 가치를 증대시킨 한도 내에서 잔여지의 감소로 인한 손실보상액을 산정할 때 반영되는 것"이라고 하여 잔여지의 가치감소분으로 보고 있다(대판 2010.8.19, 2008두822).

Ⅲ 사안의 해결

甲은 토지보상법 제73조 및 동법 시행규칙 제57조에 근거하여 손실보상을 청구할 수 있을 것이며, 토지보상법 제73조에 근거하여 손실보상을 청구하는 경우에는 사업완료일부터 1년이 경과되기 전에 청구해야 한다.

(설문 3-2)의 해결

Ⅰ 쟁점의 정리

甲이 잔여지 가치감소분에 대해서 다른 절차를 거치지 않고, 바로 국가를 상대로 손실보상을 청구하는 소송을 제기할 수 있는지가 문제된다. 설문의 해결을 위하여 토지보상법상 손실보상청구절차를 검토한다.

Ⅱ 토지보상법상 손실보상의 청구절차

1. 손실보상의 청구절차

(1) 당사자 간의 협의 및 재결신청

토지보상법 제73조 제4항에서는 잔여지의 손실과 공사비 보상절차에 대해서 당사자 간의 협의를 통한 재결신청을 규정하고 있다. 따라서 당사자가 협의하여 손실보상액을 결정하되 협의가 성립되지 않은 경우에는 재결을 신청하여 손실보상의 가부 및 보상액을 결정할 수 있을 것이다.

(2) 재결에 대한 불복

토지보상법 제83조 및 제85조는 토지수용위원회의 재결에 대해서 불복하는 경우에는 이의신청 및 행정소송을 제기할 수 있다고 규정하고 있다. 따라서 보상대상에 대한 가부결정 및 보상액에 대한 불복은 행정쟁송을 통해서 다툴 수 있을 것이다. 이 경우 보상액에 대한 소송은 보상금증감청구소송이 될 것이다.

2. 관련 판례의 태도

판례는 "토지소유자가 사업시행자로부터 토지보상법 제73조에 따른 잔여지 가격감소 등으로 인한 손실보상을 받기 위하여는 토지보상법 제34조, 제50조 등에 규정된 재결절차를 거친 다음 그 재결에 대하여 불복할 때 비로소 토지보상법 제83조 내지 제85조에 따라 권리구제를 받을 수 있을 뿐이며, 이러한 재결절차를 거치지 않은 채 곧바로 사업시행자를 상대로 손실보상을 청구하는 것은 허용되지 않는다고 봄이 상당하고, 이는 수용 대상토지에 대하여 재결절차를 거친 경우에도 마찬가지"라고 판시한 바 있다(대판 2014.4.24, 2012두6773).

Ⅲ 사안의 해결

토지보상법에서는 잔여지 가치감소분에 대해서 당사자 간의 협의 및 재결절차를 규정하고 있으므로 甲은 이러한 절차를 통하여 손실보상을 청구해야 할 것이다. 따라서 이러한 절차를 거치지 않고 바로 국가를 상대로 손실보상을 청구하는 소송을 제기할 수 없다.

문제 04

감정평가사 甲은 토지소유자 乙로부터 그 소유의 토지(이하 '이 사건 토지'라고 한다)를 물류단지로 조성한 후에 형성될 이 사건 토지에 대한 추정시가를 평가하여 달라는 감정평가를 의뢰받아 1천억원으로 평가하였다(이하 '이 사건 감정평가'라고 한다). 甲은 그 근거로 단순히 인근 공업단지 시세라고 하며 공업용지 평당 3백만원 이상이라고만 감정평가서에 기재하였다. 그러나 얼마 후 이 사건 토지에 대한 경매절차에서 법원의 의뢰를 받은 감정평가사 丙은 이 사건 토지의 가격을 1백억원으로 평가하였다. 평가금액 간에 10배에 이르는 현저한 차이가 발생하자 사회적으로 문제가 되었다. 이에 국토교통부장관은 적법한 절차를 거쳐 甲에게 "부동산의 적정한 가격을 산정하기 위해서는 정확한 자료를 검토하고 이를 기반으로 가격형성요인을 분석하여야 함에도 그리하지 않은 잘못이 있다."는 이유로 징계를 통보하였다. 이에 대해 甲은 이 사건 감정평가는 미래가격 감정평가로서 비교표준지를 설정할 수 없어 부득이하게 인근 공업단지의 시세를 토대로 평가하였던 것이고, 미래가격 감정평가에는 구체적인 기준이 따로 없으므로 일반적인 평가방법을 따르지 않았다고 해서 자신이 잘못한 것은 아니라고 주장한다. 甲의 주장은 타당한가? 10점

(설문 4)의 해결

I 쟁점의 정리

甲은 미래가격 감정평가에 대한 구체적인 기준이 따로 없음을 이유로 자신이 잘못한 것은 아니라고 주장한다. 감정평가와 관련하여 합리적인 평가이유를 명시하지 못한 경우에, 어떠한 책임이 부여되는지를 관련 판례의 태도에 비추어 검토한다.

II 감정평가사의 감정평가 근거기재의무

1. 감정평가의 의의 및 근거규정의 취지

감정평가란 토지 등의 경제적 가치를 판정하여 그 결과를 가액으로 표시하는 것을 말한다(감정평가법 제2조 제2호). 이러한 감정평가는 공정한 감정평가를 도모하여 국민의 재산권을 보호하고 국가경제 발전에 기여한다.

2. 감정평가사에게 부여되는 의무

(1) 성실의무(감정평가법 제25조)

감정평가법인 등은 감정평가업무를 하는 경우 품위를 유지하여야 하고, 신의와 성실로써 공정하게 하여야 하며, 고의 또는 중대한 과실로 업무를 잘못하여서는 아니 된다.

(2) 자료검토 및 가치형성요인의 분석의무(감정평가에 관한 규칙 제8조 제5호)

감정평가업자는 감정평가에 필요한 자료를 수집, 검토하여야 하고 가치형성요인을 정밀하게 분석하여야 한다.

(3) 평가원인의 특정 및 설명의무

감정평가서에는 평가원인을 구체적으로 특정하여 명시함과 아울러 각 요인별 참작 내용과 정도가 객관적으로 납득이 갈 수 있을 정도로 설명됨으로써, 그 평가액이 해당 토지의 적정 가격을 평가한 것임을 인정할 수 있어야 한다(대판 2009.12.10, 2007두20140).

3. 관련 판례의 태도

판례(대판 2012.4.26, 2011두14715)는 "현재가 아닌 시점의 가격을 기준으로 하는 경우에는 제시된 자료와 대상물건의 구체적인 비교·분석을 통하여 평가액의 산출근거를 논리적으로 밝히는 데 더욱 신중을 기하여야 한다. 만약 위와 같이 하는 것이 곤란한 경우라면 감정평가사로서는 자신의 능력에 의한 업무수행이 불가능하거나 극히 곤란한 경우로 보아 대상물건에 대한 평가를 하지 말아야 하지 구체적이고 논리적인 가격형성요인의 분석이 어렵다고 하여 자의적으로 평가액을 산정해서는 안 된다."라고 판시한 바 있다.

III 사안의 해결

이 사건 감정평가에 있어서 그 근거로 단순히 인근 공업단지 시세라고 하며 공업용지 평당 3백만원 이상이라고만 감정평가서에 기재하였다. 이는 위 공장용지와 공업단지의 구체적인 형상 등에 관한 기재도 없고 어떠한 측면에서 이 사건 토지와 가격평가상 비교가 가능한지를 구체적으로 판단할 만한 자료도 제시한 바가 없으며, 이에 대한 적절한 분석도 없다고 볼 수 있다. 따라서 이 사건 토지에 대한 가격자료 검토 및 가격형성요인 분석을 제대로 하지 않은 것으로 보이며, 결국 감정평가규칙 제8조 제5호에서 규정한 자료검토 및 가격형성요인 분석을 함에 있어 감정평가법 제25조에서 규정한 성실의무를 위반하였다고 볼 수 있으므로 甲의 주장은 타당하지 않다.

감정평가 및 보상법규 채점평

2015년도 제26회 감정평가사 제2차 시험

문제 1

'감정평가실무기준'의 대외적 구속력 여부와 보상금증감청구소송의 본질에 관한 문제이다. '감정평가실무기준'과 관련하여서는 이른바 법령보충적 행정규칙의 대외적 구속력 여부에 관한 학설과 판례의 일반적인 입장을 설명하고, 더 나아가 '감정평가실무기준'에 관한 판례를 구체적으로 설명한 답안에 높은 점수를 부여하였다. 보상금증감청구소송의 본질과 관련하여서는 관련 법령, 학설, 판례를 충분히 설명하면 높은 점수를 부여하였다.

문제 2

무허가 건축물에 대한 평가와 그 주거이전비 보상에 관한 문제이다. 무허가 건축물에 대한 평가와 관련하여서는 단순히 답만 제시하는 데 그치지 않고 더 나아가 관련 법령, 학설, 판례를 충실하게 소개한 답안에 높은 점수를 부여하였다. 주거이전비 보상과 관련하여서는 관련 법령에 대한 정확한 이해 및 설문의 사실관계에 대한 정확한 분석 여부를 중점적으로 보았고, 합의서의 효력에 관한 판례 등 쟁점을 빠짐없이 골고루 서술한 답안에 높은 점수를 부여하였다.

문제 3

잔여지 손실보상과 그 절차에 관한 문제이다. 관련 법령과 판례를 충실히 설명한 답안에 높은 점수를 부여하였다. 설문의 취지에 따르면 잔여지 매수 또는 수용 청구에까지 이르는 사안은 아니지만 관련 내용을 서술한 답안에 대해서도 적절한 점수가 부여되었다. 아울러, 공익사업시행지구 밖의 토지에 관한 손실보상(공익사업을 위한 토지 등의 취득에 관한 법률 제79조), 사업폐지에 따른 손실보상(공익사업을 위한 토지 등의 취득에 관한 법률 시행규칙 제57조), 간접손실보상 일반이론에 관한 내용을 서술한 답안에 대해서도 적절한 점수가 부여되었다.

문제 4

감정평가업자의 성실의무(부동산 가격공시 및 감정평가에 관한 법률 제37조)와 그와 관련된 조건부 감정평가(감정평가에 관한 규칙 제6조)에 관한 문제이다. 관련 법령과 판례를 충실히 설명한 답안에 높은 점수를 부여하였다.

총평

채점자의 가슴 속을 시원하게 해 주는 우수한 답안도 많았지만, 그 반대로 설문을 정확하게 이해하지 못하는 답안, 자신이 아는 내용을 논리적으로 서술하지 못하는 답안, 손실보상청구와 국가배상청구를 근본적으로 혼동하는 답안과 같이, 법리를 다루는 기본적인 능력을 갖추지 못한 답안이 적지 않았다. 감정평가사 또한 법률가의 일종이라는 자부심을 가지고, 그에 걸맞는 법리적인 능력을 갖추기 위해 노력할 것을 주문한다. 이를 위해 대학에서 개설되는 행정법 관련 교과목(행정법1, 행정법2, 행정구제법 등)을 충분한 시간을 두고 체계적으로 수강할 것을 추천한다.

CHAPTER 05

제27회 기출문제 답안

문제 01

「공익사업을 위한 토지 등의 취득 및 보상에 관한 법률」(이하 '토지보상법'이라 함)의 적용을 받는 공익사업으로 인하여 甲은 사업시행자인 한국철도시설공단 乙에게 협의절차를 통해 자신이 거주하고 있던 주거용 건축물을 제공하여 생활의 근거를 상실하게 되었다고 주장하면서 토지보상법 제78조 제1항에 따른 이주대책의 수립을 신청하였다. 이에 대해 乙은 "위 공익사업은 선형사업으로서 철도건설에 꼭 필요한 최소한의 토지만 보상하므로 사실상 이주택지공급이 불가능하고 이주대책대상자 중 이주정착지에 이주를 희망하는 자의 가구수가 7호(戶)에 그치는 등 위 공익사업은 토지보상법 시행령 제40조 제2항에서 규정하고 있는 이주대책을 수립하여야 하는 사유에 해당되지 아니한다."는 이유를 들어 甲의 신청을 거부하였다. 다음 물음에 답하시오. [40점]

(1) 乙이 甲에 대한 거부처분을 하기에 앞서 행정절차법상 사전통지와 이유제시를 하지 아니한 경우 그 거부처분은 위법한가? [20점]

(2) 만약 甲이 거부처분 취소소송을 제기하였다면, 乙은 그 소송 계속 중에 처분의 적법성을 유지하기 위해 "甲은 주거용 건축물에 계약체결일까지 계속하여 거주하고 있지 아니하였을 뿐만 아니라 이주정착지로의 이주를 포기하고 이주정착금을 받은 자에 해당하므로 토지보상법 시행령 제40조 제2항에 따라 이주대책을 수립할 필요가 없다."는 사유를 추가·변경할 수 있는가? [20점]

참조조문

〈공익사업을 위한 토지 등의 취득 및 보상에 관한 법률〉

제78조(이주대책의 수립 등)

① 사업시행자는 공익사업의 시행으로 인하여 주거용 건축물을 제공함에 따라 생활의 근거를 상실하게 되는 자(이하 "이주대책대상자"라 한다)를 위하여 대통령령으로 정하는 바에 따라 이주대책을 수립·실시하거나 이주정착금을 지급하여야 한다.

② <이하 생략>

〈공익사업을 위한 토지 등의 취득 및 보상에 관한 법률 시행령〉

제40조(이주대책의 수립·실시)

① <생략>

② 이주대책은 국토교통부령으로 정하는 부득이한 사유가 있는 경우를 제외하고는 이주대책대상자 중 이주정착지에 이주를 희망하는 자의 가구 수가 10호(戶) 이상인 경우에 수립・실시한다. <이하 생략>

제41조(이주정착금의 지급)

사업시행자는 법 제78조 제1항에 따라 다음 각 호의 어느 하나에 해당하는 경우에는 이주대책대상자에게 국토교통부령으로 정하는 바에 따라 이주정착금을 지급해야 한다. <개정 2021.11.23.>

1. 이주대책을 수립・실시하지 아니하는 경우
2. 이주대책대상자가 이주정착지가 아닌 다른 지역으로 이주하려는 경우
3. 이주대책대상자가 공익사업을 위한 관계 법령에 따른 고시 등이 있은 날의 1년 전부터 계약체결일 또는 수용재결일까지 계속하여 해당 건축물에 거주하지 않은 경우
4. 이주대책대상자가 공익사업을 위한 관계 법령에 따른 고시 등이 있은 날 당시 다음 각 목의 어느 하나에 해당하는 기관・업체에 소속(다른 기관・업체에 소속된 사람이 파견 등으로 각 목의 기관・업체에서 근무하는 경우를 포함한다)되어 있거나 퇴직한 날부터 3년이 경과하지 않은 경우
   가. 국토교통부
   나. 사업시행자
   다. 법 제21조 제2항에 따라 협의하거나 의견을 들어야 하는 공익사업의 허가・인가・승인 등 기관
   라. 공익사업을 위한 관계 법령에 따른 고시 등이 있기 전에 관계 법령에 따라 실시한 협의, 의견청취 등의 대상자였던 중앙행정기관, 지방자치단체, 「공공기관의 운영에 관한 법률」 제4조에 따른 공공기관 및 「지방공기업법」에 따른 지방공기업

〈행정절차법〉

제21조(처분의 사전 통지)

① 행정청은 당사자에게 의무를 부과하거나 권익을 제한하는 처분을 하는 경우에는 미리 다음 각 호의 사항을 당사자 등에게 통지하여야 한다.
   1. 처분의 제목
   2. 당사자의 성명 또는 명칭과 주소
   3. 처분하려는 원인이 되는 사실과 처분의 내용 및 법적 근거
   4. 제3호에 대하여 의견을 제출할 수 있다는 뜻과 의견을 제출하지 아니하는 경우의 처리방법
   5. 의견제출기관의 명칭과 주소
   6. 의견제출기한
   7. 그 밖에 필요한 사항

제23조(처분의 이유 제시)

① 행정청은 처분을 할 때에는 다음 각 호의 어느 하나에 해당하는 경우를 제외하고는 당사자에게 그 근거와 이유를 제시하여야 한다.
   1. 신청 내용을 모두 그대로 인정하는 처분인 경우
   2. 단순・반복적인 처분 또는 경미한 처분으로서 당사자가 그 이유를 명백히 알 수 있는 경우
   3. 긴급히 처분을 할 필요가 있는 경우

② 행정청은 제1항 제2호 및 제3호의 경우에 처분 후 당사자가 요청하는 경우에는 그 근거와 이유를 제시하여야 한다.

(설문 1-1)의 해결

I 쟁점의 정리

설문은 거부처분 전에 행정절차법상 사전통지와 이유제시를 하지 아니한 경우 적법성을 묻고 있는 바, 거부처분이 행정절차법 제21조 사전통지의 대상인 "의무를 부과하거나 권익을 제한하는" 처분에 해당하는지를 검토한다.

II 거부처분이 사전통지의 대상인지 여부

1. 사전통지의 의의 및 취지

행정절차법 제21조에서는 권리를 제한하거나, 의무를 부과하는 처분을 할 때에는 사전통지(처분내용, 의견제출을 할 수 있다는 사실)를 하도록 규정하고 있다. 이는 절차참여를 위한 필수규정이다.

2. 생략사유(필수적 절차인지)

① 공공복리를 위해 긴급한 처분을 할 필요가 있는 경우, ② 처분성질상 의견청취가 현저히 곤란하거나 명백히 불필요한 경우, ③ 법령상 일정처분을 하여야 함이 객관적으로 증명된 경우에는 생략할 수 있다.

3. 사전통지의 대상자

처분의 직접 상대방만을 말하고 이해관계에 있는 제3자는 해당되지 않는다. 제3자도 의견진술 기회를 줄 필요가 있으므로 입법적 해결이 필요하다.

4. 거부가 사전통지의 대상인지 여부

(1) 학설

① 신청의 거부는 신청의 기대이익제한이라는 긍정설(허가의 거부는 영업의 자유의 제한에 해당한다고 한다)과 ② 신청만으로는 권익이 생기지 않았으므로 권익을 제한하는 것이 아니라는 부정설이 있다. 또한 신청 자체로 이미 의견진술의 기회를 준 것으로 볼 수 있으므로 의견진술의 기회를 줄 필요가 없다고 한다. ③ 이에 인・허가에 부가된 갱신기간의 경우는 권익을 제한하는 것으로 보아 긍정하는 제한적 긍정설이 있다.

(2) 판례

판례는 신청에 따른 처분이 이루어지지 않은 경우에는 아직 당사자에게 권익이 부여되지 않았으므로, 거부처분은 권익을 제한하는 처분이 아니라고 한다(대판 2003.11.28, 2003두674).

(3) 검토

인・허가의 갱신 등처럼 기존 권익의 유지가 아닌 한, 신청의 거부는 권익제한이 아니라고 판단된다. 인·허가의 갱신의 경우는 갱신에 의해 종전의 허가효과가 유지되는바, 이는 권익제한에 해당된다고 볼 수 있으므로 사전통지 결여는 위법하다고 볼 수 있다.

Ⅲ 사안의 해결

설문상 甲에게는 거부처분 이전에 성립된 법률관계가 없으므로, 해당 거부처분으로 특정권익이 제한되거나 의무가 부과된 것으로 보이지 않는다. 따라서 乙이 甲에 대한 이주대책수립신청을 거부처분한 것에 대한 절차상 하자는 없는 것으로 판단된다.

(설문 1-2)의 해결

Ⅰ 쟁점의 정리

설문은 취소소송 계속 중에 처분의 적법성을 유지하기 위하여 처분 당시에 제시되지 않았던 사유를 추가·변경할 수 있는지가 문제된다. 새로이 추가·변경하는 사유가 당초 처분사유와 기본적 사실관계의 동일성이 인정되는지를 검토하여 설문을 해결한다.

Ⅱ 처분사유의 추가·변경 인정논의

1. 의의 및 구별개념

처분 당시에 존재하였으나 처분의 근거로 제시하지 않았던 법적 또는 사실적 사유를 소송계속 중에 추가 또는 변경하는 것을 말한다. 처분 당시에 존재하는 사유를 추가하거나 변경한다는 점에서 처분 시의 하자를 사후에 보완하는 하자치유와 구별된다.

2. 소송물과 처분사유의 추가·변경

소송물을 개개의 위법성 사유로 보면 처분사유의 추가·변경은 소송물의 추가·변경이 되므로 원칙적으로 불가하다. 따라서 처분사유의 추가·변경은 소송물(위법성일반)의 범위 내에서 논의되어야 한다.

3. 인정 여부

(1) 학설

① 국민의 공격·방어권 침해를 이유로 부정하는 견해와 ② 소송경제 측면에서 긍정하는 견해, ③ 처분의 상대보호와 소송경제의 요청을 고려할 때 제한적으로 긍정하는 견해, ④ 행정행위 및 행정쟁송의 유형 등에 따라 개별적으로 판단해야 한다는 견해가 있다.

(2) 판례

실질적 법치주의와 행정처분의 상대방인 국민의 신뢰보호견지에서 기본적 사실관계의 동일성이 인정되는 경우에 제한적으로 긍정하고 있다(대판 2003.12.11, 2001두8827).

(3) 검토

처분사유의 추가・변경은 소송경제 및 분쟁의 일회적 해결을 위한 것이므로 권리보호와 소송경제를 고려하여 제한적으로 인정하는 판례의 태도가 타당하다.

4. 인정기준

(1) 처분 당시 객관적으로 존재하였던 사실일 것

위법판단의 기준 시에 관하여 처분시설을 취하는 경우 위법성 판단은 처분 시를 기준으로 하므로 추가사유나 변경사유는 처분 시에 객관적으로 존재하던 사유이어야 한다. 처분 이후에 발생한 새로운 사실적・법적 사유를 추가・변경할 수는 없다. 단, 판결시설 또는 절충설을 취하는 경우에는 피고인 처분청은 소송계속 중 처분 이후의 사실적・법적 상황을 주장할 수 있게 된다.

(2) 기본적 사실관계의 동일성이 유지될 것

통설 및 판례는 ① 법률적 평가 이전의 사회적 사실관계의 동일성을 기준으로 하여, ② 시간적, 장소적 근접성, ③ 행위의 태양, 결과 등을 종합적으로 고려해서 판단하여야 한다고 본다(대판 2007.7.27, 2006두9641).

(3) 재량행위의 경우

① 재량행위의 경우에 고려사항의 변경은 새로운 처분을 의미하는 것이라는 견해가 있으나, ② 재량행위에서 처분이유를 사후에 변경하는 경우에도, 분쟁대상인 행정행위가 본질적으로 변경되지 않음을 전제로 하는 것이므로 재량행위에서도 인정함이 타당하다.

5. 법원의 판단

처분사유의 추가・변경이 인정되면 법원은 변경된 사유를 기준으로 본안심사를 하고 그렇지 않은 경우에는 당초사유를 기준해야 한다.

Ⅲ 사안의 해결

판례는 "처분청이 처분 당시에 적시한 구체적 사실을 변경하지 아니하는 범위 내에서 단지 그 처분의 근거법령만을 추가・변경하거나 당초의 처분사유를 구체적으로 표시하는 것에 불과한 경우에는 새로운 처분사유를 추가하거나 변경하는 것이라고 볼 수 없다."라고 판시한 바 있다. "甲은 이주정착금을 받은 자로서 시행령 제40조 제2항에 따른 대상자가 아니다."라는 사유는 시행령 제40조 제2항의 적용사항을 구체적으로 표시한 것으로 보아야 한다. 따라서 乙 소송 중에 처분사유를 추가・변경할 수 있으며, 법원도 새로운 처분사유를 근거로 본안심리를 진행하여야 할 것이다.

문제 02

甲은 2015.3.16. 乙로부터 A광역시 B구 소재 도로로 사용되고 있는 토지 200㎡(이하 '이 사건 토지'라 함)를 매수한 후 자신의 명의로 소유권 이전등기를 하였다. 한편, 甲은 A광역시지방토지수용위원회에 "사업시행자인 B구청장이 도로개설공사를 시행하면서 사업인정고시가 된 2010.4.6. 이후 3년 이상 이 사건 토지를 사용하였다."고 주장하면서 「공익사업을 위한 토지 등의 취득 및 보상에 관한 법률」(이하 '토지보상법'이라 함) 제72조 제1호를 근거로 이 사건 토지의 수용을 청구하였다. 이에 대해 A광역시지방토지수용위원회는 "사업인정고시가 된 날부터 1년 이내에 B구청장이 재결신청을 하지 아니하여 사업인정은 그 효력을 상실하였으므로 甲은 토지보상법 제72조 제1호를 근거로 이 사건 토지의 수용을 청구할 수 없다."며 甲의 수용청구를 각하하는 재결을 하였다. 다음 물음에 답하시오. 30점

(1) A광역시지방토지수용위원회의 각하재결에 대하여 행정소송을 제기하기 전에 강구할 수 있는 甲의 권리구제수단에 관하여 설명하시오. 10점

(2) 甲이 A광역시지방토지수용위원회의 각하재결에 대하여 행정소송을 제기할 경우 그 소송의 형태와 피고적격에 관하여 설명하시오. 20점

참조조문

〈공익사업을 위한 토지 등의 취득 및 보상에 관한 법률〉

제23조(사업인정의 실효)

① 사업시행자가 제22조 제1항에 따른 사업인정의 고시(이하 "사업인정고시"라 한다)가 된 날부터 1년 이내에 제28조 제1항에 따른 재결신청을 하지 아니한 경우에는 사업인정고시가 된 날부터 1년이 되는 날의 다음 날에 사업인정은 그 효력을 상실한다.

② <이하 생략>

제72조(사용하는 토지의 매수청구 등)

사업인정고시가 된 후 다음 각 호의 어느 하나에 해당할 때에는 해당 토지소유자는 사업시행자에게 해당 토지의 매수를 청구하거나 관할 토지수용위원회에 그 토지의 수용을 청구할 수 있다. 이 경우 관계인은 사업시행자나 관할 토지수용위원회에 그 권리의 존속(存續)을 청구할 수 있다.

1. 토지를 사용하는 기간이 3년 이상인 경우
2. <이하 생략>

(설문 2-1)의 해결

Ⅰ 쟁점의 정리

설문은 행정소송 제기 전에 강구할 수 있는 권리구제수단을 묻고 있다. 구제대상은 토지수용위원회의 각하재결이다. 따라서 토지보상법 제83조의 이의신청제도에 대해서 설명한다.

Ⅱ 각하재결에 대한 불복(토지보상법 제83조 이의의 신청)

1. 의의 및 성격(특별법상 행정심판, 임의주의)

관할 토지수용위원회의 위법, 부당한 재결에 불복이 있는 토지소유자 및 사업시행자가 중앙토지수용위원회에 이의를 신청하는 것으로서 특별법상 행정심판에 해당하며 제83조에서 '할 수 있다'고 규정하여 임의주의 성격을 갖는다.

2. 요건 및 효과(처분청 경유주의, 기간특례, 집행부정지)

① 수용, 보상재결에 이의가 있는 경우에, 사업시행자 및 토지소유자는 재결서의 정본을 받은 날부터 30일 이내에 처분청을 경유하여 중앙토지수용위원회에 이의를 신청할 수 있다. 이 경우 판례는 30일의 기간은 전문성, 특수성을 고려하여 수용의 신속을 기하기 위한 것으로 합당하다고 한다. 또한 ② 이의신청은 사업의 진행 및 토지의 사용, 수용을 정지시키지 아니한다.

3. 재결(제84조) **및 재결의 효력**(제86조)

① 재결이 위법 또는 부당하다고 인정하는 때에는 그 재결의 전부 또는 일부를 취소하거나 보상액을 변경할 수 있다. ② 보상금 증액 시 재결서 정본을 받은 날부터 30일 이내에 사업시행자는 증액된 보상금을 지급해야 한다. ③ 쟁송기간 도과 등으로 이의재결이 확정된 경우에는 민사소송법상의 확정판결이 있는 것으로 보고 재결서 정본은 집행력 있는 판결의 정본과 동일한 효력을 갖는 것으로 본다.

Ⅲ 사안의 해결

甲은 토지보상법 제83조에 따라 A광역시지방토지수용위원회의 각하재결을 대상으로 중앙토지수용위원회에 이의신청을 할 수 있다. 또한, 사업인정의 실효로 인하여 발생된 손실에 대해서는 각하재결과 별도로 손실보상을 청구할 수 있을 것이다.

(설문 2-2)의 해결

Ⅰ 쟁점의 정리

설문은 甲이 A광역시지방토지수용위원회의 각하재결에 대하여 행정소송을 제기할 경우 그 소송의 형태와 피고적격에 관하여 묻고 있다. 사용하는 토지의 매수청구는 확장수용에 해당하므로 각하재결에 대한 행정소송이 재결취소소송의 형식인지 아니면 보상금증감청구소송의 형식인지를 검토하여 설문을 해결한다.

Ⅱ 확장수용청구에 대한 각하재결 시 소송의 형태

1. 문제점

확장수용의 결정은 토지수용위원회의 재결에 의해서 결정되므로 재결에 대한 일반적인 불복수단이 적용될 것이다. 이 경우 제85조 제2항의 보상금증감청구소송의 심리범위에 손실보상의 범위가 포함되는지에 따라 실효적인 쟁송형태가 달라지게 된다.

2. 행정소송 형태

(1) 학설

1) 취소소송설 및 무효등확인소송설

보상금증감청구소송은 문언에 충실하게 '보상금액의 다과'만을 대상으로 하며, 확장수용은 수용의 범위문제인바, 먼저 재결에 대해 다투어야 하므로 취소소송 내지 무효등확인소송을 제기해야 한다고 한다.

2) 보증소설

확장수용은 손실보상의 일환으로서 보상금증감청구소송의 취지가 권리구제의 우회방지이고, 손실보상액은 손실보상 대상의 범위에 따라 달라지므로 손실보상의 범위도 보상금증감소송의 범위에 포함된다고 본다.

3) 손실보상청구소송설

확장수용청구권은 형성권인바 이에 의해 손실보상청구권이 발생하고, 확장수용청구권의 행사에 의해서 수용의 효과가 발생하므로 이를 공권으로 본다면 공법상 당사자소송으로 손실보상청구를 하여야 한다고 본다.

(2) 판례

대법원은 '잔여지수용청구권은 토지소유자에게 손실보상책의 일환으로 부여된 권리이어서 이는 수용할 토지의 범위와 그 보상액을 결정할 수 있는 토지수용위원회에 대하여 토지수용의 보상가액을 다투는 방법에 의하여도 행사할 수 있다.'고 판시한 바 있다.

(3) 검토

잔여지보상에 관한 소송은 위법성 여부를 따지는 것이 아니라 보상금과 관련된 사항이므로 분쟁의 일회적 해결을 위해서 보상금증감청구소송이 타당하다.

3. 사안의 경우

사용하는 토지의 매수청구는 확장수용이므로 이는 보상금과 관련된 사항이므로 보상금증감청구소송에 따라서 불복하는 것이 분쟁의 일회적 해결을 위해서 타당하다. 따라서 甲은 보상금증감청구소송을 청구해야 할 것이다.

Ⅲ 보상금증감청구소송과 피고적격

1. 피고적격

행정소송법 제13조에서는 '다른 법률에 특별한 규정이 없는 한 그 처분 등을 행한 행정청'을 피고로 규정하고 있으므로 원칙적으로 A광역시지방토지수용위원회가 피고가 될 것이다. 그러나 토지보상법 제85조 제2항에서는 "소송을 제기하는 자가 토지소유자 또는 관계인일 때에는 사업시행자를, 사업시행자일 때에는 토지소유자 또는 관계인을 각각 피고로 한다."라고 규정하고 있다.

2. 보상금증감청구소송의 성질(형식적 당사자소송)

종전에는 형식적 당사자소송이었는지와 관련하여 견해의 대립이 있었으나 현행 토지보상법 제85조에서는 재결청을 공동피고에서 제외하여 형식적 당사자소송임을 규정하고 있다.

3. 사안의 경우

보상금증감청구소송은 형식적 당사자소송이며, 개정된 토지보상법 제85조 제2항에 따라 사업시행자인 B구청장을 피고로 하여야 할 것이다.

Ⅳ 사안의 해결

甲은 A광역시지방토지수용위원회의 각하재결에 대하여 보상금증감청구소송을 제기하여 불복할 수 있으며, 이 경우 피고는 A광역시지방토지수용위원회가 아닌 B구청장으로 하여야 할 것이다. 또한, 각하재결에 불복할 때에는 재결서를 받은 날부터 90일 이내에, 이의신청을 거쳤을 때에는 이의신청에 대한 재결서를 받은 날부터 60일 이내에 각각 행정소송을 제기할 수 있다.

문제 03

국방부장관은 국방 · 군사에 관한 사업을 위하여 국토교통부장관으로부터 甲 소유의 토지를 포함한 200필지의 토지 600,000㎡에 관하여 「공익사업을 위한 토지 등의 취득 및 보상에 관한 법률」 제20조에 따른 사업인정을 받았다. 그러나 국토교통부장관은 사업인정을 하면서 동법 제21조에 규정된 이해관계인의 의견을 청취하는 절차를 거치지 않았다. 한편, 국방부장관은 甲과 손실보상 등에 관하여 협의하였으나 협의가 성립되지 않았다. 국방부장관은 재결을 신청하였고 중앙토지수용위원회는 수용재결을 하였다. 甲은 수용재결에 대한 취소소송에서 사업인정의 절차상 하자를 이유로 수용재결의 위법성을 주장할 수 있는가? (단, 국토교통부장관의 사업인정에 대한 취소소송의 제소기간은 도과하였음) 20점

[설문 3]의 해결

Ⅰ 쟁점의 정리

설문은 쟁송기간이 도과된 사업인정의 하자를 이유로 수용재결의 위법성을 주장하고자 한다. 이는 선행처분의 위법사유가 후행처분의 위법사유로 인정될 수 있는지의 하자승계 논의이므로 이하에서 검토한다.

Ⅱ 하자승계의 인정논의

1. 의의 및 논의 배경

하자승계란 둘 이상의 행정행위가 일련하여 동일한 법률효과를 목적으로 하는 경우에 선행행위의 하자를 이유로 후행행위를 다툴 수 있는지의 문제를 말한다. 이는 법적 안정성의 요청(불가쟁력)과 국민의 권리구제의 조화문제이다.

2. 전제요건

① 선, 후행행위는 처분일 것, ② 선행행위에의 취소사유의 위법성, ③ 후행행위의 적법성, ④ 선행행위에 불가쟁력이 발생할 것(제소기간 도과, 항소 포기, 판결에 의한 확정 등)

3. 하자승계의 해결논의

(1) 학설

1) 전통적 견해(하자승계론)

선, 후행행위가 일련의 절차를 구성하면서 동일한 법률효과 즉, 하나의 효과를 목적으로 하는 경우에는 하자승계를 인정한다.

2) 새로운 견해(구속력론)

선행행위의 불가쟁력이 대물적(목적), 대인적(수범자), 시간적(사실, 법률관계의 동일성) 한계와 예측가능성, 수인가능성 한도 내에서는 후행행위를 구속하므로 하자승계가 부정된다.

(2) 판례

판례는 형식적 기준을 적용하여 판단하는 듯하나 별개의 법률효과를 목적으로 하는 경우에도 예측, 수인가능성이 없는 경우에 한하여 하자승계를 긍정하여 개별사안의 구체적 타당성을 고려하고 있다.

(3) 검토

전통적 견해는 형식을 강조하여 구체적 타당성을 확보하지 못하는 경우가 있을 수 있고, 새로운 견해는 ① 구속력을 판결의 기판력에서 차용하고, ② 대물적 한계를 너무 넓게 인정하며, ③ 추가적 한계는 특유의 논리가 아니라는 비판이 제기된다. 따라서 전통적 견해의 형식적 기준을 원칙으로 하되 개별사안에서 예측가능성, 수인가능성을 판단하여 구체적 타당성을 기함이 타당하다.

III 사안의 해결

1. 관련 판례

(1) 하자승계의 부정판례

판례는 "사업시행자가 택지개발계획을 승인함에 있어서 이해관계자의 의견을 듣지 아니하였거나, 토지소유자에 대한 통지를 하지 아니한 하자는 중대하고 명백한 것이 아니므로 사업인정 자체가 당연무효라고 할 수 없고, 이러한 하자는 수용재결의 선행처분인 사업인정 단계에서 다투어야 할 것이므로 쟁송기간이 도과한 이후에 위와 같은 하자를 이유로 수용재결의 취소를 구할 수 없다.(대판 1993.6.29, 91누 2342)"라고 판시한 바 있다.

(2) 하자승계의 인정판례

판례는 "실시계획의 인가요건을 갖추지 못한 인가처분은 공공성을 가지는 도시계획시설사업의 시행을 위하여 필요한 수용 등의 특별한 권한을 부여하는 데 정당성을 갖추지 못한 것으로서 법규의 중요한 부분을 위반한 중대한 하자가 있다고 할 것이므로, 이러한 인가처분은 그 하자가 중대·명백하여 당연무효이고, 당연무효인 인가처분에 기초한 수용재결도 무효라고 판단한 것은 정당하다."라고 하여 하자승계에 관한 법리를 긍정하고 있다(대판 2015.3.20, 2011두3746).

2. 사안의 해결

설문상 토지보상법 제21조에 규정된 이해관계인의 의견청취 결여는 절차상 하자로서 취소사유라고 판단된다. 따라서 판례의 태도에 따를 때, 사업인정의 하자를 재결의 위법성 사유로 주장할 수 없을 것이다.

문제 04

국토교통부장관은 감정평가업자 甲이 「감정평가 및 감정평가사에 관한 법률」(이하 '감정평가사법'이라 함) 제10조에 따른 업무범위를 위반하여 업무를 행하였다는 이유로 甲에게 3개월 업무정지처분을 하였다. 甲은 이러한 처분에 불복하여 취소소송을 제기하였으나 소송계속 중 3개월의 정지기간이 경과되었다. 감정평가법 제32조 제1항에 근거하여 제정된 감정평가법 시행령 제29조 [별표 3] '감정평가법인 등의 설립인가의 취소와 업무의 정지에 관한 기준'에 따르면, 위 위반행위의 경우 위반횟수에 따라 가중처분을 하도록 규정하고 있다(1차 위반 시 업무정지 3개월, 2차 위반 시 업무정지 6개월, 3차 위반 시 업무정지 1년). 甲은 업무정지처분의 취소를 구할 법률상 이익이 있는가? 10점

(설문 4)의 해결

Ⅰ 쟁점의 정리

甲은 감정평가법 제10조에 따른 업무범위 위반을 이유로 3개월의 업무정치처분을 받았다. 이러한 처분에 불복하여 취소소송을 제기하였으나 소송계속 중 3개월의 정지기간이 경과되었다. 원칙적으로 기간의 도과로 인하여 협의의 소익이 부정될 것이나, 예외적으로 가중처벌규정이 있는 경우에 협의의 소익이 인정될 수 있는지를 검토한다.

Ⅱ 가중처벌규정과 협의의 소익

1. 협의의 소익의 의의 및 취지

협의의 소익은 본안판결을 받을 현실적 필요성을 의미한다(행정소송법 제12조 제2문). 협의의 소익은 원고적격과 함께 소송요건이 되며 이는 남소방지와 충실한 본안심사를 통해 소송경제를 도모함에 취지가 인정된다.

2. 취소소송에서의 협의의 소익(처분의 효력이 소멸한 경우)

처분의 효력기간의 경과 등으로 그 행정처분의 효력이 상실된 경우에도 해당 처분을 취소할 현실적 이익이 있는 경우(그 처분이 외형상 잔존함으로 인하여 어떠한 법률상 이익이 침해되고 있다고 볼 만한 특별한 사정이 있는 경우)에는 그 처분의 취소를 구할 소의 이익이 있다.

3. 가중처벌과 관련된 제재적 처분기준이 있는 경우의 협의의 소익

종전 판례는 제재적 처분기준이 대통령령 형식인 경우에만 소의 이익이 있다고 보았으나 최근 판례는 법규명령 여부와 상관없이 행정청은 처분기준을 준수할 의무가 있으므로, 상대방이 장

래에 받을 수 있는 가중처벌규정은 구체적이고 현실적인 것이므로 “그 불이익을 제거할 필요가 있다.”라고 하여 제재적 처분이 부령 형식이라도 협의소익을 인정하고 있다.

Ⅲ 사안의 해결

甲은 소송 중에 업무정지기간이 경과되었다 하더라도 장차 가중처벌을 받을 불이익을 제거할 현실적 필요성이 인정되므로, 업무정지처분의 취소를 구할 법률상 이익이 인정된다.

감정평가 및 보상법규 채점평

2016년도 제27회 감정평가사 제2차 시험

문제 1

물음 1은 이주대책 수립 신청거부처분을 하기에 앞서 사전통지와 이유 제시를 거치지 않은 경우 그 법적 효과를 묻는 문제이다. 불필요하게 이주대책에 대하여 장황하게 작성하거나 실체적 위법성을 기술한 논점 이탈의 답안보다는 거부처분의 절차적 하자에 초점을 맞추어 사전통지와 이유 제시로 구분하여 학설과 판례를 정확히 언급할 필요가 있다. 물음 2는 처분 사유의 추가·변경의 허용성에 관한 문제로서, 이에 관한 판례와 학설을 적절히 언급하고, 허용범위 및 한계를 작성함과 아울러 기본적 사실관계의 동일성을 기준으로 사안 포섭을 제대로 하는 것이 중요하다.

문제 2

물음 1은 토지수용위원회의 각하 재결에 대하여 행정소송 제기 전에 강구할 수 있는 권리구제수단에 관한 문제로서, 「공익사업을 위한 토지 등의 취득 및 보상에 관한 법률」상의 이의신청에 관한 내용을 체계적으로 서술하고 특별행정심판으로서의 성질을 갖고 있다고 서술할 필요가 있다. 물음 2는 수용청구를 각하하는 토지수용위원회의 재결에 대해 토지 소유자가 불복하여 제기하는 소송의 형태 및 피고를 누구로 하는가에 관한 문제이다. 이에 관하여는 토지수용위원회의 재결에 불복하여 제기하는 형식적 당사자소송 형태 및 피고적격의 결론도 중요하지만 그와 같은 결론의 도출 과정에 주안점을 두어 관련 법령, 학설, 판례 등 쟁점을 충실하게 서술하는 것이 중요하다.

문제 3

이 문제는 선행 행정행위인 사업인정에 대한 절차상 하자가 후행 행정행위인 수용재결에 승계되는지 여부에 관한 문제이다. 설문의 사실관계로부터 하자 승계의 논점을 도출하는지 여부를 중점적으로 보았고, 하자 승계에 관한 학설, 판례 등 기본 쟁점을 빠짐없이 골고루 서술하는 것이 중요하다.

문제 4

이 문제는 영업정지처분의 정지기간이 도과된 후에 취소를 구할 법률상 이익이 인정되는지 여부를 묻는 문제이다. 행정소송법 제12조 후단을 언급하면서 협의의 소의 이익에 관한 대법원 판례의 태도를 기술하면 무난하다고 본다. 제재적 처분 기준의 법적 성질을 법령보충적 행정규칙으로 잘못 이해하고 작성한 부실한 답안도 있었다. 그러나, 제재적 처분 기준을 대통령령의 형식으로 명확히 알고 있는 전제에서 제재적 처분의 전력이 장래의 행정처분의 가중요건으로 법령에 규정되어 있는 경우에 협의의 소의 이익이 인정된다고 서술하는 답안 기술이 요망된다.

총평

상당수의 응시생이 제시된 사례형 문제에 대하여 사실관계를 정확히 분석한 후 쟁점별로 충실하게 서술한 우수한 답안도 많았지만, 설문을 정확하게 이해하지 못하고 논점을 벗어나 작성하거나 학설과 판례를 충분히 숙지하고 있지 못한 채 핵심에서 벗어나서 작성한 답안이 적지 않았다. 따라서 기본기에 충실한 법적인 문제해결능력을 갖추기 위해서는 최신 판례와 이론을 중심으로 행정법과 보상법규를 체계적으로 공부할 것을 권장한다. 참고적으로 이번 시험에 처음으로 일부 문제에 참조 조문을 제시하였는 바, 답안의 작성 과정에서 참고 및 활용이 요망된다.

CHAPTER

06 제28회 기출문제 답안

문제 01

甲은 A시의 관할구역 내 X토지를 소유하고 있다. A시는 그동안 조선업의 지속적인 발전으로 다수의 인구가 거주하였으나 최근 세계적인 불황으로 인구가 급격하게 감소하고 있다. 국토교통부장관은 A시를 국제관광 특구로 발전시킬 목적으로 「기업도시개발 특별법」이 정하는 바에 따라 X토지가 포함된 일단의 토지를 기업도시개발구역으로 지정하고, 개발사업시행자인 乙이 작성한 기업도시개발계획(동법 제14조 제2항에 따른 X토지 그 밖의 수용 대상이 되는 토지의 세부목록 포함. 이하 같다)을 승인·고시하였다. 乙은 협의취득에 관한 제반 절차를 준수하여 X토지에 대한 수용재결을 신청하였고 중앙토지수용위원회는 그 신청에 따른 수용재결을 하였다. 다음 물음에 답하시오. 40점

(1) 甲은 기업도시개발계획승인에 대한 취소소송의 제소기간이 도과한 상태에서, 「공익사업을 위한 토지 등의 취득 및 보상에 관한 법률」 제21조 제2항에 따른 중앙토지수용위원회 및 이해관계자의 의견청취절차를 전혀 시행하지 않은 채 기업도시개발계획승인이 발급된 것이 위법함을 이유로 수용재결 취소소송을 제기하려고 한다. 甲의 소송상 청구가 인용될 수 있는 가능성에 관하여 설명하시오(단, 소송요건은 충족된 것으로 본다). 20점

(2) 甲은 수용재결 취소소송을 제기하면서, 乙이 기업도시개발계획승인 이후에 재정상황이 악화되어 수용재결 당시에 이르러 기업도시개발사업을 수행할 능력을 상실한 상태가 되었음에도 불구하고 수용재결을 한 위법이 있다고 주장한다. 甲의 소송상 청구가 인용될 수 있는 가능성에 관하여 설명하시오(단, 소송요건은 충족된 것으로 본다). 10점

(3) 중앙토지수용위원회는 보상금을 산정하면서, X토지는 그 용도지역이 제1종 일반주거지역이기는 하지만 기업도시개발사업의 시행을 위해서 제3종 일반주거지역으로 변경되지 않은 사정이 인정되므로 제3종 일반주거지역으로 변경이 이루어진 상태를 상정하여 토지가격을 평가한다고 설시하였다. 이에 대해 乙은 X토지를 제1종 일반주거지역이 아닌 제3종 일반주거지역으로 평가한 것은 공법상 제한을 받는 토지에 대한 보상금 산정에 위법이 있다고 주장하면서 보상금감액청구소송을 제기하고자 한다. 乙의 소송상 청구가 인용될 수 있는 가능성에 관하여 설명하시오(단, 소송요건은 충족된 것으로 본다). 10점

(설문 1-1)의 해결

Ⅰ 쟁점의 정리

甲은 기업도시개발계획승인에 대한 절차상 하자를 이유로 수용재결의 취소를 구하려 한다. 기업도시개발계획승인의 하자가 수용재결처분에 승계되는지를 검토하여 인용가능성에 관하여 설명한다.

Ⅱ 기업도시개발계획승인의 절차상 하자 유무

1. 의견청취 결여가 절차상 하자인지 여부

기업도시개발특별법 제11조 및 토지보상법 제21조 제2항에 따라 사업시행자는 중앙토지수용위원회와 협의하여야 하며 이해관계자의 의견을 청취해야 함에도 불구하고, 이를 시행하지 않았다면 이는 절차상 하자에 해당된다.

2. 절차상 하자의 독자적 위법성 인정 여부 및 하자의 정도

행정소송법 제30조 제3항 및 절차규정의 취지에 비추어 절차상 하자의 독자성을 인정하는 것이 판례의 태도이며, 절차규정은 법률에 명확히 규정된바, 이에 대한 시행 여부는 외관상 명백하므로 이를 결여한 경우에는 취소사유의 하자를 구성한다고 볼 것이다.

Ⅲ 하자승계의 인정논의

1. 의의 및 논의 배경

하자승계란 둘 이상의 행정행위가 일련하여 동일한 법률효과를 목적으로 하는 경우에 선행행위의 하자를 이유로 후행행위를 다툴 수 있는지의 문제를 말한다. 이는 법적 안정성의 요청(불가쟁력)과 국민의 권리구제의 조화문제이다.

2. 전제요건

① 선, 후행행위는 처분일 것, ② 선행행위에의 취소사유의 위법성, ③ 후행행위의 적법성, ④ 선행행위에 불가쟁력이 발생할 것(제소기간 도과, 항소 포기, 판결에 의한 확정 등)을 요건으로 한다.

3. 하자승계의 해결논의

(1) 학설

1) 전통적 견해(하자승계론)

선, 후행행위가 일련의 절차를 구성하면서 동일한 법률효과, 즉 하나의 효과를 목적으로 하는 경우에는 하자승계를 인정한다.

2) 새로운 견해(구속력론)

선행행위의 불가쟁력이 대물적(목적), 대인적(수범자), 시간적(사실, 법률관계의 동일성) 한계와 예측가능성, 수인가능성 한도 내에서는 후행행위를 구속하므로 하자승계가 부정된다.

(2) 판례

① 판례는 형식적 기준을 적용하여 판단하는 듯하나 별개의 법률효과를 목적으로 하는 경우에도 예측가능성, 수인가능성이 없는 경우에 한하여 하자승계를 긍정하여 개별사안의 구체적 타당성을 고려하고 있다.

② 판례는 사업인정처분 자체의 위법은 사업인정단계에서 다투어야 하고 이미 그 쟁송기간이 도과한 수용재결단계에서는 사업인정처분이 당연무효라고 볼 만한 특단의 사정이 없는 한 그 위법을 이유로 재결의 취소를 구할 수는 없다는 입장이다(대판 1992.3.13, 91누4324).

(3) 검토

전통적 견해의 형식적 기준을 원칙으로 하되 개별사안에서 예측가능성, 수인가능성을 판단하여 구체적 타당성을 기함이 타당하다.

Ⅳ 사안의 해결

기업도시개발계획승인은 수용권 설정행위이며, 수용재결은 수용절차를 통한 소유권 취득을 목적으로 하는 바, 각 행위는 별개의 목적을 갖는다고 볼 것이다. 따라서 기업도시개발계획승인의 하자를 이유로 수용재결의 취소를 구하지 못할 것이다.

[설문 1-2]의 해결

Ⅰ 쟁점의 정리

기업도시개발계획승인 이후 재정악화로 수행능력이 결여된 상태에서 수용재결이 있는 경우, 수용권 남용의 위법성이 인정되어 인용될 수 있는지를 설명한다.

Ⅱ 사업인정의 요건과 재결의 취지 및 효과

1. 사업인정의 의의(토지보상법 제2조 제7호) 및 법적 성질

사업인정이란 공익사업을 토지 등을 수용 또는 사용할 사업으로 결정하는 것으로써 수용권이 설정되는 형성처분이다.

2. 사업인정의 요건

국토교통부장관은 해당 사업이 토지보상법 제4조 사업에 해당하는지 여부와 공익성이 인정되는지 및 사업시행 의사와 능력이 인정되는지를 판단하여, 관계기관 및 중앙토지수용위원회와 협의하고 이해관계인의 의견청취를 거쳐야 한다.

3. 재결의 취지 및 효과

① 수용재결이란 사업시행자에게 부여된 수용권의 구체적인 내용을 결정하고 그 실행을 완성시키는 형성적 행위로서 수용의 최종단계에서 공・사익의 조화를 도모하여 수용목적을 달성함에 제도적 의미가 인정된다. ② 재결은 사업시행자로 하여금 토지 또는 토지의 사용권을 취득하도록 하고 사업시행자가 지급하여야 하는 손실보상액을 정하는 결정을 말한다.

Ⅲ 사안의 경우(수용재결의 위법성 판단)

1. 권리남용금지의 원칙(행정기본법 제11조 제2항)

권리남용금지의 원칙은 민법의 일반원칙이지만 행정법을 포함한 모든 법의 일반원칙이다. 행정법상 권리의 남용이란 행정기관의 권리가 법상 정해진 공익목적에 반하여 행사되는 것을 말한다. 이에 권한의 남용을 포함한다.

2. 사안의 경우

설문상 사업시행자의 시공능력이 상실됨으로 인하여 공익사업 시행을 통한 공익실현이 현실적으로 불가능한 것으로 볼 수 있으며, 이 경우 피수용자에 대한 과도한 재산권 침해의 결과만이 남는다고 볼 수 있다. 따라서 이러한 재결은 수용권의 공익목적에 반하는 수용권의 남용에 해당하여 허용되지 않는다고 볼 수 있다. 이 경우 국토교통부장관은 사정변경을 이유로 사업인정을 철회하여 피수용자의 사유재산을 보호할 수 있을 것이다.

(설문 1-3)의 해결

Ⅰ 쟁점의 정리

설문은 용도지역이 변경되지 않은 것이 해당 공익사업의 시행을 직접 목적으로 한 것인지 여부가 문제된다. 공법상 제한에 대한 평가원칙을 검토하여 乙의 소송상 청구가 인용될 수 있는지를 설명한다.

Ⅱ 공법상 제한을 받는 토지의 평가기준

1. 의의 및 기능

공법상 제한을 받는 토지라 함은 관계법령에 의해 가해지는 토지이용규제나 제한을 받는 토지로서, 이는 국토공간의 효율적 이용을 통해 공공복리를 증진시키는 수단으로 기능한다.

2. 공법상 제한을 받는 토지의 평가기준(토지보상법 시행규칙 제23조)

(1) 일반적 제한과 개별적 제한의 반영 여부

제한 그 자체로 목적이 완성되고 구체적 사업의 시행이 필요하지 않은 일반적 제한은 그 제한을 반영하고, 구체적 사업의 시행을 필요로 하는 경우 개별적 제한은 제한이 없는 상태로 평가한다.

(2) 해당 사업으로 인한 용도지역 등의 변경

용도지역 등 일반적 제한일지라도 해당 사업의 시행을 직접 목적으로 하여 변경된 경우에는 변경되기 전의 용도지역을 기준으로 하여 평가한다. 이는 개발이익의 배제 및 피수용자의 보호에 목적이 있다.

(3) 해당 사업으로 인해서 용도지역이 변경되지 않은 경우

판례는 "특정 공익사업의 시행을 위하여 용도지역 등의 지정 또는 변경을 하지 않았다고 볼 수 있으려면, 토지가 특정 공익사업에 제공된다는 사정을 배제할 경우 용도지역 등의 지정 또는 변경을 하지 않은 행위가 계획재량권의 일탈·남용에 해당함이 객관적으로 명백하여야만 한다."라고 판시한 바 있다.

Ⅲ 사안의 해결

만약 X토지가 해당 공익사업에 편입되지 않는다면, 제3종 일반주거지역으로 변경되어야 함에도 불구하고 제3종 주거지역으로 변경하지 않은 행위가 계획재량권의 일탈·남용에 해당함이 객관적으로 명백한 경우라면, 이는 해당 사업의 시행을 위하여 용도지역을 변경하지 않은 것이라 할 것이다. 따라서 이러한 경우라면 제3종 일반주거지역을 기준하여 감정평가하여야 하므로 乙의 소송상 청구는 인용되지 못할 것이다.

문제 02

도지사 A는 "X국가산업단지 내 국도대체우회도로 개설사업"(이하 '이 사건 개발사업'이라 함)의 실시계획을 승인 · 고시하고, 사업시행자로 B시장을 지정하였다. B시의 시장은 이 사건 개발사업을 시행함에 있어 사업시행으로 인하여 건물이 철거되는 이주대상자를 위한 이주대책을 수립하면서 훈령의 형식으로 'B시 이주민지원규정'을 마련하였다.

위 지원규정에서는 ① 이주대책대상자 선정과 관련하여, 「공익사업을 위한 토지 등의 취득 및 보상에 관한 법률」 및 그 시행령이 정하고 있는 이주대책대상자 요건 외에 '전세대원이 사업구역 내 주택 외 무주택'이라는 요건을 추가적으로 규정하는 한편, ② B시의 이주택지 지급 대상에 관하여, 과거 건축물양성화기준일 이전 건물의 거주자의 경우 소지가(조성되지 아니한 상태에서의 토지가격) 분양대상자로, 기준일 이후 건물의 거주자의 경우 일반우선 분양대상자로 구분하고 있는 바, 소지가 분양대상자의 경우 1세대당 상업용지 3평을 일반분양가로 추가 분양하도록 하고, 일반우선분양대상자의 경우 1세대 1필지 이주택지를 일반분양가로 우선분양할 수 있도록 하고 있다.

B시의 시장은 이주대책을 실시하면서 이 사건 개발사업 구역 내에 거주하는 甲과 乙에 대하여, 甲은 공익사업을 위한 토지 등의 취득 및 보상에 관한 법령이 정한 이주대책대상자에 해당됨에도 위 ①에서 정하는 요건을 이유로 이주대책대상자에서 배제하는 부적격 통보를 하였고, 소지가 분양대상자로 신청한 乙에 대해서는 위 지원규정을 적용하여 소지가 분양대상이 아닌 일반우선분양대상자로 선정하고, 이를 공고하였다. 다음 물음에 답하시오. [30점]

(1) 甲은 'B시 이주민지원규정'에서 정한 추가적 요건을 이유로 자신을 이주대책대상자에서 배제한 것은 위법하다고 주장한다. 甲의 주장이 타당한지에 관하여 설명하시오. [15점]

(2) 乙은 자신을 소지가 분양대상자가 아닌 일반우선분양대상자로 선정한 것은 위법하다고 보아 이를 소송으로 다투려고 한다. 乙이 제기하여야 하는 소송의 형식을 설명하시오. [15점]

[설문 2-1]의 해결

Ⅰ 쟁점의 정리

B시장은 법상 외 요건을 이유로(훈령 형식의 이주민지원규정에 따라) 甲을 이주대책대상자에서 배제하였다. 이주민지원규정의 법규성을 검토하여 B시장의 甲에 대한 이주대책대상자 제외행위가 위법한 것인지를 설명한다.

Ⅱ 이주대책대상자의 요건

1. 의의 및 성격

이주대책은 생활보호 차원의 시혜적인 조치로서 정책적 배려로 마련된 제도이다. 따라서 생활보상의 성격을 갖는다. 판례도 이주대책을 생활보상의 일환으로 보고 있다.

2. 요건 및 내용

공익사업에 필요한 주거용 건물을 제공함에 따라 생활의 근거를 상실하게 되는 자를 위하여 이주대책을 수립하며, 이주대책의 내용에는 이주정착지에 대한 도로·급수시설·배수시설 그 밖의 공공시설 등 해당 지역조건에 따른 생활기본시설이 포함되어야 한다. 특히 이주대책은 이주대책대상자 중 이주정착지에 이주를 희망하는 자가 10호 이상인 경우에 수립·실시하되, 다만 사업시행자가 택지개발촉진법 등에 의해 이주대책대상자에게 택지 또는 주택을 공급한 경우에는 이주대책을 수립·실시한 것으로 본다.

Ⅲ 이주민지원규정의 대외적 구속력 인정 여부

1. 이주민지원규정의 법적 성질

이주민지원규정은 "X국가산업단지 내 국도대체우회도로 개설사업"을 시행함에 따른 이주대책을 수립하기 위한 훈령 형식의 세부규정을 마련한 것이므로 이는 행정규칙의 성질을 갖는다고 할 것이다.

2. 행정규칙의 대외적 구속력 인정 여부

(1) 학설

① 법규성을 부정하는 비법규설, ② 행정권의 시원적인 입법권을 인정하여 법규성을 인정하는 법규설, ③ 평등의 원칙 및 자기구속법리를 매개로 법규성을 인정할 수 있다는 준법규설이 대립된다.

(2) 판례

훈령에 규정된 청문을 거치지 않은 것은 위법하다고 본 판례가 있으나 예외적인 사건으로 보이며 '일반적으로 행정규칙의 법규성을 인정하지 않는다.'

(3) 검토

행정규칙의 법규성을 인정하는 것은 법률의 법규창조력에 반하며, 평등의 원칙이나 자기구속법리를 매개로 하는 경우에도 규칙 자체에는 법규성이 없다고 보는 것이 타당하므로 비법규설이 타당하다.

Ⅳ 사안의 해결

행정규칙은 일반적으로 법규성을 갖지 않으므로, 토지보상법령상 요건이 충족되는지를 여부로 이주대책대상자를 결정해야 한다. 따라서 甲이 토지보상법령상 이주대책대상자에 해당됨에도 불구하고 이주민지원규정에 따라 甲을 이주대책대상자에서 배제한 것이라면 이러한 행위는 위법하다고 할 것이다.

(설문 2-2)의 해결

Ⅰ 쟁점의 정리

乙에 대한 일반우선분양대상자 선정행위는 소지가 분양대상자 신청에 대한 거부행위 및 부작위로 볼 수 있다. 수분양권의 발생시기를 검토하여 이에 대한 불복수단으로서 乙이 제기하여야 하는 소송의 형식을 설명한다.

Ⅱ 수분양권의 발생시기

1. 수분양권의 의의

수분양권이란 이주자가 이주대책을 수립・실시하는 사업시행자로부터 이주대책대상자로 확인・결정을 받음으로서 취득하게 되는 택지나 아파트를 분양받을 수 있는 권리를 말한다. 문제는 이주대책대상자에게 언제 수분양권 등 특정한 실체법상의 권리가 취득되는가 하는 것이다.

2. 수분양권의 법적 성질

이주대책이 공법적 성격을 가지므로 공법관계이고, 판례도 수분양권은 대상자 확인・결정에 의해 취득하는 공법상 권리라고 한다.

3. 수분양권의 발생시기

(1) 학설

1) 이주대책계획수립이전설(법상취득설)

토지보상법 제78조 및 동법 시행령 제40조의 요건을 충족하는 경우에 실체적 권리인 수분양권이 취득된다고 보는 견해이다.

2) 이주대책계획수립시설

사업시행자가 이주대책에 관한 구체적인 계획을 수립하여 이를 해당자에게 통지 내지 공고한 경우에 이것으로 이주자에게 수분양권이 취득된다고 보는 견해이다.

3) 확인・결정시설

이주대책계획 수립 후 이주자가 이주대책대상자 선정을 신청하고 사업시행자가 이를 받아들여 이주대책대상자로 확인・결정하여야 비로소 수분양권이 발생한다고 보는 견해이다.

(2) 판례

판례는 수분양권의 발생에 관하여 확인・결정시설을 취하고 있다(대판 1994.5.24, 92다35783 全合).

(3) 검토

이주대책대상자의 경우 법상의 추상적인 이주대책권이 이주대책계획이 수립됨으로써 구체적 권리로 되는 것이므로 이주대책계획수립시설이 타당하다.

Ⅲ 乙의 권리구제를 위한 소송방법

1. 판례와 같이 확인・결정시설을 취하는 경우

이주대책대상자 선정신청에 대한 거부는 거부처분이 되므로 이에 대하여 취소소송을 제기하고 부작위인 경우에는 부작위위법확인소송을 제기하여야 한다.

2. 이주대책계획수립이전설(법상취득설)을 취하는 경우

이주대책대상자 선정신청의 거부나 부작위에 대하여 행정쟁송을 제기할 수 있을 뿐만 아니라 구체적 이주대책계획에서 제외된 이주대책대상자는 자기 몫이 참칭 이주대책대상자에게 이미 분양되어 분양신청을 하더라도 거부할 것이 명백한 특수한 경우에는 이주대책대상자로서 분양을 받을 권리 또는 그 법률상 지위의 확인을 공법상 당사자소송으로 구할 수 있다고 보아야 한다.

3. 이주대책계획수립시설을 취하는 경우

이주대책계획을 수립한 이후에는 이주대책대상자에서 제외된 이주대책대상자는 수분양권에 터잡은 분양신청을 하여 거부당한 경우에는 그 거부의 취소를 구하는 행정쟁송을 제기할 수 있을 것이다. 사업시행자가 실제로 이주대책계획을 수립하기 이전에는 이주자의 수분양권은 아직 추상적인 권리나 법률상의 지위 내지 이익에 불과한 것이어서 그 권리나 지위의 확인을 구할 수 없을 것이나, 이주대책계획을 수립한 이후에는 이주대책대상자의 추상적인 수분양권이 구체적 권리로 바뀌게 되므로 확인판결을 얻음으로써 분쟁이 해결되고 권리구제가 가능하여 그 확인소송이 권리구제에 유효 적절한 수단이 될 수 있는 경우에는 당사자소송으로 수분양권 또는 그 법률상의 지위의 확인을 구할 수 있다고 보아야 한다.

Ⅳ 사안의 해결

乙은 수분양권의 발생시기에 따라 항고소송 및 당사자소송을 제기할 수 있을 것이나, 판례의 다수의견에 따르면 항고소송만 가능할 것이다.

문제 03

지목은 대(垈)이지만 그 현황이 인근 주민의 통행에 제공된 사실상 도로인 토지를 대상으로 「도시 및 주거환경 정비법」에 따른 매도청구권을 행사하는 경우와 「공익사업을 위한 토지 등의 취득 및 보상에 관한 법률」에 따른 수용재결이 행하여지는 경우에 관하여 다음 물음에 답하시오. 20점

(1) 매도청구권 행사에 따른 쟁송절차와 수용재결에 따른 보상금을 다투는 쟁송절차의 차이점을 설명하시오. 10점

(2) 토지의 감정평가방법과 그 기준에 있어 매도청구권이 행사되는 경우와 수용재결이 행하여지는 경우의 차이점을 설명하시오. 10점

[설문 3-1]의 해결
매도청구권 행사에 따른 쟁송절차와 보증소 절차의 차이점

Ⅰ 개설

매도청구란 재건축조합설립 미동의자 및 분양미신청자 등에게 재건축조합이 미동의자의 재산권에 대한 매도를 청구하는 것을 말한다. 보상금증감청구소송이란 사업시행자 및 피수용자 간 보상금액에 대한 증감을 다투는 소송으로서 형식적 당사자소송의 성질을 갖는다.

Ⅱ 소송절차상 차이점

1. 신청절차상 차이점

① 매도청구소송은 도시정비법 제73조에 따라서 사업시행자가 분양신청을 하지 아니한 자 및 분양신청 철회자 등과 협의하고 협의가 성립되지 아니한 경우에 매도청구소송을 제기하게 된다. ② 보상금증감청구소송은 사업시행자와 피수용자 간 협의불성립 시 토지수용위원회의 재결절차를 거치고 토지보상법 제85조 제2항에 따라 사업시행자 또는 토지소유자 등은 한쪽 당사자를 피고로 보상금증감청구소송을 제기하게 된다.

2. 소송요건상 차이점

(1) 소송당사자

① 매도청구권의 원고는 사업시행자(재건축조합)가 되고 피고는 조합설립 미동의자와 분양미신청 및 철회자 등(이하 '분양신청을 하지 아니한 자 등')이 된다. ② 보상금증감청구소송의 경우

에는 그 소송을 제기하는 자가 토지소유자 또는 관계인일 때에는 사업시행자를, 사업시행자일 때에는 토지소유자 또는 관계인을 각각 피고로 한다.

(2) 제소기간

① 매도청구의 경우 조합설립 미동의자의 경우 조합설립 및 사업시행자의 지정에 관한 동의 촉구일부터 2개월 이내에 회답하여야 하며 회답이 없으면 미동의로 본다. 만료일로부터 2개월 이내에 매도할 것을 청구할 수 있다. 분양신청을 하지 아니한 자 등에 대해서는 분양신청기간 종료일의 다음 날부터 90일의 협의기간을 갖고 협의기간 종료일부터 60일 이내에 매도청구소송을 제기하여야 한다. ② 보상금증감청구소송의 경우 사업시행자, 토지소유자 또는 관계인은 재결에 불복할 때에는 재결서를 받은 날부터 90일 이내에, 이의신청을 거쳤을 때에는 이의신청에 대한 재결서를 받은 날부터 60일 이내에 각각 행정소송을 제기할 수 있다.

3. 지연가산금

① 사업시행자는 60일의 기간을 넘겨서 매도청구소송을 제기한 경우에는 해당 토지등소유자에게 지연일수에 따른 이자를 지급하여야 한다. 이 경우 이자는 100분의 15 이하의 범위에서 대통령령으로 정하는 이율을 적용하여 산정한다. ② 사업시행자가 제기한 행정소송이 각하·기각 또는 취하된 경우에는 재결서 정본을 받은 날부터 판결일 또는 취하일까지의 기간에 대하여 「소송촉진 등에 관한 특례법」 제3조에 따른 법정이율을 적용하여 산정한 금액을 보상금에 가산하여 지급하여야 한다.

(설문 3-2)의 해결
감정평가방법과 그 기준에 있어서의 차이점

I 개설(감정평가방법)

감정평가방법으로는 토지의 경우 공시지가기준법을 적용하되 그 토지의 이용계획, 지가변동률, 위치·형상·환경·이용상황 등을 고려하고 가격시점에서의 현실적인 이용상황과 일반적인 이용방법에 의한 객관적 상황을 고려하여 산정한다. 구분건물의 경우에는 거래사례비교법을 적용하게 된다. 공시지가기준법 및 거래사례비교법을 적용하는 경우 그 기준에 대한 차이점을 중심으로 설명한다.

II 감정평가방법과 기준에 있어서의 차이점

1. 기준시점

① 재결평가 시 평가기준시점은 토지보상법 제67조 제1항에 따라 재결 당시를 기준하여 평가한다. ② 매도청구의 경우는 매매계약체결일이 기준일이 될 것인데 도시정비법상 해당 일자에 대

한 명문의 규정은 없다. 따라서 실무상 법원의 감정평가명령서에 기재된 날짜를 기준하여 평가하게 된다.

2. 시가보상과 개발이익 배제

① 재결평가의 경우 해당 사업으로 인한 개발이익은 배제하고 재산권에 내재된 객관적 가치를 기준하여 평가하나, ② 매도청구의 경우는 재건축사업으로 인해 발생할 것으로 예상되는 개발이익이 반영된 시가를 기준하여 평가하게 된다. 단, 아직 현실화 또는 구체화되지 않은 개발이익은 반영할 수 없을 것이다.

Ⅲ 지목은 대(垈)이지만 도로로 이용 중인 토지의 감정평가

① 재결평가의 경우는 토지보상법 시행규칙 제26조에 따라 해당 도로의 개설경위, 목적, 소유관계, 이용상태, 주위환경 등을 고려하여 사실상 사도로 판단되는 경우에는 인근 토지평가액의 1/3로 평가하여야 한다. ② 매도청구의 경우에는 사실상 사도로 판단되는 경우에도 해당 재건축사업으로 인해 예상되는 개발이익을 고려하여 감정평가하여야 할 것이다.

문제 04

甲 소유의 토지를 포함하는 일단의 토지가 「공공토지의 비축에 관한 법률」에 따라 X읍 - Y읍 간 도로사업용지 비축사업(이하 '이 사건 비축사업'이라 함) 지역으로 지정되었고, 한국토지주택공사를 사업시행자로 하여 2014.3.31. 이 사건 비축사업에 대하여 「공익사업을 위한 토지 등의 취득 및 보상에 관한 법률」에 따른 사업인정 고시가 있었다. 한편, 관할 도지사는 X읍 - Z읍 간 도로확포장공사와 관련하여 2016.5.1. 도로구역을 결정 · 고시하였는데, 甲의 토지는 도로확포장공사가 시행되는 도로구역 인근에 위치하고 있다. 이후 이 사건 비축사업을 위하여 甲 소유의 토지에 대해서 2016.7.5. 관할 토지수용위원회의 수용재결이 있었는 바, 위 도로확포장공사로 인하여 상승된 토지가격이 반영되지 않은 감정평가가격으로 보상금이 결정되었다. 이에 甲은 도로확포장공사로 인한 개발이익이 배제된 보상금 결정은 위법하다고 주장하는바, 甲의 주장이 타당한지에 관하여 설명하시오.

10점

(설문 4)의 해결

Ⅰ 쟁점의 정리

甲은 해당 사업이 아닌 도로확포장공사로 인한 개발익이이 배제된 것은 위법하다고 주장한다. 개발이익의 의미 및 배제범위 등을 검토하여 甲 주장이 타당한지에 관하여 설명한다.

Ⅱ 개발이익 배제와 정당보상

1. 정당보상의 의미

① 완전보상설, ② 상당보상설 등 견해의 대립이 있으나, ① 대법원은 보상의 시기, 방법 등에 제한 없는 완전한 보상을 의미한다고 판시한 바 있으며, ② 헌법재판소는 피수용자의 객관적 재산가치를 완전하게 보상해야 한다고 판시한 바 있다. 피수용자의 객관적 가치를 완전하게 보상함은 물론 대물적 보상만으로 채워지지 않는 부분에 대한 생활보상을 지향함이 타당하다.

2. 정당보상과 개발이익(개발이익의 의미와 개발이익 배제)

(1) 개발이익과 개발이익 배제의 의미

개발이익이란 공익사업 시행의 계획이나 시행이 공고, 고시되어 토지소유자의 노력과 관계없이 지가가 상승하여 뚜렷하게 받은 이익으로 정상지가상승분을 초과하여 증가된 부분을 말한다. 토지보상법 제67조 제2항에서는 '해당 공익사업으로 인하여 토지 등의 가격이 변동되었을 때에는 이를 고려하지 아니한다.'고 규정하고 있다.

(2) 개발이익 배제의 정당성

주관적 가치는 배제되어야 한다는 긍정설과 인근 토지소유자와의 형평성 측면에서 부정해야 한다는 견해가 있으나, 판례는 '개발이익은 궁극적으로는 모든 국민에게 귀속되어야 할 성질의 것이므로 이는 피수용자의 토지의 객관적 가치 내지 피수용자의 손실이라고는 볼 수 없다.'고 판시한 바 있다. 개발이익은 재산권에 내재된 객관적 가치가 아니므로, 이를 배제하여도 정당보상에 반하지 않는다고 사료된다.

(3) 개발이익의 배제방법

① 적용공시지가 적용(토지보상법 제70조 제3항 내지 제5항), ② 해당 사업으로 변하지 않은 지가변동률의 적용(토지보상법 제70조 제1항 및 동법 시행령 제37조 제2항), ③ '그 밖의 요인' 보정을 통한 배제방법이 있다.

Ⅲ 개발이익 배제의 범위

1. 객관적 범위(해당 사업과 관련된 개발이익)

사회적으로 증가된 이익 전부인지, 해당 사업으로 인해서 증분된 부분인지가 문제되는데, 〈판례〉는 해당 사업과 관계없는 다른 사업의 시행으로 인한 개발이익은 이를 배제하지 않는 가격으로 평가해야 한다고 판시하고 있다(대판 1992.2.11, 91누7774).

2. 시적 범위(사업인정 이전 · 이후)

토지보상법 제67조 제2항의 규정은 개발이익 배제와 관련하여 '해당 사업일 것'만을 규정하고 있으며 개발이익 배제의 취지 등에 비추어 볼 때, 해당 공익사업의 사업인정고시일 이전 · 이후를 불문하고 해당 공익사업과 무관한 이익 모두 반영되어야 할 것이다(대판 2014.2.27, 2013두21182).

Ⅳ 사안의 해결

설문상 두 사업은 사업시행주체가 다르고, 사업인정고시 시기도 2년 가량 차이가 있는 데다가 비축사업이 위 도로사업의 장차 시행을 고려하여 계획되었다고 볼만한 내용도 설시되지 아니하였음을 알 수 있는바, 이러한 사정에 비추어 보면 甲의 주장은 정당한 것으로 수긍할 수 있다.

감정평가 및 보상법규 채점평

2017년도 제28회 감정평가사 제2차 시험

문제 1

「공익사업을 위한 토지 등의 및 보상에 관한 법률」에 따른 의제사업인정을 위한 의견청취절차의 위반과 그에 후속하는 수용재결에 관한 문제입니다. (설문 1)에서는 이에 관한 학설과 판례를 충실하게 설명하면서 사안에 적합한 결론을 도출한 우수한 답안도 있었지만 기본적인 법리에 대한 이해가 부족하거나 논리적인 전개가 아쉬운 답안도 적지 않았습니다. (설문 2)는 의제사업인정 이후에 중대한 사정변경이 생겼음에도 불구하고 이에 대한 고려 없이 수용재결을 한 것에 위법이 있는지 여부를 쟁점으로 논리적이고 차별화된 답안의 구성이 필요한 것으로 보입니다. (설문 3)은 해당 공익사업의 시행을 직접 목적으로 용도지역을 변경하지 않은 경우에 해당 공익사업의 시행이 아니었다면 용도지역이 변경되었을 것이 객관적으로 명백하다면 용도지역이 변경된 것으로 평가되어야 한다는 판례를 기반으로 한 설문입니다. 이러한 문제에 대하여 법령해석, 판례해설, 계획재량까지 훌륭하게 설명한 답안도 있었지만 설문의 취지를 전혀 이해하지 못한 답안도 있었습니다.

문제 2

(설문 1)은 훈령 형식을 통한 이주대상자의 권리제한이 법적으로 허용되는지 여부를 묻는 문제입니다. 법치행정의 원리, 특히 법률유보의 원칙상 국민의 권리를 제한하기 위해서는 법률 내지 적어도 법규명령상의 근거가 필요합니다. 따라서 사례상 문제가 된 훈령 형식의 규정의 법적 성질이 무엇인지가 핵심적 쟁점입니다. 그럼에도 상당수의 답안이 쟁점에 대한 정확한 파악이 없이, 이주대책의 성격을 장황하게 기술하거나 막연히 재량을 근거로 답안을 작성한 경우도 있었습니다.

(설문 2)는 분양대상자의 유형 선정에 대해 불복하기 위한 소송유형을 묻는 문제로서, 이 역시 행정소송의 기본체계 및 관련 판례의 입장을 이해하고 있으면 답안을 작성하기 평이한 문제라고 보입니다. 행정상 법률관계에 대한 소송 유형의 결정을 위해서는 기본적으로 그 법률관계가 공법관계인지 사법관계인지, 공법관계라면 부대등한 관계로서 항고소송의 대상인지 대등관계로서 당사자소송의 대상인지가 판단되어야 합니다. 특히 이주대책과 관련한 수분양권의 문제를 처분으로 이해하고 있는 판례의 입장을 알고 있다면 크게 어렵지 않았을 문제라 생각합니다.

문제 3

이 문제는 「도시 및 주거환경정비법」에 따른 매도청구절차와 수용재결절차의 비교에 관한 설문입니다. 「공익사업을 위한 토지 등의 및 보상에 관한 법률」에 따른 평가방법·기준이 「감정평가 및 감정평가사에 관한 법률」에 따른 평가방법·기준과 어떻게 다른지에 관한 이해를 알고 있는지를 물어보는 문제이고, 실무적으로 매우 중요함에도 불구하고 충분하게 서술한 답안이 많지 않아 아쉬웠습니다.

문제 4

이 문제는 개발이익이 보상금에 포함되는지 여부를 기본 쟁점으로 하는 것으로 기본적으로 보상금과의 관계에서 해당 공익사업으로 인한 개발이익과 다른 공익사업으로 인한 개발이익의 구별 문제와 그 외에 사업인정 시점과 개발이익의 문제에 대한 쟁점 등 대부분의 수험생들은 비교적 쟁점을 정확하게 파악하고 답안을 작성하였습니다.

CHAPTER 07

제29회 기출문제 답안

문제 01

A도 도지사 甲은 도내의 심각한 주차난을 해결하기 위하여 A도내 B시 일대 40,000㎡(이하 '이 사건 공익사업구역'이라 함)를 공영주차장으로 사용하고자 사업계획을 수립하고 「공익사업을 위한 토지 등의 취득 및 보상에 관한 법률」(이하 '토지보상법'이라 함)에 따른 절차를 거쳐, 국토교통부장관의 사업인정을 받고 이를 고시하였다. 이후 甲은 이 사건 공익사업구역 내 주택 세입자 乙 등이 이 사건 공익사업이 시행되는 동안 임시로 거주할 수 있도록 B시에 임대아파트를 건립하여 세입자에게 제공하는 등 이주대책을 수립·시행하였다. 한편, 乙은 「공익사업을 위한 토지 등의 취득 및 보상에 관한 법률 시행규칙」(이하 '토지보상법 시행규칙'이라 함) 제54조 제2항에 해당하는 세입자이다. 다음 물음에 답하시오. 40점

(1) 乙은 토지보상법 시행규칙에 따른 주거이전비를 받을 수 있는 권리를 포기한다는 취지의 '임대아파트 입주에 따른 주거이전비 포기각서'를 甲에게 제출하고 위 임대아파트에 입주하였지만, 이후 관련 법령이 임대아파트와 같은 임시수용시설 등을 제공받는 자를 주거이전비 지급대상에서 배제하지 않고 있는 점을 알게 되었다. 이에 乙은 위 포기각서를 무시하고 토지보상법 시행규칙상의 주거이전비를 청구하였다. 乙의 주거이전비 청구의 인용여부에 관하여 논하시오. 30점

(2) 한편, 丙은 이 사건 공익사업구역 밖에서 음식점을 경영하고 있었는데, 이 사건 공익사업으로 인하여 자신의 음식점의 주출입로가 단절되어 일정 기간 휴업을 할 수밖에 없게 되었다. 이때, 丙은 토지보상법령상 보상을 받을 수 있는가? 10점

[설문 1-1]의 해결 : 주거이전비

Ⅰ 쟁점의 정리

乙은 주거이전비를 포기하는 대신 임대아파트에 입주하였는데, 이후 주거이전비 포기각서에도 불구하고 주거이전비를 청구할 수 있는지가 문제된다. 주거이전비의 취지와 동 규정이 강행규정인지 등 제 요건을 검토하여 사안을 해결한다.

Ⅱ 주거이전비의 청구요건

1. 주거이전비의 의의 및 취지

주거이전비는 해당 공익사업시행지구 안에 거주하는 세입자들의 조기이주를 장려하여 사업추진을 원활하게 하려는 정책적인 목적과 주거이전으로 말미암아 특별한 어려움을 겪게 될 세입자들을 대상으로 하는 사회보장적인 차원에서 지급하는 금원을 말한다.

2. 주거이전비의 법적 성격

(1) 공법상 권리

판례는 세입자의 주거이전비는 ① 사업추진을 원활하게 하려는 정책적 목적과 ② 사회보장적인 차원에서 지급되는 금원의 성격을 가지므로 세입자의 주거이전비보상청구권은 공법상 권리이고, 공법상 법률관계를 대상으로 하는 행정소송에 의해 다투어야 한다고 판시한 바 있다.

(2) 강행규정인지 여부

세입자에 대한 주거이전비는 공익사업 시행으로 인하여 생활근거를 상실하게 되는 세입자를 위하여 사회보장적 차원에서 지급하는 금원으로 보아야 하므로, 사업시행자의 세입자에 대한 주거이전비 지급의무를 정하고 있는 토지보상법 시행규칙 제54조 제2항은 당사자 합의 또는 사업시행자 재량에 의하여 적용을 배제할 수 없는 강행규정이라고 보아야 한다.

3. 주거이전비의 보상대상자 요건

(1) 소유자에 대한 주거이전비 보상

공익사업시행지구에 편입되는 주거용 건축물의 소유자에 대하여는 해당 건축물에 대한 보상을 하는 때에 가구원수에 따라 2개월분의 주거이전비를 보상하여야 한다. 다만, 건축물의 소유자가 해당 건축물 또는 공익사업시행지구 내 타인의 건축물에 실제 거주하고 있지 아니하거나 해당 건축물이 무허가건축물 등인 경우에는 그러하지 아니한다.

(2) 세입자에 대한 주거이전비 보상

공익사업의 시행으로 인하여 이주하게 되는 주거용 건축물의 세입자로서 사업인정고시일 등 당시 또는 공익사업을 위한 관계 법령에 의한 고시 등이 있은 당시 해당 공익사업시행지구 안에서 3개월 이상 거주한 자에 대하여는 가구원 수에 따라 4개월분의 주거이전비를 보상하여야 한다. 다만, 무허가건축물 등에 입주한 세입자로서 사업인정고시일 등 당시 또는 공익사업을 위한 관계 법령에 따른 고시 등이 있은 당시 그 공익사업지구 안에서 1년 이상 거주한 세입자에 대해서는 본문에 따라 주거이전비를 보상해야 한다.

4. 주거이전비의 산정방법 및 산정의 기준시기

주거이전비는 「통계법」 제3조 제3호에 따른 통계작성기관이 조사・발표하는 가계조사통계의 도시근로자가구의 가구원수별 월평균 명목 가계지출비를 기준으로 산정한다. 가구원 수가 5인인 경우에는 5인 이상 기준의 월평균 가계지출비를 적용하며, 가구원 수가 6인 이상인 경우에는 5인 이상 기준의 월평균 가계지출비에 5인을 초과하는 가구원 수에 1인당 평균비용을 곱한 금액을 더한 금액으로 산정한다. 또한 주거이전비의 보상내용은 사업시행인가 고시가 있은 때에 확정되므로 이때를 기준으로 보상금액을 산정해야 한다.

Ⅲ 사안의 해결

세입자 乙이 주거이전비를 받을 수 있는 권리를 포기한다는 취지의 주거이전비 포기각서는 강행규정에 반하여 무효라고 볼 수 있다. 따라서 乙은 사업시행자가 제공한 임대아파트에 입주한 다음 별도로 주거이전비를 청구할 수 있다.

(설문 1-2)의 해결 : 간접보상

Ⅰ 쟁점의 정리

공익사업지구 밖에서 음식점을 경영하고 있는 丙이 해당 사업으로 인해 일정기간 휴업을 할 수밖에 없는 경우, 이러한 손실이 간접손실보상으로서 영업보상의 대상인지가 문제된다.

Ⅱ 간접손실보상청구권의 성립요건

1. 간접손실보상의 의의 및 성격

간접손실이란 공익사업의 시행으로 인하여 사업시행지 밖의 재산권자에게 필연적으로 발생하는 손실을 말하며, 간접손실도 적법한 공용침해로 인하여 예견되는 통상의 손실이고, 헌법 제23조 제3항을 손실보상에 관한 일반적 규정으로 보는 것이 타당하므로 헌법 제23조 제3항의 손실보상에 포함시키는 것이 타당하다.

2. 간접손실보상의 대상이 위한 요건

간접손실이 되기 위하여는 ① 공공사업의 시행으로 사업시행지 이외의 토지소유자(제3자)가 입은 손실이어야 하고, ② 그 손실이 공공사업의 시행으로 인하여 발생하리라는 것이 예견되어야 하고, ③ 그 손실의 범위가 구체적으로 특정될 수 있어야 한다(대판 1999.12.24, 98다57419, 57426 참조). 또한 간접손실이 특별한 희생에 해당하여야 한다. 간접손실이 재산권에 내재하는 사회적 제약에 속하는 경우에는 보상의 대상이 되지 않는다.

3. 보상에 관한 명시적 규정이 없는 경우의 간접손실의 보상

토지보상법 시행규칙 제59조 내지 제65조에서는 사업지구 밖의 손실에 대한 보상규정을 두고 있다. 만약 동 규정에 해당되지 않으나 특별한 희생에 해당되는 경우에는 무엇을 근거로 보상할 수 있는지가 문제된다.

(1) 제79조 제4항을 일반적 근거조항으로 볼 수 있는지 여부

① 동 규정을 기타 손실보상에 대한 일반적 근거조항으로 보아 손실보상청구를 할 수 있다는 견해와, ② 동 규정은 보상하여야 하는 경우이지만 법률에 규정되지 못한 경우에 대한 수권조항일 뿐이므로 보상의 근거가 될 수 없다는 견해가 있다. ③ 생각건대 일반적 근거조항으로 보는 것이 국민의 권리구제에 유리하나, 개괄수권조항으로 보게 되면 보상규정이 흠결된 경우에 해당한다.

(2) 보상규정이 결여된 경우의 간접손실보상의 근거

1) 학설

① 보상부정설은 시행규칙 제59조 내지 제65조 규정에서 정하지 않은 손실은 보상의 대상이 되지 않는다고 한다. ② 유추적용설은 헌법 제23조 제3항 및 토지보상법상 간접손실보상규정을 유추적용해야 한다고 한다. ③ 직접적용설은 헌법 제23조 제3항의 직접효력을 인정하고 이를 근거로 보상청구권이 인정된다고 한다. ④ 평등원칙 및 재산권보장규정근거설은 평등원칙과 재산권보장규정이 직접 근거가 될 수 있다면 보상해야 한다고 한다. ⑤ 수용적 침해이론은 간접손실도 비의도적 침해에 의해 발생한바 수용적 침해이론을 적용하여 보상해야 한다고 한다. ⑥ 손해배상설은 명문규정이 없는 한 손해배상청구를 해야 한다고 한다.

2) 판례

① 간접손실이 공익사업의 시행으로 기업지 이외의 토지소유자가 입은 손실이고, ② 그 손실의 범위도 구체적으로 이를 특정할 수 있고, ③ 손실이 발생하리라는 것을 쉽게 예견할 수 있는 경우라면, ④ '그 손실보상에 관하여 토지보상법 시행규칙의 관련규정들을 유추적용할 수 있다.'고 한다.

3) 검토

간접손실도 헌법 제23조 제3항의 손실보상 범주에 포함되므로 예견가능성, 특정가능성이 인정된다면 헌법 제23조 제3항을 근거로 하여 손실보상을 청구할 수 있다고 판단된다. 이 경우 구체적인 보상액은 토지보상법상 관련규정을 적용할 수 있을 것이다.

III 사안의 해결(시행규칙 제64조 규정 검토)

① 시행규칙 제45조의 영업보상대상요건을 충족하고, ② 배후지의 2/3 이상이 상실되어 영업을 계속할 수 없는 경우, ③ 진출입로의 단절, 그 밖의 사유로 휴업이 불가피한 경우를 요건으로 규정하고 있다. 설문상 주출입로가 단절되어 일정기간 휴업을 할 수밖에 없는 경우이므로 시행규칙 제64조의 요건이 충족되어 영업손실보상을 받을 수 있을 것이다.

문제 02

甲은 2014.3.경 감정평가사 자격을 취득한 후, 2015.9.2.부터 2017.8.3.까지 '乙 감정평가법인'의 소속 감정평가사였다. 또한 甲은 2015.7.7.부터 2017.4.30.까지 '수산업협동조합 중앙회(이하 '수협'이라 함)'에서 상근계약직으로 근무하였다. 관할 행정청인 국토교통부장관 A는 甲이 위와 같이 수협에 근무하면서 일정기간 동안 동시에 乙 감정평가법인에 등록하여 소속을 유지하는 방법으로 감정평가사 자격증을 대여하거나 부당하게 행사했다고 봄이 상당하여, 「감정평가 및 감정평가사에 관한 법률」(이하 '감정평가법'이라 함) 제27조가 규정하는 명의대여 등의 금지 또는 자격증 부당행사 금지를 위반하였다는 것을 이유로 징계처분을 내리고자 한다. 다음 물음에 답하시오. 30점

(1) 국토교통부장관 A가 甲에 대하여 위와 같은 사유로 감정평가법령상의 징계를 하고자 하는 경우, 징계절차에 관하여 설명하시오. 20점

(2) 위 징계절차를 거쳐 국토교통부장관 A는 甲에 대하여 3개월간의 업무정지 징계처분을 하였고, 甲은 해당 처분이 위법하다고 보고 관할법원에 취소소송을 제기하였다. 이 취소소송의 계속 중 국토교통부장관 A는 해당 징계처분의 사유로 감정평가법 제27조의 위반사유 이외에, 징계처분 당시 甲이 국토교통부장관에게 등록을 하지 아니하고 감정평가업무를 수행하였다는 동법 제17조의 위반사유를 추가하는 것이 허용되는가? 10점

(설문 2-1)의 해결

I 쟁점의 정리

국토교통부장관이 甲에 대하여 '명의대여 등의 금지 또는 자격증 부당행사 금지' 위반을 이유로 징계를 하고자 하는 경우 징계절차에 관하여 설명한다.

II 국토교통부장관의 징계절차

1. 징계의결 요구(감정평가법 제39조) 및 징계처분의 법적 성질

국토교통부장관의 징계는 감정평가업무 수행을 제한하는 하명으로서 처분이며 감정평가법 제39조 제1항에서 '할 수 있다'고 규정하여 재량행위이다. 국토교통부장관은 위반사유가 발생한 경우 감정평가관리·징계위원회에 징계의결을 요구할 수 있다. 위반사유가 발생한 날부터 5년이 지난 때에는 할 수 없다.

2. 감정평가관리 · 징계위원회의 의결

(1) 의의 및 법적 성격(감정평가법 제40조 및 시행령 제37조)

징계위원회는 감정평가사의 징계에 관한 사항을 의결하는 기관으로서 ① 징계 시 반드시 설치해야 하는 필수기관이다. ② 또한 징계내용에 관한 의결권을 가진 의결기관이다.

(2) 의결절차 및 통보

① 의결이 요구되면 요구일로부터 60일 이내에(부득이 시 30일 연장) ② 당사자에게 구술 또는 서면으로 의견진술 기회를 주어야 한다. ③ 위원 과반수 출석으로 개의하고 과반수 찬성으로 의결한다. 서면으로 당사자와 협회에 통보한다.

3. 징계의결의 하자

(1) 의결에 반하는 처분

징계위원회는 의결기관이므로 징계위원회의 의결은 국토교통부장관을 구속한다. 따라서 징계위원회의 의결에 반하는 처분은 무효이다.

(2) 의결을 거치지 않은 처분

국토교통부장관은 징계위원회의 의결에 구속되므로 징계위원회의 의결을 거치지 않고 처분을 한다면 권한 없는 징계처분이 되므로 무효이다.

4. 징계의 종류

징계위원회는 자격의 취소, 등록취소, 2년 이내의 업무정지, 견책을 징계할 수 있다.

Ⅲ 감정평가사 甲의 의견청취절차

행정절차법 제21조 내지 제22조에서는 권리를 제한하는 처분을 하는 경우에는 사전에 이에 대한 통지와 의견청취를 하도록 규정하고 있으며, 감정평가사법 시행령 제41조에서는 징계위원회에 출석하여 의견진술을 할 수 있도록 규정하고 있다.

만약, 감정평가사법에 따른 의견진술 기회를 행정절차법상 청문생략사유로 볼 수 있다면 행정절차법상 청문절차는 생략가능할 것이나, 이를 생략사유로 볼 수 없다면 행정절차법상 청문절차를 거쳐야 할 것이다.

Ⅳ 사안의 해결

국토교통부장관이 감정평가사 甲에 대하여 징계를 하고자 하는 경우에는 징계위원회의 의결에 따라 자격의 취소, 등록취소, 2년 이내의 업무정지, 견책에 대한 징계를 내릴 수 있으며, 자격을 취소하는 경우에는 청문절차를 실시하여야 한다.

(설문 2-2)의 해결 : 처분사유의 추가·변경

Ⅰ 쟁점의 정리

甲에 대한 업무정지처분에 대한 취소소송 중 국토교통부장관이 처분사유를 추가·변경하는 것이 가능한지가 문제된다. 처분사유의 추가·변경의 인정 여부 및 인정 범위에 대해서 검토하여 사안을 해결한다.

Ⅱ 처분사유의 추가·변경

1. 처분사유의 추가·변경의 의의 및 구별개념

처분 시에 존재하였으나 처분의 근거로 제시하지 않았던 법적 또는 사실적 사유를 소송계속 중에 추가 또는 변경하는 것을 말한다. 처분 당시에 존재하는 사유를 추가·변경하는 점에서 처분 시의 하자를 사후에 보완하는 하자치유와 구별된다.

2. 소송물과 처분사유의 추가·변경

소송물을 개개의 위법성 사유로 보면 처분사유의 추가·변경은 소송물의 추가·변경이므로 원칙적으로 불가하다. 따라서 처분사유의 추가·변경은 위법성 일반의 소송물 범위 내에서 논의되어야 한다.

3. 인정 여부

(1) 학설

① 국민의 공격방어권의 침해를 이유로 부정하는 견해와 ② 소송경제 측면에서 긍정하는 견해, ③ 처분의 상대보호와 소송경제의 요청을 고려할 때 제한적으로 긍정하는 견해, ④ 행정행위, 행정쟁송의 유형 등에 따라 개별적으로 판단하는 견해가 있다.

(2) 판례

실질적 법치주의와 행정처분의 상대방인 국민의 신뢰보호견지에서 기본적 사실관계의 동일성이 인정되는 경우에 제한적으로 긍정하고 있다.

(3) 검토

국민의 권리보호의 필요성과 소송경제를 도모하기 위하여 판례의 태도에 따라 기본적 사실관계의 동일성이 인정되는 경우에 한하여 긍정함이 타당하다.

4. 인정범위

(1) 처분 당시 객관적으로 존재하였던 사실일 것

통설 및 판례는 처분 시를 기준으로 위법성을 판단하고 있으므로 이에 따를 때 처분 시에 객관적으로 존재하였던 사유만이 처분사유의 추가·변경의 대상이 된다. 처분 후에 발생한 사실관계나 법률관계는 대상이 되지 않는다.

(2) 기본적 사실관계의 동일성이 유지될 것

통설 및 판례는 ① 법률적 평가 이전의 사회적 사실관계의 동일성을 기준하여, ② 시간적·장소적 근접성, ③ 행위의 태양·결과 등을 종합 고려하여 판단하여야 한다고 본다.

(3) 재량행위의 경우

① 재량행위의 경우 고려사항의 변경은 새로운 처분을 의미하는 것이라는 견해가 있으나, ② 재량행위에서 처분이유의 사후 변경도 분쟁대상인 행정행위가 본질적으로 변경되지 않음을 전제로 하는 것이므로 재량행위에서도 인정함이 타당하다.

5. 법원의 판단

긍정 시 법원은 변경된 사유를 기준으로 본안심사를 하고 그렇지 않은 경우에는 당초사유를 기준해야 한다. 처분사유의 추가·변경이 허용되어 처분의 적법성이 인정되는 경우에는 소를 취하할 기회를 부여하여야 하며, 소송비용의 일부를 피고가 부담하는 것으로 보아야 한다.

Ⅲ 사안의 해결

국토교통부장관이 추가하려는 감정평가법 제17조 등록제도는 감정평가사 자격 취득 이후에 업무를 수행하기에 부적절한 사람을 감정평가업무에서 배제시키기 위한 목적으로 효율적인 자격제도의 관리를 목적으로 한다고 볼 수 있다. 감정평가법 제27조 명의대여 등의 금지규정은 감정평가사 자격증을 감정평가사법상 목적 이외의 용도로 사용하는 것을 방지하고 자격증 소지자로 하여금 감정평가업무를 수행하게 하여 올바른 감정평가를 도모함에 목적이 있다고 볼 수 있다. 양 규정은 감정평가제도 확립과 공정한 감정평가를 위한 것으로서 기초적 사실관계의 동일성이 인정된다고 할 것이다. 따라서 국토교통부장관은 소송 중에 감정평가법 제17조의 위반사유를 추가할 수 있을 것이다.

문제 03

서울의 A구청장은 이 사건 B토지의 비교표준지로 A구의 C토지(2017.1.1. 기준공시지가는 1㎡당 810만원임)를 선정하고 이 사건 B토지와 비교표준지 C의 토지가격비준표상 토지특성을 조사한 결과 총 가격배율이 1.00으로 조사됨에 따라 이 사건 각 토지의 가격을 1㎡당 810만원으로 산정하였다. 감정평가사 D는 A구청장으로부터 이와 같이 산정된 가격의 검증을 의뢰받고 이 사건 각 토지가 비교표준지와 비교하여 환경조건, 획지조건 및 기타조건에서 열세에 있어 비교표준지의 공시지가를 약 83.9%의 비율로 감액한 1㎡당 680만원을 개별공시지가로 정함이 적정하다는 검증의견을 제시하였다. A구청장은 이 검증의견을 받아들여 2017.5.30.에 이 사건 각 토지의 개별공시지가를 1㎡당 680만원으로 결정・공시하였다.
B토지 소유자는 1㎡당 680만원으로 결정・공시된 B토지의 개별공시지가에 대하여 1㎡당 810만원으로 증액되어야 한다는 취지로 이의신청을 제기하였다. B토지 소유자의 이의신청에 따라 A구청장은 감정평가사 E에게 이 사건 토지의 가격에 대한 검증을 의뢰하였다. 검증을 담당한 감정평가사 E는 토지특성 적용 및 비교표준지 선정에는 오류가 없으나 인근 지가와의 균형을 고려하여 개별공시지가를 1㎡당 700만원으로 증액함이 상당하다는 의견을 제시하였다(이 사건 토지가 비교표준지와 비교하여 환경조건 및 획지조건에서 열세에 있다고 보아 비교표준지의 공시지가에 대하여 약 86.5%의 비율로 감액).
이에 A구청장은 A구 부동산가격공시위원회의 심의를 거쳐 이 검증의견을 받아들여 B토지에 대하여 1㎡당 700만원으로 개별공시지가결정을 하였다. 이에 대하여 B토지 소유자는 토지가격비준표와 달리 결정된 개별공시지가결정은 위법하다고 주장한다. 이 주장은 타당한가? 20점

(설문 3)의 해결

Ⅰ 쟁점의 정리

토지소유자는 결과적으로 "표준지공시지가 × 비준표"의 산식으로 산정되지 아니한 개별공시지가는 위법하다고 주장한다. 따라서, 개별공시지가의 산정절차상 인근 토지와의 균형 등을 고려하기 위해서 "표준지공시지가 × 비준표"와 달리 결정・공시할 수 있는지를 살펴본다.

II 개별공시지가의 산정절차 등

1. 개별공시지가의 의의 및 취지 등

개별공시지가란 시·군·구청장이 공시지가를 기준으로 산정한 개별토지의 단위당 가격을 말한다. 이는 조세 및 개발부담금 산정의 기준이 되어 행정의 효율성 제고를 도모함에 제도적 취지가 인정된다(부동산공시법 제10조). 또한 판례는 "개별토지가격결정은 관계법령에 의한 토지초과이득세 또는 개발부담금 산정의 기준이 되어 국민의 권리나 의무 또는 법률상 이익에 직접적으로 관계되는 것으로서 항고소송의 대상이 되는 행정처분에 해당한다(대판 1994.2.8, 93누111)"라고 하여 처분성을 인정하고 있다.

2. 개별공시지가의 산정절차

(1) 개설

① 시·군·구청장이 지가를 산정하고, ② 그 타당성에 대하여 감정평가법인 등의 검증을 받고 ③ 토지소유자 및 기타 이해관계인의 의견을 듣는다. ④ 그 후, 시·군·구부동산가격공시위원회의 심의 후 결정·공시한다.

(2) 개별공시지가의 산정(부동산공시법 제10조)

시·군·구청장은 해당 토지와 유사하다고 인정되는 하나 또는 둘 이상의 표준지공시지가를 기준으로 비준표를 사용하여 지가를 산정한다. 단, 표준지 및 조세부담금 부과대상이 아닌 경우는 산정하지 아니할 수 있다(시행령 제15조). 또한 해당 토지가격과 표준지공시지가가 균형을 유지하도록 하여야 한다.

(3) 개별공시지가의 검증 및 의견청취(부동산공시법 제10조 제5항)

감정평가실적이 우수한 업자(시행령 제20조)에게 검증받되, 개발사업 시행 및 용도지역·지구변경의 경우를 제외하고 생략할 수 있다(시행령 제18조). 이 경우 개별토지의 지가변동율과 시·군·구 연평균지가변동율의 차이가 작은 순서대로 검증을 생략하고, 생략에 관하여는 미리 관계기관의 장과 협의하여야 한다.

(4) 시·군·구부동산가격공시위원회의 심의 및 공시

시·군·구부동산가격공시위원회의 심의 후, 개별공시지가결정 및 이의신청에 관한 사항을 결정·공시한다. 필요시 개별통지할 수 있다.

3. 개별공시지가의 효력

개별공시지가는 ① 국세, 지방세, 부담금 산정기준의 과세표준이 되며, ② 행정목적의 지가산정기준이 된다. 다만 개별공시지가를 기준으로 하여 행정목적에 활용하기 위하여는 법률의 명시적인 규정이 있어야 하므로 규정이 없는 경우에는 표준지공시지가를 기준으로 개별적으로 토지가격을 산정하여야 할 것이다.

Ⅲ 토지소유자 주장의 타당성(검증제도 및 심의제도의 취지)

1. 개별공시지가의 산정절차상 한계

개별공시지가는 이용상황 등이 유사한 표준지공시지가에 비준표를 적용하여 산정하게 된다. 비준표는 표준지와 개별토지의 지가형성요인에 관한 표준적인 비교표로서, 해당 토지가격의 적정가격과의 괴리, 통계오차의 간과 우려 및 사회경제적 변화에 따른 탄력적 대응곤란 등의 문제점을 지닐 수 있다. 따라서 이러한 한계를 보완하고자 부동산공시법에서는 검증 및 부동산가격공시위원회의 심의절차를 규정하고 있다.

2. 관련 규정 내용의 검토

(1) 부동산공시법 제10조 및 동법 시행령 제18조

부동산공시법 제10조에서는 개별공시지가를 산정하는 과정상 해당 토지의 가격과 표준지공시지가가 균형을 유지하도록 하여야 한다고 하였으며, 동법 시행령 제18조에서는 검증항목으로서 산정한 '개별토지가격과 표준지공시지가의 균형유지에 관한 사항', '산정한 개별토지의 가격과 인근 토지의 지가와의 균형유지에 관한 사항' 등을 규정하고 있다.

(2) 검토

이와 같은 규정들의 취지와 그 문언에 비추어 보면, 시장 등은 표준지공시지가에 토지가격비준표를 사용하여 산정된 지가와 감정평가법인 등의 검증의견 및 토지소유자 등의 의견을 종합하여 해당 토지에 대하여 표준지공시지가와 균형을 유지한 개별공시지가를 결정할 수 있고, 그와 같이 결정된 개별공시지가가 표준지공시지가와 균형을 유지하지 못할 정도로 현저히 불합리하다는 등의 특별한 사정이 없는 한, 결과적으로 토지가격비준표를 사용하여 산정한 지가와 달리 결정되었거나 감정평가사의 검증의견에 따라 결정되었다는 이유만으로 그 개별공시지가의 결정이 위법하다고 볼 수 없다.

Ⅳ 사안의 해결

A구청장이 결정한 개별공시지가가 결과적으로 토지가격비준표를 사용하여 산정한 지가가 아니라 감정평가사의 검증의견과 같게 되었더라도 이것만으로 개별공시지가 결정행위를 위법하다고 볼 수는 없다(대판 2013.11.14, 2012두15364). 또한 각 토지마다 그 토지의 특성 및 평가요소 등에서 차이가 있고 지가산정의 목적에 따라 심의·조정과정에서 이를 참작하여 감액 혹은 증액조정하여 최종적으로 개별공시지가를 결정할 수 있다는 점 등에 비추어 특별한 사정이 없는 한 해당 토지의 개별토지가격이 인접 토지의 개별토지가격과 비교하여 상대적으로 고가 또는 저가로 평가되었다는 사정만으로는 그 개별토지가격 결정이 위법·부당하다고 다툴 수 없다(대판 1993.12.24, 92누19262). 따라서 토지소유자의 주장은 타당하다고 할 수 없다.

문제 04

부동산 가격공시에 관한 법령상 중앙부동산가격공시위원회에 관하여 설명하시오. 10점

(설문 4)의 해결

Ⅰ 의의

부동산가격공시위원회란 부동산공시법상의 내용과 관련된 사항을 심의하는 위원회를 말하며, 국토교통부장관 소속하에 두는 중앙부동산가격공시위원회와 시・군・구청장 소속하에 두는 시・군・구부동산가격공시위원회가 있다.

Ⅱ 부동산가격공시위원회의 성격

1. 필수기관

중앙부동산가격공시위원회는 국토교통부장관의 소속하에 두고 시・군・구부동산가격공시위원회는 시・군・구청장 소속하에 두는 필수기관이다.

2. 심의기관의 성격

의결기관과 자문기관의 중간 형태인 심의기관의 성격이 있다고 본다.

Ⅲ 중앙부동산가격공시위원회

1. 설치 및 운영

① 국토교통부장관 소속하에 둔다. 위원장은 국토교통부 제1차관이 되고 공무원이 아닌 자는 2년을 임기로 한다. ② 위원회의 회의는 재적위원 과반수의 출석, 과반수 찬성으로 의결한다.

2. 심의사항

① 부동산 가격공시 관계법령의 제정・개정에 관한 사항 중 국토교통부장관이 심의에 부치는 사항, ② 표준지의 선정 및 관리지침, ③ 조사・평가된 표준지공시지가, ④ 표준지공시지가에 대한 이의신청에 관한 사항, ⑤ 표준주택의 선정 및 관리지침, ⑥ 조사・산정된 표준주택가격, ⑦ 표준주택가격에 대한 이의신청에 관한 사항, ⑧ 공동주택의 조사 및 산정지침, ⑨ 조사・산정된 공동주택가격, ⑩ 공동주택가격에 대한 이의신청에 관한 사항, ⑪ 비주거용 표준부동산의 선정 및 관리지침, ⑫ 조사・산정된 비주거용 표준부동산가격, ⑬ 비주거용 표준부동산가격에 대한 이의신청에 관한 사항, ⑭ 비주거용 집합부동산의 조사 및 산정지침, ⑮ 조사・산정된

비주거용 집합부동산가격, ⑯ 비주거용 집합부동산가격에 대한 이의신청에 관한 사항, ⑰ 계획수립에 관한 사항, ⑱ 그 밖에 부동산정책에 관한 사항 등 국토교통부장관이 심의에 부치는 사항을 심의한다.

Ⅳ 시 · 군 · 구부동산가격공시위원회

1. 설치 및 운영

① 시 · 군 · 구청장 소속하에 둔다. 위원장은 부시장, 부군수, 부구청장이다. ② 시 · 군 · 구부동산가격공시위원회의 구성과 운영에 관하여 필요한 사항은 해당 시 · 군 · 구의 조례로 정한다.

2. 심의사항

① 개별공시지가의 결정에 관한 사항, ② 개별공시지가에 대한 이의신청에 관한 사항, ③ 개별주택가격의 결정에 관한 사항, ④ 개별주택가격에 대한 이의신청에 관한 사항, ⑤ 비주거용 개별부동산가격의 결정에 관한 사항, ⑥ 비주거용 개별부동산가격에 대한 이의신청에 관한 사항, ⑦ 그 밖에 시장 · 군수 또는 구청장이 심의에 부치는 사항을 심의한다.

감정평가 및 보상법규 채점평

2018년도 제29회 감정평가사 제2차 시험

문제 1

(물음 1)은 토지보상법 시행규칙상의 주거이전비에 관한 규정을 무시한 주거이전비 포기각서의 효력에 관한 문제이다. 질문의 취지를 정확히 파악하고 서술한 양호한 답안도 있었으나, 많은 수험생들이 판례를 정확히 언급하고, 토지보상법 시행규칙의 법규성에 관한 기본적 전제를 논한 다음, 문제에 대한 답을 체계적으로 서술하지 못했다.

(물음 2)는 손실보상에 관한 기본적인 문제이다. 관련 토지보상법 시행규칙을 정확히 인용하고 서술할 것을 요구하였으나, 관련 법조문을 정확히 인용한 경우는 적었다.

문제 2

(물음 1)은 징계권자가 국토교통부장관이고 징계발의는 국토교통부장관의 직권으로 또는 협회의 요청에 의하여 하고, 감정평가관리・징계위원회의 의결에 따라 국토교통부장관이 징계를 하는 절차이다. 그러나 의외로 감정평가관리・징계위원회의 심의・의결의 성격에만 중점을 두고 전반적인 절차를 도외시하거나, 불이익처분에 대한 행정절차에만 집중한 답안도 많았다.

(물음 2)는 처분사유의 추가・변경에 관한 문제로서 최근 여러 시험에서 가장 많은 출제빈도를 나타내는 문제였다. 인정을 할 것인가에 관한 학설, 인정한다면 어떤 요건하에 인정될 수 있을 것인가를 설명하고 문제의 사안이 그 요건을 충족하는지를 설명하는 것이 핵심사항이다.

문제 3

토지가격비준표의 법적 성격과, 개별공시지가 산정 시 토지가격비준표의 구속력에 대한 근거법령의 해석 및 판례의 변화를 설명하는 문제이다. 제시된 문제의 쟁점, 위법사항 그리고 근거법률을 바탕으로 결론을 적시하여야 한다. 그러나 일부 수험생은 토지가격비준표의 성격만으로, 근거법률의 해석만으로 결론을 도출하려 하거나 또는 근거법률에 대한 설명이 전혀 없는 경우가 많았다.

문제 4

법령상 중앙부동산가격공시위원회의 역할에 관한 문제이다. 중앙부동산가격위원회의 구성과 역할은 법령에 상세한 규정이 있는 만큼, 법령의 내용을 서술하면 된다. 관련 법령의 내용을 체계적이고 정확하게 이해하는 것이 무엇보다 중요하다.

총평

많은 수험생들은 제시된 사례형 문제에 대하여 사실관계를 정확히 분석한 후 쟁점별로 충실하게 서술한 우수한 답안도 많았지만, 문제를 정확하게 이해하지 못하고 논점을 벗어나서 답안을 작성하거나, 학설과 판례를 충분히 숙지하고 있지 못해 핵심에서 벗어난 답안이 많았다. 따라서, 기본에 충실한 법적인 문제해결능력을 갖추기 위해서는 최신 판례와 이론을 중심으로 행정법과 보상법규를 체계적으로 공부할 것을 권장한다. 참고로 일부 문제에 참조 조문을 제시하였으므로, 답안 작성 과정에서 참고 및 활용하기 바란다.

CHAPTER 08

제30회 기출문제 답안

문제 01

관할 A시장은 「부동산 가격공시에 관한 법률」에 따라 甲소유의 토지에 대해 공시기준일을 2018.1.1.로 한 개별공시지가를 2018.6.28. 결정·공시하고('당초 공시지가') 甲에게 개별 통지하였으나, 이는 토지가격비준표의 적용에 오류가 있는 것이었다. 이후 甲소유의 토지를 포함한 지역 일대에 개발 사업이 시행되면서 관련법에 의한 부담금 부과의 대상이 된 甲의 토지에 대해 A시장은 2018.8.3. 당초 공시지가에 근거하여 甲에게 부담금을 부과하였다. 한편 甲소유 토지에 대한 당초 공시지가에 이의가 있는 인근 주민 乙은 이의신청기간이 도과한 2018.8.10. A시장에게 이의를 신청하였고, A시장은 甲소유 토지에 대한 당초 공시지가를 결정할 때 토지가격비준표의 적용에 오류가 있었음을 이유로 「부동산 가격공시에 관한 법률」 제12조 및 같은 법 시행령 제23조 제1항에 따라 개별공시지가를 감액하는 정정을 하였고, 정정된 공시지가는 2018.9.7. 甲에게 통지되었다. 다음 물음에 답하시오(아래 설문은 각각 별개의 독립된 상황임). 40점

(1) 甲은 정정된 공시지가에 대해 2018.10.22. 취소소송을 제기하였다. 甲의 소송은 적법한가? 15점

(2) 甲은 이의신청기간이 도과한 후에 이루어진 A시장의 개별공시지가 정정처분은 위법하다고 주장한다. 甲의 주장은 타당한가? 10점

(3) 만약 A시장이 당초 공시지가에 근거하여 甲에게 부담금을 부과한 것이 위법한 것이더라도, 이후 A시장이 토지가격비준표를 제대로 적용하여 정정한 개별공시지가가 당초 공시지가와 동일하게 산정되었다면, 甲에 대한 부담금 부과의 하자는 치유되는가? 15점

(설문 1-1)의 해결

Ⅰ 쟁점의 정리

설문은 甲이 제기한 정정된 공시지가 취소소송에 대한 적법 여부를 묻고 있다. 정정처분이 있는 경우 소의 대상과 제소기간을 중심으로 소송요건을 검토하여 사안을 해결한다.

Ⅱ 취소소송 제기의 적법성 판단

소송요건이라 함은 본안심리를 하기 위하여 갖추어야 하는 요건을 말한다. 소송요건으로는 관할권, 제소기간, 처분성, 원고적격, 소의 이익, 전심절차, 당사자능력, 중복소송이 아닐 것, 기판력에 반하지 않을 것 등이 있다.

1. 정정처분이 있는 경우 소의 대상

(1) 개별공시지가의 의의 및 법적 성질

개별공시지가란 시・군・구청장이 공시지가를 기준으로 산정한 개별토지의 단위당 가격을 말하며, 판례는 "개별토지가격결정은 관계법령에 의한 토지초과이득세 또는 개발부담금 산정의 기준이 되어 국민의 권리나 의무 또는 법률상 이익에 직접적으로 관계되는 것으로서 항고소송의 대상이 되는 행정처분에 해당한다.(대판 1993.1.15, 92누12407)"라고 하여 처분성을 인정하고 있다.

(2) 정정처분이 있는 경우 소의 대상

1) 학설

가. 변경된 원처분이 소의 대상이 된다는 견해

변경처분도 실질적으로 일부취소로 보고 후속 변경처분에 의해 당초부터 유리하게 변경되어 존속하는 감경된 처분을 대상으로 취소소송을 제기하여야 한다는 견해이다.

나. 새로운 처분이 소의 대상이 된다는 견해

직권에 의한 적극적 변경은 당초처분을 대체하는 새로운 처분으로 보고(특히 재량행위의 경우 처분청은 새로이 재량권을 행사하고 있다) 적극적 변경처분을 대상으로 취소소송을 제기하는 것이 타당하다는 견해이다.

2) 판례

판례는 행정청이 금전부과처분을 한 후 감액처분을 한 경우에는 감액처분은 일부취소처분의 성질을 가지므로 감액처분이 항고소송의 대상이 되는 것이 아니며 처음의 부과처분 중 감액처분에 의하여 취소되지 않고 남은 부분이 항고소송의 대상이 된다고 한다(대판 2008.2.15, 2006두3957). 단, 감액처분의 경우에도 처분사유가 바뀐 경우에는 감액처분을 새로운 처분으로 보고 당초처분은 취소된 것으로 보아야 할 것이다.

3) 검토

정정처분이 당초처분을 취소하고 행해지는 새로운 처분이면 정정처분을 대상으로 항고소송을 제기하여야 하고, 정정처분이 당초처분의 효력 중 일부만을 취소하는 데 그치며 새로운 처분이 아닌 경우에는 당초처분을 대상으로 항고소송을 제기하여야 할 것이다.

(3) 사안의 경우

설문에서 정정처분의 내용은 기존 공시가격을 감액하는 내용이므로 이는 감액정정처분으로 볼 것이다. 따라서 당초부터 유리하게 변경된 당초처분이 소의 대상이 될 것이다.

2. 정정처분이 있는 경우 제소기간

(1) 제소기간의 의의 및 취지(행정소송법 제20조)

제소기간이란 소송을 제기할 수 있는 시간적 간격을 의미하며 제소기간 경과 시 "불가쟁력"이 발생하여 소를 제기할 수 없다. 행정소송법 제20조에서는 처분이 있은 날로부터 1년, 안 날로부터 90일 이내에 소송을 제기해야 한다고 규정하고 있다. 제소기간은 행정의 안정성과 국민의 권리구제를 조화하는 입법정책과 관련된 문제이다.

(2) 사안의 경우

소의 대상이 변경된 원처분으로서의 정정된 공시지가이므로 제소기간도 이를 기준으로 하여 2018.6.28.부터 기산될 것이다. 소송 제기일이 2018.10.22.이므로 제소기간이 도과되었다.

3. 원고적격 등 그 외 소송요건

甲은 해당 토지소유자로서 원고적격이 인정되고, A시장을 피고로 하여 A시 및 토지소재지 관할 법원에 취소소송을 제기할 수 있다.

Ⅲ 사안의 해결

정정된 공시지가는 당초 공시일에 소급하여 그 효력이 발생되므로, 甲은 정정된 공시지가를 대상으로 당초 공시지가 통지일인 2018.6.28.부터 90일 내에 취소소송을 제기할 수 있다. 그러나, 甲은 90일의 제소기간을 넘겨 2018.10.22.에 취소소송을 제기한 바 甲이 제기한 취소소송은 소송요건을 갖추지 못하여 각하될 것이다.

(설문 1-2)의 해결

Ⅰ 쟁점의 정리

甲은 이의신청기간이 도과된 후 이루어진 정정처분의 위법성을 주장한다. 정정처분과 이의신청관계 및 정정처분의 요건(사유)을 검토하여 사안을 해결한다.

Ⅱ 이의신청과 정정처분의 관계

1. 이의신청의 의의 및 제도적 취지 등

이의신청이란 개별공시지가에 이의 있는 자가 시・군・구청장에게 이의를 신청하고 시・군・구청장이 이에 대해 심사하는 제도로서, 개별공시지가의 객관성을 확보하여 공신력을 높이는 취지가 인정된다. 이의신청은 특별법상 행정심판이 아니기에, 이를 거친 이후에도 행정심판 및 행정소송을 제기할 수 있다.

2. 직권정정의 의의 및 제도적 취지 등

(1) 의의 및 취지

개별공시지가에 틀린 계산, 오기, 표준지선정 착오 등 명백한 오류가 있는 경우에 이를 직권으로 정정해야 하는 제도를 말하며, 이는 명시적 규정을 두어 책임문제로 인한 정정회피 문제를 해소하고 불필요한 쟁송을 방지하여 행정의 능률화를 도모함에 취지가 있다.

(2) 정정사유(부동산공시법 시행령 제23조 제1항)

정정사유로는 틀린 계산·오기 및 대통령령으로 정하는 명백한 오류가 있는 경우로서 ① 공시절차를 완전하게 이행하지 아니한 경우, ② 용도지역 등 주요 요인의 조사를 잘못한 경우, ③ 토지가격 비준표 적용에 오류가 있는 경우가 있다.

3. 이의신청과 직권정정의 관계

이의신청은 토지소유자 등의 신청에 의하여 이루어지고, 개별공시지가 정정처분은 명백한 오류의 시정을 위하여 직권으로 이루어진다. 각 제도는 하자없는 개별공시지가 산정목적을 위한 것으로 별도의 제도이므로 이의신청의 기간이 도과되어도 시·군·구청장은 언제든지 명백한 오류의 시정을 위하여 직권으로 정정할 수 있을 것이다.

Ⅲ 사안의 해결

정정제도는 과세 및 개발부담금 산정의 기초가 되는 개별공시지가의 명백한 오류를 시정하기 위한 것이므로 이의신청과 무관하게 시·군·구청장은 개별공시지가를 정정할 수 있다. 따라서 甲의 주장은 타당하지 못하다.

[설문 1-3]의 해결

Ⅰ 쟁점의 정리

설문에서는 위법한 개별공시지가에 기해 부담금이 부과되었는데, 이후 정정된 개별공시지가가 종전 개별공시지가와 동일하게 산정되었다면 위법한 개별공시지가에 기한 부담금 부과처분의 하자가 치유되는지를 묻고 있다. 하자치유의 일반이론을 검토하여 사안을 해결한다.

Ⅱ 하지치유의 인정논의

1. 의의 및 취지

하자의 치유란 행정행위의 성립 당시 하자를 사후에 보완하여 그 행위의 효력을 유지시키는 것을 말한다. 이는 행정행위의 무용한 반복을 피하는 소송경제와 권리구제요청의 조화문제이다.

2. 인정 여부

(1) 학설

① 행정의 능률성 측면에서 긍정하는 견해와, ② 행정결정의 신중성 확보 및 사인의 신뢰보호 측면에서 부정하는 견해 및 ③ 원고의 공격방어권을 침해하지 않는 범위에서 제한적으로 긍정하는 견해가 있다.

(2) 판례

행정행위의 무용한 반복을 피하고 당사자의 법적 안정성을 위해서, 국민의 권리나 이익을 침해하지 않는 범위 내에서 구체적 사정에 따라 합목적적으로 인정해야 한다고 판시한 바 있다(대판 2002.7.9, 2001두10684).

(3) 검토

하자의 치유는 하자의 종류에 따라서, 하자의 치유를 인정함으로써 달성되는 이익과 그로 인하여 발생하는 불이익을 비교형량하여 개별적으로 결정하여야 한다.

3. 인정범위

판례는 절차, 형식상의 하자 중 취소사유만 인정한다. 이에 대해 내용상 하자에도 적용된다는 견해도 있다. 또한 하자치유는 행정행위의 존재를 전제로 하여 그 흠을 치유하여 흠이 없는 행정행위로 하는 것이므로 무효인 행정행위의 치유는 인정될 수 없다는 부정설이 통설이며 판례의 입장이다(대판 1997.5.28, 96누5308)(이에 대하여 무효와 취소의 구별의 상대화를 전제로 무효인 행정행위의 치유도 인정할 수 있다고 보는 견해가 있다).

4. 인정시기(시적 한계)

(1) 학설

① 이유제시는 상대방에게 쟁송의 제기에 편의를 제공하기 위하여 인정되는 것이기 때문에 쟁송제기 전까지 가능하다는 견해와, ② 행정심판은 행정의 내부통제인바 행정소송제기 전까지 가능하다는 견해, ③ 소송경제를 위하여 판결 시까지 가능하다는 견해가 있다.

(2) 판례

판례는 이유제시의 하자를 치유하려면 늦어도 처분에 대한 불복 여부의 결정 및 불복신청에 편의를 줄 수 있는 상당한 기간 내에 하여야 한다고 하고 있다(대판 1983.7.26, 82누420).

(3) 검토

이유제시제도의 기능(공정한 행정의 보장과 행정불복에의 편의제공)과 하자의 치유의 기능(행정경제 및 법적 안정성)을 조화시켜야 하고, 절차상 하자 있는 행위의 실효성 통제를 위해서 쟁송제기 이전까지 가능하다고 본다.

5. 하자치유의 효과

행정행위의 하자가 치유되면 해당 행정행위는 처분 시부터 하자가 없는 적법한 행정행위로 효력을 발생하게 된다.

Ⅲ 사안의 해결

정정된 공시지가는 당초 공시일로 소급하여 효력이 발생된다. 이미 부과된 부담금은 위법한 개별공시지가에 기하여 산출된바, 개별공시지가가 정정된다고 하여도 이미 부과된 부담금의 기초가 된 개별공시지가까지 변경되어 부담금이 재산출된다고까지는 볼 수 없다. 따라서 그 하자가 치유된다고 볼 수 없을 것이다.

문제 02

甲은 골프장을 보유 · 운영해 왔는데, 그 전체 부지 1,000,000㎡ 중 100,000㎡가 도로건설 사업부지로 편입되었고, 골프장은 계속 운영되고 있다. 위 사업부지로 편입된 부지 위에는 오수처리시설이 있었는데, 수용재결에서는 그 이전에 필요한 비용으로 1억원의 보상금을 산정하였다. 다음 물음에 답하시오. 30점

(1) 甲은 골프장 잔여시설이 종전과 동일하게 운영되려면 위 오수처리시설을 대체하는 새로운 시설의 설치가 필요하다고 보아 그 설치에 드는 비용 1억 5천만원을 보상받아야 한다고 주장한다. 甲의 주장은 법적으로 타당한가? 10점

(2) 甲은 골프장 잔여시설의 지가 및 건물가격 하락분에 대하여 보상을 청구하려고 한다. 이때 甲이 제기할 수 있는 소송에 관하여 설명하시오. 20점

(설문 2-1)의 해결

Ⅰ 쟁점의 정리

甲은 오수처리시설의 이전비가 아닌 대체시설 설치비용의 보상을 주장하고 있다. 오수처리시설은 지장물이므로 지장물에 대한 보상기준을 검토하여 사안을 해결한다.

Ⅱ 지장물의 보상평가기준

1. 지장물의 의의(토지보상법 시행규칙 제2조 제3호)

지장물이란 공익사업시행지구 내의 토지에 정착한 건축물 · 공작물 · 시설 · 입목 · 죽목 및 농작물 그 밖의 물건 중에서 해당 공익사업의 수행을 위하여 직접 필요하지 아니한 물건을 말한다.

2. 지장물에 대한 평가기준 및 원칙(토지보상법 제75조 건축물 등 물건에 대한 보상)

(1) 이전비의 지급원칙

건축물 · 입목 · 공작물과 그 밖에 토지에 정착한 물건에 대하여는 이전에 필요한 비용으로 보상하여야 한다. 이전비란 대상물건의 유용성을 동일하게 유지하면서 이를 해당 공익사업시행지구 밖의 지역으로 이전 · 이설 또는 이식하는 데 소요되는 비용(물건의 해체비, 건축허가에 일반적으로 소요되는 경비를 포함한 건축비와 적정거리까지의 운반비를 포함하며, 「건축법」 등 관계법령에 의하여 요구되는 시설의 개선에 필요한 비용을 제외한다)을 말한다.

(2) 물건의 가격으로 보상하는 경우

① 건축물 등을 이전하기 어렵거나 그 이전으로 인하여 건축물 등을 종래의 목적대로 사용할 수 없게 된 경우, ② 건축물 등의 이전비가 그 물건의 가격을 넘는 경우에는 물건의 가격으로 보상하여야 한다.

Ⅲ 사안의 해결

1. 신규설치비용으로 보상해야 하는지 여부

토지보상법 제75조에는 지장물 보상 시 이전비를 원칙으로 하되 물건가격을 상한으로 하도록 규정되어 있다. 따라서 오수처리시설의 대체시설 설치비용이 아닌 기존 시설의 이전비로 보상된 것은 적법하므로 甲의 주장은 다당하지 않다.

2. 토지보상법 제73조 및 제75조의2 규정의 적용가능성

토지보상법 제73조 및 제75조의2 규정에서는 '그 밖의 손실이 있을 때'에는 그 손실을 보상하도록 되어 있으나 오수처리시설은 지장물로서 이전비 보상이 원칙이므로 해당 규정들은 적용되기 어려울 것이다.

(설문 2-2)의 해결

Ⅰ 쟁점의 정리

설문은 잔여시설의 지가 및 건물가격 하락분에 대해 보상청구를 하려는 경우 제기할 수 있는 소송에 대해서 묻고 있다. 보상금에 대한 다툼이 있는 경우 토지보상법 제83조에서는 이의신청을, 제85조에서는 보상금증감청구소송을 제기하도록 규정하고 있는바, 이하에서 보상금증감청구소송에 대해서 설명한다.

Ⅱ 토지보상법 제85조 제2항 보상금증감청구소송

1. 의의 및 취지

(보상재결에 대한) 보상금의 증감에 대한 소송으로서 사업시행자, 토지소유자는 각각을 피고로 제기하며(제85조 제2항), ① 보상재결의 취소 없이 보상금과 관련된 분쟁을 일회적으로 해결하여, ② 신속한 권리구제를 도모함에 취지가 있다.

2. 소송의 형태

종전에는 형식적 당사자소송이었는지와 관련하여 견해의 대립이 있었으나, 현행 토지보상법 제85조에서는 재결청을 공동피고에서 제외하여 형식적 당사자소송임을 규정하고 있다.

3. 소송의 성질

① 법원이 재결을 취소하고 보상금을 결정하는 형성소송이라는 견해, ② 법원이 정당보상액을 확인하고 금전지급을 명하거나 과부과된 부분을 되돌려 줄 것을 명하는 확인·급부소송이라는 견해가 있으며, ③ 판례는 해당 소송을 이의재결에서 정한 보상금이 증액, 변경될 것을 전제로 하여 기업자를 상대로 보상금의 지급을 구하는 확인·급부소송으로 보고 있다. ④ 생각건대 형성소송설은 권력분립에 반할 수 있으며 일회적인 권리구제에 비추어 확인·급부소송설이 타당하다.

4. 제기요건 및 효과(기간특례, 당사자, 원처분주의, 관할)

① 제85조에서는 제34조 재결을 규정하므로 원처분을 대상으로 ② 재결서를 받은 날부터 90일 또는 60일(이의재결 시) 이내에 ③ 토지소유자, 관계인 및 사업시행자는 각각을 피고로 하여 ④ 관할법원에 당사자소송을 제기할 수 있다.

5. 심리범위

① 손실보상의 지급방법(채권보상 여부 포함)과 ② 적정손실보상액의 범위 및 보상액과 관련한 보상면적(잔여지수용 등) 등은 심리범위에 해당한다. 판례는 ③ 지연손해금 역시 손실보상의 일부이고, ④ 잔여지수용 여부 및 ⑤ 개인별 보상으로서 과대, 과소항목의 보상항목 간 유용도 심리범위에 해당한다고 본다.

6. 심리방법

법원 감정인의 감정결과를 중심으로 적정한 보상금이 산정된다.

7. 입증책임

입증책임과 관련하여 민법상 법률요건분배설이 적용된다. 판례는 재결에서 정한 보상액보다 정당한 보상이 많다는 점에 대한 입증책임은 그것을 주장하는 원고에게 있다고 한다.

8. 판결(형성력, 별도의 처분 불필요)

산정된 보상금액이 재결금액보다 많으면 차액의 지급을 명하고, 법원이 직접 보상금을 결정하므로 소송당사자는 판결결과에 따라 이행하여야 하며 중앙토지수용위원회는 별도의 처분을 할 필요가 없다.

Ⅲ 사안의 해결(재결전치주의)

토지보상법에 의한 손실보상청구절차를 보면 관할 토지수용위원회의 재결을 거쳐 행정소송을 제기할 수 있도록 하여, 재결전치주의를 취하고 있다. 재결전치주의는 잔여지 및 잔여건축물에 대한 감가보상을 청구하는 경우에도 적용되므로 甲은 잔여시설의 지가 및 건물가격 하락분에 대하여 토지수용위원회의 재결절차를 거친 후 사업시행자를 피고로 하여 보상금증액청구소송을 제기할 수 있을 것이다.

문제 03

X군에 거주하는 어업인들을 조합원으로 하는 A수산업협동조합(이하 'A조합'이라 함)은 조합원들이 포획·채취한 수산물의 판매를 위탁받아 판매하는 B수산물위탁판매장(이하 'B위탁판매장'이라 함)을 운영하여 왔다. 한편, B위탁판매장 운영에 대해서는 관계 법령에 따라 관할 지역에 대한 독점적 지위가 부여되어 있었으며, A조합은 B위탁판매장 판매액 중 일정비율의 수수료를 지급받아 왔다. 그런데, 한국농어촌공사는 「공유수면 관리 및 매립에 관한 법률」에 따라 X군 일대에 대한 공유수면매립면허를 받아 공유수면매립사업을 시행하였고, 해당 매립사업의 시행으로 인하여 사업대상지역에서 어업활동을 하던 A조합의 조합원들은 더 이상 조업을 할 수 없게 되었다. A조합은 위 공유수면매립사업지역 밖에서 운영하던 B위탁판매장에서의 위탁판매사업의 대부분을 중단하였고, 결국에는 B위탁판매장을 폐쇄하기에 이르렀다. 이에 따라 A조합은 공유수면매립사업으로 인한 위탁판매수수료 수입의 감소에 따른 영업손실의 보상을 청구하였으나, 한국농어촌공사는 B위탁판매장이 사업시행지 밖에서 운영되던 시설이었고 「공유수면 관리 및 매립에 관한 법률」상 직접적인 보상 규정이 없음을 이유로 보상의 대상이 아니라고 주장한다. 한국농어촌공사의 주장은 타당한가? [20점]

(설문 3)의 해결

Ⅰ 쟁점의 정리

공유수면매립사업으로 인하여 사업시행지구 밖에 위치한 A조합이 수산물위탁판매 수입감소로 인하여 더 이상 판매시설을 운영할 수 없게 된 경우 이에 대한 영업손실보상을 청구할 수 있는지가 문제된다. 이에 대해 사업시행자인 한국농어촌공사는 관련법상 직접적인 보상규정이 없기에 보상의 대상이 아니라고 주장하는바, 간접손실에 대한 요건을 검토하여 이에 대한 타당성을 검토한다.

Ⅱ 위탁판매수수료 감소가 간접손실보상인지 여부

1. 간접손실보상의 의의 및 성격

간접손실이란 공익사업의 시행으로 인하여 사업시행지 밖의 재산권자에게 필연적으로 발생하는 손실을 말하며, 사업시행지 내의 토지소유자가 입은 부대적 손실과 구별된다. 간접손실보상은 일반적으로 사회정책적 견지에서 인간다운 생활을 보상하고 유기체적인 생활을 종전의 상태로 회복하기 위한 측면을 갖는다.

2. 헌법 제23조 제3항의 손실보상에 간접손실보상이 포함되는지 여부

간접손실도 적법한 공용침해로 인하여 예견되는 통상의 손실이고, 헌법 제23조 제3항을 손실보상에 관한 일반적 규정으로 보는 것이 타당하므로 헌법 제23조 제3항의 손실보상에 포함시키는 것이 타당하다.

3. 사안의 경우

수산업협동조합 A의 위탁판매수수료 수입의 감소로 입은 손실은 공유수면매립사업의 시행으로 필연적으로 발생한 손실이고, 사업시행지 밖의 제3자에게 발생한 손실이므로 간접손실이라고 볼 수 있다.

Ⅲ 보상의 대상이 되는 간접손실인지 여부

간접손실보상이 인정되기 위하여는 간접손실이 발생하여야 하고, 해당 간접손실이 특별한 희생이 되어야 한다.

1. 간접손실의 존재

간접손실이 되기 위하여는 ① 공공사업의 시행으로 사업시행지 이외의 토지소유자(제3자)가 입은 손실이어야 하고, ② 그 손실이 공공사업의 시행으로 인하여 발생하리라는 것이 예견되어야 하고, ③ 그 손실의 범위가 구체적으로 특정될 수 있어야 한다(대판 1999.12.24, 98다57419, 57426 참조).

2. 특별희생의 발생

간접손실이 손실보상의 대상이 되기 위하여는 해당 간접손실이 특별한 희생에 해당하여야 한다. 간접손실이 재산권에 내재하는 사회적 제약에 속하는 경우에는 보상의 대상이 되지 않는다.

3. 사안의 경우

사업시행지 밖의 A조합에게는 독점적 지위가 부여되어 있으므로 손실발생을 예견할 수 있다고 보며, 영업실적을 통하여 손실도 구체적으로 특정할 수 있을 것이다. 따라서 공유수면매립사업의 시행으로 인하여 판매수수료가 줄어들어 위탁판매사업의 대부분을 중단하게 된 것은 A조합이 수인해야 할 재산권에 대한 제한의 한계를 넘어선 것으로 보이므로 특별희생이라고 볼 수 있다.

Ⅳ 보상에 관한 명시적 규정이 없는 경우의 간접손실의 보상

1. 현행 "토지보상법"상 간접손실보상

(1) 토지보상법 시행규칙 제64조의 규정 검토(지구 밖 영업손실규정)

① 시행규칙 제45조의 영업보상대상요건에 충족하고, ② 배후지의 2/3 이상이 상실되어

영업을 계속할 수 없는 경우, ③ 진출입로의 단절, 그 밖의 사유로 휴업이 불가피한 경우를 요건으로 규정하고 있다.

(2) 사안의 경우

설문상 배후지의 2/3 이상이 상실되어 영업을 계속할 수 없는 경우로 볼 수 없으므로 동 규칙을 적용하여 보상할 수 없다고 판단된다. 따라서 보상규정이 결여된 경우의 간접보상이 문제된다.

2. 보상규정이 결여된 간접보상의 가능 여부

(1) 토지보상법 제79조 제4항을 일반적 근거조항으로 볼 수 있는지 여부

① 동 규정을 기타 손실보상에 대한 일반적 근거조항으로 보아 손실보상청구를 할 수 있다는 견해와, ② 동 규정은 보상하여야 하는 경우이지만 법률에 규정되지 못한 경우에 대한 수권조항일 뿐이므로 보상의 근거가 될 수 없다는 견해가 있다. ③ 생각건대 일반적 근거조항으로 보는 것이 국민의 권리구제에 유리하나, 개괄수권조항으로 보게 되면 보상규정이 흠결된 경우에 해당한다.

(2) 보상규정이 결여된 경우의 간접손실보상의 근거

1) 학설

① 보상부정설은 규칙 제59조 내지 제65조 규정에서 정하지 않은 손실은 보상의 대상이 되지 않는다고 한다. ② 유추적용설은 헌법 제23조 제3항 및 토지보상법상 간접손실보상규정을 유추적용해야 한다고 한다. ③ 직접적용설은 헌법 제23조 제3항의 직접효력을 인정하고 이를 근거로 보상청구권이 인정된다고 한다. ④ 평등원칙 및 재산권보장규정근거설은 평등원칙과 재산권보장규정이 직접 근거가 될 수 있다면 보상해야 한다고 한다. ⑤ 수용적 침해이론은 간접손실도 비의도적 침해에 의해 발생한바 수용적 침해이론을 적용하여 보상해야 한다고 한다. ⑥ 손해배상설은 명문규정이 없는 한 손해배상청구를 해야 한다고 한다.

2) 판례

① 간접손실이 공익사업의 시행으로 기업지 이외의 토지소유자가 입은 손실이고, ② 그 손실의 범위도 구체적으로 이를 특정할 수 있고, ③ 손실이 발생하리라는 것을 쉽게 예견할 수 있는 경우라면, ④ '그 손실보상에 관하여 토지보상법 시행규칙의 관련규정들을 유추적용할 수 있다.'고 한다.

3) 검토

간접손실도 헌법 제23조 제3항의 손실보상의 범주에 포함되므로 예견가능성, 특정가능성이 인정된다면 헌법 제23조 제3항을 근거로 하여 손실보상을 청구할 수 있다고 판단된다. 이 경우 구체적인 보상액은 토지보상법상 관련규정을 적용할 수 있을 것이다.

3. 문제의 해결

토지보상법 제79조 제4항을 손실보상의 일반적 근거조항으로 보면, 甲은 이에 근거하여 간접손실보상을 청구할 수 있으며, 이를 일반적 근거조항으로 보지 않는다면 헌법 제23조 제3항을 근거로 손실보상을 청구할 수 있을 것이다.

V 사안의 해결

공유수면매립사업으로 인하여 A조합이 위탁판매업무를 더 이상 행할 수 없게 된다면, 이는 공유수면매립사업시행지구 밖에서 발생한 간접손실보상의 대상이 된다. 특별한 희생으로서 보상대상이 됨에도 불구하고 이에 대한 직접적인 보상규정이 없는 경우라면 헌법 제23조 제3항에 근거하여 관련규정을 유추적용하여 보상하여야 할 것이다. 따라서 한국농어촌공사의 주장은 타당하지 않다.

문제 04

「공익사업을 위한 토지 등의 취득 및 보상에 관한 법률」 제26조는 수용재결 신청 전에 사업시행자로 하여금 수용대상 토지에 관하여 권리를 취득하거나 소멸시키기 위하여 토지소유자 및 관계인과 교섭하도록 하는 협의제도를 규정하고 있다. 이에 따른 협의가 수용재결 신청 전의 필요적 전치절차인지 여부와 관할 토지수용위원회에 의한 협의성립의 확인의 법적 효과를 설명하시오. 10점

(설문 4)의 해결

Ⅰ 협의가 수용재결 신청 전의 필요적 전치절차인지 여부

1. 협의의 의의 및 취지

협의란 사업인정 후 토지 등의 권리취득 등에 대한 양 당사자의 의사의 합치로서 ① 최소침해요청과 ② 사업의 원활한 진행, ③ 피수용자의 의견존중에 취지가 있다.

2. 필수적 절차인지

사업인정 전·후 절차중복을 피하기 위해서 토지보상법 제26조 제2항에서는 사업인정 전 협의를 거치고 조서변동이 없을 시에 생략할 수 있다고 규정하고 있다. 토지조서와 물건조서에 변동사항이 없는 경우에는 협의의 가능성이 없으므로 다시 협의 등의 절차를 거치는 것이 무의미하고, 이미 거쳤던 절차를 반복하지 않게 함으로써 공익사업을 신속하게 추진하고자 함에 있다 할 것이므로 그 입법목적의 정당성 및 방법의 적절성이 인정된다(헌재 2007.11.29, 2006헌바79).

Ⅱ 협의성립확인의 법적 효과

1. 의의 및 취지(토지보상법 제29조)

협의성립확인이란, 협의가 성립한 경우 사업시행자가 수용재결의 신청기간 이내에 해당 토지소유자 및 관계인의 동의를 얻어 관할 토지수용위원회의 확인을 받는 것을 말한다. 이는 ① 계약불이행에 따른 위험을 방지하고, ② 공익사업의 원활한 진행을 도모함에 취지가 인정된다.

2. 협의성립확인의 법적 효과

(1) 재결효력(토지보상법 제29조 제4항)

사업시행자는 보상금의 지급 또는 공탁을 조건으로 수용목적물을 원시취득하고 피수용자의 의무불이행 시 대행·대집행을 신청할 수 있으며 위험부담이 이전된다. 피수용자는 목적물

의 인도·이전의무와 손실보상청구권, 환매권이 발생하게 된다. 또한 계약에 의한 승계취득을 재결에 의한 원시취득으로 전환시키게 된다.

(2) 차단효 발생(토지보상법 제29조 제4항)

협의성립확인이 있으면 사업시행자·토지소유자 및 관계인은 그 확인된 협의의 성립이나 내용에 대하여 다툴 수 없는 확정력이 발생한다. 협의성립확인을 받은 후에도 협의에서 정한 보상일까지 보상금을 지급하지 않으면 재결의 실효규정이 적용되어서 확인행위의 효력은 상실된다고 보아야 할 것이다.

(3) 불가변력

협의성립확인은 관할 토지수용위원회가 공권적으로 확인하는 행위로서 법원의 판결과 유사한 준사법작용으로 볼 수 있다. 따라서 다수견해 및 판례는 확인행위에는 불가변력이 발생한다고 보나 소수견해는 부정한다.

(4) 확인의 실효

협의성립확인을 받은 후에도 협의에서 정한 보상일까지 보상금을 지급하지 않으면 재결의 실효규정(토지보상법 제42조)이 적용되어서 확인행위의 효력은 상실된다고 보아야 할 것이다.

감정평가 및 보상법규 채점평

2019년도 제30회 감정평가사 제2차 시험

문제 1

① (설문 1)에서는 정정된 개별공시지가 취소소송의 적법성을 다루고 있다. 따라서 개별공시지가의 처분성 논의와, 정정된 개별공시지가에 대한 제소기간 산정일 판단이 중요한 논점일 것이다. 서울법학원 수강생 분들은 이미 3기 3주차에서 정정된 개별공시지가의 효력 및 제소기간에 대해 다룬 바 있어 쉽게 접근할 수 있었다고 생각된다.

본 설문은 대법원 1994.10.7, 93누15588 판결을 토대로 "부동산 가격공시에 관한 법률상 토지특성조사의 착오 기타 위산・오기 등 지가산정에 명백한 잘못이 있을 경우에는 시장・군수 또는 구청장이 지방부동산가격공시위원회의 심의를 거쳐 경정 결정할 수 있고, 다만, 경미한 사항일 경우에는 지방부동산가격공시위원회의 심의를 거치지 아니할 수 있다고 규정되어 있는바, 여기서 토지특성조사의 착오 또는 위산・오기는 지가산정에 명백한 잘못이 있는 경우의 예시로서 이러한 사유가 있으면 경정 결정할 수 있는 것으로 보아야 하고 그 착오가 명백하여야 비로소 경정 결정할 수 있다고 해석할 것은 아니다. 개별공시지가의 지가산정에 명백한 잘못이 있어 경정 결정 공고되었다면 당초에 결정 공고된 개별공시지가는 그 효력을 상실하고 경정 결정된 새로운 개별공시지가의 공시기준일에 소급하여 그 효력을 발생한다."라는 판례를 기초로 하여 해당 쟁송의 기준시점을 잡아서 논리를 전개해 나간다면 좋은 점수를 획득할 수 있을 것이다.

② (설문 2)에서는 이의신청기간이 도과한 후에 이루어진 정정처분의 위법성을 다루고 있다. 사안에서는 이의신청 기간이 도과되어 이의신청에 따른 이의신청이 불가능하다고 판단된다. 그러나 개별공시지가 정정 규정(제12조)에서 '명백한 오류가 있음'이 발견될 경우 지체 없이 정정해야 함을 규정하고 있고, 또한 (질의회신 지제58320-780)에서는 "표준지 선정 착오 등 명백한 오류가 있음을 발견할 때에는 이의신청 절차와는 별도로 개별공시지가의 정정절차를 이행하여야 한다."라고 언급하고 있다. 이를 토대로 사안해결에 접근해야 할 것이다.

해당 문제는 대법원 2010.1.28, 2008두19987 판결을 토대로 "부동산 가격공시에 관한 법률이 이의신청에 관하여 규정하고 있다고 하여 이를 행정심판법상에서 행정심판의 제기를 배제하는 '다른 법률에 특별한 규정이 있는 경우'에 해당한다고 볼 수 없으므로, 개별공시지가에 대하여 이의가 있는 자는 곧바로 행정소송을 제기하거나 부동산 가격공시에 관한 법률에 따른 이의신청과 행정심판법에 따른 행정심판청구 중 어느 하나만을 거쳐 행정소송을 제기할 수 있을 뿐 아니라, 이의신청을 하여 그 결과 통지를 받은 후 다시 행정심판을 거쳐 행정소송을 제기할 수도 있다고 보아야 하고, 이 경우 행정소송의 제소기간은 그 행정심판 재결서 정본을 송달받은 날부터 기산한다."라는 대법원 판결을 언급하면서 이의신청과 별도 개별공시지가 정정에 대한 쟁점을 구분하여 정리한다면 더욱 좋은 점수를 받을 수 있을 것으로 보인다.

③ (설문 3)에서는 하자치유의 범위를 살펴보건대, 단순 "취소사유 및 절차·형식상 하자"의 경우 치유가 가능하나, "무효사유 및 내용상 하자"의 경우 치유가 불가능함을 보여주고 있다. 따라서 토지가격비준표 적용 오류의 하자 종류에 따라 하자의 치유가능성 여부가 달라지는 것을 볼 수 있다. 해당 문제는 대법원 2001.6.26, 99두11592 판결을 중심으로 선행처분인 개별공시지가결정이 위법하여 그에 기초한 개발 부담금 부과처분도 위법하게 된 경우, 그 후 적법한 절차를 거쳐 공시된 개별공시지가결정이 종전의 위법한 공시지가결정과 그 내용이 동일하다는 사정만으로 그 개발 부담금 부과처분의 하자가 치유되어 적법하게 되는지 여부(소극)를 묻는 문제이다.

문제 2

올해 가장 논의가 많이 되었던 잔여지와 잔여시설에 대한 보상 쟁점이다.

올해 한국감정평가학회 춘계세미나에서 잔여지 및 잔여시설물 보상에 대한 중앙토지수용위원회 운영규정(안)에 대한 용역 발주 세미나가 있었다. 잔여지 관련 논문과 규정(안)도 강의 중에 나누어 드린바 있다. 최근 보상이 급증하면서 잔여지뿐만 아니라 잔여시설물에 대한 보상이 중요한 화두가 되고 있어서 이에 대한 보상 가이드라인이 정확히 설정되어야 할 시점이다. 그런 차원에서 서울법학원에서 수험공부를 하신 분들은 이미 상당 부분 관련 논문과 자료들을 공부했고, 해당 규정과 판례를 정리하였다면 어렵지 않게 정리할 수 있는 문제로 보인다.

보상금증감청구소송은 역대 최근 10년간 무려 6번이나 출제된 아주 중요한 쟁점이어서 수차례 학습과 모의고사도 많이 치렀고, 특히 대판 2008.8.21, 2007두13845 판례를 모조리 외울 정도로 공부를 많이 한 논제이다. 특히 2019년 7월 1일부로 개정 시행되는 토지보상법 제85조 제소기간 관련 부분에 있어서 개정된 내용도 알고 있는지 여부에 대한 부분을 물어 본 것으로 보인다. 물론 종전 규정을 그대로 쓰시더라도 감점은 없지만 개정된 내용을 정확히 언급한다면 상당히 좋은 가점을 받을 것으로 예상된다.

① (설문 1)의 경우 고등법원판례에 기초한 사실관계로, 토지보상법 제75조 제1항에 따른 이전비에 불복하여 토지보상법 제73조 및 제75조의2에 근거한 잔여지 및 잔여 건축물 가격보상을 유추적용할 수 있는지 여부를 판단하는 문제이다.
판례는 유추적용의 근거가 없고, 법 제75조에 따른 이전비가 타당하므로, 제73조 및 제75조의2의 유추적용을 부정하고 있는 바, 이에 근거한 답안작성이 필요할 것이다.

② (설문 2)는 수용재결 이후 보상에 대해 제기할 수 있는 소송에 관한 물음으로, 보상금뿐만 아니라 잔여지와 같은 보상 범위에 관해 종합적으로 판단할 수 있는 보상금증감청구소송의 검토가 필요하다. 다만, 甲의 권리구제수단을 종합적으로 검토하기 위해 특별법상 행정심판인 이의신청(법 제83조)도 간단히 언급하는 것이 좋을 듯하다.

문제 3

간접손실보상에 대한 문제로 수차례 서울법학원 모의고사 문제에서 풀어본 문제이다.

수산업협동조합 문제로 시험 직전에도 많이 풀어본 내용인데, 공익사업시행지구 밖의 위탁판매 수수료 감소, 즉 공익사업시행지구 밖의 영업손실에 대한 보상이 쟁점이다. 이론적으로 접근한 수험생 분들도 많은 듯하다.

본 문제는 사회적·경제적 손실인 간접손실보상과 물리적·기술적 손실인 간접침해 보상을 구분하면서 공익사업시행지구 밖의 사회적·경제적 손실인 간접보상의 개념과 요건, 특별한 희생의 문제, 헌법상 제23조 손실보상대상인지, 토지보상법 시행규칙 제64조에 해당되는지 여부 등을 종합적으로 고려하여 판단해야 할 문제로 판단된다.

① 간접손실보상의 개념 및 요건 해당 여부에 대한 검토가 중요하다.

② 간접손실보상이 헌법 제23조의 손실보상 대상에 해당하는지 판단이 중요하다.

③ 사안에서는 토지보상법 시행규칙 제64조의 영업손실보상을 구체적으로 판단하기 어려운 바, 구체적 보상규정 결여시 헌법 제23조 제3항의 효력논의로 유추적용 가능성도 언급하는 것이 좋다. 다만 간접손실보상규정 흠결에 대해 독일에서 넘어온 일부 학자분들의 견해도 있는데 이를 언급하여 정리하는 것도 좋은 방법론으로 보인다. 그러나 실제 배점이 20점으로 작아서 논의를 깊이 할 수 없어 실전 답안은 결론만 적어야 할 것이다.

문제 4

문제 4번에서 출제자는 최근 대법원 판례인 2018.12.13, 2016두51719 판결[협의성립확인신청수리처분취소] 사건을 기반으로 출제한 것으로 보인다. 사실 이번 4번 문제를 보아서는 출제자는 최신 판례를 토대로 이 문제를 1번 또는 2번으로 출제하려는 의도가 엿보이나 수험생들이 최신 판례를 내면 당황하니까 아마도 4번 문제로 출제한 것으로 추정된다. 출제의도는 사업인정 후 토지보상법 제26조 협의의 법적 성질, 협의성립확인제도, 협의의 필요적 전치 여부, 협의성립확인의 효과를 중점으로 물어보았다. 최근 대법원 2016두51719 판결로 진정한 소유자에게 동의를 받지 않은 경우 협의성립확인신청수리처분 취소가 가능하다는 논점까지 썼다면 큰 가점을 받았을 것으로 보인다.

① '협의가 수용재결 신청 전의 필요적 전치 절차'를 묻고 있으므로, 법 제16조·제26조의 협의의 관계를 중심으로 판단해야 할 것이다.

② 협의성립확인의 일반론으로 개념과 효력을 일목요연하게 설명하는 것이 좋다.

총평

이번 제30회 보상법규 시험은 매우 현실적인 부동산가격공시문제와 보상법 문제가 출제되었다. 감정평가사제도 관련 문제는 출제되지 않은 특징이 있고, 그동안의 출제 관례를 깨고 부동산가격공시문제가 1번 40점으로 출제된 특징이 있다. 그리고 토지보상법 문제를 무려 60점 이상 출제한 것은 이번 연도 손실보상 규모가 30조원에 이르는 상황을 반영하여 토지보상법의 비중을 높인 것으로 보인다. 표준지공시지가와 개별공시지가가 언론에 많이 나오면서 국민들이 많은 관심을 가지고 있고, 이를 기준으로 각종 부담금이나 재산세 등이 과세가 됨으로써 이에 대한 불복 문제가 초미의 관심사이며, 특히 감정평가법인 등이 개별공시지가 검증 업무를 하고 있어 이에 대한 현실적인 문제를 1번으로 반영한 것으로 판단된다.

CHAPTER 09 제31회 기출문제 답안

문제 01

A 시장 甲은 1990년에 「자연공원법」에 의하여 A 시내 산지 일대 5㎢를 'X시립공원'으로 지정 · 고시한 다음, 1992년 X시립공원 구역을 구분하여 용도지구를 지정하는 내용의 'X시립공권 기본계획'을 결정 · 공고하였다. 甲은 2017년에 X시립공원 구역 내 10,000㎡ 부분에 다목적 광장 및 휴양관(이하 '이 사건 시설'이라 한다)을 설치하는 내용의 'X시립공원 공원계획'을 결정 · 고시한 다음, 2018년에 甲이 사업시행자가 되어 이 사건 시설에 잔디광장, 휴양관, 도로, 주차장을 설치하는 내용의 'X시립공원 공원사업'(이하 '이 사건 시설 조성사업'이라 한다) 시행계획을 결정 · 고시하였다. 甲은 이 사건 시설 조성사업의 시행을 위하여 그 사업구역 내에 위치한 토지(이하 '이 사건 B토지'라 한다)를 소유한 乙과 손실보상에 관한 협의를 진행하였으나 협의가 성립되지 않자 수용재결을 신청하였다. 관할 지방토지수용위원회의 수용재결 및 중앙토지수용위원회의 이의재결에 모두 이 사건 B토지의 손실보상금은 1990년의 X시립공원 지정 및 1992년의 X시립공원 용도지구 지정에 따른 계획제한을 받는 상태대로 감정평가한 금액을 기초로 산정되었다. 다음 물음에 답하시오. 40점

(1) 乙은 위 중앙토지수용위원회의 이의재결이 감정평가에 관한 법리를 오해함으로써 잘못된 내용의 재결을 한 경우에 해당한다고 판단하고 있다. 乙이 「공익사업을 위한 토지 등의 취득 및 보상에 관한 법률」에 따라 제기할 수 있는 소송의 의의와 특수성을 설명하시오. 15점

(2) 乙이 물음 1)에서 제기한 소송에서 이 사건 B토지에 대한 보상평가는 1990년의 X시립공원 지정 · 고시 이전을 기준으로 하여야 한다고 주장한다. 乙의 주장은 타당한가? 10점

(3) 한편, 丙이 소유하고 있는 토지(이하 '이 사건 C토지'라 한다)는 「문화재보호법」상 보호구역으로 지정된 토지로서 이 사건 시설 조성사업의 시행을 위한 사업구역 내에 위치하고 있다. 甲은 공물인 이 사건 토지 C토지를 이 사건 시설 조성 사업의 시행을 위하여 수용할 수 있는가? 15점

(설문 1-1)의 해결

Ⅰ 쟁점의 정리

乙은 중앙토지수용위원회의 이의재결에 의해 산정된 보상금에 대해서 불복하고자 한다. 토지보상법 제85조 제2항에서 규정하고 있는 보상금증감청구소송에 대해서 설명한다.

Ⅱ 보상금증감청구소송

1. 의의 및 취지

(보상재결에 대한) 보상금의 증감에 대한 소송으로서 사업시행자, 토지소유자는 각각을 피고로 제기하며(제85조 제2항), ① 보상재결의 취소 없이 보상금과 관련된 분쟁을 일회적으로 해결하여, ② 신속한 권리구제를 도모함에 취지가 있다.

2. 소송의 형태

종전에는 형식적 당사자소송인지와 관련하여 견해의 대립이 있었으나, 현행 토지보상법 제85조에서는 재결청을 공동피고에서 제외하여 형식적 당사자소송임을 규정하고 있다.

3. 소송의 성질

① 법원이 재결을 취소하고 보상금을 결정하는 형성소송이라는 견해, ② 법원이 정당보상액을 확인하고 금전지급을 명하거나 과부과된 부분을 되돌려 줄 것을 명하는 확인·급부소송이라는 견해가 있으며, ③ 판례는 해당 소송을 이의재결에서 정한 보상금이 증액, 변경될 것을 전제로 하여 기업자를 상대로 보상금의 지급을 구하는 확인·급부소송으로 보고 있다. ④ 생각건대 형성소송설은 권력분립에 반할 수 있으며, 일회적인 권리구제에 비추어 확인·급부소송설이 타당하다.

4. 제기요건 및 효과(기간특례, 당사자, 원처분주의, 관할)

① 제85조에서는 제34조 재결을 규정하므로 원처분을 대상으로 ② 재결서를 받은 날부터 90일 또는 60일(이의재결 시) 이내에 ③ 토지소유자, 관계인 및 사업시행자는 각각을 피고로 하여 ④ 관할법원에 당사자소송을 제기할 수 있다.

5. 심리범위

① 손실보상의 지급방법(채권보상 여부 포함)과 ② 적정손실보상액의 범위 및 보상액과 관련한 보상면적(잔여지수용 등) 등은 심리범위에 해당한다. 판례는 ③ 지연손해금 역시 손실보상의 일부이고, ④ 잔여지수용 여부 및 ⑤ 개인별 보상으로서 과대, 과소항목의 보상항목 간 유용도 심리범위에 해당한다고 본다.

6. 심리방법

법원 감정인의 감정결과를 중심으로 적정한 보상금이 산정된다.

7. 입증책임

입증책임과 관련하여 민법상 법률요건분배설이 적용된다. 판례는 재결에서 정한 보상액보다 정당한 보상이 많다는 점에 대한 입증책임은 그것을 주장하는 원고에게 있다고 한다.

8. 판결(형성력, 별도의 처분 불필요)

산정된 보상금액이 재결금액보다 많으면 차액의 지급을 명하고, 법원이 직접 보상금을 결정하므로 소송당사자는 판결결과에 따라 이행하여야 하며 중앙토지수용위원회는 별도의 처분을 할 필요가 없다.

Ⅲ 사안의 해결

乙은 이의신청에 대한 재결서를 받은 날부터 60일 이내에 사업시행자를 피고로 토지소재지 관할 법원에 보상금증액을 요청하는 보상금증액청구소송을 제기할 수 있을 것이다.

(설문 1-2)의 해결

Ⅰ 쟁점의 정리

乙은 보상평가 시 1990년 X시립공원 지정・고시 이전을 기준으로 해야 한다고 주장한다. 토지보상법 시행규칙 제23조 공법상 제한과 관련하여 X시립공원 지정・고시가 'X시립공원 공원사업'을 직접 목적으로 지정・고시되었는지를 검토한다.

Ⅱ 현황평가의 원칙과 공법상 제한

1. 현황평가의 원칙(토지보상법 제70조 제2항)

현황평가의 원칙이란, 토지에 대한 보상액은 가격시점에서의 현실적인 이용상황과 일반적인 이용방법에 의한 객관적 상황을 고려하여 산정하되, 일시적인 이용상황과 토지소유자나 관계인이 갖는 주관적 가치 및 특별한 용도에 사용할 것을 전제로 한 경우 등은 고려하지 아니하는 것을 말한다.

2. 현황평가의 원칙과 공법상 제한

(1) 공법상 제한을 받는 토지

공법상 제한을 받는 토지는 그 공법상 제한이 해당 공익사업의 시행을 직접 목적으로 가하여진 경우에는 그러한 제한이 없는 것으로 보고 평가하며 그 외의 공법상 제한은 그 제한을 받는 상태대로 평가한다.

(2) 해당 공익사업의 시행을 직접 목적으로 하여 용도지역이 변경된 토지

해당 공익사업의 시행을 직접 목적으로 용도지역이 변경된 경우에는 변경 전의 용도지역을 기준으로 평가한다.

3. 관련 판례의 태도

자연공원법에 의한 '자연공원 지정' 및 '공원용도지구계획에 따른 용도지구 지정'은, 그와 동시에 구체적인 공원시설을 설치·조성하는 내용의 '공원시설계획'이 이루어졌다는 특별한 사정이 없는 한, 그 이후에 별도의 '공원시설계획'에 의하여 시행 여부가 결정되는 구체적인 공원사업의 시행을 직접 목적으로 한 것이 아니므로 공익사업을 위한 토지 등의 취득 및 보상에 관한 법률 시행규칙 제23조 제1항 본문에서 정한 '일반적 계획제한'에 해당한다(대판 2019.9.25, 2019두34982).

Ⅲ 사안의 해결

설문상 1990년 X시립공원 지정·고시 당시 구체적인 공원시설계획이 이루어진 사실이 없는바, 이는 일반적 계획제한으로서 토지보상법 제23조에 따라 이를 반영하여 평가하여야 한다. 따라서 乙의 주장은 타당하지 않다.

(설문 1-3)의 해결

Ⅰ 쟁점의 정리

甲이 공물인 C토지를 수용할 수 있는지가 문제된다. 공물이란 국가, 지방자치단체 등의 행정주체에 의하여 직접 행정목적에 공용된 개개의 유체물을 말한다. 토지보상법 제19조 제2항에서는 특별한 필요가 있는 경우에는 수용할 수 있다고 규정하고 있는바, 이하 검토한다.

Ⅱ 공물이 수용대상인지 여부

1. 학설

(1) 긍정설

공물을 사용하고 있는 기존의 사업의 공익성보다 해당 공물을 수용하고자 하는 사업의 공익성이 큰 경우에 해당 공물에 대한 수용이 가능해지며, '공익사업에 수용되거나 사용되고 있는 토지 등'에는 공물도 포함된다고 한다. 따라서 용도폐지 선행 없이도 가능하다고 본다.

(2) 부정설

공물은 이미 공적 목적에 제공되고 있기 때문에, 먼저 공용폐지가 되지 않는 한 수용의 대상이 될 수 없다고 한다. 또한 토지보상법 제19조 제2항에서 말하는 특별한 경우란 명문의 규정이 있는 경우라고 한다.

2. 판례

(구)토지보상법 제5조의 제한 이외의 토지에 관하여는 아무런 제한을 하지 않으므로 지방문화재로 지정된 토지와 관련하여 수용의 대상이 된다고 판시한 바 있다(대판 1996.4.26, 95누13241) (지방문화재의 경우 수용대상이 될 수 없다는 명문의 규정이 없기에, 수용이 가능하다는 판례이다).

3. 검토

공물의 수용가능성을 일률적으로 부정하는 것은 실정법 제19조 제2항의 해석상 타당하지 않으므로 공물이라 하더라도 '특별한 필요시'가 인정되는 경우에는 수용이 가능하다고 하여야 할 것이다. 실무상 용도폐지 선행 후 협의계약에 의한 소유권 이전이 행해지고 있다.

Ⅲ 특별한 필요판단

1. 비례원칙 의의 및 근거

비례의 원칙이란 행정작용에 있어서 행정목적과 행정수단 사이에는 합리적인 비례관계가 있어야 한다는 원칙을 말한다. 헌법 제37조 제2항 및 법치국가원칙으로부터 도출되는 법원칙이므로 헌법적 효력을 가지며, 이에 반하는 행정권 행사는 위법하다.

2. 비례원칙의 요건

① 적합성의 원칙이란 행정은 추구하는 행정목적의 달성에 적합한 수단을 선택하여야 한다는 원칙을 말한다. ② 필요성의 원칙이란 적합한 수단이 여러 가지인 경우에 국민의 권리를 최소한으로 침해하는 수단을 선택하여야 한다는 원칙을 말한다. ③ 협의의 비례원칙이란 행정조치를 취함에 따른 불이익이 그것에 의해 달성되는 이익보다 심히 큰 경우에는 그 행정조치를 취해서는 안 된다는 원칙을 말하며, 각 원칙은 단계구조를 이룬다.

Ⅳ 사안의 해결

공원사업은 자연생태계와 자연 및 문화경관 등을 보전하고 지속가능한 이용을 도모함을 목적으로 하므로 문화재보호법상 보호 이익보다 공・사익 보호의 목적이 큰 경우라면 C토지도 수용이 가능하다 할 것이다.

문제 02

A시의 시장 甲은 2018.5.31. 乙·丙 공동소유의 토지 5,729㎡(이하 '이 사건 토지'라고 한다)에 대하여 2018.1.1. 기준 개별공시지가를 ㎡당 2,780,000원으로 결정·고시하였다. 乙은 2018.6.19. 甲에게 「부동산 가격공시에 관한 법률」 제11조에 따라 이 사건 토지의 개별공시지가를 ㎡당 1,126,850원으로 하향 조정해 줄 것을 내용으로 하는 이의신청을 하였다. 이에 대하여 甲은 이 사건 토지의 개별공시지가결정 시 표준지 선정에 문제가 있음을 발견하고, A시 부동산가격공시위원회의 심리를 거쳐 2018.7.1. 위 개별공시지가를 ㎡당 2,380,000원으로 정정하여 결정·고시하였고, 동 결정서는 당일 乙에게 송달되었다. 丙은 2018.6.20. 위 이의신청과는 별개로 이 사건 토지의 개별공시지가를 ㎡당 1,790,316원으로 수정해 달라는 취지의 행정심판을 청구하였고, B행정심판위원회는 2018.8.27. 이 사건 토지의 개별공시지가를 ㎡당 2,000,000원으로 하는 변경재결을 하였고, 동 재결서 정본은 2018.8.30. 丙에게 송달되었다. 다음 물음에 답하시오. 30점

(1) 부동산 가격공시에 관한 법령상 개별공시지가의 정정사유에 관하여 설명하시오. 5점

(2) 위 사례에서 乙과 丙이 취소소송을 제기하려고 할 때, 소의 대상과 제소기간의 기산일에 관하여 각각 설명하시오. 10점

(3) 한편, 丁은 A시의 개별공시지가 산정업무를 담당하고 있는 공무원이다. 丁은 개별예정지구인 C지역의 개별공시지가를 산정함에 있어 토지의 이용상황을 잘못 파악하여 지가를 적정가격보다 훨씬 높은 가격으로 산정하였다. 이를 신뢰한 乙은 C지역의 담보가치보다 훨씬 높은 가격으로 산정하였다. 이를 신뢰한 乙은 C지역의 담보가치가 충분하다고 믿고, 그 토지에 근저당권설정 등기를 마치고 수백억원의 투자를 하였지만, 결국 수십억원에 해당하는 큰 손해를 보았다. 이에 乙은 丁의 위법한 개별공시지가 산정으로 인하여 위 손해를 입었다고 주장하며, 국가배상소송을 제기하고자 한다. 동 소송에서 乙은 丁의 직무상 행위와 자신의 손해 사이의 인과관계를 주장한다. 乙의 주장의 타당성에 관하여 개별공시지가제도의 입법목적을 중심으로 설명하시오. 15점

(설문 2-1)의 해결

1. 의의 및 취지(부동산공시법 제12조)

개별공시지가에 틀린 계산, 오기, 표준지선정의 착오 등 명백한 오류가 있는 경우에 이를 직권으로 정정해야 하는 제도를 말하며, 이는 명시적 규정을 두어 책임문제로 인한 정정회피문제를 해소하고 불필요한 쟁송을 방지하여 행정의 능률화를 도모함에 취지가 있다.

2. 정정사유(부동산공시법 시행령 제23조 제1항)

정정사유로는 틀린 계산・오기 및 대통령령으로 정하는 명백한 오류가 있는 경우로서 ① 공시절차를 완전하게 이행하지 아니한 경우, ② 용도지역 등 주요 요인의 조사를 잘못한 경우, ③ 토지가격비준표 적용에 오류가 있는 경우가 있다.

3. 정정절차(부동산공시법 시행령 제23조 제2항)

시・군・구청장은 시・군・구부동산가격공시위원회 심의를 거쳐 정정사항을 결정・공시하며 틀린 계산・오기의 경우에는 심의 없이 직권으로 결정・공시할 수 있다.

4. 효과

개별토지가격이 지가산정에 명백한 잘못이 있어 경정결정・공고되었다면 당초에 결정・공고된 개별토지가격은 그 효력을 상실하고 경정결정된 새로운 개별토지가격이 공시기준일에 소급하여 그 효력을 발생한다(대판 1994.10.7, 93누15588).

5. 정정신청 거부에 대한 권리구제

신청권에 대해 판례는 정정신청권을 부정하면서 국민의 정정신청은 직권발동 촉구에 지나지 않는 바, 그 거부는 항고소송의 대상이 되는 처분이 아니라고 한다. 그러나 행정절차법 제25조 규정상(처분의 정정) 신청권이 인정된다는 점을 볼 때 판례의 태도는 비판의 여지가 있다고 여겨진다.

6. 검토

정정제도는 경미한 개별공시지가의 절차하자를 이유로, 개별공시지가 내지는 향후 과세처분을 대상으로 소송이 진행되는 번거로움을 막기 위하여 규정하고 있는 만큼 효율적으로 활용하여 불필요한 다툼을 막고 조기에 개별토지소유자의 법적 지위를 안정화시켜야 할 것이다.

(설문 2-2)의 해결

I 쟁점의 정리

개별공시지가에 대한 이의신청결정서를 송달받은 경우와 행정심판을 거쳐 변경재결을 받은 경우, 각 경우에 있어서 소의 대상과 제소기간을 설명한다.

Ⅱ 대상적격 및 제소기간

1. 변경처분 및 변경재결이 있는 경우의 소의 대상

(1) 학설

1) 변경된 원처분설

당초처분의 내용을 변경하는 변경처분이나 행정심판에 의한 변경재결이 있는 경우에는 원처분주의에 따라서 일부취소되고 남은 원처분이 소의 대상이 된다는 견해이다.

2) 변경처분설

변경처분 및 변경재결은 원처분을 대체하는 새로운 처분이므로 변경처분 및 변경재결이 소의 대상이 된다는 견해이다.

(2) 판례

판례는 일부취소로 인하여 감경되고 남은 원처분을 상대로 원처분청을 피고로 하여 소송을 제기하여야 하는 것으로 보고 있다(대판 1997.11.14, 97누7325).

(3) 검토

변경처분 및 변경재결은 일부취소의 내용을 갖는 바, 취소되고 남은 원처분을 소의 대상으로 보는 것이 타당하다.

2. 제소기간

(1) 제소기간의 의의 및 취지(행정소송법 제20조)

제소기간이란 소송을 제기할 수 있는 시간적 간격을 의미하며 제소기간 경과 시 "불가쟁력"이 발생하여 소를 제기할 수 없다. 행정소송법 제20조에서는 처분이 있은 날로부터 1년, 안 날로부터 90일 이내에 소송을 제기해야 한다고 규정하고 있다. 제소기간은 행정의 안정성과 국민의 권리구제를 조화하는 입법정책과 관련된 문제이다.

(2) 행정심판을 거친 경우

행정심판을 거쳐 취소소송을 제기하는 경우 취소소송은 재결서를 받은 날부터 90일 이내에 제기하여야 한다. 재결서의 정본을 송달받지 못한 경우에는 재결이 있은 날부터 1년이 경과하면 취소소송을 제기하지 못하나, 정당한 사유가 있는 때에는 그러하지 아니하다.

(3) 행정심판을 거치지 않은 경우

행정심판을 거치지 않고 직접 취소소송을 제기하는 경우 취소소송은 처분 등이 있음을 안 날부터 90일 이내에 제기하여야 하고, 처분 등이 있은 날부터 1년을 경과하면 이를 제기하지 못한다. 다만, 정당한 사유가 있는 때에는 그러하지 아니하다.

Ⅲ 사안의 해결

1. 乙의 경우

乙은 7.1 변경고시된 2,380,000원을 대상으로 2018.5.31.부터(설문상 통지내용이 설시되지 않은 바, 최소한 이의신청일인 6.19.을 안 날로 볼 수 있다) 90일 이내에 행정소송을 제기할 수 있을 것이다(이 경우, 변경고시 내용은 乙이 주장한 1,126,850원보다 높은바, 乙은 결정서 통지일인 7.1부터 90일 이내에 행정소송을 제기할 수 있는 것으로 보아 乙의 권리보호를 두텁게 할 필요성도 인정된다고 본다).

2. 丙의 경우

丙은 행정심판을 거쳤기에 2,000,000원으로 변경된 원처분을 대상으로 변경재결서 송달일인 2018.8.30.부터 90일 이내에 행정소송을 제기할 수 있을 것이다.

[설문 2-3]의 해결

Ⅰ 쟁점의 정리

해당 지방자치단체가 乙의 손해를 배상하기 위해서는 국가배상법 제2조의 규정상 요건을 모두 충족하여야 한다. 이하에서 검토한다.

Ⅱ 국가배상책임의 요건충족 여부

1. 국가배상법 제2조상 요건

국가배상법 제2조에 의한 국가배상책임이 성립하기 위하여는 ① 공무원이 직무를 집행하면서 타인에게 손해를 가하였을 것, ② 공무원의 가해행위는 고의 또는 과실로 법령에 위반하여 행하여졌을 것, ③ 손해가 발생하였고, 공무원의 불법한 가해행위와 손해 사이에 인과관계(상당인과관계)가 있을 것이 요구된다. 설문에서는 직무의무 위반과 손해 사이에 상당인과관계가 특히 문제된다.

2. 공무원의 직무의무 위반

(1) 담당공무원 등의 직무상 의무

개별공시지가 산정업무를 담당하는 공무원으로서는 해당 토지의 실제 이용상황 등 토지특성을 정확하게 조사하고 해당 토지와 토지이용상황이 유사한 비교표준지를 선정하여 그 특성을 비교하는 등 법령 및 '개별공시지가의 조사·산정지침'에서 정한 기준과 방법에 의하여 개별공시지가를 산정하고, 산정지가의 검증을 의뢰받은 감정평가법인 등은 산정지가가 관련 규정을 준수하였는지 등을 검토하고, 시·군·구부동산가격공시위원회로서는 위 산정지가 또는 검증지가가 위와 같은 기준과 방법에 의하여 제대로 산정된 것인지 여부를 검증, 심의함으로써 적정한 개별공시지가가 결정·공시되도록 조치할 직무상의 의무가 있다.

(2) 사안의 경우

개별공시지가 산정 담당공무원이 토지의 이용상황을 잘못 판단하여 적정가격보다 훨씬 높은 가격으로 산정하였다면 이는 개별공시지가 산정업무 담당공무원 등이 개별공시지가의 산정 및 검증, 심의에 관한 직무상 의무를 위반한 것으로 불법행위에 해당한다.

3. 손해 사이에 상당인과관계

(1) 개별공시지가의 산정목적 범위

개별공시지가는 그 산정목적인 개발부담금의 부과, 토지 관련 조세부과 등 다른 법령이 정하는 목적을 위해 지가를 산정하는 경우에 그 산정기준이 되는 범위 내에서는 납세자인 국민 등의 재산상 권리·의무에 직접적인 영향을 미칠 수 있다.

(2) 사안의 경우

공시지가는 행정기관이 사용하는 지가를 일원화하여 일정한 행정목적을 위한 기준으로 삼음으로써 국토의 효율적인 이용과 국민경제의 발전에 기여하려는 목적과 기능이 있으므로, 개별공시지가가 해당 토지의 거래 또는 담보제공을 받음에 있어 그 실제 거래가액 또는 담보가치를 보장한다거나 어떠한 구속력을 미친다고 할 수는 없다. 따라서 담당공무원 등의 개별공시지가 산정에 관한 직무상 위반행위와 위 손해 사이에 상당인과관계가 있다고 보기 어려울 것으로 보인다.

Ⅲ 사안의 해결

개별공시지가 산정업무 담당공무원 등이 그 직무상 의무에 위반하여 현저하게 불합리한 개별공시지가가 결정되도록 함으로써 국민 개개인의 재산권을 침해한 경우에는 그 손해에 대하여 상당인과관계가 있는 범위 내에서 그 담당공무원 등이 소속된 지방자치단체가 배상책임을 지게 된다. 다만, 설문에서는 담당공무원 등의 직무상 의무위반행위는 인정되지만 그 손해와의 사이에서 상당인과관계가 있다고 보기 어려우므로 해당 지방자치단체는 손해배상의 책임을 지지 않을 것이다.

문제 03

甲과 乙은 감정평가사 자격이 없는 공인회계사로서, 甲은 A주식회사의 부사장 겸 본부장이고 乙은 A주식회사의 상무의 직에 있는 자이다. 甲과 乙은 A주식회사 대표 B로부터 서울 소재의 A주식회사 소유 빌딩의 부지를 비롯한 지방에 있는 같은 회사 전 사업장 물류센터 등 부지에 대한 자산 재평가를 의뢰받고, 회사의 회계처리를 목적으로 부지에 대한 감정평가 등 자산재평가를 실시하여 그 결과 평가대상 토지(기존의 장부상 가액 3천억원)의 경제적 가치를 7천억원의 가액으로 표시하고, 그 대가로 1억 5,400만원을 받았다. 이러한 甲과 乙의 행위는 「감정평가 및 감정평가사에 관한 법률」상의 감정평가업자의 업무에 해당하는지 여부에 관하여 논하시오. 20점

[설문 3]의 해결

Ⅰ 쟁점의 정리

甲과 乙은 공인회계사로서 회계처리를 목적으로 부지에 대한 감정평가 등 자산재평가를 실시하고 그 대가로 1억 5,400만원을 받았다. 이러한 행위가 감정평가업자의 업무에 해당하는지를 관련 규정을 검토하여 논하고자 한다.

Ⅱ 감정평가제도와 감정평가업무 범위

1. 감정평가제도

감정평가제도는 국가가 토지, 주택 등의 적정가격을 평가하도록 개인에게 감정평가사 자격을 부여하고 이에 필요한 감정평가기준, 방법 및 절차에 관한 사항을 법령으로 규정하고 있다. 이처럼 감정평가는 국가정책 운용 및 개인의 재산권 보호 등에 영향을 미치므로 일정한 자격요건을 갖춘 경우에만 허용하고 있다. 감정평가란 토지 등의 경제적 가치를 판정하여 그 결과를 가액으로 표시하는 것을 말한다(감정평가법 제2조 제2호).

2. 감정평가업

감정평가업이란 타인의 의뢰에 따라 일정한 보수를 받고 토지 등의 감정평가를 업(業)으로 행하는 것을 말한다(감정평가법 제2조 제3호).

3. 감정평가업무의 범위

감정평가법 제10조에서는 감정평가법인 등의 업무범위로서 ① 「부동산 가격공시에 관한 법률」에 따라 감정평가법인 등이 수행하는 업무, ② 「부동산 가격공시에 관한 법률」 제8조 제2호에

따른 목적을 위한 토지 등의 감정평가, ③ 「자산재평가법」에 따른 토지 등의 감정평가, ④ 법원에 계속 중인 소송 또는 경매를 위한 토지 등의 감정평가, ⑤ 금융기관·보험회사·신탁회사 등 타인의 의뢰에 따른 토지 등의 감정평가, ⑥ 감정평가와 관련된 상담 및 자문, ⑦ 토지 등의 이용 및 개발 등에 대한 조언이나 정보 등의 제공, ⑧ 다른 법령에 따라 감정평가법인 등이 할 수 있는 토지 등의 감정평가, ⑨ 상기 업무에 부수되는 업무를 규정하고 있다.

Ⅲ 甲과 乙의 행위가 감정평가 업무인지

甲과 乙은 공인회계사로서, 감정평가사법에 의한 자격취득 및 등록을 행한 사실이 없으므로 감정평가사법상 감정평가행위를 할 수 있는 감정평가권이 없다고 할 것이다.
또한, 甲과 乙의 자산재평가는 감정평가법 제10조 제3호에 규정되어 있으며, 이에 대한 대가로 1억 5,400만원을 받았으므로 이는 감정평가업을 영위한 것으로 볼 것이다. 따라서 이는 무자격자에 의한 감정평가행위로서 감정평가법 제49조 제2호에 해당하여 3년 이하의 징역 또는 3천만원 이하의 벌금규정이 적용될 것이다.

문제 04

「감정평가 및 감정평가사에 관한 법률」에 따른 감정평가의 기준 및 감정평가 타당성조사에 관하여 각각 설명하시오. 10점

(설문 4)의 해결

I 감정평가의 기준

1. 감정평가의 의의

감정평가란 토지 등의 경제적 가치를 판정하여 그 결과를 가액으로 표시하는 것을 말한다(감정평가법 제2조 제2호).

2. 감정평가의 기준

감정평가법 제3조에서는 감정평가법인 등이 토지를 감정평가하는 경우에는 공시지가기준법을 기준하되, 거래사례비교법 및 원가법을 적용할 수 있도록 규정하고 있으며, 세부적인 원칙과 기준은 국토교통부령으로 정하도록 하여 감정평가에 관한 규칙에서 세부적인 원칙과 기준을 정하고 있다.

(1) 시장가치기준의 원칙(감정평가에 관한 규칙 제5조) **및 현황평가기준**(감정평가에 관한 규칙 제6조)

대상물건에 대한 감정평가액은 시장가치를 기준으로 결정한다. 감정평가는 기준시점에서의 대상물건의 이용상황(불법적이거나 일시적인 이용은 제외한다) 및 공법상 제한을 받는 상태를 기준으로 한다.

(2) 개별평가 및 구분평가의 원칙(감정평가에 관한 규칙 제7조)

감정평가는 대상물건마다 개별로 하여야 하되, 둘 이상의 대상물건이 일체로 거래되거나 대상물건 상호 간에 용도상 불가분의 관계가 있는 경우에는 일괄하여 감정평가할 수 있다. 또한 하나의 대상물건이라도 가치를 달리하는 부분은 이를 구분하여 감정평가할 수 있다.

(3) 실지조사 및 그 외 원칙

감정평가업자가 감정평가를 할 때에는 실지조사를 하여 대상물건을 확인하여야 하며(감정평가에 관한 규칙 제10조), 의뢰인, 대상물건, 감정평가 목적 등 기본적 사항을 확정(감정평가에 관한 규칙 제9조)하고 기본사항의 확정 및 처리계획 수립 등 감정평가절차(감정평가에 관한 규칙 제8조)를 준수하여야 한다.

Ⅱ 감정평가 타당성조사

1. 타당성조사의 의의(감정평가법 제8조)

타당성조사란 감정평가서가 발급된 후 해당 감정평가가 감정평가법 또는 다른 법률에서 정하는 절차와 방법 등에 따라 타당하게 이루어졌는지를 직권으로 또는 관계기관 등의 요청에 따라 조사하는 것을 말한다.

2. 타당성조사의 절차

(1) 타당성조사 사유(감정평가법 시행령 제8조 제1항)

① 국토교통부장관이 감정평가법 제47조에 따른 지도·감독을 위한 감정평가업자의 사무소 출입·검사 결과나 그 밖의 사유에 따라 조사가 필요하다고 인정하는 경우, ② 관계기관 또는 제3항에 따른 이해관계인(감정평가의뢰인)이 조사를 요청하는 경우에 타당성조사를 할 수 있다.

그러나 ① 법원의 판결에 따라 확정된 경우, ② 재판이 계속 중이거나 수사기관에서 수사 중인 경우, ③「공익사업을 위한 토지 등의 취득 및 보상에 관한 법률」등 관계법령에 감정평가와 관련하여 권리구제절차가 규정되어 있는 경우로서 권리구제절차가 진행 중이거나 권리구제절차를 이행할 수 있는 경우(권리구제절차를 이행하여 완료된 경우를 포함한다), ④ 징계처분, 제재처분, 형사처벌 등을 할 수 없어 타당성조사의 실익이 없는 경우에는 타당성조사를 하지 않거나 중지할 수 있다.

(2) 타당성조사 절차

국토교통부장관은 타당성조사에 착수한 경우에는 착수일부터 10일 이내에 해당 감정평가법인 등과 이해관계인에게 ① 타당성조사의 사유, ② 타당성조사에 대하여 의견을 제출할 수 있다는 것과 의견을 제출하지 아니하는 경우의 처리방법, ③ 감정평가법 제46조 제1항 제1호에 따라 업무를 수탁한 기관의 명칭 및 주소, ④ 그 밖에 국토교통부장관이 공정하고 효율적인 타당성조사를 위하여 필요하다고 인정하는 사항을 알려야 한다.

(3) 의견제출

타당성조사 통지를 받은 감정평가법인 등 또는 이해관계인은 통지를 받은 날부터 10일 이내에 국토교통부장관에게 의견을 제출할 수 있다.

(4) 타당성조사 결과 통지

국토교통부장관은 감정평가법 시행령 제8조 제1항에 따른 타당성조사를 완료한 경우에는 해당 감정평가법인 등, 이해관계인 및 감정평가법 시행령 제8조 제1항에 따라 타당성조사를 요청한 관계기관에 지체 없이 그 결과를 통지하여야 한다.

CHAPTER 10 제32회 기출문제 답안

문제 01

국토교통부장관은 2013.11.18. 사업시행자를 'A공사'로, 사업시행지를 'X시 일대 8,958,000㎡'로, 사업시행기간을 '2013.11.부터 2017.12.까지'로 하는 '◇◇공구사업'에 대해서 「공익사업을 위한 토지 등의 취득 및 보상에 관한 법률」에 따른 사업인정을 고시하였고, 사업시행기간은 이후 '2020.12.까지'로 연장되었다. 甲은 ㉮토지 78,373㎡와 ㉯토지 2,334㎡를 소유하고 있는데, ㉮토지의 전부와 ㉯토지의 일부가 사업시행지에 포함되어 있다. 종래 甲은 ㉮토지에서 하우스 딸기농사를 지어 왔고, ㉯토지에서는 농작물직거래판매장을 운영하여 왔다. 甲과 A공사는 사업시행지 내의 토지에 대해 「공익사업을 위한 토지 등의 취득 및 보상에 관한 법률」에 따른 협의 매수를 하기 위한 협의를 시작하였다. 다음 물음에 답하시오(아래의 물음은 각 별개의 상황임). 40점

(1) 협의 과정에서 일부 지장물에 관하여 협의가 이루어지지 않아 甲이 A공사에게 재결신청을 청구했으나 A공사가 재결신청을 하지 않는 경우, 甲의 불복방법에 관하여 검토하시오. 15점

(2) ㉮토지에 대하여 협의가 성립되지 않았고, A공사의 수용재결신청에 의하여 ㉮토지가 수용되었다. 甲은 ㉮토지가 수용되었음을 이유로 A공사를 상대로 「공익사업을 위한 토지 등의 취득 및 보상에 관한 법률」에 따른 재결절차를 거치지 않은 채 곧바로 농업손실보상을 청구할 수 있는지를 검토하시오. 10점

(3) 협의가 성립되지 않아 사업시행지 내의 ㉯토지가 수용되었다. 그 후 甲은 ㉯토지의 잔여지에 대해서 2020.11.12. 잔여지수용청구를 하였다. 잔여지수용청구권의 법적 성질과 甲의 잔여지수용청구가 인정될 수 있는지를 검토하시오. 15점

(설문 1-1)의 해결

Ⅰ 쟁점의 정리

설문은 사업시행자가 재결신청청구가 있었음에도 재결신청을 하지 않는 경우에 있어서 갑에 대한 불복방법을 묻고 있다. 설문의 해결을 위해서 재결신청의무 불이행에 대한 지연가산금제도 및 사

업시행자가 재결신청을 하지 않은 행위가 부작위에 해당하는지를 중심으로 검토한다.

Ⅱ 재결신청청구제도(토지보상법 제30조)

1. 의의 및 취지

재결신청청구권은 사업인정 후 협의가 성립되지 않은 경우 피수용자가 사업시행자에게 서면으로 재결신청을 조속히 할 것을 청구하는 권리이다. 이는 피수용자에게는 재결신청권을 부여하지 않았으므로 ① 수용법률관계의 조속한 안정과 ② 재결신청지연으로 인한 피수용자의 불이익을 배제하기 위한 것으로 사업시행자와의 형평의 원리에 입각한 제도이다.

2. 성립요건

토지소유자 등은 사업시행자에게 협의기간 만료일부터 재결신청을 할 수 있는 기간만료일까지 재결을 신청(엄격한 형식을 요하지 않는 서면으로)할 것을 청구할 수 있지만, ① 협의불성립 또는 불능 시, ② 사업인정 후 상당기간이 지나도록 사업시행자의 협의통지가 없는 경우, ③ 협의불성립이 명백한 경우에는 협의기간이 종료되지 않았더라도 재결신청청구가 가능하다고 본다.

3. 재결신청청구의 효과

재결신청의 청구를 받은 사업시행자는 재결신청청구가 있는 날부터 60일 이내에 관할 토지수용위원회에 재결을 신청하여야 한다. 60일을 경과하여 신청한 경우에는 지연가산금을 지급해야 한다.

Ⅲ 사업시행자가 재결신청을 하지 않는 경우가 부작위인지 여부

1. 부작위의 개념 및 구별개념

(1) 부작위의 개념 및 구별개념

부작위란 행정청이 당사자의 신청에 대하여 상당한 기간 내에 일정한 처분을 해야 할 법률상 의무가 있음에도 이를 행하지 않는 것을 말하며(행정소송법 제2조 제1항 제2호), 명확한 거절의 의사인 거부와 구별된다.

(2) 부작위의 개념요소

행정쟁송법상 부작위가 되기 위해서는 부작위가 당사자의 신청이 있을 것, 상당한 기간이 경과할 것, 아무런 처분을 하고 있지 않을 것이 요건이 된다. 판례는 신청과 관련하여 응답요구권의 의미인 형식적 신청권을 요구하고 있다.

2. 재결전치주의

토지보상법상 피수용자의 손실보상은 협의와 재결절차를 거쳐 행정쟁송을 통해서 다투게 된다. 이처럼 손실보상이 쟁송을 통해서 최종적으로 확정되기 위해서는 반드시 재결절차를 거쳐야 하고, 이를 재결전치주의라고 한다.

토지보상법에서는 사업시행자에게만 재결신청청구권을 인정하고 있으므로 사업시행자의 재결신청이 없게 되면 피수용자의 입장에서는 조속한 법률관계의 확정이 어렵게 된다. 이러한 불이익을 방지하기 위해서 재결신청의무에 대한 지연가산금제도 등을 두고 있다.

3. 사안의 경우

사업시행자가 협의가 성립되지 않아서 재결신청청구가 있었음에도 재결신청을 하지 않는다면 피수용자 입장에서는 권리구제의 길이 막히게 되는 경우도 있다. 협의가 불성립되어 재결신청청구에 대한 의무가 있음에도 불구하고 재결신청을 하지 않는다면 행정쟁송의 대상인 부작위에 해당될 수도 있을 것이다.

Ⅳ 사안의 해결(불복방법)

1. 행정쟁송 가부

토지수용과 관련하여 사업시행자가 손실보상의 대상이 아니라고 보아 지장물에 대한 보상협의절차를 진행하지 아니하거나 거부하는 경우라면, 토지소유자의 입장에서는 보상의 길을 구할 방법이 없게 되는 것이므로 이에 대한 거부나 부작위 시에는 행정쟁송을 제기할 수 있을 것이다.

2. 민사소송 가능 여부

판례는 가산금제도 및 사업인정의 실효규정과 그에 따른 손실보상규정을 이유로 민사소송 등에 의한 방법으로 그 이행을 청구할 수 없다고 한다(대판 1997.11.14, 97다13016).

3. 지연가산금에 대한 다툼

판례는 지연가산금은 수용보상금과 함께 재결로 정하도록 규정하고 있으므로 지연가산금에 대한 불복은 보상금증액에 관한 소에 의하여야 한다고 한다.

> 불복방법에 대해서 묻고 있다.
> 불복방법을 설명하는 문제인지 아니면 불복방법을 특정하기 위해서 사업시행자의 행위의 법적 성질을 밝히는 것인지에 따라 답안이 달라질 수 있다.
> 예시답안은 개별법 시험임에 입각하여 행위의 성질을 중심으로 답안을 작성하였다.

(설문 1-2)의 해결

Ⅰ 쟁점의 정리

설문은 재결절차 없이 곧바로 농업손실보상을 청구할 수 있는지를 묻고 있다. 토지보상법상 보상절차 규정을 검토하여 사안을 해결한다.

Ⅱ 재결절차 없이 곧바로 농업손실보상을 청구할 수 있는지 여부

1. 보상절차 규정

토지보상법 제26조에서는 당사자 간 협의를 통한 보상금 산정을 규정하고 있고 당사자 간 협의가 성립되지 않는 경우에는 동법 제28조 및 제30조에 따라 토지수용위원회에 재결을 신청할 수 있다. 또한 재결에 불복하는 경우에는 동법 제83조와 제85조에 따라서 이의신청을 하거나 보상금증감청구소송을 청구할 수 있다.

2. 보상절차의 종료(보상금의 지급, 공탁)

협의 또는 재결에서 정한 보상금의 지급일까지 보상금을 지급, 공탁함으로 손실보상의 절차가 종료된다.

3. 관련 판례의 태도

토지보상법상 재결신청과 재결 및 이에 대한 불복규정 등의 내용 및 입법취지 등을 종합하면, 공익사업으로 농업의 손실을 입게 된 자가 사업시행자로부터 토지보상법 제77조 제2항에 따라 농업손실에 대한 보상을 받기 위해서는 토지보상법 제34조, 제50조 등에 규정된 재결절차를 거친 다음 그 재결에 대하여 불복이 있는 때에 비로소 토지보상법 제83조 내지 제85조에 따라 권리구제를 받을 수 있을 뿐, 이러한 재결절차를 거치지 않은 채 곧바로 사업시행자를 상대로 손실보상을 청구하는 것은 허용되지 않는다.

4. 사안의 경우

토지보상법은 협의절차와 재결절차를 보상금결정 절차로 규정하고 있으므로 이러한 재결절차를 거치지 않고 곧바로 사업시행자를 상대로 손실보상을 청구하는 것은 허용되지 않을 것이다.

(설문 1-3)의 해결

Ⅰ 쟁점의 정리

설문의 해결을 위해서 잔여지수용청구권의 법적 성질과 요건을 설명하고, 갑의 잔여지수용청구가 인정될 수 있는지를 검토한다.

Ⅱ 잔여지수용청구권의 법적 성질 및 요건

1. 잔여지수용청구의 의의 및 취지(토지보상법 제74조)

잔여지수용이란 일단의 토지의 잔여지를 매수 또는 수용청구하는 것을 말한다. 이는 손실보상책의 일환으로 부여된 것으로서 피수용자의 권리보호에 취지가 인정된다.

2. 잔여지수용청구권의 법적 성질

(1) 학설

1) 사법상 매매설

확장수용은 피수용자의 청구에 의하여 사업시행자가 피수용자의 재산권을 취득하는 것이므로 사업시행자의 재산권 취득은 피수용자와의 합의에 의하여 이루어지는 사법상의 매매행위라고 한다.

2) 공용수용설

확장수용은 공용수용에 있어서 하나의 특수한 예이기는 하나, 그 본질에 있어서는 일반의 공용수용과 다른 점이 없으므로 공용수용으로 본다.

3) 공법상 특별행위설

확장수용은 해당 공익사업의 시행에 있어서 필요한 최소한도를 넘어서 행하여지고 피수용자의 청구에 의하여 이루어지는 점에 비추어 볼 때, 이는 수용이 아닌 일종의 특별한 공법행위라고 한다.

(2) 판례

판례는 잔여지수용청구 요건을 충족한 경우, 토지수용위원회의 조치를 기다릴 것 없이 수용의 효과가 발생하는 형성권으로 보고 있다. 또한 잔여지수용청구권의 행사기간은 제척기간으로서, 토지소유자가 그 행사기간 내에 잔여지수용청구권을 행사하지 아니하면 그 권리는 소멸한다고 판시한 바 있다(대판 2001.9.4, 99두11080).

(3) 검토

확장수용을 공용수용으로 보는 것이 타당하므로 "공권"으로 봄이 타당하며, 잔여지수용청구권은 요건만 구비하면 효과가 발생하는 형성권적 성격을 갖는다.

3. 잔여지수용청구권의 행사요건

(1) 수용청구의 요건

토지보상법 제74조에서는 ① 동일한 소유자의 토지일 것, ② 일단의 토지 중 일부가 편입될 것, ③ 잔여지를 종래의 목적으로 이용하는 것이 현저히 곤란할 것을 요건으로 규정하고 있다.

(2) 종래의 목적 및 사용하는 것이 현저히 곤란한 때

'종래의 목적'은 수용재결 당시에 그 잔여지가 현실적으로 사용되고 있는 구체적인 용도를 의미하고, '사용하는 것이 현저히 곤란한 때'라고 함은 물리적으로 사용하는 것이 곤란하게 된 경우는 물론 사회적 · 경제적으로 사용하는 것이 곤란하게 된 경우, 즉 절대적으로 이용 불가능한 경우만이 아니라 이용은 가능하나 많은 비용이 소요되는 경우를 포함한다고 할 것이다(대판 2017.9.21, 2017두30252).

4. 잔여지수용청구권의 행사절차(토지보상법 제74조 제1항)

잔여지를 종래의 목적에 사용하는 것이 현저히 곤란할 때에는 해당 토지소유자는 사업시행자에게 잔여지를 매수하여 줄 것을 청구할 수 있으며, 사업인정 이후에는 사업완료일 전까지 관할 토지수용위원회에 수용을 청구할 수 있다.

Ⅲ 사안의 해결

잔여지수용청구기한은 사업완료일까지이며, 설문상 공사완료 전에 잔여지수용청구를 하였다. 따라서 나토지의 일부인 잔여지가 종래 목적인 농작물직거래판매장을 운용하는 것이 불가능하는 등 공부상 지목대로의 이용이 불가하거나 현저히 곤란한 경우라면 잔여지수용청구권을 행사하여 권리구제를 받을 수 있을 것이다.

문제 02

甲은 A시에 토지를 소유하고 있다. A시장은 甲의 토지 등의 비교표준지로 A시 소재 일정 토지(2020.1.1. 기준 공시지가는 1㎡당 1,000만원이다)를 선정하고, 甲의 토지 등과 비교표준지의 토지가격비준표상 총 가격배율을 1.00으로 조사함에 따라 甲의 토지의 가격을 1㎡당 1,000만원으로 산정하였다. A시장으로부터 산정된 가격의 검증을 의뢰받은 감정평가사 乙은 甲의 토지가 비교표준지와 비교하여 환경조건, 획지조건 및 기타조건에 열세에 있고, 특히 기타조건과 관련하여 비교표준지는 개발을 위한 거래가 이어지고 있으나, 甲의 토지 등은 개발 움직임이 없다는 점을 '장래의 동향'으로 반영하여 91%의 비율로 열세에 있다고 보아, 비교표준지의 공시지가를 약 83.9%의 비율로 감액한 1㎡당 839만원을 개별공시지가로 정함이 적정하다는 검증의견을 제시하였다. A시장은 A시 부동산가격공시위원회의 심의를 거쳐 이 검증의견을 그대로 받아들여 2020.5.20. 甲의 토지의 개별공시지가를 1㎡당 839만원으로 결정·공시하고, 甲에게 개별통지하였다. 甲은 토지가격비준표에 제시된 토지특성에 기초한 가격배율을 무시하고 乙이 감정평가방식에 따라 독자적으로 지가를 산정하여 제시한 검증의견을 그대로 반영하여 개별공시지가를 결정한 것은 위법하다고 보아, 「부동산 가격공시에 관한 법률」 제11조에 따라 2020.6.15. 이의신청을 제기하였고, 2020.7.10. 이의를 기각하는 내용의 이의신청결과가 甲에게 통지되었다. 다음 물음에 답하시오(아래의 물음은 각 별개의 상황임). 30점

(1) 甲은 2020.9.10. 개별공시지가결정에 대해 취소소송을 제기하였다. 甲이 제기한 취소소송은 제소기간을 준수하였는가? 10점

(2) 甲이 개별공시지가결정에 대해 다투지 않은 채 제소기간이 도과하였고, 이후 甲의 토지에 대해 수용재결이 있었다. 甲이 보상금의 증액을 구하는 소송에서 개별공시지가결정의 위법을 주장하는 경우, 甲의 주장은 인용될 수 있는가? 20점

(설문 2-1)의 해결

I 쟁점의 정리

갑은 개별공시지가결정에 대한 취소소송을 제기하였는데, 취소소송을 제기할 수 있는 제소기간의 기산일이 개별공시지가 결정공시일인지 아니면 이의신청에 대한 통지일인지를 검토한다.

Ⅱ 취소소송에서의 제소기간

1. 의의 및 취지

제소기간이란 소송을 제기할 수 있는 시간적 간격을 의미하며 제소기간 경과 시 "불가쟁력"이 발생하여 소를 제기할 수 없다. 행정소송법 제20조에서는 처분이 있은 날로부터 1년, 안 날로부터 90일 이내에 소송을 제기해야 한다고 규정하고 있다. 제소기간은 행정의 안정성과 국민의 권리구제를 조화하는 입법정책과 관련된 문제이다(초일불산입).

2. 행정심판을 거친 경우(행정소송법 제20조)

행정심판을 거쳐 취소소송을 제기하는 경우 취소소송은 재결서의 정본을 송달받은 날로부터 90일 이내(제척기간)에 제기하여야 한다. 재결서의 정본을 송달받지 못한 경우에는 재결이 있은 날로부터 1년이 경과하면 취소소송을 제기하지 못하나, 정당한 사유가 있는 때에는 그러하지 아니하다(행정소송법 제20조 제2항).

3. 행정심판을 거치지 않은 경우(행정소송법 제20조)

행정심판을 거치지 않고 직접 취소소송을 제기하는 경우 취소소송은 처분 등이 있음을 안 날로부터 90일 이내에 제기하여야 하고, 처분 등이 있은 날로부터 1년을 경과하면 이를 제기하지 못한다. 다만, 정당한 사유가 있는 때에는 그러하지 아니하다.

4. 이의신청을 거친 경우

행정기본법 제36조 제4항에서는 '이의신청에 대한 결과를 통지받은 후 행정심판 또는 행정소송을 제기하려는 자는 그 결과를 통지받은 날로부터 90일 이내에 행정심판 또는 행정소송을 제기할 수 있다.'고 규정하고 있으며, 표준지공시지가와 관련된 행정법원 판례(2020.11.10, 2019구합71448, 2020.9.24, 2019구합70544)에서는 이의신청에 대한 결과통지일로부터 90일 이내에 행정소송을 제기할 수 있는 것으로 판시하고 있다.

5. 소 제기기간 준수 여부의 기준시점

소 제기기간 준수 여부는 원칙상 소제기 시를 기준으로 한다.

Ⅲ 사안의 해결

행정기본법 및 공시지가와 관련된 판례의 태도에 비추어 볼 때, 이의신청 결정 통지일로부터 제소기간을 기산하는 것이 타당하므로 7월 10일부터(초일불산입) 90일 이내인 9월 10일 취소소송을 제기하였으므로 제소기간은 준수되었다.

(설문 2-2)의 해결

Ⅰ 쟁점의 정리

설문은 개별공시지가결정에 대한 제소기간이 도과된 경우 보상금의 증액을 구하는 소송에서 개별공시지가의 위법을 주장할 수 있는지, 즉 하자승계에 대한 문제이다. 하자승계에 대한 제 요건을 검토하여 사안을 해결한다.

Ⅱ 하자승계의 인정 여부

1. 의의 및 논의 배경

하자승계란 둘 이상의 행정행위가 일련하여 동일한 법률효과를 목적으로 하는 경우에 선행행위의 하자를 이유로 후행행위를 다툴 수 있는지의 문제를 말한다. 이는 법적 안정성의 요청(불가쟁력)과 국민의 권리구제의 조화문제이다.

2. 전제요건

① 선, 후행행위는 처분일 것, ② 선행행위에의 취소사유의 위법성, ③ 후행행위의 적법성, ④ 선행행위에 불가쟁력이 발생할 것(제소기간 경과, 항소 포기, 판결에 의한 확정 등)을 요건으로 한다.

3. 하자승계 해결논의

(1) 학설

1) 전통적 견해(하자승계론)

선, 후행행위가 일련의 절차를 구성하면서 동일한 법률효과, 즉 하나의 효과를 목적으로 하는 경우에는 하자승계를 인정한다.

2) 새로운 견해(구속력이론)

선행행위의 불가쟁력이 대물적(목적), 대인적(수범자), 시간적(사실, 법률관계의 동일성) 한계와 예측가능성, 수인가능성 한도 내에서는 후행행위를 구속하므로 하자승계가 부정된다.

(2) 판례

판례는 형식적 기준을 적용하여 판단하는 듯하나 별개의 법률효과를 목적으로 하는 경우에도 예측가능성, 수인가능성이 없는 경우에 한하여 하자승계를 긍정하여 개별사안의 구체적 타당성을 고려하고 있다.

(3) 검토

전통적 견해는 형식을 강조하여 구체적 타당성을 확보하지 못하는 경우가 있을 수 있고, 새로운 견해는 ① 구속력을 판결의 기판력에서 차용하고, ② 추가적 한계는 특유의 논리가 아니라는 비판이 제기된다. 따라서 전통적 견해의 형식적 기준을 원칙으로 하되 개별사안에서 예측가능성, 수인가능성을 판단하여 구체적 타당성을 기함이 타당하다.

III 사안의 경우(하자승계의 인정 여부)

개별공시지가 결정행위는 조세 및 부담금 부과의 기준이 되나, 수용재결은 공익의 실현을 위해 설정된 수용권을 실행하는 목적을 갖는다고 본다. 양 행위는 목적의 동일성이 부정되며 개별공시지가를 그 자체가 표준지가 아닌 이상 보상가격에 영향을 미치는 경우가 없다고 할 것이므로 예측가능성 및 수인가능성의 판단과 무관한 것으로 보인다. 따라서 갑의 주장은 인용되지 못할 것이다.

문제 03

감정평가사 甲과 乙은 「감정평가 및 감정평가사에 관한 법률」에 따른 감정평가준칙을 위반하여 감정평가를 하였음을 이유로 업무정지처분을 받게 되었으나, 국토교통부장관은 그 업무정지처분이 「부동산 가격공시에 관한 법률」에 따른 표준지공시지가 공시 등의 업무를 정상적으로 수행하는 데에 지장을 초래할 우려가 있음을 들어, 2021.4.1. 甲과 乙에게 업무정지처분을 갈음하여 각 3천만원의 과징금을 부과하였다. 다음 물음에 답하시오. 20점

(1) 甲은 부과된 과징금이 지나치게 과중하다는 이유로 국토교통부장관에게 이의신청을 하였고, 이에 대해서 국토교통부장관은 2020.4.30. 갑에 대하여 과징금을 2천만원으로 감액하는 결정을 하였다. 甲은 감액된 2천만원의 과징금도 과중하다고 생각하여 과징금부과처분의 취소를 구하는 소를 제기하고자 한다. 이 경우 甲이 취소를 구하여야 하는 대상은 무엇인지 검토하시오. 10점

(2) 乙은 2021.6.1. 자신에 대한 3천만원의 과징금부과처분의 취소를 구하는 소를 제기하였다. 이에 대한 심리 결과 법원이 적정한 과징금 액수는 1천 5백만원이라고 판단하였을 때, 법원이 내릴 수 있는 판결의 내용에 관하여 검토하시오. 10점

(설문 3-1)의 해결

Ⅰ 쟁점의 정리

2021.4.1.에 부과된 3천만원의 과징금이 2021.4.30.에 2천만원으로 감액결정된 경우, 무엇을 소의 대상으로 해야 하는지가 문제된다.

Ⅱ 처분이 변경된 경우의 소의 대상

1. 학설

(1) 변경된 원처분설

당초처분의 내용을 변경하는 변경처분이나 행정심판에 의한 변경재결이 있는 경우에는 원처분주의에 따라서 일부취소되고 남은 원처분이 소의 대상이 된다는 견해이다.

(2) 변경처분설

변경처분 및 변경재결은 원처분을 대체하는 새로운 처분이므로 변경처분 및 변경재결이 소의 대상이 된다는 견해이다.

2. 판례

(1) 감액처분의 경우

판례는 행정청이 금전부과처분을 한 후 감액처분을 한 경우에는 감액처분은 일부취소처분의 성질을 가지므로 감액처분이 항고소송의 대상이 되는 것이 아니며 처음의 부과처분 중 감액처분에 의하여 취소되지 않고 남은 부분이 항고소송의 대상이 된다고 한다(대판 2008.2.15, 2006두3957).

(2) 증액처분의 경우

판례는 증액경정처분에 대하여 증액처분의 경우에는 당초의 처분은 증액처분에 흡수되어 소멸되므로(흡수설) 증액처분이 항고소송의 대상이 된다고 한다(대판 2011.4.14, 2008두22280; 대판 2010.6.24, 2007두16493).

3. 검토

변경처분이 당초처분을 취소하고 행해지는 새로운 처분이면 변경처분을 대상으로 항고소송을 제기하여야 하고, 변경처분이 당초처분의 효력 중 일부만을 취소하는 데 그치며 새로운 처분이 아닌 경우에는 당초처분을 대상으로 항고소송을 제기하여야 할 것이다.

III 사안의 해결

과징금이 2021.4.30. 2천만원으로 감경된 경우, 이는 당초 과징금 3천만원을 대체하는 새로운 처분이 아니므로 처음의 부과처분 중 감액처분에 의하여 취소되지 않고 남은 부분인 과징금 2천만원이 소의 대상이 될 것이다.

[설문 3-2]의 해결

I 쟁점의 정리

취소소송은 위법한 처분 등의 전부 또는 변경하는 소송인데(행정소송법 제4조), '변경'의 의미가 소극적 변경으로서 일부취소만을 의미하는 것인지 아니면 적극적 변경도 포함하는 것인지에 관련하여 문제된다.

설문의 해결을 위하여 '변경'의 의미를 살펴보고 '변경'이 일부취소판결의 근거가 된다면 재량행위인 경우에도 적용될 수 있는지를 검토한다.

Ⅱ 행정소송법 제4조 제1호의 '변경'의 의미

1. 견해의 대립

① 권력분립의 원칙을 형식적으로 이해하는 관점에서 취소소송에서의 '변경'을 소극적 변경으로서의 일부취소로 보는 것이 타당하다는 견해와 ② 권력분립의 원칙을 실질적으로 이해하면 법원이 위법한 처분을 취소하고 새로운 처분을 내용으로 하는 판결을 하는 것도 가능하다고 보는 견해가 있다.

2. 판례의 태도

판례는 현행 행정소송법상 이행형성소송을 인정하지 않으므로 '변경'의 의미를 소극적 변경, 즉 일부취소를 의미하는 것으로 보고 있다.

3. 검토

적극적 변경판결은 법원이 처분권한을 행사하는 것과 같은 결과를 가져오므로 명문의 규정이 없는 한 소극적 변경인 일부취소를 의미한다고 보는 것이 타당하다.

Ⅲ 일부취소판결의 가능성(특정성 및 분리가능성)

1. 일부취소판결의 허용기준

외형상 하나의 행정처분이라 하더라도 가분성이 있거나 그 처분대상의 일부가 특정될 수 있어야만 그 일부만의 취소도 가능하다고 본다.

2. 재량행위의 경우

재량행위인 경우에 행정처분의 일부를 취소하는 것은 행정청의 재량권을 침해하는 것이 될 수 있다. 이러한 경우에는 인정될 수 없다고 할 것이다.

Ⅳ 사안의 해결

과징금 부과는 감정평가사법 제41조에서는 '할 수 있다'고 규정하고 있으므로 재량행위이며, 사안의 과징금 부과처분은 금전상의 급부를 명하는 급부하명으로서 처분에 해당한다.

과징금 부과기준의 한도범위 내에서는 위반행위의 횟수, 내용 등을 고려하여 그 정당성을 판단해야 하는데 이러한 사항은 행정청의 권한이다. 따라서 처분청의 재량권을 존중하는 차원에서 법원은 일부취소를 할 수 없고, 전부취소를 한 다음 처분청이 재량권을 행사하여 다시 적정한 처분을 하도록 하여야 할 것이다.

문제 04

「감정평가 및 감정평가사에 관한 법률」 제25조에 따른 감정평가법인 등의 '성실의무 등'의 내용을 서술하시오. 10점

(설문 4)의 해결

I 개설(감정평가사의 책무와 성실의무)

"감정평가"란 토지 등의 경제적 가치를 판정하여 그 결과를 가액(價額)으로 표시하는 것을 말하며, 감정평가사는 타인의 의뢰를 받아 토지 등을 감정평가하는 것을 그 직무로 한다.

감정평가는 표준지공시지가, 자산재평가법에 따른 토지 등의 감정평가, 법원에 계속 중인 소송 또는 경매를 위한 토지 등의 감정평가, 금융기관·보험회사·신탁회사 등 타인의 의뢰에 따른 토지 등의 감정평가 등 다양한 법률관계에서 기초가 되므로 감정평가사가 지켜야 하는 책무 중 성실의무를 설명한다.

II 성실의무(감정평가법 제25조)

1. 품위유지의무

감정평가법인 등(감정평가법인 또는 감정평가사사무소의 소속 감정평가사를 포함)은 감정평가업무를 하는 경우 품위를 유지하여야 하고, 신의와 성실로써 공정하게 하여야 하며, 고의 또는 중대한 과실로 업무를 잘못하여서는 아니 된다.

2. 불공정 감정의 금지

감정평가법인 등은 자기 또는 친족 소유, 그 밖에 불공정하게 감정평가업무를 수행할 우려가 있다고 인정되는 토지 등에 대해서는 그 업무를 수행하여서는 아니 된다.

3. 겸업제한

감정평가법인 등은 토지 등의 매매업을 직접 하여서는 아니 된다.

4. 금품수수 등

감정평가법인 등이나 그 사무직원은 감정평가법 제23조에 따른 수수료와 실비 외에는 어떠한 명목으로도 그 업무와 관련된 대가를 받아서는 아니 되며, 감정평가 수주의 대가로 금품 또는 재산상의 이익을 제공하거나 제공하기로 약속하여서는 아니 된다.

5. 중복소속 금지

감정평가사, 감정평가사가 아닌 사원 또는 이사 및 사무직원은 둘 이상의 감정평가법인(같은 법인의 주·분사무소를 포함한다) 또는 감정평가사사무소에 소속될 수 없으며, 소속된 감정평가법인 이외의 다른 감정평가법인의 주식을 소유할 수 없다.

6. 기타

감정평가법인 등이나 사무직원은 특정한 가액으로 감정평가를 유도 또는 요구하는 행위에 대해서 따라서는 아니 된다.

III 관련문제(감정평가사의 책임)

감정평가법인 등이 성실의무를 위반한 경우, 이에 대한 책임으로서 감정평가법에서는 ① 민사상 손해배상, ② 행정상 법인설립인가취소, 업무정지 및 과징금 등의 징계처분과 ③ 형사상 벌칙(징역 및 벌금) 규정을 두고 있다.

CHAPTER

11 제33회 기출문제 답안

문제 01

X는 도시 및 주거환경정비법(이하 '도시정비법'이라 함)에 따른 재개발 정비사업조합이고, 甲은 X의 조합원으로서, 해당 정비사업구역 내에 있는 A토지와 B토지의 소유자이다. A토지와 B토지는 연접하고 있고 그 지목이 모두 대(垈)에 해당하지만, A토지는 사도법에 따른 사도가 아닌데도 불특정 다수인의 통행에 장기간 제공되어 왔고, B토지는 甲이 소유한 건축물의 부지로서 그 건축물의 일부에 임차인 乙이 거주하고 있다. X는 도시정비법 제72조 제1항에 따라 분양신청기간을 공고하였으나 甲은 그 기간 내에 분양신청을 하지 않았다. 이에 따라 X는 甲을 분양대상자에서 제외하고 관리처분계획을 수립하여 인가를 받았고, 그에 불복하는 행정심판이나 행정소송은 없었다. X는 도시정비법 제73조 제1항에 따른 甲과의 보상협의가 이루어지지 않자 A토지와 B토지에 관하여 관할 토지수용위원회에 수용재결을 신청하였고, 관할 토지수용위원회는 A토지와 B토지를 수용한다는 내용의 수용재결을 하였다. 다음 물음에 답하시오. 40점

(1) 甲이 수용재결에 대한 취소소송을 제기하면서, 'X가 도시정비법 제72조 제1항에 따라 분양신청기간과 그 기간 내에 분양신청을 할 수 있다는 취지를 명백히 표시하여 통지하여야 하는데도 이러한 절차를 제대로 거치지 않았다.'고 주장할 경우에, 甲의 주장이 사실이라면 법원은 그것을 이유로 수용재결을 취소할 수 있는지 설명하시오(단, 사실심 변론종결 전에 도시정비법에 따른 이전고시가 효력을 발생한 경우와 그렇지 않은 경우를 구분하여 설명할 것). 10점

(2) 공익사업을 위한 토지 등의 취득 및 보상에 관한 법률 시행규칙(이하 '토지보상법 시행규칙'이라 함) 제26조 제1항에 따른 '사실상의 사도'의 요건을 설명하고, 이에 따라 A토지가 사실상의 사도로 인정되는 경우와 그렇지 않은 경우에 보상기준이 어떻게 달라지는지 설명하시오. 10점

(3) 주거이전비에 관하여 甲은 토지보상법 시행규칙 제54조 제1항에 따른 요건을 갖추고 있고, 乙은 같은 조 제2항에 따른 요건을 갖추고 있다. 관할 토지수용위원회는 수용재결을 하면서 甲의 주거이전비에 관하여는 재결을 하였으나 乙의 주거이전비에 관하여는 재결을 하지 않았다. 甲은 주거이전비의 증액을 청구하고자 하고, 乙은 주거이전비의 지급을 청구하고자 한다. 甲과 乙의 권리구제에 적합한 소송을 설명하시오. 20점

참조조문

〈도시 및 주거환경정비법〉

제72조(분양공고 및 분양신청)

① 사업시행자는 제50조 제9항에 따른 사업시행계획인가의 고시가 있은 날(사업시행계획인가 이후 시공자를 선정한 경우에는 시공자와 계약을 체결한 날)부터 120일 이내에 다음 각 호의 사항을 토지등소유자에게 통지하고, 분양의 대상이 되는 대지 또는 건축물의 내역 등 대통령령으로 정하는 사항을 해당 지역에서 발간되는 일간신문에 공고하여야 한다. 다만, 토지등소유자 1인이 시행하는 재개발사업의 경우에는 그러하지 아니하다.

1.~2. <생략>

3. 분양신청기간

4. <생략>

③ 대지 또는 건축물에 대한 분양을 받으려는 토지등소유자는 제2항에 따른 분양신청기간에 대통령령으로 정하는 방법 및 절차에 따라 사업시행자에게 대지 또는 건축물에 대한 분양신청을 하여야 한다.

제73조(분양신청을 하지 아니한 자 등에 대한 조치)

① 사업시행자는 관리처분계획이 인가・고시된 다음 날부터 90일 이내에 다음 각 호에서 정하는 자와 토지, 건축물 또는 그 밖의 권리의 손실보상에 관한 협의를 하여야 한다. 다만, 사업시행자는 분양신청기간 종료일의 다음 날부터 협의를 시작할 수 있다.

1. 분양신청을 하지 아니한 자

2.~4. <생략>

② 사업시행자는 제1항에 따른 협의가 성립되지 아니하면 그 기간의 만료일 다음 날부터 60일 이내에 수용재결을 신청하거나 매도청구소송을 제기하여야 한다.

〈공익사업을 위한 토지 등의 취득 및 보상에 관한 법률 시행규칙〉

제54조(주거이전비의 보상)

① 공익사업시행지구에 편입되는 주거용 건축물의 소유자에 대하여는 해당 건축물에 대한 보상을 하는 때에 가구원수에 따라 2개월분의 주거이전비를 보상하여야 한다. <단서 생략>

② 공익사업의 시행으로 인하여 이주하게 되는 주거용 건축물의 세입자(무상으로 사용하는 거주자를 포함하되, 법 제78조 제1항에 따른 이주대책대상자인 세입자는 제외한다)로서 사업인정고시일 등 당시 또는 공익사업을 위한 관계 법령에 따른 고시 등이 있은 당시 해당 공익사업시행지구 안에서 3개월 이상 거주한 자에 대해서는 가구원수에 따라 4개월분의 주거이전비를 보상해야 한다. <단서 생략>

(설문 1-1)의 해결

I 쟁점의 정리

분양신청 절차상 하자있는 관리처분계획인가에 따라 이루어진 수용재결의 취소를 구할 법률상 이익이 있는지를 이전고시 효과 전·후로 구분하여 설명한다.

II 관리처분계획과 이전고시

1. 관리처분계획의 의의

관리처분계획은 재개발사업 등의 공사가 완료된 후 행하는 분양처분 및 청산 등에 관한 계획을 말하며 관리처분계획의 고시가 있는 때에는 소유권자 등의 종전의 토지에 대한 재산권 행사가 제한되고, 환권처분을 구속하는 효력을 가지므로 관리처분계획은 구속적 행정계획으로서 조합이 행한 처분이 된다(대판 2009.9.17, 2007다2428 全合).

2. 이전고시의 의의

이전고시는 준공인가의 고시로 사업시행이 완료된 이후에 관리처분계획에서 정한 바에 따라 종전의 토지 또는 건축물에 대하여 정비사업으로 조성된 대지 또는 건축물의 위치 및 범위 등을 정하여 소유권을 분양받을 자에게 이전하고 가격의 차액에 상당하는 금액을 청산하거나 대지 또는 건축물을 정하지 않고 금전적으로 청산하는 공법상 처분이다.

III 수용재결의 취소를 구할 수 있는지 여부

1. 이전고시 효력 발생 전의 경우

분양신청기간의 통지 등 절차는 재개발구역 내의 토지 등의 소유자에게 분양신청의 기회를 보장해 주기 위한 것으로서 같은 법 제31조 제2항에 의한 토지수용을 하기 위하여 반드시 거쳐야 할 필요적 절차이고, 또한 그 통지를 함에 있어서는 분양신청기간과 그 기간 내에 분양신청을 할 수 있다는 취지를 명백히 표시하여야 하므로, 이러한 통지 등의 절차를 제대로 거치지 않고 이루어진 수용재결은 위법하다(대판 2007.3.29, 2004두6235).

관리처분계획에 대한 인가·고시가 있은 후에 이전고시가 행해지기까지 상당한 기간이 소요되므로 관리처분계획의 하자로 인하여 자신의 권리를 침해당한 조합원 등으로서는 이전고시가 행해지기 전에 얼마든지 그 관리처분계획의 효력을 다툴 수 있는 여지가 있고, 특히 조합원 등이 관리처분계획의 취소 또는 무효확인소송을 제기하여 계속 중인 경우에는 그 관리처분계획에 대하여 행정소송법에 규정된 집행정지결정을 받아 후속절차인 이전고시까지 나아가지 않도록 할 수도 있다(대판 2012.3.22, 2011두6400 全合). 관리처분의 내용 중 분양처분 및 청산 등에 관한 계획은 주용 내용이므로 이에 대한 하자를 이유로 수용재결의 취소를 주장할 수 있는 것으로 보인다.

주택재개발사업조합은 사업시행인가를 받은 후 조합원들로부터 분양신청을 받고 그 분양신청의 현황을 기초로 하여 관리처분계획을 수립하여야 한다. 조합은 조합원들로부터 분양신청을 받지 아니하여 관리처분계획의 기초가 되는 분양신청 현황 자체가 존재하지 아니한 상황에서 관리처분계획을 수립하였으므로 이와 같은 하자는 중대하고 명백한 하자에 해당하므로 위 관리처분계획은 무효이다. 조합의 관리처분계획이 무효인 이상 분양계약을 체결하지 않았다고 하여 현금청산대상자가 된다고 할 수 없고, 조합은 갑 소유의 각 토지를 수용할 수 없다. 따라서 수용재결은 위법하여 취소되어야 한다.

2. 이전고시 효력 발생 후의 경우

정비사업의 공익적·단체법적 성격과 이전고시에 따라 이미 형성된 법률관계를 유지하여 법적 안정성을 보호할 필요성이 현저한 점 등을 고려할 때, 이전고시의 효력 발생으로 대다수 조합원 등에 대하여 권리귀속 관계가 획일적·일률적으로 처리되는 이상 그 후 일부 내용만을 분리하여 변경할 수 없고, 그렇다고 하여 전체 이전고시를 모두 무효화시켜 처음부터 다시 관리처분계획을 수립하여 이전고시 절차를 거치도록 하는 것도 정비사업의 공익적·단체법적 성격에 배치되어 허용될 수 없다. 그리고 이전고시의 효력이 발생한 이후에는 조합원 등이 해당 정비사업을 위하여 이루어진 수용재결이나 이의재결의 취소 또는 무효확인을 구할 법률상 이익이 없다고 해석함이 타당하다(대판 2017.3.16, 2013두11536).

생각해 볼 수 있는 추가 논점

하자있는 관리처분계획인가에 기한 수용재결의 취소를 구하는 것이 하자승계 쟁점도 될 수 있고 관리처분계획인가의 하자가 내용상 하자인지, 절차상 하자인지를 판단하는 것도 쟁점이 될 수 있습니다. 다만, 배점이 10점이고 문제의 취지가 이전고시 효과 발생 전후를 구분하여 설명하라고 하였으므로 간략하게 기본개념과 각 경우의 해결만 간략하게 보여주는 것이 시간과 배점에 비추어 합리적이지 않을까 합니다.

또한 판례는 이전고시 효력 이후의 경우에는 재결취소를 구할 법률상 이익이 없다고 보므로 협의 소익 내용을 일반이론으로서 써주면 좋겠지만 배점상 쓰는 것이 어려울 것입니다.

(설문 1-2)의 해결

Ⅰ 쟁점의 정리

토지보상법상 사실상 사도의 판단요건을 설명하고 사안을 해결한다.

Ⅱ 사실상 사도의 판단기준 및 평가방법 등

1. 사실상 사도의 의의

사실상의 사도라 함은 사도법에 의한 사도 외의 도로로서 ① 자기 토지의 편익을 위하여 스스로 설치한 도로, ② 토지소유자가 그 의사에 의하여 타인의 통행을 제한할 수 없는 도로,

③ 건축법에 따라 건축허가권자가 그 위치를 지정·공고한 도로, ④ 도로개설 당시의 토지소유자가 대지 또는 공장용지 등을 조성하기 위하여 설치한 도로를 말한다(대판 1995.6.13, 94누14650).

2. 판단기준

(1) 도로개설 당시의 토지소유자가 자기 토지의 편익을 위하여 스스로 설치한 도로

인접 토지의 획지면적, 소유관계, 이용상태 등이나 개설경위, 목적, 주위환경 등에 의하여 객관적으로 판단한다(대판 2007.4.12, 2006두18492).

(2) 토지소유자가 그 의사에 의하여 타인의 통행을 제한할 수 없는 도로

법률상 소유권을 행사하여 통행을 제한할 수 없는 경우뿐만 아니라 사실상 통행을 제한하는 것이 곤란하다고 보이는 경우도 해당한다고 할 것이나, 적어도 도로로의 이용상황이 고착화되어 해당 토지의 표준적 이용상황으로 원상회복하는 것이 용이하지 않은 상태에 이르러야 할 것이어서 단순히 해당 토지가 불특정 다수인의 통행에 장기간 제공되어 왔고 이를 소유자가 용인하여 왔다는 사정만으로는 사실상의 도로에 해당한다고 할 수 없다(대판 2007.4.12, 2006두18492).

또한 타인의 통행을 제한할 수 없는 도로의 판단에 있어서는 형법 제185조의 일반교통방해죄에 해당하는 것인지도 하나의 기준이 될 수 있을 것이다. 즉, 형법 제185조에 의하여 타인통행을 제한하는 것이 일반교통방해죄에 해당된다면 타인의 통행을 제한할 수 없는 것으로 보아야 할 것이다(대판 1995.6.13, 94누14650).

(3) 자연발생적으로 도로화된 경우

도시계획(도로)의 결정이 없는 상태에서 불특정 다수인의 통행에 장기간 제공되어 자연발생적으로 사실상 도로화된 경우에도 사실상의 사도에 해당하고, 도시계획으로 결정된 도로라 하더라도 그 이전에 사도법에 의한 사도 또는 사실상의 사도가 설치된 후에 도시계획결정이 이루어진 경우 등에도 거기에 해당하며, 다만 토지의 일부가 일정기간 불특정 다수인의 통행에 제공되거나 사실상 사도로 사용되고 있더라도 토지소유자가 소유권을 행사하여 그 통행을 금지시킬 수 있는 상태에 있는 토지는 거기에 해당하지 아니한다(대판 1995.6.13, 94누14650).

(4) 예정공도

'공익계획사업이나 도시계획의 결정·고시 때문에 이에 저촉된 토지가 현황도로로 이용되고 있지만 공익사업이 실제로 시행되지 않은 상태에서 일반공중의 통행로로 제공되고 있는 상태로서 계획제한과 도시계획시설의 장기 미집행상태로 방치되고 있는 도로' 곧 예정공도부지가 공익사업을 위한 토지 등의 취득 및 보상에 관한 법률 시행규칙 제26조 제2항에서 정한 사실상의 사도에서 제외된다(대판 2019.1.17, 2018두55753).

3. 도로의 평가기준

(1) 평가기준

사실상의 사도부지는 인근 토지평가액의 1/3 이내로 평가하도록 토지보상법 시행규칙 제26조 제1항 제2호에서 규정하고 있다.

(2) 도로보상기준의 정당보상 여부

1) 도로부지를 감가보상하는 이유

도로의 평가를 함에 있어서 인근 토지보다 낮게 평가한다고 규정한 취지는 현실 이용상황이 도로로 되었기 때문에 이를 감가한다는 뜻이 아니고 도로의 가치가 그 도로로 인하여 보호되고 있는 토지의 효용이 증가됨으로써 보호되고 있는 토지에 가치가 화체되었기 때문에 그 평가액은 당연히 낮아야 한다는 이유를 배경으로 일반토지에 비해 감가보상되는 것이다.

2) 판례의 태도

대법원 판례는 도로에 관한 규정의 취지는 사실상 불특정 다수인에게 제공되어 있는 토지이기만 하면 그 모두를 인근 토지의 3분의 1 이내로 평가하여야 한다는 것이 아니라, 그 도로의 개설경위・목적・주위환경 등의 제반사정에 비추어 해당 토지소유자가 자기 토지의 편익을 위하여 스스로 공중의 통행에 제공하는 등 인근 토지에 비하여 낮은 가격으로 보상하여 주어도 될만한 객관적인 사유가 인정되는 경우에만 인근 토지의 3분의 1 이내에서 평가하고, 그러한 사유가 인정되지 아니하는 경우에는 위 규정의 적용에서 제외되어야 한다(대판 2007.4.12, 2006두18492)고 판시하여 종래 공특법상의 규정의 불합리성을 지적하였다.

Ⅲ 사안의 해결

단순히 불특정 다수인의 통행에 이용되었다는 사실만으로는 사실상 사도로 보기 어려우므로 이 경우에는 대지로 평가될 것이지만, 만약 도로로의 이용상황이 고착화되어 표준적 이용상황으로 원상회복하는 것이 용이하지 않다면 이는 사실상 사도로서 1/3 이내로 평가될 것이다.

(설문 1-3)의 해결

Ⅰ 쟁점의 정리

주거이전비에 대한 재결이 있는 경우와 재결이 없는 경우를 구분하여 권리구제에 적합한 소송을 설명한다.

Ⅱ 토지보상법상 주거이전비의 의의 및 법적 성격

1. 주거이전비의 의의 및 취지

주거이전비는 해당 공익사업 시행지구 안에 거주하는 세입자들의 조기이주를 장려하여 사업추진을 원활하게 하려는 정책적인 목적과 주거이전으로 말미암아 특별한 어려움을 겪게 될 세입자들을 대상으로 하는 사회보장적인 차원에서 지급하는 금원을 말한다.

2. 주거이전비의 법적 성격

(1) 공법상 권리

판례는 세입자의 주거이전비는 ① 사업추진을 원활하게 하려는 정책적 목적과 ② 사회보장적인 차원에서 지급되는 금원의 성격을 가지므로 세입자의 주거이전비 보상청구권은 〈공법상 권리〉이고, 공법상 법률관계를 대상으로 하는 행정소송에 의해 다투어야 한다고 판시한 바 있다.

(2) 강행규정인지 여부

세입자에 대한 주거이전비는 공익사업 시행으로 인하여 생활 근거를 상실하게 되는 세입자를 위하여 사회보장적 차원에서 지급하는 금원으로 보아야 하므로, 사업시행자의 세입자에 대한 주거이전비 지급의무를 정하고 있는 토지보상법 시행규칙 제54조 제2항은 당사자 합의 또는 사업시행자 재량에 의하여 적용을 배제할 수 없는 강행규정이라고 보아야 한다.

Ⅲ 주거이전비를 향유할 수 있는 소송(대판 2008.5.29, 2007다8129)

1. 당사자소송의 의의

(1) 실질적 당사자소송

실질적 당사자소송이란 공법상 법률관계에 관한 소송으로서 그 법률관계의 주체를 당사자로 하는 소송을 말한다. 통상 당사자소송이라 하면 실질적 당사자소송을 말한다.

(2) 형식적 당사자소송

형식적 당사자소송이란 형식적으로는(소송형태상) 당사자소송의 형식을 취하고 있지만 실질적으로는 처분 등의 효력을 다투는 항고소송의 성질을 가지는 소송을 말한다. 형식적 당사자소송은 기본적으로는 법률관계의 내용을 다투는 점에서 당사자소송이지만 처분의 효력의 부인을 전제로 하는 점에서 실질적 당사자소송과 다르다.

2. 당사자소송의 절차

(1) 당사자소송의 대상

당사자소송의 대상은 "행정청의 처분 등을 원인으로 하는 법률관계와 그 밖의 공법상의 법률관계"이다. 즉, 당사자소송의 대상은 공법상 법률관계이다.

(2) 당사자소송에서의 원고적격 및 소의 이익

당사자소송에서 원고적격이 있는 자는 당사자소송을 통하여 주장하는 공법상 법률관계의 주체이다. 공법상 당사자소송이 확인소송인 경우에는 항고소송인 무효확인소송에서와 달리 확인의 이익이 요구된다.

(3) 당사자소송의 피고 및 제소기간

당사자소송은 '국가・공공단체 그 밖의 권리주체'를 피고로 한다(행정소송법 제39조). 당사자소송에 관하여 법령에 제소기간이 정하여져 있는 때에는 그 기간은 불변기간으로 한다(행정소송법 제41조).

(4) 공법상 당사자소송의 판결의 종류

당사자소송이 소송요건을 결여한 경우에는 본안심리를 거절하는 각하판결을 내리며, 본안심리의 결과 원고의 청구가 이유 없다고 판단되는 경우 기각판결을 내린다. 본안심리의 결과 원고의 청구가 이유 있다고 인정하는 경우 인용판결을 내리는데, 당사자소송의 소의 종류에 따라 확인판결을 내리기도 하고(공무원지위를 확인하는 판결) 이행판결을 내리기도 한다(공법상 금전급부의무의 이행을 명하는 판결).

3. 주거이전비를 향유할 수 있는 소송의 형태

(1) 토지보상법상 재결 이전인 경우(실질적 당사자소송)

세입자의 주거이전비 보상청구권은 그 요건을 충족하는 경우에 당연히 발생하는 것이므로, 주거이전비 보상청구소송은 행정소송법 제3조 제2호에 규정된 당사자소송에 의하여야 할 것이다.

(2) 토지보상법상 재결 이후인 경우(형식적 당사자소송)

세입자의 주거이전비 보상에 관하여 재결이 이루어진 다음 세입자가 보상금의 증감 부분을 다투는 경우에는 토지보상법 제85조 제2항에 규정된 행정소송(형식적 당사자소송)에 따라 권리구제를 받을 수 있을 것이다.

Ⅳ 사안의 경우

갑은 수용재결에 대한 불복으로서 보상금증감청구소송을 통해 증액을 청구할 수 있으며, 을은 실질적 당사자사소송으로서 주거이전비 지급을 청구할 수 있을 것이다.

* 보상금증감청구소송만을 설명하는 것은 갑에 대한 소송수단만을 설명하는 것이므로, 보상금증감청구소송을 중심으로 설명하는 경우에는 을에 대한 소송수단으로서 실질적 당사자소송도 개략적으로 설명해야 할 것입니다.

문제 02

국토교통부장관은 표준지로 선정된 A토지의 2022.1.1. 기준 공시지가를 1㎡당 1,000만원으로 결정 · 공시하였다. 국토교통부장관은 A토지의 표준지공시지가를 산정함에 있어 부동산 가격공시에 관한 법률 및 같은 법 시행령이 정하는 '토지의 일반적인 조사사항' 이외에 국토교통부 훈령인 표준지공시지가 조사 · 평가 기준상 상업 · 업무용지 평가의 고려사항인 '배후지의 상태 및 고객의 질과 양', '영업의 종류 및 경쟁의 상태' 등을 추가적으로 고려하여 평가하였다. 甲은 X시에 상업용지인 B토지를 소유하고 있다. X시장은 A토지를 비교표준지로 선정하여 B토지에 대한 개별공시지가를 1㎡당 1,541만원으로 결정 · 공시 후 이를 甲에게 통지하였다. 甲은 국토교통부장관이 A토지의 표준지공시지가를 단순히 행정청 내부에서만 효력을 가지는 국토교통부 훈령 형식의 표준지공시지가 조사 · 평가 기준이 정하는 바에 따라 평가함으로써 결과적으로 부동산가격공시에 관한 법령이 직접 규정하지 않는 사항을 표준지공시지가 평가의 고려사항으로 삼은 것은 위법하다고 주장하고 있다. 다음 물음에 답하시오. 30점

(1) 표준지공시지가 조사 · 평가 기준의 법적 성질에 비추어 甲 주장의 타당성 여부를 설명하시오. 20점

(2) 甲은 부동산 가격공시에 관한 법률 제11조에 따라 X시장에게 B토지의 개별공시지가에 대한 이의를 신청하였으나 기각되었다. 이 경우 甲이 기각결정에 불복하여 행정심판법상의 행정심판을 제기할 수 있는지 설명하시오. 10점

참조조문

〈부동산 가격공시에 관한 법률〉

제11조(개별공시지가에 대한 이의신청)

① 개별공시지가에 이의가 있는 자는 그 결정 · 공시일부터 30일 이내에 서면으로 시장 · 군수 또는 구청장에게 이의를 신청할 수 있다.

〈부동산 가격공시에 관한 법률 시행령〉

제6조(표준지공시지가 조사 · 평가의 기준)

① 법 제3조 제4항에 따라 국토교통부장관이 표준지공시지가를 조사 · 평가하는 경우 참작하여야 하는 사항의 기준은 다음 각 호와 같다. <각 호 생략>

② 표준지에 건물 또는 그 밖의 정착물이 있거나 지상권 또는 그 밖의 토지의 사용 · 수익을 제한하는 권리가 설정되어 있을 때에는 그 정착물 또는 권리가 존재하지 아니하는 것으로 보고 표준지공시지가를 평가하여야 한다.

③ 제1항 및 제2항에서 규정한 사항 외에 표준지공시지가의 조사・평가에 필요한 세부기준은 국토교통부장관이 정한다.

〈표준지공시지가 조사・평가 기준〉

제23조(상업・업무용지)

상업・업무용지(공공용지를 제외한다)는 토지의 일반적인 조사사항 이외에 다음 각 호의 사항 등을 고려하여 평가하되, 인근지역 또는 동일수급권 안의 유사지역에 있는 토지의 거래사례 등 가격자료를 활용하여 거래사례비교법으로 평가한다. <단서 생략>

1. 배후지의 상태 및 고객의 질과 양
2. 영업의 종류 및 경쟁의 상태
3.~6. <생략>

(설문 2-1)의 해결

Ⅰ 쟁점의 정리

갑은 표준지조사평가기준에 의한 공시지가는 법령에 의한 것이 아니므로 위법하다고 주장한다. 표준지조사평가기준에 대한 법적 성질을 검토하여 갑 주장의 타당성 여부에 대해서 설명한다.

Ⅱ 표준지조사평가기준의 법적 성질

1. 법령보충적 행정규칙의 의의 및 인정 여부

법령보충적 행정규칙이란 법률의 위임에 의해 법령을 보충하는 법규사항을 정하는 행정규칙을 말한다. 헌법 제75조 및 제95조와 관련하여 이러한 행정규칙의 인정 여부에 대하여 견해의 대립이 있으나, 다수견해 및 판례는 법령의 수권을 받아 제정되는 것을 논거로 하여 긍정한다.

2. 법적 성질에 대한 견해의 대립(대외적 구속력 인정논의)

(1) 학설

1) 행정규칙설

법규명령은 의회입법원칙의 예외이므로 법령보충적 행정규칙도 행정규칙에 불과하다고 한다.

2) 법규명령의 효력을 갖는 행정규칙설

법령보충적 행정규칙에 법규와 같은 효력(구속력)을 인정하더라도 행정규칙의 형식으로 제정되었으므로 법적 성질은 행정규칙으로 보는 것이 타당하다고 한다.

3) 법규명령설

해당 규칙이 법규와 같은 효력을 가지므로 법규명령으로 보아야 한다고 한다.

4) 수권여부기준설

법령에 근거가 있는 경우와 없는 경우로 구분하여, 법령의 수권이 있는 경우에 한해서 법규성을 가질 수 있다고 본다.

(2) 판례

① 국세청장훈령인 재산세제사무처리규정은 상위법인 소득세법 시행령과 결합하여 법규성을 가진다고 판시한 바 있다. ② 토지가격비준표는 집행명령인 개별토지가격합동조사지침과 더불어 법령보충적 구실을 하는 법규적 성질을 가지고 있는 것으로 보아야 한다고 판시한 바 있다. ③ 감정평가에 관한 규칙에 따른 '감정평가실무기준'이나 한국감정평가사협회가 제정한 '토지보상평가지침'은 일반 국민을 기속하지 않는다고 판시한 바 있다(대판 2014.6.12, 2013두4620).

(3) 검토

상위법령의 위임이 있는 경우에는 그와 결합하여 법령을 보충하므로 법규성을 인정하는 것이 행정현실상 타당하다고 판단된다. 다만, 일반적인 법규명령절차를 거치지 않기 때문에 '국민의 예측가능성'을 고려하여 고도의 전문적 영역에 한정되어 최소한도로 인정해야 할 것이다.

3. 위법한 법령보충적 행정규칙의 효력

판례는 법령보충적 행정규칙이 법령의 위임범위를 벗어난 경우에는 위법한 법규명령이 되는 것이 아니라 법규명령으로서의 대외적 구속력이 인정되지 않으므로 행정규칙에 불과한 것이 된다고 한다.

4. 법령보충적 행정규칙의 사법적 통제

(1) 법원에 의한 통제

법령보충적 행정규칙은 법규명령의 효력을 가지므로 법규명령과 같이 재판에서 전제가 된 경우에는 법원이 간접적으로 통제하고, 처분성을 갖는 경우 직접 항고소송의 대상이 된다.

(2) 헌법재판소에 의한 통제

법령보충적 행정규칙이 명백히 처분이 아니고(헌법소원의 보충성 원칙) 직접적 · 구체적으로 국민의 권익을 침해하는 경우에는 헌법소원의 대상이 된다.

Ⅲ 표준지조사평가기준의 법적 성질

1. 표준지조사평가기준의 의의

표준지조사평가기준은 표준지공시지가의 공시를 위하여 표준지의 적정가격 조사 · 평가에 필요한 세부기준과 절차 등을 정한 기준을 말한다.

2. 법적 성질

표준지조사평가기준은 형식은 국토교통부의 훈령이다. 부동산공시법 제3조 제4항 및 시행령 제6조 제3항에 위임의 근거가 있다. 따라서 법령보충적 행정규칙이다.

Ⅳ 사안의 해결

표준지조사평가기준은 부동산공시법의 위임에 따라 규정된 법령보충적 행정규칙으로서 대외적 구속력이 인정된다. 따라서 이에 따른 평가는 법령 규정에 따른 평가이므로 갑 주장의 타당성은 인정되지 않는다.

(설문 2-2)의 해결

Ⅰ 쟁점의 정리

행정심판법 제51조는 심판청구에 대한 재결이 있는 경우에는 해당 재결 및 동일한 처분 또는 부작위에 대하여 다시 심판청구를 제기할 수 없다고 하여 행정심판 재청구를 금지하고 있다. 부동산공시법 제11조에서 규정하고 있는 이의신청을 특별법상 행정심판으로 볼 수 있는지 여부에 따라서 결과가 달라지므로 이하에서 구체적으로 살펴본다.

Ⅱ 이의신청이 특별법상 행정심판인지 여부

1. 부동산공시법 제11조의 이의신청의 의의 및 취지

개별공시지가에 이의 있는 자가 시·군·구청장에게 이의를 신청하고 심사하는 제도로(제11조) 개별공시지가의 객관성을 확보하여 공신력을 높이는 데 취지가 인정된다.

2. 개별공시지가의 법적 성질

행정행위설, 사실행위설, 행정규칙설 등 법적성질에 대한 견해의 대립이 있으나 판례는 "개별토지가격결정은 관계법령에 의한 토지초과이득세 또는 개발부담금 산정의 기준이 되어 국민의 권리나 의무 또는 법률상 이익에 직접적으로 관계되는 것으로서 항고소송의 대상이 되는 행정처분에 해당한다(대판 1994.2.8, 93누111)."라고 하여 처분성을 인정하고 있다.

3. 이의신청의 법적 성질

(1) 학설

1) 심판기관기준설

이 견해는 심판과 이의신청을 심판기관으로 구별하는 견해이다. 즉, 이의신청은 처분청 자체에 제기하는 쟁송이고, 행정심판은 행정심판위원회에 제기하는 쟁송이라고 본다.

2) 쟁송절차기준설

이 견해는 쟁송절차를 기준으로 행정심판과 '행정심판이 아닌 이의신청'을 구별하는 견해이다. 즉, 헌법 제107조 제3항에서 행정심판절차는 사법심판절차가 준용되어야 한다고 규정하고 있는 점에 비추어 개별법률에서 정하는 이의신청 중 준사법절차가 보장되는 것만을 행정심판으로 보고, 그렇지 않은 것은 행정심판이 아닌 것으로 본다.

(2) 판례

최근 판례는 ㉠ 부동산공시법에 행정심판의 제기를 배제하는 명시적 규정이 없고, ㉡ 부동산공시법상 이의신청과 행정심판은 그 절차 및 담당기관에 차이가 있는 점을 종합하면 "다른 법률에 특별한 규정이 있는 경우"에 해당한다고 볼 수 없으므로 이의신청을 거친 경우에도 행정심판을 거쳐 소송을 제기할 수 있다고 판시한 바 있다.

(3) 검토

부동산공시법은 이의신청절차를 준사법적 절차로 하는 명시적 규정을 두고 있지 않은바 권리구제에 유리하도록 강학상 이의신청으로 봄이 타당하다.

Ⅲ 사안의 해결

부동산 가격공시법상 이의신청은 강학상 이의신청이므로 이에 대한 기각결정에 대해서 행정심판법상 행정심판을 청구할 수 있다.

문제 03

감정평가사 甲은 A감정평가법인(이하 'A법인'이라 함)에 형식적으로만 적을 두었을 뿐 A법인에서 감정평가사 본연의 업무를 전혀 수행하지 않았고 그 법인의 운영에도 관여하지 않았다. 이에 대해 국토교통부장관은 감정평가관리 · 징계위원회의 의결에 따라 사전통지를 거쳐 감정평가사 자격취소처분을 하였다. 처분사유는 '甲이 A법인에 소속만 유지할 뿐 실질적으로 감정평가업무에 관여하지 아니하는 방법으로 감정평가사의 자격증을 대여하였다.'는 것이었고, 그 법적 근거로 감정평가 및 감정평가사에 관한 법률(이하 '감정평가법'이라 함) 제27조 제1항, 제39조 제1항 단서 및 제2항 제1호가 제시되었다. 甲은 사전통지서에 기재된 의견제출 기한 내에 청문을 신청하였으나 국토교통부장관은 '감정평가법 제13조 제1항 제1호에 따라 감정평가사 자격취소를 하려면 청문을 실시하여야 한다는 규정이 있지만, 명의대여를 이유로 하는 감정평가사 자격취소의 경우에는 청문을 실시하여야 한다는 규정이 없을 뿐 아니라 청문을 실시할 필요도 없다.'는 이유로 청문을 실시하지 않았다. 甲에 대한 감정평가사 자격취소처분이 적법한지 설명하시오. 20점

참조조문

〈감정평가 및 감정평가사에 관한 법률〉

제13조(자격의 취소)

① 국토교통부장관은 감정평가사가 다음 각 호의 어느 하나에 해당하는 경우에는 그 자격을 취소하여야 한다.

1. 부정한 방법으로 감정평가사의 자격을 받은 경우
2. 제39조 제2항 제1호에 해당하는 징계를 받은 경우

제27조(명의대여 등의 금지)

① 감정평가사 또는 감정평가법인 등은 다른 사람에게 자기의 성명 또는 상호를 사용하여 제10조에 따른 업무를 수행하게 하거나 자격증 · 등록증 또는 인가증을 양도 · 대여하거나 이를 부당하게 행사하여서는 아니 된다.

제39조(징계)

① 국토교통부장관은 감정평가사가 다음 각 호의 어느 하나에 해당하는 경우에는 제40조에 따른 감정평가관리 · 징계위원회의 의결에 따라 제2항 각 호의 어느 하나에 해당하는 징계를 할 수 있다. 다만, 제2항 제1호에 따른 징계는 제11호, 제12호를 위반한 경우 및 제27조를 위반하여 다른 사람에게 자격증 · 등록증 또는 인가증을 양도 또는 대여한 경우에만 할 수 있다.

9. 제25조, 제26조 또는 제27조를 위반한 경우

② 감정평가사에 대한 징계의 종류는 다음과 같다.

1. 자격의 취소

2. 등록의 취소
3. 2년 이하의 업무정지
4. 견책

제45조(청문)

국토교통부장관은 다음 각 호의 어느 하나에 해당하는 처분을 하려는 경우에는 청문을 실시하여야 한다.
1. 제13조 제1항 제1호에 따른 감정평가사 자격의 취소
2. 제32조 제1항에 따른 감정평가법인의 설립인가 취소

(설문 3)의 해결

Ⅰ 쟁점의 정리

자격취소처분에 대한 청문이 실시되지 않은 경우 절차상 하자가 인정되는지를 검토하여 갑에 대한 감정평가사 자격취소처분이 적법한지 설명한다.

Ⅱ 자격취소처분의 절차

1. 자격취소의 개념 및 종류

감정평가사의 자격취소란 국토교통부장관이 감정평가사에게 부여한 자격의 효력을 상실시키는 행위를 말한다. 감정평가법 제13조 및 제39조에서 규정하고 있는, 부정한 방법으로 감정평가사의 자격을 얻은 경우, 실형 및 업무정지처분(1년 이상)을 2회 이상 받은 경우 및 감정평가사의 자격증·등록증 또는 인가증을 다른 사람에게 양도 또는 대여한 경우에 해당하여야 한다.

2. 절차

자격증을 명의대여 한 것을 이유로 자격취소를 하는 경우에는 징계위원회의 의결을 거쳐야 한다. 당사자는 징계위원회에 출석하여 구술 또는 서면으로 자기에게 유리한 사실을 진술하거나 필요한 증거를 제출할 수 있다.

Ⅲ 자격취소처분이 청문대상인지 여부

행정처분을 함에 있어서 이해관계인에게 의견진술의 기회를 주는 것은 행정절차의 핵심적 요소이다. 행정절차법은 법 제22조에서 의견청취라는 이름하에 의견제출, 청문, 공청회를 규정하고 있다.

1. 청문절차

청문이라 함은 당사자 등의 의견을 들을 뿐만 아니라 증거를 조사하는 등 재판에 준하는 절차를 거쳐 행하는 의견진술절차를 말한다.

2. 인정범위

행정청이 처분을 할 때 ① 인허가 등의 취소, 신분·자격의 박탈, 법인이나 조합 등의 설립허가의 취소 시 및 다른 법령 등에서 청문을 하도록 규정하고 있는 경우(의무적 청문), ② 행정청이 필요하다고 인정하는 경우(임의적 청문)에는 청문을 한다(행정절차법 제22조 제1항).

다만, ① 긴급히 처분을 할 필요가 있는 경우, ② 의견청취가 곤란하거나 불필요한 이유가 있는 경우 등 및 ③ 당사자가 의견진술의 기회를 포기한다는 뜻을 명백히 표시한 경우에는 의견청취를 아니할 수 있다(행정절차법 제22조 제4항).

3. 감정평가법상 관련 규정 검토

감정평가법 제45조에서는 국토교통부장관은 부정한 방법에 의해 자격을 취득한 경우 및 감정평가법인의 설립인가를 취소하는 경우에는 청문을 실시해야 한다고 규정하고 있다.

또한 감정평가법 시행령 제41조에서는 감정평가사가는 감정평가관리·징계위원회에 출석하여 구술 또는 서면으로 자기에게 유리한 사실을 진술하거나 필요한 증거를 제출할 수 있다고 규정하고 있다.

4. 자격취소처분이 청문대상인지 여부

감정평가사에 대한 자격취소가 이루어지는 경우 당사자는 징계위원회에 출석하여 자기에게 유리한 사실을 진술하거나 필요한 증거를 제출할 수 있으며, 이러한 의견진술은 충분한 자기방어의 기회를 주는 것으로 볼 수 있다. 따라서 징계위원회에 출석하여 충분한 자기방어의 기회를 갖은 경우라면 청문을 생략할 수 있은 경우에 해당된다고 볼 것이다.

Ⅳ 청문절차하자의 독자성 인정여부

1. 개설

감정평가사 자격취소처분을 함에 있어서 청문절차를 흠결한 하자는 절차상 위법에 해당한다. 절차위법으로 인하여 해당 자격취소처분의 효력을 전혀 인정할 수 없어 무효로 되는지, 아니면 절차위법으로 인하여 해당 자격취소처분의 효력은 일단 인정하되 사후적으로 취소할 수 있는 행위로 만드는지가 문제된다.

2. 청문절차를 흠결한 하자가 무효사유인지 취소사유인지 여부

해당 절차가 당사자의 이해관계에 중대한 영향을 미치는 경우 무효사유로 보며, 해당 절차가 행정의 적정·원활한 수행을 목적으로 한 경우에는 취소사유로 본다. 판례는 일반적으로 취소사유로 본다.

3. 청문절차를 흠결한 하자가 독자적 취소사유가 될 수 있는지 여부

(1) 학설

재량행위의 경우에는 관계행정청의 새로운 심사에 의하여 다른 처분을 할 가능성이 충분히 있으므로 청문절차의 하자가 독자적 취소사유가 된다는 것이 일반적 견해이다. 기속행위의 경우에는 행정경제를 강조하는 소극설과 행정절차의 기능을 중요시하는 적극설이 대립된다.

(2) 판례

판례는 청문절차를 거치지 아니한 경우 또는 거쳤다 하여도 그 절차적 요건을 제대로 갖추지 아니한 경우, 그 처분은 위법하여 취소를 면할 수 없다고 하였다.

(3) 검토

재량행위의 경우에는 독자적인 취소사유가 됨에는 다툼이 없고, 기속행위에 대해서는 의견이 나눠지지만 적법절차의 중요성, 행정절차의 기능 등을 고려할 때, 기속행위의 경우에도 독자적인 위법사유가 된다고 봄이 타당하다.

V 사안의 해결

감정평가법상 감정평가사에 대한 자격취소의 경우 징계위원회의 의결을 거치게 되어 있고, 당사자는 징계위원회에 출석하여 충분한 자기방어의 기회를 갖을 수 있으므로 이는 청문생략사유에 해당된다고 볼 수 있다. 설문에 설시되지 않았지만 갑이 징계위원회에 출석하여 의견진술을 충분히 한 경우라면 갑에 대한 감정평가사 자격취소처분은 적법하다. 만약 당사자의 귀책사유 없이 징계위원회에 출석하지 못하여 의견진술의 기회를 갖지 못하였다면 청문생략사유로 보기 어려우므로 절차하자가 인정되어 갑에 대한 자격취소처분은 위법하다고 볼 것이다.

문제 04

「감정평가 및 감정평가사에 관한 법률」상 감정평가법인 등의 손해배상책임의 성립요건에 관하여 설명하시오. 10점

(설문 4)의 해결

I 개설(감정평가법 제28조 손해배상책임의 의의 및 취지)

손해배상이란 고의, 과실로 감정평가 당시의 적정가격과 현저한 차이가 있는 경우 이를 배상하는 것을 말하며 ① 선의의 평가의뢰인이 불측의 피해를 입지 않도록 하기 위함이며, ② 또한 토지 등의 적정가격 형성으로 국토의 효율적 이용과 국민경제의 발전을 도모하기 위함에 그 취지가 있다.

II 손해배상책임의 성립요건

판례는 감정평가법상 손해배상책임과 민법상의 손해배상책임을 함께 물을 수 있다고 하나, 감정평가의 존립목적을 고려할 때 감정평가법상 손해배상규정은 민법상 특칙으로 보는 것이 합당하다.

1. 타인의 의뢰

감정평가법 제28조에서는 '타인의 의뢰에 의할 것'이라고 하여 타인의 의뢰를 요건으로 규정하고 있다.

2. 고의 또는 과실

① 고의란 부당한 감정평가임을 알고 있는 것을 말하며, ② 과실이란 감정평가를 함에 있어서 통상 주의의무를 위반한 것을 말한다. 입증책임은 주장하는 자에게 있다.

3. 부당한 감정평가

(1) 적정가격과의 현저한 차이

판례는 부당감정에 이르게 된 업자의 귀책사유를 고려하여 사회통념에 따라 탄력적으로 판단하여야 하므로 현저한 차이는 고의와 과실의 경우를 다르게 보아야 한다고 한다.

(2) 거짓의 기재

물건의 내용, 산출근거, 평가액의 거짓 기재로써 가격변화를 일으키는 요인을 고의, 과실로 진실과 다르게 기재하는 것을 말한다.

4. 의뢰인 및 선의의 제3자에게 손해가 발생할 것

손해라 함은 주로 재산권적 법익에 관하여 받은 불이익을 말한다. 또한 부당한 감정평가가 없었더라면 손해가 발생하지 않았을 인과관계가 요구된다.

5. 위법성이 필요한지 여부

① 긍정설은 민법상 채무불이행의 경우도 별도의 규정은 없으나 위법성을 요구하고 있으므로 감정평가법상 손해배상에서도 위법성이 요구된다고 한다. ② 이에 부정설은 고의과실에 포함되거나 부당감정에 포함되어 있다고 본다. ③ 〈생각건대〉 감정평가법 제28조는 민법에 대한 특칙으로 보는 것이 타당하므로 위법성 요건은 불필요하다고 보며 이는 부당감정개념에 포함된 것으로 봄이 합당하다.

6. 손해배상책임의 범위

불법행위로 인한 재산상 손해는 위법한 가해행위로 인하여 발생한 재산상 불이익, 즉 위법행위가 없었더라면 존재하였을 재산 상태와 위법행위가 가해진 현재의 재산 상태와의 차이가 되며, 계약의 체결 및 이행경위와 당사자 쌍방의 잘못을 비교하여 종합적으로 판단하여야 한다(과실상계인정).

7. 기타(보고의무)

감정평가법인 등은 감정평가의뢰인이나 선의의 제3자에게 법원의 확정판결을 통한 손해배상이 결정된 경우에는 국토교통부령으로 정하는 바에 따라 그 사실을 국토교통부장관에게 알려야 한다.

CHAPTER 12

제34회 기출문제 답안

문제 01

A대도시의 시장은 국토의 계획 및 이용에 관한 법률에 따른 도시관리계획으로 관할구역 내 ○○동 일대 90,000㎡ 토지에 공영주차장과 자동차정류장을 설치하는 도시계획시설사업결정을 한 후 지방공기업법에 따른 A대도시 X지방공사(이하 'X공사'라 함)를 도시계획시설사업의 시행자로 지정하고, X공사가 작성한 실시계획에 대해 실시계획인가를 하고 이를 고시하였다. 이에 따라 공익사업을 위한 토지 등의 취득 및 보상에 관한 법률(이하 '토지보상법'이라 함)에 의해 사업인정 및 고시가 이루어졌다. 한편, X공사는 사업대상구역 내에 위치한 20,000㎡ 토지를 소유한 甲과 토지수용을 위한 협의를 진행하였으나 협의가 성립되지 아니하여 관할 지방 토지수용위원회에 토지수용의 재결을 신청하였다. 다음 물음에 답하시오. (단, 각 물음은 상호독립적임) 40점

(1) 토지보상법의 사업인정과 사업인정고시의 법적 성질에 관하여 설명하시오. 10점

(2) 甲은 수용 자체가 위법이라고 주장하면서 관할 지방토지수용위원회의 수용재결과 중앙토지수용위원회의 이의재결을 거친 후 취소소송을 제기하였다. 취소소송의 대상적격과 피고적격에 관하여 설명하시오. 20점

(3) 甲은 자신의 토지에 대한 보상금이 적으며, 일부 지장물이 손실보상의 대상에서 제외되었다는 이유로 관할 지방토지수용위원회의 수용재결에 불복하여 중앙토지수용위원회에 이의신청을 거쳤으나, 기각재결을 받았다. 甲이 이에 대하여 불복하는 경우 적합한 소송 형태를 쓰고 이에 관하여 설명하시오. 10점

(설문 1)의 해결

Ⅰ 개설(사업인정의 의의 및 취지)

사업인정이란 공익사업을 토지 등을 수용 또는 사용할 사업으로 결정하는 것을 말하며(제2조 제7호), ① 사업 전의 공익성 판단, ② 사전적 권리구제(의견청취, 절차참여), ③ 수용행정의 적정화, ④ 피수용자의 권리보호에 취지가 있다.

Ⅱ 사업인정의 법적 성질

1. 처분성(형성행위)

국토교통부장관이 토지보상법 제20조에 따라서 사업인정을 함으로써 수용권이 설정되므로 이는 국민의 권리에 영향을 미치는 처분이다. 판례는 일정한 절차를 거칠 것을 조건으로 수용권을 설정하는 형성행위라고 판시한 바 있다(대판 2019.12.12, 2019두47629).

2. 재량행위성

토지보상법 제20조의 규정상 '… 받아야 한다'고 하여 불명확하나, 국토교통부장관이 사업인정 시에 이해관계인의 의견청취를 거치고 사업과 관련된 제 이익과의 형량을 거치는바 재량행위이다. 판례는 '사업의 공익성 여부를 모든 사항을 참작하여 구체적으로 판단해야 하므로 행정청의 재량에 속한다.'고 판시한 바 있다(대판 2019.2.28, 2017두71031, 대판 1992.11.13, 92누596). 공익사업을 위한 필요에 대한 증명책임은 사업시행자에게 있다(대판 2005.11.10, 2003두7507).

3. 제3자효 행정행위

사업시행자와 토지소유자에게 수익적, 침익적 효과를 동시에 발생시키는 바 제3자효 행정행위이다(대판 2005.4.29, 2004두14670).

Ⅲ 사업인정 고시의 법적 성질

1. 고시의 의의

고시는 기본적으로 대통령령인 「행정업무의 효율적 운영에 관한 규정」이 규정하는 바와 같이 일정한 사실을 일반 국민들에게 알린다는 의미의 통지나 공고의 의미를 내포하고 있다.
현행 법령에서 사용되고 있는 '고시'라는 용어는 경우에 따라서 단순한 통지수단 및 일반처분으로서 의미 또는 행정입법의 의미로 사용되며, 일반적으로 행정입법과 관련하여 그 법적 성질이 논의되는 고시는 행정청의 행위기준이 된다는 점에서, 일정한 사항을 일반인에게 알리는 통지수단으로서 고시 및 일반처분의 성질을 갖는 고시와 의미가 다름을 알 수 있다.
사업인정고시는 해당 공익사업에 대한 기본내용인 사업시행자의 성명이나 명칭, 사업의 종류, 사업지역 및 수용하거나 사용할 토지의 세목 등을 불특정 다수인에게 알리는 행위이다.

2. 견해의 대립

(1) 일반처분의 성질을 갖는 다는 견해

고시 중에는 물건이나 지역의 성질 및 상태를 규율함으로써 사람의 권리와 의무를 변동(발생, 변동소멸 등)시키는 법적효과를 인정한 경우가 있다. 고시가 일반적·구체적 성질을 가질 때에는 '일반처분'에 해당하며 고시의 내용이 어떤 물건의 성질 또는 상태를 규율하는 내용을 담고 있을 때에는 물적 행정행위라고 보아야 한다. 예컨대 "대기환경보전법에 의한 대기환경규제지역지정 고시" 및 "도로법에 의한 도로구역결정의 고시", "구 청소년보호법에 의한 청소년유해매체물 결정 및 고시" 등이 있다

(2) 특정사실을 알리는 준법률행위로서 통지라는 견해

통지행위라 함은 특정인 또는 불특정 다수인에게 특정한 사실을 알리는 행정행위를 말한다. 통지행위는 그 자체가 일정한 법률효과를 발생시키는 행정행위이다. 사업인정 고시로 인해 수용권이 설정되고 토지등의 보전의무가 발생하는 등 일정한 법률상 효과가 발생하게 된다.

(3) 특허로 보는 견해

사업인정은 수용할 수 있는 사업으로 결정하는 것이며 그 효력발생은 사업인정 고시일로부터 발생된다. 따라서 사업인정과 사업인정고시를 통일적으로 파악하여 특허로 보는 견해가 있다.

3. 검토

사업인정 고시는 사업인정의 효력발생요건으로서 사업인정과 결합하여 사업인정의 효력을 발생시키기 위한 절차 및 형식요건으로서 사업인정과 결합하여 원활한 공익사업의 시행을 가능케 하는 특허의 성질을 갖는다고 볼 것이다.

[설문 2]의 해결

I 쟁점의 정리

사안의 경우 원처분주의에 입각할 때 과연 소송의 대상은 무엇이며, 피고는 누구인지가 문제된다. 그리고 행정소송법 제19조 단서의 고유한 위법이 없음에도 재결을 대상으로 취소소송을 제기한 경우 법원은 청구기각을 하여야 하는가, 아니면 소각하를 하여야 하는가의 문제이다.

II 원처분주의와 재결주의

1. 의의 및 취지

"원처분주의"란 원처분의 위법은 원처분에 대한 항고소송에서만 주장할 수 있고, 재결에 대한 항고소송에서는 재결 자체의 고유한 하자에 대해서만 주장할 수 있는 제도를 말한다. "재결주의"는 재결만이 행정소송의 대상이 되며, 원처분의 위법사유도 아울러 주장할 수 있는 원칙을 의미한다.

2. 현행법의 태도

(1) 행정소송법 제19조

현행 행정소송법 제19조는 "취소소송의 대상은 처분 등을 대상으로 한다. 다만, 재결취소소송의 경우에는 재결 자체에 고유한 위법이 있음을 이유로 하는 경우에 한한다."라고 하여 원처분주의를 채택하고 있다.

(2) 토지보상법의 재결주의 채택 여부

기존의 판례는 구 토지수용법 제75조의2의 "이의신청의 재결에 대해 불복이 있을 때"라는 문언의 해석을 통해 재결주의의 입장을 취한 바 있으나, 토지보상법 제85조는 이의신청 임의주의로 변경하였고, 이에 행정소송법의 일반원칙인 원처분주의를 따름은 논리・필연적이다.

3. 재결고유의 하자유형(재결이 취소소송의 대상이 되는 경우)

재결이 취소소송의 대상이 되는 경우는 재결 자체에 고유한 위법이 있는 경우에 한하는 바, ① 주체상 하자로는 권한 없는 기관의 재결 ② 절차상 하자로는 심판절차를 준수하지 않은 경우 등 ③ 형식상 하자로는 서면으로 하지 않거나, 중요기재사항을 누락한 경우 ④ 내용상 하자의 경우 견해대립이 있으나 판례는 '내용의 위법은 위법 부당하게 인용재결을 한 경우에 해당한다'고 판시하여 내용상 하자를 재결고유의 하자로 인정하고 있다.

4. 원처분주의의 위반효과(재결의 고유한 위법 없이 소를 제기한 경우)

고유한 위법 없이 소송을 제기한 경우에는 각하판결을 해야 한다는 견해(제19조 단서를 소극적 소송요건으로 보는 견해)가 있으나, 다수・판례는 재결 자체의 위법 여부는 본안사항이므로 기각판결을 해야 한다고 본다.

Ⅲ 피고적격

1. 소소송의 피고적격(행정소송법 제13조)

취소소송은 다른 법률에 특별한 규정이 없는 한 그 처분 등을 행한 행정청을 피고로 한다. 다만, 처분 등이 있은 뒤에 그 처분 등에 관계되는 권한이 다른 행정청에 승계된 때에는 이를 승계한 행정청을 피고로 한다.

2. 피고 경정(행정소송법 제14조)

원고가 피고를 잘못 지정한 때에는 법원은 원고의 신청에 의하여 결정으로써 피고의 경정을 허가할 수 있다. 결정이 있은 때에는 새로운 피고에 대한 소송은 처음에 소를 제기한 때에 제기된 것으로 본다.

Ⅳ 사안의 해결(소의 대상과 피고)

이의재결 고유의 하자가 있는 경우에는 이의지결을 대상으로 중앙토지수용위원회를 피고로 취소소송을 제기해야 한다.

이의재결 고유의 하자가 없은 경우에는 취소소송의 대상은 수용재결이며 지방토지수용위원회가 피고가 될 것이다.

[설문 3]의 해결

Ⅰ 쟁점의 정리

보상대상에 대한 판단에 불복하는 경우 기각재결을 대상으로 취소소송을 제기해야 하는지 보상금증액청구소송을 제기해야 하는지가 문제될 수 있으며, 보상금증액청구소송에 대해서 설명한다.

Ⅱ 기각재결에 대한 적합한 소송 형태

1. 견해의 대립

(1) 취소소송설 및 무효등확인소송설

보상금증감청구소송은 문언에 충실하게 '보상금액의 다과'만을 대상으로 하며, 확장수용은 수용의 범위 문제인바, 먼저 재결에 대해 다투어야 하므로 취소 내지 무효등확인소송을 제기해야 한다고 한다.

(2) 보상금증감청구소송설

확장수용은 손실보상의 일환으로서 보상금증감청구소송의 취지가 권리구제의 우회방지이고, 손실보상액은 손실보상 대상의 범위에 따라 달라지므로 손실보상의 범위도 보상금증감소송의 범위에 포함된다고 본다.

(3) 손실보상청구소송설

확장수용청구권은 형성권인 바 이에 의해 손실보상청구권이 발생하고, 확장수용청구권의 행사에 의해서 수용의 효과가 발생하므로 이를 공권으로 본다면 공법상 당사자소송으로 손실보상청구를 하여야 한다고 본다.

2. 판례

어떤 보상항목이 공익사업을 위한 토지 등의 취득 및 보상에 관한 법령상 손실보상대상에 해당함에도 관할 토지수용위원회가 사실을 오인하거나 법리를 오해함으로써 손실보상대상에 해당하지 않는다고 잘못된 내용의 재결을 한 경우에는, 피보상자는 관할 토지수용위원회를 상대로 그 재결에 대한 취소소송을 제기할 것이 아니라, 사업시행자를 상대로 공익사업을 위한 토지 등의 취득 및 보상에 관한 법률 제85조 제2항에 따른 보상금증감소송을 제기하여야 한다고 판시한 바 있다(대판 2019.11.28, 2018두227).

3. 검토

잔여지 보상에 관한 소송은 위법성 여부를 따지는 것이 아니라 보상금과 관련된 사항이므로 보상금증감청구소송의 제도적 취지(분쟁의 일회적 해결)와 보상의 범위에 따라 보상금액이 달라지는 점을 고려할 때 보상금증감청구소송이 보상의 범위까지 포함한다고 보는 보상금증감청구소송설이 타당하다고 판단된다.

Ⅲ 보상금증감청구소송

1. 보상금증감청구소송의 의의 및 취지

(보상재결에 대한) 보상금의 증감에 대한 소송으로서 사업시행자, 토지소유자는 각각 상대방을 피고로 제기하며(제85조 제2항), ① 보상재결의 취소 없이 보상금과 관련된 분쟁을 일회적으로 해결하여, ② 신속한 권리구제를 도모함에 취지가 있다.

2. 소송의 형태

구 토지수용법에서는 '재결청'도 소송당사자로 포함시키고 있었다. 이와 관련하여 특수한 형태의 항고소송설, 법률이 정한 특수한 형태의 소송설, 변형된 형식적 당사자소송설 및 당사자소송과 항고소송이 절충된 형태의 소송설 등 다양한 견해가 대립하고 있었다. 그러나 현행 토지보상법 제85조 제2항에서는 보상금소송의 당사자를 사업시행자, 토지소유자 또는 관계인에 제한하고 있다. 그러한 이유에서 보상금증감소송을 형식적 당사자소송으로 보는 것이 통설적 견해이다.

3. 소송의 성질

형성소송설은 보상금을 산정한 재결의 취소·변경을 내용으로 하고 있고, 여전히 항고소송의 성격이 남아 있음을 강조하고 있다. 그러나 토지보상법 제85조 제2항의 보상금증감소송은 그 입법취지나 연혁을 고려할 때 토지소유자의 보호를 위해 둔 규정이고, 구 토지수용법과 달리 재결청을 소송당사자에서 제외하고 있다. 따라서 항고소송의 성격을 인정하기는 곤란하며, 보상금 산정에 하자가 있는 수용재결의 위법을 확인하고 보상금증액을 구한다고 보는 확인·급부소송설이 타당하다.

4. 심리범위 및 판결의 효력

① 손실보상의 지급방법(채권보상여부포함)과 ② 적정손실보상액의 범위 및 보상액과 관련한 보상면적(잔여지수용등) 등은 심리범위에 해당한다. 判例는 ③ 지연손해금 역시 손실보상의 일부이고 ④ 잔여지수용여부 및 ⑤ 개인별 보상으로서 과대과소항목의 항목 간 유용도 심리범위에 해당한다고 본다. 산정된 보상금액이 재결 금액보다 많으면 차액의 지급을 명하고, 법원이 직접보상금을 결정하므로 소송당사자는 판결결과에 따라 이행하여야 하며 중앙토지수용위원회는 별도의 처분을 할 필요가 없다.

Ⅳ 사안의 해결

보상대상에 대한 기각재결이 있는 경우 보상금증액을 구하는 소송을 제기하여야 하며, 보상금증감청구소송은 확인·급부소송으로서 형식적 당사자소송의 성격을 갖는다.

문제 02

지적공부상 지목이 전인 갑 소유의 토지('이 사건 토지'라 함)는 면적이 2,000㎡이고, 이 중 330㎡ 토지에 주택이 건축되어 있고 나머지 부분은 밭으로 사용되고 있다. 그럼에도 불구하고 A도 B시의 시장(이하 'B시장'이라 함)은 지목이 대인 1개의 표준지의 공시지가를 기준으로 토지가격비준표를 사용하여 2022.5.31. 이 사전 토지에 대하여 개별공시지가를 결정, 공시하였다. B시장은 이 사건 토지에 대한 개별공시지가와 이의신청 절차를 갑에게 통지하였다. 다음 물음에 답하시오(단, 각 물음은 상호 독립적임). 30점

(1) 甲이 B시장의 개별공시지가결정이 위법, 부당하다는 이유로 부동산 가격 공시에 관한 법령에 따른 이의신청을 거치지 않고 행정심판법에 따른 취소심판을 제기할 수 있는지 여부와 이 사건 토지에 대한 개별공시지가결정의 위법성에 관하여 설명하시오. 15점

(2) 甲은 개별공시지가결정에 대하여 부동산 가격공시에 관한 법령에 따른 이의신청이나 행정심판법에 따른 행정심판과 행정소송법에 따른 행정소송을 제기하지 않았다. 그 후 B시장은 2022.9.15. 이 사건 토지에 대한 개별공시지가를 시가표준액으로 하여 재산세를 부과, 처분하였다. 이에 甲은 2022.12.5. 이 사건 토지에 대한 개별공시지가결정의 하자를 이유로 재산세부과처분에 대하여 취소소송을 제기하였다. 甲의 청구가 인용될 수 있는지 여부에 관하여 설명하시오. 15점

(설문 1)의 해결

Ⅰ 쟁점의 정리

① 부동산공시법상 이의신청이 특별법상 행정심판의 성질을 갖는다면 행정심판법상 행정심판을 청구할 수 없을 것이므로 이에 대한 법적 성질을 검토한다. ② 개별공시지가의 위법성을 판단하기 위하여 개별공시지가 결정절차를 검토한다.

Ⅱ 부동산공시법상 이의신청의 법적 성질

1. 개별공시지가 및 이의신청의 의의(부동산공시법 제10조 및 제11조)

개별공시지가란 시·군·구청장이 공시지가를 기준으로 산정한 개별토지의 단위당 가격을 말한다. 이는 조세 및 개발부담금 산정의 기준이 되어 행정의 효율성 제고를 도모함에 제도적 취지가 인정된다. 이의신청이란 개별공시지가에 이의가 있는 자가 그 결정·공시일부터 30일 이내에 서면으로 시장·군수 또는 구청장에게 이의를 신청하는 것을 말한다.

2. 이의신청의 법적 성질

(1) 학설

1) 심판기관기준설

이 견해는 심판과 이의신청을 심판기관으로 구별하는 견해이다. 즉, 이의신청은 처분청 자체에 제기하는 쟁송이고, 행정심판은 행정심판위원회에 제기하는 쟁송이라고 본다.

2) 쟁송절차기준설

이 견해는 쟁송절차를 기준으로 행정심판과 '행정심판이 아닌 이의신청'을 구별하는 견해이다. 즉, 헌법 제107조 제3항은 행정심판절차는 사법심판절차가 준용되어야 한다고 규정하고 있는 점에 비추어 개별법률에서 정하는 이의신청 중 준사법절차가 보장되는 것만을 행정심판으로 보고, 그렇지 않은 것은 행정심판이 아닌 것으로 본다.

(2) 판례

최근 판례는 ① 부동산공시법에 행정심판의 제기를 배제하는 명시적 규정이 없고, ② 부동산공시법상 이의신청과 행정심판은 그 절차 및 담당기관에 차이가 있는 점을 종합하면 행정심판법 제3조 제1항의 "다른 법률에 특별한 규정이 있는 경우"에 해당한다고 볼 수 없으므로 이의신청을 거친 경우에도 행정심판을 거쳐 소송을 제기할 수 있다고 판시한 바 있다.

(3) 결어

헌법 제107조 제3항이 행정심판에 사법절차를 준용하도록 규정하고 있는 점에 비추어 쟁송절차기준설이 타당하다.

3. 취소심판 제기 가능성 여부

부동산공시법(제11조 및 동법 시행령 제22조)상 이의신청절차를 준사법적 절차로 하는 어떠한 규정도 두어지고 있지 않은 점에 비추어 부동산공시법상 이의신청은 행정심판이 아니라고 보는 것이 타당하므로 이와 별도로 행정심판법상 행정심판을 제기할 수 있다.

Ⅲ 개별공시지가결정의 위법성 판단

1. 개별공시지가 산정절차

① 시・군・구청장은 해당 토지와 유사하다고 인정되는 하나 또는 둘 이상의 표준지 공시지가를 기준으로 비준표를 사용하여 지가를 산정하고, ② 그 타당성에 대하여 감정평가법인 등의 검증을 받고 ③ 토지소유자 및 기타 이해관계인의 의견을 듣는다. ④ 그 후, 시・군・구 부동산가격공시위원회의 심의 후 결정・공시한다.

2. 개별공시지가의 위법성 사유

판례는 "개별토지가격의 적정성 여부는 규정된 절차와 방법에 의거하여 이루어진 것인지 여부에 따라 결정될 것이지", 해당 토지의 시가와 직접적인 관련이 있는 것이 아니므로, 단지 개별지가가 시가를 초과한다는 사유만으로는 그 가격 결정이 위법하다고 단정할 것은 아니라고 판시한 바 있다(대판 1996.9.20, 95누11931).

3. 개별공시지가 결정의 위법성 판단

대상토지는 지목이 '전'이나 주택과 밭으로 이용 중이다. 주택의 면적이 전체 면적의 10퍼센트를 초과하므로(공간정보법상 종된 용도의 면적이 전체면적의 10퍼센트를 초과하거나 330제곱미터를 초과하는 경우에는 1필지로 정할 수 없다고 규정하고 있다) 대상 토지는 주된 용도가 주택과 밭인 것으로 볼 수 있다. 따라서 주택과 밭으로 이용 중인 둘 이상의 표준지를 사용하여 개별공시지가를 산정함이 타당함에도 지목이 대인 표준지를 활용하여 산정하였으므로 이는 개별공시지가 결정절차상 위법하다고 볼 수 있다.

Ⅳ 사안의 해결(위법성 정도 등)

갑은 부동산공시법상 이의신청을 거치지 않고 행정심판법에 따른 취소심판을 제기할 수 있다. 또한, 취소심판에서 둘 이상의 표준지를 선정하고 토지가격비준표를 활용하여 개별공시지가를 산정해야 함에도 불구하고 하나의 표준지를 선정하여 산정한 위법성이 인정될 수 있다. 이는 가격공시절차위반의 중대한 하자이나 외관상 명백성이 결여되어 취소사유로 판단된다.

(설문 2)의 해결

Ⅰ 쟁점의 정리

갑이 개별공시지가결정의 하자를 이유로 재산세부과처분에 대한 취소소송을 제기할 수 있는지가 문제되므로 개별공시지가결정의 하자가 재산세부과처분에 승계되는지를 검토한다.

Ⅱ 하자승계 인정논의

1. 의의 및 논의 배경

하자승계란 둘 이상의 행정행위가 일련하여 동일한 법률효과를 목적으로 하는 경우에 선행행위의 하자를 이유로 후행행위를 다툴 수 있는지의 문제를 말한다. 이는 법적 안정성의 요청(불가쟁력)과 국민의 권리구제의 조화문제이다.

2. 전제요건

① 선, 후행행위는 처분일 것, ② 선행행위의 취소사유의 위법성(무효사유인 경우에는 당연승계된다), ③ 후행행위의 적법성, ④ 선행행위에 불가쟁력이 발생할 것(제소기간 경과, 항소 포기, 판결에 의한 확정 등)을 요건으로 한다.

3. 하자승계의 해결논의

(1) 학설

1) 전통적 견해(하자승계론)

선, 후행행위가 일련의 절차를 구성하면서 동일한 법률효과, 즉 하나의 효과를 목적으로 하는 경우에는 하자승계를 인정한다.

2) 새로운 견해(구속력론)

선행행위의 불가쟁력이 대물적(목적), 대인적(수범자), 시간적(사실, 법률관계의 동일성) 한계와 예측가능성, 수인가능성 한도 내에서는 후행행위를 구속하므로 하자승계가 부정된다.

(2) 판례

1) 판례는 형식적 기준을 적용하여 판단하는 듯하나 별개의 법률효과를 목적으로 하는 경우에도 예측가능성, 수인가능성이 없는 경우에 한하여 하자승계를 긍정하여 개별사안의 구체적 타당성을 고려하고 있다.

2) ① 개별공시지가와 과세처분의 경우, 개별공시지가가 개별통지되지 않은 경우에는 하자승계를 인정한 바 있다. ② 표준지공시지가와 재결에서는 별개의 효과를 목적으로 하는 경우에도 선행행위의 위법성을 다투지 못하게 하는 것이 수인한도를 넘는 불이익을 강요하는 것이 되는 경우에 한하여 하자승계를 긍정한 바 있다(대판 2008.8.21, 2007두13845). ③ 표준지로 선정된 토지의 표준지공시지가에 대한 불복방법 및 그러한 절차를 밟지 않은 채 토지 등에 관한 재산세 등 부과처분의 취소를 구하는 소송에서 표준지공시지가결정의 위법성을 다투는 것은 허용되지 않는다고 판시한 바 있다(대판 2022.5.13, 2018두50147).

(3) 검토

전통적 견해의 형식적 기준을 원칙으로 하되 개별사안의 예측·수인가능성을 판단하여 구체적 타당성을 기함이 타당하다.

Ⅲ 사안의 경우

개별공시지가는 개별지의 가격을 공시하여 각종 정책 자료로 활용되는 기준이 되는 역할을 담당하나, 조세처분은 국민의 납세의무를 실현하여 국가 재정의 근간이 되는 것으로서 양자는 그 목적을 달리한다고 볼 것이다. 또한, 개별공시가에 대한 이의신청 절차가 갑에게 통지되었으므로 갑은 이의신청, 행정심판 및 행정소송을 통해 그 위법을 시정할 수 있었을 것이다. 따라서 이러한 불복절차를 거칠 수 있었음에도 이를 거치지 않은 경우에는 예측가능성 및 수인한도성은 인정되지 않을 것이므로 하자승계는 부정될 것이다. 따라서 갑은 개별공시지가결정의 하자를 이유로 재산세부과처분에 대하여 취소소송을 제기할 수 없을 것이다(위법성을 인정받을 수 없을 것이다).

문제 03

A감정평가법인(이하 'A법인'이라 함)에 근무하는 B감정평가사(이하 'B'라 함)는 2020.4. 경 갑 소유의 토지 (이하 '갑 토지'라 함)를 감정평가하면서 甲 토지와 이용가치가 비슷하다고 인정되는 부동산 가격공시에 관한 법률에 따른 표준지공시지가를 기준으로 감정평가를 하지도 않았고 적정한 실거래가보다 3배 이상 차이가 나는 금액으로 甲 토지를 감정평가하였다. 그러나 그 사실은 3년여가 지난 후 발견되었고 이에 따라 국토교통부장관은 감정평가관리・징계위원회(이하 '위원회'라 함)에 징계의결을 요구하였으며 위원회는 3개월의 업무정지를 의결하였고, 국토교통부장관은 위원회의 의결에 따라 2023.7.10. B에 대해서 3개월의 업무정지처분(2023.8.1.부터)을 결정하였으며 A법인과 B에게 2023.7.10. 위 징계사실을 통보하였다. 이에 B는 위 징계가 위법하다는 이유로 2023.7.14. 취소소송을 제기하면서 집행정지를 신청하였다. 집행정지의 인용가능성과 본안에서 B의 청구가 기각되는 경우 징계의 효력과 국토교통부장관이 취해야 할 조치에 관하여 설명하시오. 20점

Ⅰ 쟁점의 정리

감정평가사 B에 대한 징계처분의 취소소송에서 집행정지가 인용될 수 있는지를 집행정지의 본안요건검토를 검토하여 해결한다. 만약 본안에서 B의 청구가 기각되는 경우에는 징계의 효력이 유지될 수 있도록 국토교통부장관은 적절한 조치를 취해야 할 것이므로 이러한 조치에 대해서 설명한다.

Ⅱ 집행정지 결정의 인용여부

1. 의의(집행부정지원칙과 예외적인 집행정지) 및 근거(행정소송법 제23조 제1항 및 제2항)

집행부정지 원칙은 취소소송의 제기는 처분 등의 효력이나 그 집행 또는 절차의 속행에 영향을 주지 아니함을 말한다. 단, 처분이 진행되는 등의 사정으로 회복되기 어려운 손해가 발생할 경우 예외적으로 집행정지를 인정한다.

2. 요건 및 절차

본안이 계속된 법원에 당사자의 신청 또는 직권에 의하여 처분 등의 효력이나 그 집행 또는 절차의 속행의 전부 또는 일부의 정지를 결정할 수 있다.

(1) 신청요건(형식적 요건 : 미충족 시 각하결정)

1) 정지대상인 처분 등이 존재할 것

행정소송법상 집행정지는 종전의 상태, 즉 원상을 회복하여 유지시키는 소극적인 것이므로 침해적 처분을 대상으로 한다. 거부처분에 대하여 집행정지가 가능한지에 관하여 견해의 대립이 있다.

2) 적법한 본안소송이 계속 중일 것

행정소송법상의 집행정지는 민사소송에서의 가처분과는 달리 적법한 본안소송이 계속 중일 것을 요하며, 계속된 본안소송은 소송요건을 갖춘 적법한 것이어야 한다.

3) 신청인적격 및 신청이익

집행정지를 신청할 수 있는 자는 본안소송의 당사자이다. 신청인은 '법률상 이익'이 있는 자이어야 한다. 집행정지신청요건인 법률상 이익은 항고소송의 요건인 '법률상 이익'과 동일하다. 또한 집행정지결정의 현실적 필요성이 있어야 한다.

(2) 본안요건(실체적 요건 : 기각결정 또는 인용결정(집행정지결정))

1) 회복하기 어려운 손해

판례는 금전보상이 불가능하거나 사회통념상 참고 견디기가 현저히 곤란한 유・무형의 손해(적소는 요건 아님)와 중대한 경영상의 위기를(아람마트 사건) 회복하기 어려운 손해로 보고 있다. 이에 대한 소명책임은 신청인에게 있다.

2) 긴급한 필요의 존재

회복하기 어려운 손해의 발생이 절박하여 손해를 회피하기 위하여 본안판결을 기다릴 여유가 없을 것을 말한다(대결 1994.1.17, 93두79).

3) 공공복리에 중대한 영향이 없을 것

처분의 집행에 의해 신청인이 입을 손해와 집행정지에 의해 영향을 받을 공공복리 간 이익형량을 하여 공공복리에 중대한 영향을 미칠 우려가 없어야 한다(대결 1999.12.20, 99무42).

4) 본안청구가 이유 없음이 명백하지 아니할 것

집행정지는 인용판결의 실효성을 확보하기 위하여 인정되는 것이며 행정의 원활한 수행을 보장하며 집행정지신청의 남용을 방지할 필요도 있으므로 본안청구가 이유 없음이 명백하지 아니할 것을 집행정지의 소극적 요건으로 하는 것이 타당하다는 것이 일반적 견해이며 판례도 이러한 입장을 취하고 있다(대결 1992.8.7, 92두30).

3. 효력 및 시기

① 처분의 효력을 잠정적으로 소멸시키는 형성력, ② 행정청은 동일한 처분을 할 수 없는 기속력(행정소송법 제30조 제1항 준용), ③ 판결주문에 정해진 시점까지 존속하는 시적효력이 있다. 집행정지간은 법원이 시기와 종기를 자유롭게 정할 수 있는데, 종기의 정함이 없으면 본안판결 확정시까지 정지의 효력이 존속한다(대결 1962.3.2, 62두1).

4. 집행정지 인용 여부

소송 중에 감정평가사 B에 대한 징계처분의 효력이 유지되어 감정평가업무를 수행할 수 없다면 징계처분으로 인하여 전문인으로서의 대외적인 신뢰도를 잃게 되고 감정평가협회 업무배정에서 제외될 수 있으며 법원감정인의 지위 역시 박탈될 수 있으며 이러한 불이익은 회복되기 어려운 손해로 판단된다. 따라서 집행정지는 인용될 것이다.

Ⅲ 본안청구가 기각되는 경우 징계처분의 효력과 국토교통부장관의 조치

1. 징계처분의 효력

법원은 집행정지 기간을 자유롭게 정할 수 있으며 종기의 정함이 없으면 본안판결 확정 시까지 정지의 효력이 존속되는 것으로 보므로 기각판결에 의해서 집행정지의 효력은 소멸된다(실효). 따라서 징계처분의 효력이 다시 발생되는 것으로 보아야 할 것이다. 다만, 업무정지처분의 경우 기 시기와 종기가 업무정지처분을 행함에 있어 명시될 것이므로 이러한 경우 국토교통부장관은 업무정지처분의 효력이 유지될 수 있도록 필요한 조치를 취해야 할 것이다.

2. 국토교통부장관이 취해야 할 조취

(1) 업무정지처분의 재집행(대판 2020.9.3, 2020두34070)

국토교통부장관은 당초 집행정지결정이 없었던 경우와 동등한 수준으로 해당 제재처분이 집행되도록 필요한 조치를 취하여야 한다. 따라서 새로이 업무정지 기간을 정하여 업무정지처분의 효력이 유지될 수 있도록 제재처분을 다시 집행해야 할 것이다.

(2) 징계처분의 공고

국토교통부장관은 지체 없이 그 구체적인 사유를 해당 감정평가사, 감정평가법인등 및 협회에 각각 알리고, 그 내용을 관보 또는 인터넷 홈페이지 등에 게시 또는 공고하여야 한다.

Ⅳ 사안의 해결

감정평가사 B는 회복되기 어려운 손해를 예방하기(대외적 신뢰도 보호 및 업무배정 기회박탈을 예방 등) 위하여 집행정지를 신청하여 인용될 수 있으나, 본안에서 청구가 기각되는 경우에는 국토교통부장관은 업무정지기간을 다시 정하여 B에게 재집행하고 그 내용을 관보 또는 인터넷 홈페이지 등에 게시 또는 공고해야 한다.

문제 04

감정평가 및 감정평가사에 관한 법률 제 21조에 따른 '사무소 개설 등'에 관하여 설명하시오. 10점

Ⅰ 개설

실무수습을 마친 감정평가사가 감정평가업을 행하기 위해서는 법인설립 및 사무소개설을 하거나 법인 및 사무소에 소속평가사가 되어야 한다. 이하에서 사무소개설에 대해서 설명한다.

Ⅱ 감정평가사 사무소 개설

1. 사무소개설 목적 및 법적효력

감정평가업무를 수행하기 위해서 감정평가사사무소를 개설해야 하며, 이로써 감정평가업무를 수행할 수 있는 법적지위가 발생된다.

2. 사무소개설 불가사유

① 감정평가사 결격사유에 해당하는 등 등록거부사유에 해당되는 자, ② 설립인가가 취소되거나 업무가 정지된 감정평가법인의 설립인가가 취소된 후 1년이 지나지 아니하였거나 업무정지 기간이 지나지 아니한 경우 그 감정평가법인의 사원 또는 이사였던 사람, ③ 업무가 정지된 감정평가사로서 업무정지 기간이 지나지 아니한 사람은 사무소를 개설할 수 없다.

3. 준수사항 및 법률상 의무

(1) 중복개설 금지 및 업무수행

① 감정평가사는 감정평가업을 하기 위하여 1개의 사무소만을 설치할 수 있다. ② 감정평가사사무소에는 소속 감정평가사를 둘 수 있다. 이 경우 소속 감정평가사는 등록거부사유에 해당되는 사람이 아니어야 하며, 감정평가사사무소를 개설한 감정평가사는 소속 감정평가사가 아닌 사람에게 감정평가업무를 하게 하여서는 아니 된다.

(2) 감정평가사사무소 명칭 사용

사무소를 개설한 감정평가법인등은 그 사무소의 명칭에 "감정평가사사무소"라는 용어를 사용하여야 하며, 감정평가법인등이 아닌 자는 "감정평가사사무소" 또는 이와 비슷한 명칭을 사용할 수 없다.

4. 기타

감평가사는 그 업무를 효율적으로 수행하고 공신력을 높이기 위하여 합동사무소를 설치할 수 있다. 이 경우 합동사무소는 둘 이상의 감정평가사를 두어야 한다.

종래에는 감정평가사 사무소를 개설하는 경우에는 이를 국토교통부장관에게 등록하도록 규정하고 있었으나 감정평가사 등록제도의 도입으로 사무소개설신고로 그 절차가 변경되었고 이러한 신고규정의 목적이 불필요한 규제행위는 아닌지 고려해 볼 여지가 있었기에 불필요한 규제 개선 취지에 비추어 신고규정은 삭제된 것으로 보인다.

PART

03

변호사 시험 쟁점 해설

CHAPTER 01 제12회 변호사 시험

문제 1

변호사 甲과 국회의원 乙은 전동킥보드 동호회 회원들이다. 甲과 乙은 전동킥보드 신제품을 구매하려 하였으나, 「전기용품 및 생활용품 안전관리법」 제15조 제3항에 근거한 「안전확인대상생활용품의 안전기준」 제4조 제1호(이하 '이 사건 고시조항'이라 한다)에서 전동킥보드의 최고속도를 시속 25킬로미터로 제한함에 따라 종전과 달리 이러한 제한을 준수한 전동킥보드만 제조 · 수입되고 있어서, 신제품 전동킥보드는 최고속도를 초과하여 주행할 수 없음을 알게 되었다. 甲과 乙은 이러한 속도 제한으로 말미암아 전동킥보드 구매 · 이용을 통해서 기대되는 즐거움이나 효용의 핵심인 속도감과 민첩한 이동을 누릴 수 없게 되었고, 이로써 자신들의 신체의 자유, 거주 · 이전의 자유가 침해되고 있다고 주장하면서 이 사건 고시조항에 대하여 헌법소원심판을 청구하였다.
이후 甲과 乙은 동호회 모임에 참석하였다가 만취한 상태로 각자 전동킥보드를 타고 가던 중, 횡단보도를 건너던 보행자를 순차적으로 치어 크게 다치게 한 후 도주하였다. 甲과 乙은 각각 「도로교통법」에 따른 운전면허 취소처분을 받음과 아울러 특정범죄가중처벌 등에 관한 법률위반(도주치상)죄로 공소제기되었다.
법무부장관은 甲에 대하여 위 공소제기를 이유로 「변호사법」 제102조 제1항 본문 및 제2항(이하 '이 사건 법률조항'이라 한다)에 의거하여 업무정지명령을 하였다. 甲은 업무정지명령에 대하여 취소소송을 제기하면서 그 근거조항인 이 사건 법률조항의 위헌성을 다투고 있다. 한편, 국회는 그간 乙이 여러 차례 본회의에서 다른 사람의 사생활에 대한 폭로성 발언을 하였을 뿐만 아니라 위와 같이 공소제기됨으로써 국회의원의 품위를 손상시켰음을 사유로 하여, 윤리특별위원회의 심사를 거쳐 乙을 제명하였다. 乙은 국회의 제명처분에 대하여 헌법재판소에 제소하고자 한다.

(1) 이 사건 고시조항에 대한 헌법소원심판의 적법요건 중 헌법소원 대상성 및 보충성 요건에 대하여 판단하시오. 15점

(2) 전동킥보드의 최고속도 제한으로 인하여 신체의 자유, 거주 · 이전의 자유가 '제한'된다는 甲과 乙의 주장에 대한 타당성 평가를 포함하여, 이 사건 고시조항으로 인하여 '제한'되는 기본권이 무엇인지 판단하시오(단, 평등권은 제외할 것). 20점

(3) 이 사건 법률조항이 무죄추정원칙 및 적법절차원칙에 위반되는지 판단하시오. 20점

(4) 헌법 제64조 제4항의 해석과 관련하여, 乙이 헌법재판소에 제소하는 것이 가능할지 검토하시오(그 외 심판청구의 적법요건은 검토하지 말 것). 15점

(5) 乙은 운전면허 취소처분에 대하여 그 취소를 구하는 행정심판을 적법하게 제기하였으나 기각재결을 받고 이어서 취소소송을 제기하였다. 한편 甲은 '「도로교통법」 제142조에도 불구하고 자신에 대한 운전면허 취소처분은 乙의 사건과 동종사건이므로 행정심판을 거칠 필요가 없다'고 판단하고 곧바로 취소소송을 제기하였는데, 결국 그 소송 계속 중에 행정심판 청구기간이 도과하였다. 행정심판전치주의와 관련하여 甲의 취소소송이 적법한지 판단하시오. 15점

(6) 한편, 법무부장관이 甲에 대하여 업무정지명령을 할 당시 甲은 위 특정범죄가중처벌 등에 관한 법률위반(도주치상)죄뿐만 아니라 무고죄로도 공소제기되어 있었는데, 위 업무정지명령 처분서에는 특정범죄가중처벌 등에 관한 법률위반(도주치상)죄로 공소제기된 사실만 적시되어 있었다. 법무부장관은 甲이 제기한 업무정지명령에 대한 취소소송이 진행되던 중에 위 처분사유만으로는 부족하다고 판단하고, '甲이 현재 무고죄로 공소제기되어 있다'는 처분사유를 추가하고자 한다. 이러한 처분사유의 추가가 허용되는지 판단하시오. 15점

참조조문

※ 유의 사항

아래 조문들의 일부는 가상의 것임

「전기용품 및 생활용품 안전관리법」

제15조(안전확인대상제품의 신고 등)

① 안전확인대상제품의 제조업자 또는 수입업자는 안전확인대상제품에 대하여 모델별로 안전확인시험기관으로부터 산업통상자원부령으로 정하는 바에 따라 안전확인시험을 받아, 해당 안전확인대상제품이 제3항에 따른 안전기준에 적합한 것임을 확인한 후 그 사실을 산업통상자원부장관에게 신고하여야 한다.

② 생략

③ 안전확인시험기관은 산업통상자원부장관이 정하여 고시하는 안전확인대상제품에 관한 안전기준을 적용하여 안전확인시험을 실시하여야 한다. 다만, 안전기준이 고시되지 아니하거나 고시된 안전기준을 적용할 수 없는 경우의 안전확인대상제품에 대해서는 산업통상자원부령으로 정하는 바에 따라 안전확인시험을 실시할 수 있다.

「안전확인대상생활용품의 안전기준」(2022.5.15. 산업통상자원부 고시 제2022-187호)

제1조(목적)

이 고시는 「전기용품 및 생활용품 안전관리법」 제15조 제3항에 따른 안전확인대상생활용품의 안전기준(이하 "안전기준"이라 한다)을 규정함을 목적으로 한다.

제4조(최고속도)

안전확인대상생활용품의 최고속도 제한은 다음 각 호와 같다.

1. 전동킥보드는 25 km/h를 넘지 않아야 한다.

(이하 생략)

「변호사법」

제102조(업무정지명령)

① 법무부장관은 변호사가 공소제기되거나 제97조에 따라 징계 절차가 개시되어 그 재판이나 징계 결정의 결과 등록취소, 영구제명 또는 제명에 이르게 될 가능성이 매우 크고, 그대로 두면 장차 의뢰인이나 공공의 이익을 해칠 구체적인 위험성이 있는 경우에는 법무부징계위원회에 그 변호사의 업무정지에 관한 결정을 청구할 수 있다. 다만, 약식명령이 청구된 경우와 과실범으로 공소제기된 경우에는 그러하지 아니하다.

② 법무부장관은 법무부징계위원회의 결정에 따라 해당 변호사에 대하여 업무정지를 명할 수 있다.

제103조(업무정지 결정기간 등)

① 생략

② 업무정지에 관하여는 제98조 제3항 및 제98조의2제2항부터 제6항까지의 규정을 준용한다.

문제 2

甲은 30년간의 공직생활을 마치고 정년퇴직을 한 뒤, 노후자금 및 대출금을 모아 A시에서 「공중위생관리법」에 의한 목욕장업을 시작하였다. 甲은 영업을 시작한 지 며칠 되지 않아 야간에 음주로 의심되는 손님 丙을 입장시켰는데 丙은 목욕장 내 발한실에서 심장마비로 사망하였다. 丙은 입장 당시 약간의 술 냄새를 풍기기는 하였으나 입장료를 지불하고 목욕용품을 구입하였으며 입장 과정에서도 정상적으로 보행을 하고 거스름돈을 확인하는 등 우려할 만한 특별한 문제점을 보이지 않았다. 丙은 무연고자로 판명되었으며, 부검 결과 사망 당일 소주 1병 상당의 음주를 한 것으로 확인되었다.
丙이 甲의 목욕장에서 사망한 사고가 다수의 언론에 보도되자 A시장은 甲에게 「공중위생관리법」 제4조 제1항, 제7항 및 같은 법 시행규칙 제7조 [별표 4] 제2호 라목의 (1) (다) 위반을 이유로, 같은 법 제11조 제1항 및 같은 법 시행규칙 제19조 [별표 7] II. 제2호 라목의 라)에서 정하는 기준(이하 '이 사건 규정들'이라 한다)에 따라 2021.1.11. 영업정지 1월(2021.1.18.~2021.2.16.)의 제재처분(이하 '이 사건 처분'이라 한다)을 하였고, 같은 날 甲은 이를 통지받았다. 甲은 음주로 의심되는 丙을 입장시킨 점은 인정하나, 丙이 같은 법 시행규칙 제7조 [별표 4]의 '음주 등으로 목욕장의 정상적인 이용이 곤란하다고 인정되는 사람'으로 보이지는 않아 입장을 허용한 것이므로 이 사건 처분은 위법·부당하다고 생각한다. 이와 관련하여 아래 각 질문에 답하시오(단, 아래 각 문제는 독립적임).

(1) 甲은 이 사건 처분에 대한 취소소송을 제기하였다. 甲은 A시장이 이 사건 처분을 할 때 이 사건 규정들 중 시행규칙 제19조 [별표 7]에서 정하고 있는 감경사유를 전혀 고려하지 않고 처분을 한 것은 위법하다고 주장하고 있다.
   1) 甲의 주장은 타당한가?
   2) 만약 이 취소소송이 기각되어 판결이 확정되었다면, 이후 A시장은 자신의 처분이 부당하였음을 이유로 이 사건 처분을 직권취소할 수 있는가? 30점

(2) 甲은 이 사건 처분에 대한 취소소송을 제기하면서 그 효력정지신청을 하여 수소법원으로부터 이 사건의 제1심 본안판결 선고 시까지 이 사건 처분의 효력을 정지한다는 결정을 2021.1.15. 받았다. 이후 2022.1.18. 승소판결이 선고되어 A시장이 이에 불복, 항소하였으나 추가로 이 사건 처분의 집행이나 효력이 정지된 바 없다. 2022.2.24. 현재 기준 소송이 계속 중이다. 甲은 취소소송을 계속할 수 있는가? 15점

(3) 甲은 이 사건 처분으로 인해 영업손실이 심대하여 대출금 및 이자 상환, 종업원 및 가족의 생계에 큰 지장을 겪고 있어 국가배상청구소송을 제기하고자 한다. 甲이 제기

한 취소소송에서 인용판결이 확정된 후 甲이 국가배상청구소송을 제기한 경우 수소법원은 국가배상법상 '법령에 위반하여'에 대해 취소소송의 수소법원에서 판단한 위법성과 다른 판단을 내릴 수 있는가? 만약 甲이 취소소송과 국가배상청구소송을 동시에 제기하였는데 국가배상청구소송에서 인용판결이 먼저 나왔을 경우 취소소송의 수소법원은 이 사건 처분의 위법성에 대하여 국가배상청구소송의 수소법원과 다른 판단을 내릴 수 있는가? 25점

(4) 이 사건 규정들 중 시행규칙 제7조 [별표 4] 제2호 라목 (1) (다)는 헌법상 법률유보원칙에 위반되는가? 10점

(5) 丙은 생전에 「시체 해부 및 보존에 관한 법률」 제12조 제1항 본문에 의하면 무연고로 사망할 경우 본인의 의사와는 무관하게 의과대학에 해부용으로 제공될 수 있다는 사실을 알고, 위 조항이 자신의 기본권을 침해한다고 주장하였다. 이때 丙의 제한되는 기본권을 특정하고 그 기본권 침해 여부를 검토하시오. 20점

참조조문

※ 유의 사항

아래 법령은 가상의 것으로, 이와 다른 내용의 현행 법령이 있다면 제시된 법령이 현행 법령에 우선하는 것으로 할 것

「공중위생관리법」

제1조(목적)

이 법은 공중이 이용하는 영업의 위생관리 등에 관한 사항을 규정함으로써 위생수준을 향상시켜 국민의 건강증진에 기여함을 목적으로 한다.

제2조(정의)

① 이 법에서 사용하는 용어의 정의는 다음과 같다.

1. "공중위생영업"이라 함은 다수인을 대상으로 위생관리서비스를 제공하는 영업으로서 숙박업・목욕장업・이용업・미용업・세탁업・건물위생관리업을 말한다.

3. "목욕장업"이라 함은 다음 각목의 어느 하나에 해당하는 서비스를 손님에게 제공하는 영업을 말한다.

가. 물로 목욕을 할 수 있는 시설 및 설비 등의 서비스

나. 맥반석・황토・옥 등을 직접 또는 간접 가열하여 발생되는 열기 또는 원적외선 등을 이용하여 땀을 낼 수 있는 시설 및 설비 등의 서비스

제4조(공중위생영업자의 위생관리의무 등)

① 공중위생영업자는 그 이용자에게 건강상 위해요인이 발생하지 아니하도록 영업관련 시설 및 설비를 위생적이고 안전하게 관리하여야 한다.

⑦ 제1항 내지 제6항의 규정에 의하여 공중위생영업자가 준수하여야 할 위생관리기준 기타 위생관리서비스의 제공에 관하여 필요한 사항으로서 그 각 항에 규정된 사항 외의 사항 및 출입시켜서는 아니 되는 자의 범위와 목욕장 내에 둘 수 있는 종사자의 범위 등 건전한 영업질서유지를 위하여 영업자가 준수하여야 할 사항은 보건복지부령으로 정한다.

제11조(공중위생영업소의 폐쇄 등)

① 시장·군수·구청장은 공중위생영업자가 다음 각 호의 어느 하나에 해당하면 6월 이내의 기간을 정하여 영업의 정지 또는 일부 시설의 사용중지를 명하거나 영업소폐쇄등을 명할 수 있다.

4. 제4조에 따른 공중위생영업자의 위생관리의무 등을 지키지 아니한 경우

「공중위생관리법 시행규칙」(보건복지부령)

제7조(공중위생영업자가 준수하여야 하는 위생관리기준 등)

법 제4조 제7항의 규정에 의하여 공중위생영업자가 건전한 영업질서유지를 위하여 준수하여야 하는 위생관리기준 등은 〔별표 4〕와 같다.

제19조(행정처분기준)

법 제11조 제1항의 규정에 따른 행정처분의 기준은 〔별표 7〕과 같다.

[별표 4] 공중위생영업자가 준수하여야 하는 위생관리기준 등(제7조관련)

2. 목욕장업자

라. 그 밖의 준수사항

(1) 다음에 해당되는 자를 출입시켜서는 아니 된다.

(다) 음주 등으로 목욕장의 정상적인 이용이 곤란하다고 인정되는 사람

[별표 7] 행정처분기준(제19조관련)

Ⅰ. 일반기준

3. 위반행위의 차수에 따른 행정처분기준은 최근 1년간 같은 위반행위로 행정처분을 받은 경우에 이를 적용한다. 이 경우 기간의 계산은 위반행위에 대하여 행정처분을 받은 날과 그 처분 후 다시 같은 위반행위를 하여 적발된 날을 기준으로 한다.

5. 행정처분권자는 위반사항의 내용으로 보아 그 위반정도가 경미하거나 해당위반사항에 관하여 검사로부터 기소유예의 처분을 받거나 법원으로부터 선고유예의 판결을 받은 때에는 Ⅱ. 개별기준에 불구하고 그 처분기준을 다음을 고려하여 경감할 수 있다.

가) 위반행위가 고의나 중대한 과실이 아닌 사소한 부주의나 오류로 인한 것으로 인정되는 경우

나) 위반 행위자가 처음 해당 위반행위를 한 경우로서, 관련법령상 기타 의무위반을 한 전력이 없는 경우

Ⅱ. 개별기준

2. 목욕장업

위반행위	근거 법조문	행정처분기준			
		1차 위반	2차 위반	3차 위반	4차 이상 위반
라. 법 제4조에 따른 공중위생영업자의 위생관리의무 등을 지키지 않은 경우	법 제11조 제1항 제4호				

라) 음주 등으로 목욕장의 정상적인 이용이 곤란하다고 인정되는 사람을 출입시킨 경우		영업정지 1월	영업정지 2월	영업정지 3월	영업장 폐쇄명령

「시체해부 및 보존에 관한 법률」(약칭 '시체해부법')

제12조(인수자가 없는 시체의 제공 등)

① 특별자치시장・특별자치도지사・시장・군수・구청장은 인수자가 없는 시체가 발생하였을 때에는 지체 없이 그 시체의 부패 방지를 위하여 필요한 조치를 하고 의과대학의 장에게 통지하여야 하며, 의과대학의 장이 의학의 교육 또는 연구를 위하여 시체를 제공할 것을 요청할 때에는 특별한 사유가 없으면 그 요청에 따라야 한다.

제1조(목적)

이 법은 사인(死因)의 조사와 병리학적・해부학적 연구를 적정하게 함으로써 국민 보건을 향상시키고 의학(치과의학과 한의학을 포함한다. 이하 같다)의 교육 및 연구에 기여하기 위하여 시체(임신 4개월 이후에 죽은 태아를 포함한다. 이하 같다)의 해부 및 보존에 관한 사항을 정함을 목적으로 한다.

제4조(유족의 승낙)

① 시체를 해부하려면 그 유족의 승낙을 받아야 한다. 다만, 다음 각 호의 어느 하나에 해당할 때에는 그러하지 아니하다.

1. 시체의 해부에 관하여 「민법」 제1060조에 따른 유언이 있을 때

1의2. 본인의 시체 해부에 동의한다는 의사표시, 성명 및 연월일을 자서・날인한 문서에 의한 동의가 있을 때

2. 사망을 확인한 후 60일이 지나도 그 시체의 인수자가 없을 때. 다만, 사회복지시설 수용자는 제외한다.

「장기 등 이식에 관한 법률」(약칭 '장기이식법')

제12조(장기 등의 기증에 관한 동의)

① 이 법에 따른 장기 등 기증자・장기 등 기증 희망자 본인 및 가족・유족의 장기 등의 기증에 관한 동의는 다음 각 호에 따른 것이어야 한다.

1. 본인의 동의 : 본인이 서명한 문서에 의한 동의 또는 「민법」의 유언에 관한 규정에 따른 유언의 방식으로 한 동의
2. 가족 또는 유족의 동의 : 제4조 제6호 각 목에 따른 가족 또는 유족의 순서에 따른 선순위자 1명의 서면 동의

CHAPTER 02

제11회 변호사 시험

 문제 1

혼인하여 3자녀를 둔 5인 가구의 세대주인 甲은 현재 독점적으로 전기를 공급하고 있는 전기판매사업자 S와 전기공급계약을 체결하고 전기를 공급받는 전기사용자이다. S는 甲에게 2016.7.3.부터 같은 해 8.2.까지 甲 가구가 사용한 525kWh의 전기에 대해 131,682원의 전기요금을 부과하였다. 甲은 위 기간 동안 특별히 전기를 많이 사용하지 않았음에도 불구하고 전월에 비해 전기요금이 2배 이상으로 부과된 것이 새로 도입한 누진요금제 때문이라는 것을 알게 되었다. 이에 甲은 S의 전기공급약관 중 누진요금에 관한 부분이 「전기사업법」 제16조 제1항, 「전기사업법 시행령」 제7조 제1항을 위반하고 甲의 계약의 자유를 침해하여 무효라고 주장하면서, 2016.11.16. 전주지방법원 군산지원에 S를 상대로 甲이 납부한 131,682원과 누진요금제 시행 이전 기준으로 산정한 55,500원(S의 전기공급약관 개정 전 [별표 1] 기준)의 차액 상당을 구하는 부당이득반환 청구소송을 제기하였다. 甲은 위 소송 계속 중 2017.3.6. 위 법원에 「전기사업법」 제16조 제1항 중 '전기요금' 부분이 의회유보원칙 및 포괄위임금지원칙에 위배되고 혼인하여 대가족을 이룬 甲의 평등권을 침해한다고 주장하며 변호사 乙을 선임하여 위 법률조항 부분에 대한 위헌법률심판 제청신청을 하였다.
위 법원이 2017.7.20. 甲의 부당이득반환 청구를 기각하면서 위헌법률심판 제청신청도 기각하자, 甲은 2017.8.16. 「전기사업법」 제16조 제1항 중 '전기요금'에 관한 부분과 같은 법 시행령 제7조 제1항에 대하여 「헌법재판소법」 제68조 제2항에 의한 헌법소원심판을 청구하였다. 한편 위 부당이득반환 청구에 대한 기각판결은 甲이 항소하지 않아 2017.8.10. 확정되었다.

(1) 甲의 헌법소원심판청구의 적법 여부를 판단하시오. [20점]

(2) 「전기사업법」 제16조 제1항을 다음의 심사기준으로 판단하시오.
  1) 의회유보원칙 위반 여부 [10점]
  2) 포괄위임금지원칙 위반 여부 [20점]

(3) S의 전기공급약관 개정 [별표 1] 월간 전기요금표가 甲의 평등권을 침해하는지 검토하시오. [20점]

(4) 한편 S가 비용을 자의적으로 분류하여 전기요금을 부당하게 산정하였음이 판명되었다. 이에 허가권자는 전기위원회 소속 공무원 丙으로 하여금 그 확인을 위하여 필요한 조사를 지시하였고, 丙은 사실조사를 통해 부당한 전기요금 산정을 확인하였다. 이에 허가권자는 전기사업법령이 정하는 바에 따라 S의 매출액의 100분의 4에 해당하는 금액의 과징금부과처분을 하였다.

1) 허가권자가 조사 일시 · 이유 · 내용 등의 조사계획을 조사대상자에게 전혀 알리지 않은 채 기습적으로 위 사실조사가 행하여진 경우, 위 과징금부과처분의 적법 여부를 검토하시오. 10점

2) 만약 과징금 액수가 과하게 책정되었음을 이유로 S가 과징금부과처분 취소심판을 제기하였다면, 행정심판위원회는 일부취소재결을 할 수 있는지 검토하시오. 20점

쟁점해설

》 문제 1

[물음 4-1] 하자 있는 행정조사와 행정처분의 효력

쟁점 : 조사 내용은 맞지만 조사 절차상 하자가 있는 경우, 절차상 하자 있는 조사에 기초한 행정행위의 효력이 문제된다. 조사행위가 행정행위의 전제요건인 경우에는 위법하다는 견해, 적법절차 원칙상 위법하다는 견해, 조사와 행정행위는 별개의 행위이므로 무관하다는 견해와 판례의 태도(긍정)를 서술하면 무난할 것이다.

[물음 4-2] 재량행위와 일부취소재결

쟁점 : 행정심판의 경우에는 행정소송과 달리 권력분립원칙에 반하지 않으므로 일부취소가 가능하다는 것이 통설이다. 다만, 일부취소가 가능하다 하더라도 행정소송과 마찬가지로 위법 부당한 부분이 특정되어 분리가능한 경우에 한하여 일부취소가 가능하다고 볼 것이다.

문제 2

甲은 A군 소재 농지에서 농업경영을 하던 중 양돈업을 시작하고자 한다. A군의 군수 乙은 2021.5.경 「가축분뇨의 관리 및 이용에 관한 법률」 제8조 제1항 및 「A군 가축사육 제한에 관한 조례」(이하 '이 사건 조례'라 한다) 제3조 제2항에 의거하여 「A군 가축사육 제한구역 지정 고시」(이하 '이 사건 고시'라 한다)를 발령하였다. 이 사건 고시 제4조 제3호에 의하면, "도로(고속국도, 일반국도, 지방도, 군도)나 철도, 농어촌도로 경계선으로부터 가축 사육 시설 건축물 외벽까지 직선거리 200m 이내 지역"을 가축사육 제한구역의 하나로 정하고 있다. 축사 예정지로 삼고 있는 甲의 토지는 주거 밀집지역인 농가에서 1km 이상 벗어나 있는데 甲이 짓고자 하는 축사의 외벽은 지방도 경계선으로부터 직선거리 200m 이내에 소재하고 있어 가축사육 제한구0역에 편입되게 되었다.

甲은 2021.11.30. 돼지를 사육하려고 乙에게 축사 건축허가를 신청하였다. 그러나 乙은 2021.12.15. 이 사건 조례 제3조 및 이 사건 고시 제4조 제3호에 의거하면 축사 예정지가 가축사육 제한구역에 해당하여 여기에 축사를 건축할 수 없다는 이유로 허가를 거부하는 처분(이하 '이 사건 처분'이라고 한다)을 하였다.

乙은 이 사건 처분을 함에 있어서 「행정절차법」에 따른 사전통지를 하지 않았고, 「행정심판법」상 처분의 상대방에게 알려야 하는 행정심판 청구가능성, 그 절차 및 청구기간도 알리지 않았다.

(1) 甲은 이 사건 고시 제4조 제3호가 법령의 위임한계를 벗어났다고 주장한다. 이와 관련하여 이 사건 고시의 법적 성격을 논하시오(단, 고시의 처분성 논의는 제외함). 25점

(2) 乙이 「행정절차법」상 사전통지를 하지 않았음에 따른 이 사건 처분의 적법 여부를 검토하고, 나아가 「행정심판법」상 요구되는 행정심판 청구가능성, 그 절차 및 청구기간을 알리지 않았음에 따른 이 사건 처분의 적법 여부와 「행정심판법」상 효과를 설명하시오. 25점

(3) 甲을 비롯한 A군의 주민 과반수는 이 사건 조례가 가축사육 제한구역을 지나치게 광범위하게 규정하여 농업경영인의 경제활동을 너무 많이 제약한다는 이유에서 이를 보다 완화하는 내용으로 개정되어야 한다고 생각하고 있다. 甲을 비롯한 A군의 위 주민들이 행사할 수 있는 「지방자치법」상 권리를 모두 검토하시오(단, 주민감사청구권과 주민소환권은 논의에서 제외함). 20점

(4) 甲은 이 사건 처분에 대하여 불만을 품고 「헌법재판소법」 제68조 제1항에 의한 헌법소원심판 청구를 검토하였다. 그 결과 甲은 「가축분뇨의 관리 및 이용에 관한 법률」 제8조가 가축사육 제한에 관하여 이 사건 조례에 위임한 것은 「지방자치법」 제22조

단서에 따른 것이나, 「지방자치법」 제22조 단서는 헌법에 위반되고, 설령 동 조항을 합헌으로 보더라도 해당 위임은 위임입법의 한계를 일탈한 것이 명백하며, 나아가 이 사건 고시는 자신의 직업의 자유를 침해한다고 주장한다. 甲의 주장이 타당한지 여부를 검토하시오(단, 「헌법재판소법」 제68조 제1항에 의한 헌법소원심판 청구의 적법요건은 논하지 말 것). 30점

참조조문

※ 유의사항

아래 법령은 가상의 것으로, 이와 다른 내용의 현행 법령이 있다면 제시된 법령이 현행 법령에 우선하는 것으로 할 것

「가축분뇨의 관리 및 이용에 관한 법률」

제1조(목적)

이 법은 가축분뇨를 자원화하거나 적정하게 처리하여 환경오염을 방지함으로써 환경과 조화되는 지속가능한 축산업의 발전 및 국민건강의 향상에 이바지함을 목적으로 한다.

제8조(가축사육의 제한 등)

① 시장・군수・구청장은 지역주민의 생활환경보전 또는 상수원의 수질보전을 위하여 다음 각 호의 어느 하나에 해당하는 지역 중 가축사육의 제한이 필요하다고 인정되는 지역에 대하여는 해당 지방자치단체의 조례로 정하는 바에 따라 일정한 구역을 지정・고시하여 가축의 사육을 제한할 수 있다. 다만, 지방자치단체 간 경계지역에서 인접 지방자치단체의 요청이 있으면 환경부령으로 정하는 바에 따라 해당 지방자치단체와 협의를 거쳐 일정한 구역을 지정・고시하여 가축의 사육을 제한할 수 있다.

1. 주거 밀집지역으로 생활환경의 보호가 필요한 지역
2. 「수도법」 제7조에 따른 상수원보호구역, 「환경정책기본법」 제38조에 따른 특별대책지역, 그 밖에 이에 준하는 수질환경보전이 필요한 지역
3. 「한강수계 상수원수질개선 및 주민지원 등에 관한 법률」 제4조 제1항, 「낙동강수계 물관리 및 주민지원 등에 관한 법률」 제4조 제1항, 「금강수계 물관리 및 주민지원 등에 관한 법률」 제4조 제1항, 「영산강・섬진강수계 물관리 및 주민지원 등에 관한 법률」 제4조 제1항에 따라 지정・고시된 수변구역
4. 「환경정책기본법」 제12조에 따른 환경기준을 초과한 지역

「A군 가축사육 제한에 관한 조례」

제1조(목적)

이 조례는 「가축분뇨의 관리 및 이용에 관한 법률」 제8조에 따라 일정한 지역 안에서 가축 사육을 제한함으로써 주민의 생활환경보전과 상수원의 수질보전에 기여함을 목적으로 한다.

제2조(정의)

이 조례에서 사용하는 용어의 뜻은 다음과 같다.

1. "가축"이란 「가축 분뇨의 관리 및 이용에 관한 법률」(이하 "법"이라 한다) 제2조 제1호에 따른 소・젖소・돼지・말・양(염소 등 산양을 포함한다)・사슴・개・닭・오리・메추리를 말한다.

2. “가축사육 제한구역”이란 가축사육의 일부 또는 전부를 제한하는 구역을 말한다.
3. “주거 밀집지역”이란 주택과 주택 사이 직선거리가 50미터 이내로 10가구 이상 모여 있는 지역을 말한다.

제3조(가축사육의 제한 등)

① 법 제8조에 따른 가축사육 제한구역은 다음 각 호와 같다.

1. 「국토의 계획 및 이용에 관한 법률」에 따른 도시지역의 주거지역, 상업지역, 공업지역, 녹지지역 안의 취락지구
2. 「수도법」에 따른 상수원 보호구역
3. 「환경정책기본법」에 따른 환경기준을 초과한 지역
4. 「수산자원관리법」에 따른 수산자원 보호구역
5. 「교육환경 보호에 관한 법률」에 따른 교육환경 보호구역
6. 주거 밀집지역 최근접 인가 부지경계에서 가축을 사육하는 부지경계까지 직선거리로 개는 1,000미터 이내, 닭・오리・메추리・돼지는 600미터 이내, 말・양(염소 등 산양을 포함한다)・사슴은 300미터 이내, 젖소・소는 200미터 이내의 지역

② 군수는 가축사육 제한구역을 지정할 경우에 이를 고시하여야 한다.

「A군 가축사육 제한구역 지정고시」

제4조(가축사육 제한구역)

3. 도로(고속국도, 일반국도, 지방도, 군도)나 철도, 농어촌도로 경계선으로부터 가축사육시설 건축물 외벽까지 직선거리 200미터 이내 지역

쟁점해설

» 문제 2

[물음 1] 법령보충적 행정규칙

쟁점 : A군 가축사육 제한구역 지정 고시는 「가축분뇨의 관리 및 이용에 관한 법률」 제8조 제1항 및 「A군 가축사육 제한에 관한 조례」 제3조 제2항에 의거하였으므로 법령을 보충하는 행정규칙의 성격을 갖는다. 형식은 행정규칙이지만 실질은 법규적 사항을 규정하는 것이므로 이에 대한 대외적 구속력 인정 여부 논의를 중심으로 서술하면 무난할 것이다.

[물음 2] 행정심판법상 고지제도

쟁점 : 행정심판청구의 가능 여부, 심판청구 절차 및 심판청구 기간을 알려야 한다. 이러한 사항을 고지하지 않은 경우에는 처분이 있었던 날부터 180일 이내에 행정심판을 청구할 수 있다(행정심판법 제27조 제6항). 또한 고지제도는 심판청구의 편의를 도모함에 제도적 취지가 인정되므로 고지를 하지 않았다 하더라도 처분이 위법하게 되는 것은 아니다.

CHAPTER 03

제10회 변호사 시험

문제 1-2

甲은 2010.6. 실시된 지방선거에서부터 2018.6. 실시된 지방선거에서까지 세 차례 연속하여 A시의 시장으로 당선되어 2022.6.까지 12년간 연임하게 되었다. 그런데 甲은 시장 재임 중 지역개발사업 추진과 관련한 직권남용 혐의로 불구속 기소되었다. 甲은 자신의 결백을 주장하며 2022.6.에 실시될 지방선거에 A시장 후보로 출마하여 지역 유권자로부터 평가를 받으려고 한다. 하지만 지방자치단체장의 계속 재임을 3기로 제한하고 있는 「지방자치법」 제95조 후단(이하 '이 사건 연임제한규정'이라 한다)에 따르면 甲은 지방선거에 출마할 수가 없다. 이에 甲은 이 사건 연임제한규정이 자신의 기본권을 침해한다고 주장하며 2021.1.4. 이 사건 연임제한규정에 대해 「헌법재판소법」 제68조 제1항에 의한 헌법소원심판을 청구하였다.
한편, 甲의 후원회 회장은 자신이 운영하는 주유소 확장공사를 위하여 보도의 상당 부분을 점하는 도로점용허가를 신청하였고, 甲은 이를 허가하였다. A시의 주민 丙은 甲이 도로 본래의 기능과 목적을 침해하는 과도한 범위의 도로점용을 허가하였다고 주장하며, 이 도로점용허가(이하 '이 사건 허가'라 한다)에 대하여 다투고자 한다.

(1) 위 헌법소원심판 청구의 적법요건 중 기본권 침해의 직접성 및 현재성에 대하여 검토하시오. 10점

(2) 甲은 이 사건 연임제한규정이 지방의회의원 등과 달리 지방자치단체의 장에 대하여서만 계속 재임을 제한하여 자신의 평등권을 침해한다고 주장한다. 이 사건 연임제한규정이 甲의 평등권을 침해하는지 검토하시오. 25점

(3) 丙은 이 사건 허가에 대하여 취소소송을 제기하고자 한다. 丙의 원고적격을 검토하시오. 15점

(4) 丙은 위 (3)의 취소소송과는 별도로 주민소송을 제기하고자 한다. 이때 주민소송이 가능한 요건을 검토하고, 주민소송이 가능하다면 어떤 종류의 주민소송을 제기하여야 하는지 검토하시오. 15점

참조조문

「지방자치법」

제108조(지방자치단체의 장의 임기)

지방자치단체의 장의 임기는 4년으로 하며, 3기 내에서만 계속 재임(在任)할 수 있다.

「도로법」

제61조(도로의 점용 허가)

① 공작물・물건, 그 밖의 시설을 신설・개축・변경 또는 제거하거나 그 밖의 사유로 도로(도로구역을 포함한다. 이하 이 장에서 같다)를 점용하려는 자는 도로관리청의 허가를 받아야 한다. 허가받은 기간을 연장하거나 허가받은 사항을 변경(허가받은 사항 외에 도로 구조나 교통안전에 위험이 되는 물건을 새로 설치하는 행위를 포함한다)하려는 때에도 같다.

② 도로관리청은 승차한 상태로 상품의 구매가 가능한 시설 등 대통령령으로 정하는 시설의 설치를 위한 도로의 점용 허가를 할 때 해당 시설이 「도로교통법」 제12조 제1항에 따라 지정된 어린이 보호구역 안에 있는 경우에는 해당 어린이 보호구역 지정 대상 시설의 장 또는 대상 장소의 관리자와 협의하여야 한다. 이 경우 「도로교통법」 제12조 제1항 제1호・제2호 및 제4호에 따른 학교・유치원・어린이집의 장은 다음 각 호의 구분에 따라 해당 위원회의 의견을 들어야 한다. <신설 2023.4.18.>

1. 학교: 「초・중등교육법」 제31조에 따른 학교운영위원회
2. 유치원: 「유아교육법」 제19조의3에 따른 유치원운영위원회
3. 어린이집: 「영유아보육법」 제25조에 따른 어린이집운영위원회

③ 제1항에 따라 허가를 받아 도로를 점용할 수 있는 공작물・물건, 그 밖의 시설의 종류와 허가의 기준 등에 관하여 필요한 사항은 대통령령으로 정한다. <개정 2023.4.18.>

④ 도로관리청은 같은 도로(토지를 점용하는 경우로 한정하며, 입체적 도로구역을 포함한다)에 제1항에 따른 허가를 신청한 자가 둘 이상인 경우에는 일반경쟁에 부치는 방식으로 도로의 점용 허가를 받을 자를 선정할 수 있다. <개정 2023.4.18.>

⑤ 제4항에 따라 일반경쟁에 부치는 방식으로 도로점용허가를 받을 자를 선정할 수 있는 경우의 기준, 도로의 점용 허가를 받을 자의 선정 절차 등에 관하여 필요한 사항은 대통령령으로 정한다. <개정 2023.4.18.>

[시행일: 2023.10.19.] 제61조

쟁점해설

» 문제 1-2

[물음 3] 도로점용허가에 대한 제3자 권리구제

쟁점 : 병은 허가처분에 있어서 제3자이므로 제3자 원고적격이 쟁점이다.

법률상 이익에 대한 의미와 범위를 설명하고 제3자 관계의 판례 CASE를 풍부하게 보여주면서 설문상 병에게 법률상 이익이 인정되는지를 포섭하면 무난할 것이다.

문제 2

甲은 A시 보건소에서 의사 乙로부터 폐렴구균 예방접종을 받았는데, 예방접종을 받은 당일 저녁부터 발열증상과 함께 안면부의 마비증상을 느껴 병원에서 입원 치료를 받았다. 이에 甲은 「감염병의 예방 및 관리에 관한 법률」(이하 '감염병예방법') 제71조에 따라 진료비와 간병비에 대한 예방접종 피해보상을 청구하였는데, 질병관리청장 B는 2020.9.15. 이 사건 예방접종과 甲의 증상 사이에 인과관계가 불분명하다는 이유로 예방접종 피해보상 거부처분(이하 '제1처분')을 하였다. 그러나 甲은 이 사건 예방접종을 받기 이전에는 안면마비 증상이 없었는데 예방접종 당일 바로 발열과 함께 안면마비 증상이 나타났으며 위 증상은 乙의 과실에 따른 이 사건 예방접종에 의하여 발생한 것이라고 주장하면서 피해보상을 재신청하였고, B는 2020.11.10. 재신청에 대하여서도 거부처분을 하였다(이하 '제2처분'). 그리고 위 각 처분은 처분 다음날 甲에게 적법하게 송달되었다.
한편 A시 보건소는 丙회사로부터 폐렴예방접종에 사용되는 의약품을 조달받아 왔다. 그런데 A시장은 丙회사가 위 의약품을 관리 · 조달하면서 조달계약을 부실하게 이행하였음을 이유로 丙회사에 의약품조달계약 해지를 통보하였다.

(1) 甲이 2020.12.30. B가 행한 처분의 취소를 구하는 취소소송을 제기하는 경우, 취소소송의 대상과 제소기간의 준수 여부를 검토하시오. [20점]

(2) 甲은 자신의 예방접종 피해가 예방접종에 사용되는 의약품의 관리 소홀과 乙의 부주의에 기한 것이라고 주장하고, B는 예방접종과 甲이 주장하는 증상 사이에 인과관계가 명확하지 않다고 주장한다. 행정상 손해전보제도로서 감염병예방법 제71조 '예방접종 등에 따른 피해의 국가보상'의 의의와 법적 성질을 설명하고, 위 규정에 기초하여 甲과 B의 각 주장을 검토하시오. [20점]

(3) 丙회사는 A시장이 의약품조달계약을 해지하면서 「행정절차법」상의 사전통지 및 의견청취를 하지 않았음을 이유로 당해 통보가 위법하다고 주장한다. 丙회사 주장의 타당성을 검토하시오. [20점]

(4) B는 A시에 제1급 감염병이 급속하게 확산되자 이를 저지하기 위한 조치의 일환으로 감염병예방법 제46조 제2호에 근거하여 감염병 발생지역에 출입하는 사람으로서 감염병에 감염되었을 것으로 의심되는 사람이라는 이유로 丁에게 감염병 예방에 필요한 건강진단과 예방접종을 받도록 명하였다. 그러나 丁은 예방접종으로 인한 부작용을 우려하여 건강진단과 예방접종을 받기를 거부하고 있다. 이에 대하여 B는 일부 부작용이 있을 수도 있으나, 관계 법률이 정하는 절차에 따라 효과가 검증된 예방접종을

행하는 것은 감염병 확산을 막기 위하여 반드시 필요하며, 건강진단을 거부할 경우 감염병예방법에 의하여 형사처벌을 받을 수 있다고 하면서 그 불가피성을 주장한다. 丁은 B의 건강진단 및 예방접종명령에 대해서 취소소송을 제기하고 소송 중에 건강진단 및 예방접종명령의 근거가 되는 감염병예방법 제46조와 처벌규정인 제81조 각 해당 조항에 대하여 위헌법률심판제청을 신청하고자 한다.

1) B가 丁에게 행한 건강진단 및 예방접종명령의 법적 성질을 검토하시오. 10점
2) 감염병예방법 제46조 제2호 및 제81조 제10호가 丁의 헌법상 기본권을 침해하는지 여부를 검토하시오. 30점

※ 감염병예방법의 관련 규정은 배부된 법전을 참조할 것

쟁점해설

» 문제 2

[물음 1] 반복된 거부처분이 있는 경우, 소의 대상과 제소기간

쟁점 : 갑의 신청에 대한 거부처분이 2020.09.15. 및 2020.11.10.에 각각 있었는데 이러한 거부에 대해서 소를 제기하는 경우 무엇을 대상으로 해야 하는지와 제소기간을 어떻게 기산해야 되는지가 문제될 수 있다. 판례는 거부처분이 반복된 경우, 각각의 거부처분이 소의 대상이 된다고 하였으므로 각 거부처분이 각각 소의 대상이 된다. 2020.12.30. 시점에서는 두 번째 거부처분에 대한 항고소송만 가능할 것이다.

[물음 3] 사전통지 및 의견청취 결여에 대한 절차상 하자

쟁점 : 의약품조달계약의 법적 성질이 처분임을 전제로 쟁점을 해결하되, 계약해지는 침익적 처분이므로 행정절차법상 사전통지 및 의견청취를 하지 않아도 되는 생략사유에 해당함을 검토하면 무난할 것이다.

[물음 4] 건강진단 및 예방접종명령의 법적 성질 검토

쟁점 : 처분성 유무에 대한 판단이므로 해당 명령을 따라야 할 의무와 불이익 등이 있는지 여부를 관련 규정 내용에 비추어 판단하면 무난할 것이다.

CHAPTER 04 제9회 변호사 시험

문제 1-2

A국 국적의 외국인인 甲은 자국 정부로부터 정치적 박해를 받고 있었다. 甲은 2018.11.20. 인천국제공항에 도착하여 입국심사과정에서 난민신청의사를 밝히고 난민법상 출입국항에서의 난민인정신청을 하였다. 인천국제공항 출입국관리공무원은 2018.11.20. 甲에 대하여 입국목적이 사증에 부합함을 증명하지 못하였다는 이유로 입국불허결정을 하고, 甲이 타고 온 외국항공사에 대하여 甲을 국외로 송환하라는 송환지시서를 발부하였다. 이에 甲은 출입국 당국의 결정에 불만을 표시하며 자신을 난민으로 인정해 달라고 요청하였고, 당국은 甲에게 난민심사를 위하여 일단 인천공항 내 송환대기실에 대기할 것을 명하였다. 인천공항 송환대기실은 입국이 불허된 외국인들이 국외송환에 앞서 임시로 머무는 곳인데, 이 곳은 외부와의 출입이 통제되는 곳으로 甲이 자신의 의사에 따라 대기실 밖으로 나갈 수 없는 구조로 되어 있었다. 출입국 당국은 2018.11.26. 甲에 대하여 난민인정 거부처분을 하였고, 甲은 이에 불복하여 2018.11.28. 난민인정 거부처분 취소의 소를 제기하는 한편, 2018.12.19. 자신에 대한 수용(收容)을 해제할 것을 요구하는 인신보호청구의 소를 제기하였다. 한편 난민 전문 변호사로 활동하고 있는 乙은 甲의 변호인으로 선임된 후, 2019.4.1. 송환대기실에서 생활 중이던 甲에 대한 접견을 당국에 신청하였으나, 당국은 송환대기실 내 수용된 입국불허자에게 접견권을 인정할 법적 근거가 없다는 이유로 이를 거부하였다. 실제로 송환대기실 수용자의 접견에 관한 관련법상 조항은 없다.

(3) 위 난민인정 거부처분 후 甲의 국적국인 A국의 정치적 상황이 변화하였다. 이와 같이 변화된 A국의 정치적 상황을 이유로 하여, 법원이 난민인정 거부처분의 적법 여부를 달리 판단할 수 있는지에 대하여 검토하시오. 15점

(4) 甲의 난민인정 거부처분 취소소송 중 잠정적으로 甲의 권리를 보전할 수 있는 가구제 수단을 검토하시오. 15점

쟁점해설

≫ 문제 1-2

[물음 3] 거부처분 후 상황이 변경된 경우 거부처분의 적법 여부를 달리 판단할 수 있는지

쟁점 : 위법성 판단시점

거부처분시점에서의 법률 및 사실관계를 기준하여 위법성을 판단할 것인지, 아니면 거부처분 이후의 상황변경을 고려하여 거부처분에 대한 판결 시를 기준하여 위법성을 판단할지에 대한 문제로서 위법성 판단시점을 어떻게 보는지가 쟁점임.

위법성 판단시점에 대한 학설 및 판례를 간략히 서술하고 처분시설 및 판결시설에 따른 각각의 결론을 도출하면 무난할 것임.

[물음 4] 취소소송 중 잠정적으로 권리를 보전할 수 있는 가구제수단

쟁점 : 취소소송의 실효성을 확보하기 위한 가구제수단으로서 집행정지의 일반이론을 검토하면 됨.

문제 2

경기도지사 乙은 2018.5.3. 관할 A군에 소재한 분묘가 조선 초 유명 화가의 묘로 구전되어 오는데다가 그 양식이 학술상 원형보존의 가치가 있다는 이유로 「문화재보호법」 제70조, 「경기도 문화재 보호 조례」 제11조에 따라 이를 도지정문화재로 지정ㆍ고시하였다. 또한 乙은 2018.6.8. 해당 분묘를 보호하기 위하여 분묘경계선 바깥쪽 10m까지의 총 5필지 5,122㎡를 문화재보호구역으로 지정ㆍ고시하였다. 이에 해당 화가의 후손들로 이루어진 종중 B는 해당 화가의 진묘가 따로 존재한다고 주장하면서 乙에게 문화재지정처분을 취소 또는 해제하여 줄 것을 요청하는 청원서를 제출하였다. 이에 대해 乙은 문화재지정처분은 정당하여 그 취소 또는 해제가 불가하다는 회신을 하였다(이하 '불가회신'이라고 한다). 한편, 위 문화재보호구역 내에 위치한 일부 토지를 소유하고 있는 甲은 2019.3.14. 재산권 행사의 제한 등을 이유로 乙에게 자신의 소유토지를 대상으로 한 문화재보호구역 지정을 해제해 달라는 신청을 하였다. 그러나 乙은 2019.6.5. 甲이 해제를 요구한 지역은 역사적ㆍ문화적으로 보존가치가 있을 뿐만 아니라 분묘의 보호를 위하여 문화재보호구역 지정해제가 불가함을 이유로 甲의 신청을 거부하는 회신을 하였다(이하 '거부회신'이라고 한다).

(1) 乙의 불가회신에 대하여 종중 B가 항고소송을 제기하고자 하며, 乙의 거부회신에 대하여 甲이 항고소송을 제기하고자 한다. 항고소송의 대상적격 여부를 각각 검토하시오. 15점

(2) 乙의 거부회신에 대하여 甲이 제기한 항고소송에서 甲이 승소하여 판결이 확정되었음에도 乙이 재차 문화재보호구역 해제신청을 거부할 수 있을지 검토하시오. 15점

(3) 甲은 자신의 토지가 문화재보호구역으로 지정됨으로써 수인할 수 없는 재산상의 손실이 발생하였다고 주장한다(관계법령에는 이에 관한 손실보상규정이 없다). 헌법상 재산권이 침해되었다는 甲의 주장의 당부를 판단하시오. 30점

(4) 한편, 위 문화재보호구역 인근에서 관광단지 개발을 위해 2018.5.30. 관광진흥법상 사업인정을 받은 사업시행자 C건설은 2019.8.5. 문화재보호구역 인근에 소재한 丙 소유 토지의 일부를 수용하기 위해 재결신청을 하였고, 이에 대해 관할 경기도 토지수용위원회는 2019.11.20. 위 丙 소유 토지에 대한 수용재결을 하였다.
   1) 丙이 수용재결에 대하여 불복하고자 하는 경우 불복방법을 논하시오. 12점
   2) 丙이 수용재결에 대한 불복과정에서 사업인정의 하자를 주장할 수 있는지 검토하시오. 15점
   3) 丙이 토지수용위원회가 결정한 보상금액이 너무 적다는 이유로 다투고자 하는 경우 그 구제수단을 논하시오. 13점

참조조문

「문화재보호법」

제27조(보호물 또는 보호구역의 지정)

① 문화재청장은 제23조·제25조 또는 제26조에 따른 지정을 할 때 문화재 보호를 위하여 특히 필요하면 이를 위한 보호물 또는 보호구역을 지정할 수 있다.

② (생략)

③ 문화재청장은 제1항 및 제2항에 따라 보호물 또는 보호구역을 지정하거나 조정한 때에는 지정 또는 조정 후 매 10년이 되는 날 이전에 다음 각 호의 사항을 고려하여 그 지정 및 조정의 적정성을 검토하여야 한다. 다만, 특별한 사정으로 인하여 적정성을 검토하여야 할 시기에 이를 할 수 없는 경우에는 대통령령으로 정하는 기간까지 그 검토시기를 연기할 수 있다.

1. 해당 문화재의 보존가치
2. 보호물 또는 보호구역의 지정이 재산권 행사에 미치는 영향
3. 보호물 또는 보호구역의 주변 환경

제35조(허가사항)

① 국가지정문화재(국가무형문화재는 제외한다. 이하 이 조에서 같다)에 대하여 다음 각 호의 어느 하나에 해당하는 행위를 하려는 자는 대통령령으로 정하는 바에 따라 문화재청장의 허가를 받아야 하며, 허가사항을 변경하려는 경우에도 문화재청장의 허가를 받아야 한다. 다만, 국가지정문화재 보호구역에 안내판 및 경고판을 설치하는 행위 등 대통령령으로 정하는 경미한 행위에 대해서는 특별자치시장, 특별자치도지사, 시장·군수 또는 구청장의 허가(변경허가를 포함한다)를 받아야 한다.

1. 국가지정문화재(보호물·보호구역과 천연기념물 중 죽은 것 및 제41조 제1항에 따라 수입·반입 신고된 것을 포함한다)의 현상을 변경하는 행위로서 대통령령으로 정하는 행위

제70조(시·도지정문화재의 지정 및 시·도등록문화재의 등록 등)

① 시·도지사는 그 관할구역에 있는 문화재로서 국가지정문화재로 지정되지 아니한 문화재 중 보존가치가 있다고 인정되는 것을 시·도지정문화재로 지정할 수 있다.

②~⑤ <생략>

⑥ 시·도지정문화재와 문화재자료의 지정 및 해제절차, 시·도등록문화재의 등록 및 말소절차, 시·도지정문화재, 문화재자료 및 시·도등록문화재의 관리, 보호·육성, 공개 등에 필요한 사항은 해당 지방자치단체의 조례로 정한다.

제74조(준용규정)

① <생략>

② 시·도지정문화재와 문화재자료의 지정해제 및 관리 등에 관하여는 제31조 제1항·제4항, 제32조부터 제34조까지, 제35조 제1항, 제36조, 제37조, 제40조, 제42조부터 제45조까지, 제48조, 제49조 및 제81조를 준용한다. 이 경우 "문화재청장"은 "시·도지사"로, "대통령령"은 "시·도조례"로, "국가"는 "지방자치단체"로 본다.

「문화재보호법 시행령」

제21조의2(국가지정문화재 등의 현상변경 등의 행위)

① 법 제35조 제1항 제1호에서 "대통령령으로 정하는 행위"란 다음 각 호의 행위를 말한다.

1.~2. <생략>

3. 국가지정문화재, 보호물 또는 보호구역 안에서 하는 다음 각 목의 행위

가. 건축물 또는 도로・관로・전선・공작물・지하구조물 등 각종 시설물을 신축, 증축, 개축, 이축(移築) 또는 용도변경(지목변경의 경우는 제외한다)하는 행위
나. <생략>
다. 토지 및 수면의 매립・간척・땅파기・구멍뚫기, 땅깎기, 흙쌓기 등 지형이나 지질의 변경을 가져오는 행위

「경기도 문화재 보호 조례」

제11조(도지정문화재)

① 도지사는 법 제70조 제1항에 따라 도지정문화재(무형문화재를 제외한다. 이하 제3장에서 같다)를 지정하는 경우 유형문화재・기념물・민속문화재로 구분하여 문화재위원회의 심의를 거쳐 지정한다.
②~③ <생략>
④ 도지정문화재의 지정에 필요한 기준 및 절차는 규칙으로 정한다.

제17조(지정의 해제)

① 도지사는 법 제74조 및 법 제31조 제1항에 따라 도지정문화재 및 문화재자료가 지정문화재로서의 가치를 상실하거나 가치평가를 통하여 지정을 해제할 필요가 있는 때에는 문화재위원회의 심의를 거쳐 그 지정을 해제할 수 있다. 다만, 도지정문화재가 국가지정문화재로 지정된 때에는 그 지정된 날에 도지정문화재에서 해제된 것으로 본다.
②~③ <생략>
④ 도지사는 제1항에 따라 문화재의 지정을 해제한 때에는 그 취지를 도보에 고시하고, 해당 문화재의 소유자에게 통지하여야 한다. 이 경우 그 해제의 효력은 도보에 고시한 날로부터 발생한다.
⑤ 도가 지정한 문화재의 소유자가 제1항에 따른 해제 통지를 받으면 그 통지를 받은 날부터 30일 이내에 지정서를 도지사에게 반납하여야 한다.
⑥ 도지사는 제13조 제3항에 따른 검토 결과 보호물 또는 보호구역의 지정이 적정하지 아니하거나 그 밖에 특별한 사유가 있는 때에는 보호물 또는 보호구역의 지정을 해제하거나 그 지정 범위를 조정하여야 한다.
⑦ 도지사는 도지정문화재의 지정이 해제된 때에는 지체 없이 해당 문화재의 보호물 또는 보호구역의 지정을 해제하여야 한다.

「관광진흥법」

제61조(수용 및 사용)

① 사업시행자는 제55조에 따른 조성사업의 시행에 필요한 토지와 다음 각 호의 물건 또는 권리를 수용하거나 사용할 수 있다. 다만, 농업 용수권(用水權)이나 그 밖의 농지개량 시설을 수용 또는 사용하려는 경우에는 미리 농림축산식품부장관의 승인을 받아야 한다.
1. 토지에 관한 소유권 외의 권리
2. 토지에 정착한 입목이나 건물, 그 밖의 물건과 이에 관한 소유권 외의 권리
3. 물의 사용에 관한 권리
4. 토지에 속한 토석 또는 모래와 조약돌
② 제1항에 따른 수용 또는 사용에 관한 협의가 성립되지 아니하거나 협의를 할 수 없는 경우에는 사업시행자는 「공익사업을 위한 토지 등의 취득 및 보상에 관한 법률」 제28조 제1항에도 불구하고 조성사업 시행 기간에 재결(裁決)을 신청할 수 있다.
③ 제1항에 따른 수용 또는 사용의 절차, 그 보상 및 재결신청에 관하여는 이 법에 규정되어 있는 것 외에는 「공익사업을 위한 토지 등의 취득 및 보상에 관한 법률」을 적용한다.

쟁점해설

» 문제 2

[물음 1] 문화재지정처분 및 문화재보호구역지정 해제신청의 불가회신에 대한 대상적격 판단

쟁점 : 문화재지정처분 및 문화재보호구역지정 해제신청의 불가회신에 대한 거부처분 취소소송을 제기하는 경우, 법규상 또는 조리상 신청권이 인정되는지가 쟁점임. 주어진 문화재보호법상 조문에서 사익보호성이 도출되는지를 검토하여 각 불가회신에 대한 신청권 인정가부를 중심으로 대상적격을 판단하면 됨.

[물음 2] 인용판결 후 재차 거부처분을 할 수 있는지 여부

쟁점 : 기속력 중 재처분의무 및 반복금지효 적용이 쟁점임. 재차 거부처분을 하는 것이 종전 거부처분의 하자를 그대로 반복하는 것으로서 기속력에 반하는지를 판단하는 것이 쟁점임. 재차 거부처분이 있는 경우 내용상 하자 및 절차상 하자가 시정되었는지를 중심으로 서술하면 됨.

[물음 3] 문화재보호구역 지정에 따른 손실보상청구 가능성

쟁점 : 관계법령에 문화재보호구역 지정에 따른 손실보상규정이 없는 경우에 어떠한 해결이 가능한지를 헌법 제23조 제3항의 효력과 관련하여 서술하는 것이 쟁점임. 손실보상의 요건 중 특별한 희생과 보상규정이 없는 경우의 해결논의를 중심으로 서술하면 됨.

[물음 4-1] 수용재결에 대한 불복방법

쟁점 : 토지보상법상 수용재결에 대한 불복논의로서 이의신청 및 행정소송을 서술하면 됨. 불복신청에 대한 기간특례 및 원처분주의 등 핵심 쟁점을 중심으로 서술하면 됨.

[물음 4-2] 사업인정과 수용재결의 하자승계

쟁점 : 사업인정의 하자를 수용재결의 하자사유로 주장할 수 있는지 여부가 쟁점임. 하자승계에 대한 일반이론과 사업인정의 하자가 절차상 하자로서 취소사유인 경우와 내용상 하자로서 무효인 경우를 나누어서 설명하되, 최근 사업인정이 무효인 경우의 판례를 강조하면 좋은 답안이 될 것임.

[물음 4-3] 보상금증감청구소송

쟁점 : 보상금액에 대한 다툼으로서 보상금증감청구소송이 쟁점임. 보상금증감청구소송의 성질 및 심리범위를 중심으로 서술하면 무난할 것임. 최근 토지수용위원회가 보상대상이 아니라고 하여 기각한 재결에 대해서도 보상금증감청구소송을 제기해야 한다는 판례를 추가하면 좋은 답안이 될 것임.

CHAPTER 05

제8회 변호사 시험

문제 1-2

丙은 현역병으로 입대하여 4주간의 군사훈련을 받은 후 의무경찰로 복무하던 중 허가 없이 휴대전화를 부대로 반입하여 이를 계속 소지·사용하였다는 사유로 경찰공무원 징계위원회에 회부되었고, 이러한 사유가 「의무경찰 관리규칙」 제94조 제1호(법령위반), 제5호(명령불복종), 제12호(기타 복무규율 위반)에 해당한다는 이유로 영창 15일의 징계처분을 받았다.

(2) 丙은 영창 15일의 징계처분을 받은 후 소청심사를 청구하였다. 소청심사청구로 인해 「의무경찰대 설치 및 운영에 관한 법률」 제6조 제2항 단서의 규정에 따라 영창처분의 집행이 정지되었고, 이후 丙의 복무기간이 만료되었다. 그러나 경찰청장은 영창기간은 복무기간에 산입하지 아니한다는 같은 법률 제2조의5 제1항 제2호와 영창처분을 받은 경우 퇴직을 보류한다는 같은 법률 시행령 제34조의2 제4호에 따라 퇴직발령을 아니하였고, 소청심사청구가 기각되자 15일의 영창처분을 집행한 후에야 퇴직발령을 하였다. 이에 丙은 경찰청장이 법령을 잘못 해석하여 퇴직발령을 하지 아니한 결과 자신이 복무기간을 초과하여 복무하는 손해를 입었으므로, 국가는 「국가배상법」상 배상책임이 있다고 주장한다. 丙의 이러한 주장에 대해 국가는 "丙은 의무경찰대원이므로 「국가배상법」 제2조 제1항 단서에 의해 배상청구를 할 수 없다."라고 항변한다. 丙의 주장과 국가의 항변이 타당한지 각각 검토하시오. 30점

참조조문

「의무경찰대 설치 및 운영에 관한 법률」

제2조의5(휴직자 등의 전환복무기간 계산 등)

① 다음 각 호의 기간은 「병역법」 제25조 제1항에 따라 전환복무된 의무경찰대 대원의 전환복무기간에 산입하지 아니한다.

1. <생략>
2. 정직 및 영창 기간
3. <생략>

제5조(징계)

① 의무경찰에 대한 징계는 강등, 정직, 영창, 휴가 제한 및 근신으로 하고, 그 구체적인 내용은 다음 각 호와 같다.

1. 강등 : 징계 당시 계급에서 1계급 낮추는 것
2. 정직 : 1개월 이상 3개월 이하의 기간 동안 의무경찰의 신분은 유지하나 직무에 종사하지 못하게 하면서 일정한 장소에서 비행을 반성하게 하는 것
3. 영창 : 15일 이내의 기간 동안 의무경찰대・함정 내 또는 그 밖의 구금장소에 구금하는 것
4. 휴가 제한 : 5일 이내의 범위에서 휴가일수를 제한하는 것. 다만, 복무기간 중 총 제한일수는 15일을 초과하지 못한다.
5. 근신 : 15일 이내의 기간 동안 평상근무에 복무하는 대신 훈련이나 교육을 받으면서 비행을 반성하게 하는 것

② 영창은 휴가 제한이나 근신으로 그 징계처분을 하는 목적을 달성하기 어렵고, 복무규율을 유지하기 위하여 신체 구금이 필요한 경우에만 처분하여야 한다.

제6조(소청)

① 제5조의 징계처분을 받고 처분에 불복하는 사람의 소청은 각기 소속에 따라 해당 의무경찰대가 소속된 기관에 설치된 경찰공무원 징계위원회에서 심사한다.

② 제1항에 따른 심사를 청구한 경우에도 이에 대한 결정이 있을 때까지는 해당 징계처분에 따라야 한다. 다만, 영창처분에 대한 소청 심사가 청구된 경우에는 이에 대한 결정이 있을 때까지 그 집행을 정지한다.

제8조(보상 및 치료)

① 의무경찰대의 대원으로서 전투 또는 공무수행 중 부상을 입고 퇴직한 사람과 사망(부상으로 인하여 사망한 경우를 포함한다)한 사람의 유족은 대통령령으로 정하는 바에 따라 「국가유공자 등 예우 및 지원에 관한 법률」 또는 「보훈보상대상자 지원에 관한 법률」에 따른 보상 대상자로 한다.

② 의무경찰대의 대원이 전투 또는 공무수행 중 부상하거나 질병에 걸렸을 때에는 대통령령으로 정하는 바에 따라 국가 또는 지방자치단체의 의료시설에서 무상으로 치료를 받을 수 있다.

「의무경찰대 설치 및 운영에 관한 법률 시행령」

제34조의2(퇴직 보류)

임용권자는 의무경찰이 다음 각 호의 어느 하나에 해당하는 경우에는 퇴직 발령을 하지 아니할 수 있다.

1.~3. <생략>

4. 정직 또는 영창 처분을 받은 경우

5. <생략>

제39조(위원회의 구성)

① 소속기관 등의 장은 제38조의 소청서를 받은 경우에는 7일 이내에 경찰공무원 보통징계위원회(이하 "위원회"라 한다)를 구성하여 소청의 심사를 하게 하여야 한다. 이 경우 위원회는 5명 이상 7명 이하의 위원으로 구성한다.

② 제1항의 경우에는 소청의 요지를 피소청인에게 통보하여야 한다.

「(경찰청)의무경찰 관리규칙」

제94조(징계사유)

의경이 다음 각 호의 1에 해당하는 때에는 징계의결의 요구를 하여야 하고 동 징계의결의 결과에 따라 징계처분을 행하여야 한다.

1. 의무경찰대 설치 및 운영에 관한 법률과 동법 시행령 및 이 규칙(이하 "법령"이라 한다)을 위반한 때와 법령에 의한 명령에 위반하였을 때

2.~4. <생략>

5. 상관의 명령에 복종하지 아니하였을 때

6.~11. <생략>

12. 기타 제 복무규율을 위반한 때

제95조(징계의결의 요구)

① 경찰기관의 장은 소속 의경 중 제94조 각 호에 해당하는 징계사유가 발생하였을 때에는 지체없이 관할 징계위원회를 구성하여 징계의결을 요구하여야 한다.

② 제1항의 징계는 소속 경찰기관에서 행한다.

제96조(징계위원회 구성과 징계의결)

① 의경을 징계하고자 할 때의 징계위원회 구성은 위원장을 포함한 3인 이상 7인 이하의 위원으로 의경 징계위원회(이하 "징계위원회"라 한다)를 구성한다.

② 제1항의 징계위원회 구성은 경사 이상의 소속 경찰공무원 중에서 당해 징계위원회가 설치된 경찰기관의 장이 임명한다.

쟁점해설

» 문제 1-2

[물음 2] 국가배상청구요건

쟁점 : 국가배상법상 배상책임이 있다고 주장하므로 국가배상청구요건 포섭이 쟁점임. 공무원의 직무를 수행함에 있어서 고의 또는 과실로 법령에 반하여 타인에게 손해를 가한 경우, 인과관계가 인정되는지를 설명하고 포섭하면 됨.

퇴직발령을 하지 아니한 결과 복무기간을 초과하여 근무하게 되었는지를 관련 법률에 기초하여 포섭하여 丙의 주장이 타당한지를 검토하고, 국가배상법 제2조 제1항의 단서에 의해 배상청구를 할 수 없는지를 국가의 항변의 타당성을 검토하면 됨.

문제 2

2017.12.20. 보건복지부령 제377호로 개정된 「국민건강보험 요양급여의 기준에 관한 규칙」(이하 '요양급여규칙'이라 함)은 비용 대비 효과가 우수한 것으로 인정된 약제에 대해서만 보험급여를 인정해서 보험재정의 안정을 꾀하고 의약품의 적정한 사용을 유도하고자 기존의 보험 적용 약제 중 청구실적이 없는 미청구약제에 대한 삭제제도를 도입하였다. 개정 전의 요양급여규칙은 품목허가를 받은 모든 약제에 대하여 보험급여를 인정하였으나, 개정된 요양급여규칙에 따르면 최근 2년간 보험급여 청구실적이 없는 약제에 대하여 요양급여대상 여부에 대한 조정을 할 수 있다.

보건복지부장관은 위와 같이 개정된 요양급여규칙의 위임에 따라 사단법인 대한제약회사협회 등 의약관련단체의 의견을 받아 보건복지부 고시인 '약제급여목록 및 급여상한금액표'를 개정하여 2018.9.23. 고시하면서, 기존에 요양급여대상으로 등재되어 있던 제약회사 甲(이하 '甲'이라 함)의 A약품(1998.2.1. 등재)이 2016.1.1.부터 2017.12.31.까지의 2년간 보험급여 청구실적이 없는 약제에 해당한다는 이유로 위 고시 별지 4 '약제급여목록 및 급여상한금액표 중 삭제품목'란(이하 '이 사건 고시'라 함)에 아래와 같이 A약품을 등재하였다. 요양급여대상에서 삭제되면 국민건강보험의 요양급여를 받을 수 없어 해당 약제를 구입할 경우 전액 자기부담으로 구입하여야 하고 해당 약제에 대해 요양급여를 청구하여도 요양급여청구가 거부되므로 해당 약제의 판매 저하가 우려된다.

> 보건복지부 고시 제2018-○○호(2018.9.23.)
>
> 약제급여목록 및 급여상한금액표
>
> 제1조(목적) 이 표는 국민건강보험법 …… 및 국민건강보험요양급여의 기준에 관한 규칙 ……의 규정에 의하여 약제의 요양급여대상기준 및 상한금액을 정함을 목적으로 한다.
>
> 제2조(약제급여목록 및 상한금액 등) 약제급여목록 및 상한금액은 [별표 1]과 같다.
>
> [별표 1]
>
> 별지 4 삭제품목
>
> 연번 17. 제조사 甲, 품목 A약품, 상한액 120원/1정

제약회사들을 회원으로 하여 설립된 사단법인 대한제약회사협회와 甲은 이 사건 고시가 있은지 1개월 후에야 고시가 있었음을 알았다고 주장하며 이 사건 고시가 있은 날로부터 94일째인 2018.12.26. 이 사건 고시에 대한 취소소송을 제기하였다.

(1) 보건복지부 고시인 '약제급여목록 및 급여상한금액표'의 법적 성질과 이 사건 고시의 취소소송의 대상 여부를 논하시오. 30점

(2) 사단법인 대한제약회사협회와 甲에게 원고적격이 있는지 여부를 논하시오. 20점

(3) 사단법인 대한제약회사협회와 甲이 제기한 이 사건 소가 제소기간을 준수하였는지를 검토하시오. 20점

(4) 甲은 "개정 전 요양급여규칙이 아니라 개정된 요양급여규칙에 따라 A약품을 요양급여 대상에서 삭제한 것은 위법하다."라고 주장한다. 이러한 甲의 주장을 검토하시오. 30점

참조조문

※ 아래 법령은 현행 법령과 다를 수 있음.

「국민건강보험법」

제41조(요양급여)

① 가입자와 피부양자의 질병, 부상, 출산 등에 대하여 다음 각 호의 요양급여를 실시한다.

1. 진찰・검사
2. 약제・치료재료의 지급
3. <이하 생략>

② 제1항에 따른 요양급여의 방법・절차・범위・상한 등의 기준은 보건복지부령으로 정한다.

「국민건강보험 요양급여의 기준에 관한 규칙」
(보건복지부령 제377호, 2017.12.20. 공포)

제8조(요양급여의 범위 등)

① 법 제41조 제2항에 따른 요양급여의 범위는 다음 각 호와 같다.

1. 법 제41조 제1항의 각 호의 요양급여(약제를 제외한다) : 제9조에 따른 비급여대상을 제외한 것
2. 법 제41조 제1항의 2호의 요양급여(약제에 한한다) : 제11조의2, 제12조 및 제13조에 따라 요양급여대상으로 결정 또는 조정되어 고시된 것

② 보건복지부장관은 제1항의 규정에 의한 요양급여대상을 급여목록표로 정하여 고시하되, 법 제41조 제1항의 각 호에 규정된 요양급여행위, 약제 및 치료재료(법 제41조 제1항의 2호의 규정에 의하여 지급되는 약제 및 치료재료를 말한다)로 구분하여 고시한다.

제13조(직권결정 및 조정)

④ 보건복지부장관은 다음 각 호에 해당하면 이미 고시된 약제의 요양급여대상여부 및 상한금액을 조정하여 고시할 수 있다.

1.~5. <생략>

6. 최근 2년간 보험급여 청구실적이 없는 약제 또는 약사법령에 따른 생산실적 또는 수입실적이 2년간 보고되지 아니한 약제

부칙

이 규칙은 공포한 날로부터 시행한다.

참조조문

[현행법령]

국민건강보험 요양급여의 기준에 관한 규칙(약칭: 건강보험요양급여규칙)

[시행 2022.10.13.] [보건복지부령 제914호, 2022.10.13. 일부개정]

제8조(요양급여대상의 고시)

① 삭제 <2016.8.4.>

② 보건복지부장관은 법 제41조 제2항에 따른 요양급여대상(이하 "요양급여대상"이라 한다)을 급여목록표로 정하여 고시하되, 법 제41조 제1항 각 호에 규정된 요양급여행위(이하 "행위"라 한다), 약제 및 치료재료(법 제41조 제1항 제2호에 따라 지급되는 약제 및 치료재료를 말한다. 이하 같다)로 구분하여 고시한다. 다만, 보건복지부장관이 정하여 고시하는 요양기관의 진료에 대하여는 행위·약제 및 치료재료를 묶어 1회 방문에 따른 행위로 정하여 고시할 수 있다. <개정 2016.8.4.>

③ 보건복지부장관은 제2항에도 불구하고 영 제21조 제3항 제2호에 따라 보건복지부장관이 정하여 고시하는 질병군에 대한 입원진료의 경우에는 해당 질병군별로 별표 2 제6호에 따른 비급여대상, 규칙 별표 6 제1호 다목에 따른 요양급여비용의 본인부담 항목 및 같은 표 제1호사목에 따른 이송처치료를 제외한 모든 행위·약제 및 치료재료를 묶어 하나의 포괄적인 행위로 정하여 고시할 수 있다. 이 경우 하나의 포괄적인 행위에서 제외되는 항목은 보건복지부장관이 정하여 고시할 수 있다. <개정 2017.6.29.>

④ 보건복지부장관은 제2항에도 불구하고 영 제21조 제3항 제1호에 따른 요양병원의 입원진료나 같은 항 제3호에 따른 호스피스·완화의료의 입원진료의 경우에는 제2항의 행위·약제 및 치료재료를 묶어 1일당 행위로 정하여 고시할 수 있다. 이 경우 1일당 행위에서 제외되는 항목은 보건복지부장관이 정하여 고시할 수 있다. <개정 2017.8.4.>

⑤ 보건복지부장관은 제2항부터 제4항까지의 규정에 따라 요양급여대상을 고시함에 있어 행위 또는 하나의 포괄적인 행위의 경우에는 영 제21조 제1항부터 제3항까지의 규정에 따른 요양급여의 상대가치점수(이하 "상대가치점수"라 한다)를 함께 정하여 고시해야 한다. <개정 2021.3.26.>
[제목개정 2016.8.4.]

제13조(직권결정 및 조정 등)

④ 보건복지부장관은 다음 각 호의 어느 하나에 해당하면 이미 고시된 약제의 요양급여대상 여부 및 상한금액을 직권으로 조정하여 고시할 수 있다. <개정 2022.10.13.>

1~7 <생략>

8. 최근 2년간 보험급여 청구실적이 없는 약제

8의2. 최근 3년간 생산실적 또는 수입실적이 없는 약제로서 그 유효기한 또는 사용기한이 도과된 경우

쟁점해설

》 문제 2

[물음 1] 보건복지부 고시인 '약제급여목록 및 급여상한금액표'의 법적 성질과 고시의 대상적격

쟁점 : 보건복지부 고시인 '약제급여목록 및 급여상한금액표'의 법적 성질이 법령보충적 행정규칙인지를 법률의 위임규정 내용과 연결하여 판단하고, 그 고시의 내용이 별도의 집행매개행위 없이도 구체적인 법률관계의 변동이 있는지를 검토한다. 즉, 처분적 법규명령인지를 검토하여 대상적격 충족 여부를 포섭하면 됨.

[물음 2] 대한제약회사협회와 甲의 원고적격

쟁점 : 법률상 이익이 있는지를 판단하면 됨. 대한제약회사협회는 협회 자체의 이익이 아닌 회원의 이익을 대변하는 법인이므로 자기자신의 법률상 이익을 구하지 않는 바, 원고적격이 부정될 것이고 甲의 경우 구체적인 법률상 이익을 보여주는 것이 쟁점임.

[물음 3] 일반처분의 제소기간 기산일

쟁점 : 불특정 다수인을 대상으로 하는 일반처분의 경우 제소기간의 기산일을 언제로 보아야 하는지가 쟁점임. 판례는 불특정 다수인을 상대로 하는 일반처분의 경우 제소기간에 대한 법적 안정성을 도모하기 위하여 공고·고시일을 안 날로 봄. 따라서 공고일로부터 90일 이내인지를 검토하여 사안을 해결하면 됨.

[물음 4] 개정 후 규정을 적용한 것이 소급입법금지의 원칙에 반하는지 여부

쟁점 : 개정 규정을 적용하는 것이 소급입법금지의 원칙에 반하는지 여부를 신뢰보호의 원칙과 관련하여 검토하면 됨.

CHAPTER 06

제7회 변호사 시험

문제 2

법무법인 甲, 乙 및 丙은 2015.3.3. 정기세무조사의 대상이 되어 2014 사업연도의 법인세 신고 및 납부내역에 대한 세무조사를 받았다. 정기세무조사는 매년 무작위로 대상자를 추출하여 조사하는 것으로 세무조사로 인한 부담을 덜어주기 위하여 동일한 과세기간에 대해서는 원칙적으로 재조사를 금지하고 있다. 그러나 관할 세무서장은 甲, 乙 및 丙의 같은 세목 및 같은 과세기간에 대하여 재조사 결정 및 이에 따른 통지 후 2016.5.20. 재조사를 실시하면서, 재조사 이유에 대해 과거 위 각 법인에서 근무하던 직원들의 제보를 받아 법인세 탈루혐의를 입증할 자료가 확보되었기 때문이라고 밝혔다. 관할 세무서장은 재조사 결과 甲, 乙 및 丙의 법인세 탈루사실이 인정된다고 보아 甲과 乙에 대해서는 2017.1.10, 丙에 대해서는 2017.11.3. 증액경정된 조세부과처분을 각각 발령하였다. 한편, 甲, 乙 및 丙은 세무조사로서의 재조사에 대하여 제소기간 내에 취소소송을 제기하였다.

(1) 甲의 취소소송의 대상적격은 인정되는가? 15점

(2) 甲은 연이은 세무조사로 인하여 법무법인으로서의 이미지가 실추되었다고 생각하고 국가배상청구소송을 제기하고자 한다. 위 (1)에 의한 취소소송에서 甲의 소송상 청구가 인용되어 그 판결이 확정된 것을 전제로 할 때 국가배상청구소송에서의 위법성 인정 여부를 설명하시오. 20점

(3) 위 乙의 취소소송 계속 중, 乙은 재조사의 법적 근거인 「국세기본법」 제81조의4 제2항 제1호가 '조세탈루의 혐의가 인정되거나 의심되는 자료가 있는 경우'라고만 규정하여, 위법하게 수집된 자료 또는 명백히 혐의를 인정하기 부족한 자료가 있는 경우에도 재조사를 허용하는 것은 위헌이라고 주장하며 위헌법률심판제청을 신청하였다. 이에 헌법재판소는 2017.12.29. 동 조항에 대하여 위헌결정을 내렸다. 甲은 위 헌법재판소의 위헌결정의 효력을 자신의 취소소송에서 주장할 수 있는가? 20점

(4) 위 재조사에 근거하여 발령된 甲에 대한 2017.1.10.자 조세부과처분은 적법한가? (단, 하자승계 논의는 제외함) 20점

(5) 丙은 위 조세부과처분에 따라 부과금액을 납부하였다. 丙이 재조사의 근거조항에 대한 헌법재판소의 2017.12.29. 위헌결정 이후 이미 납부한 금액을 돌려받기 위하여 제기할 수 있는 소송에 관하여 논하시오(단, 제소시점은 2018.1.4.로 하며, 국가배상청구소송과 헌법소송은 제외함). 25점

참조조문

※ 아래의 법령은 가상의 것임을 전제로 하며, 헌법재판소에서 해당 조항의 위헌 여부에 대하여 판단한 바 없다.

「국세기본법」

제81조의4(세무조사권 남용 금지)

① 세무공무원은 적정하고 공평한 과세를 실현하기 위하여 필요한 최소한의 범위에서 세무조사를 하여야 하며, 다른 목적 등을 위하여 조사권을 남용해서는 아니 된다.

② 세무공무원은 다음 각 호의 어느 하나에 해당하는 경우가 아니면 같은 세목 및 같은 과세기간에 대하여 재조사를 할 수 없다.

1. 조세탈루의 혐의가 인정되거나 의심되는 자료가 있는 경우

2.~6. <생략>

7. 그 밖에 제1호부터 제6호까지와 유사한 경우로서 대통령령으로 정하는 경우

제81조의7(세무조사의 통지와 연기신청)

② 사전통지를 받은 납세자가 천재지변이나 그 밖에 대통령령으로 정하는 사유로 조사를 받기 곤란한 경우에는 대통령령으로 정하는 바에 따라 관할 세무관서의 장에게 조사를 연기해 줄 것을 신청할 수 있다.

제81조의17(납세자의 협력의무)

납세자는 세무공무원의 적법한 질문·조사, 제출명령에 대하여 성실하게 협력하여야 한다.

「조세범 처벌법」

제17조(명령사항위반 등에 대한 과태료 부과)

관할 세무서장은 다음 각 호의 어느 하나에 해당하는 자에게는 2,000만원 이하의 과태료를 부과한다.

1.~4. <생략>

5. 「소득세법」·「법인세법」 등 세법의 질문·조사권 규정에 따른 세무공무원의 질문에 대하여 거짓으로 진술을 하거나 그 직무집행을 거부 또는 기피한 자

쟁점해설

» 문제 2

[물음 1] 세무재조사의 대상적격 판단

쟁점 : 세무재조사 결정에 의한 재조사가 이루어진 것이므로 세무재조사 결정이 처분이고 이에 따른 세무조사는 사실행위이다. 세무재조사 결정에 의해서 세무조사 등 절차가 이루어지므로 세무재조사 결정이 소의 대상이 된다.

[물음 2] 취소판결의 기판력이 국가배상청구소송에 미치는지 여부

쟁점 : 기판력이 쟁점임. 각 소송의 위법성 개념을 서술하고 검토된 견해에 따라 포섭하면 됨.

[물음 3] 위헌결정효력의 범위

쟁점 : 위헌법률심판에서 위헌결정이 난 경우 어느 범위에서 위헌의 내용을 주장할 수 있는지 여부가 쟁점임.

[물음 4] 재조사에 근거하여 발령된 甲에 대한 조세부과처분의 적법성 논의

쟁점 : 위법한 행정조사(재조사)에 기한 행정처분(조세부과)의 적법성 논의가 쟁점임. 적법절차원칙에 따라서 위법한 조사에 기한 처분은 위법함을 서술하면 무난함.

[물음 5] 위헌결정 이후 이미 납부한 금액을 돌려받기 위하여 제기할 수 있는 소송

쟁점 : 위헌법률에 근거한 처분의 효력이 무효사유인지 취소사유인지 검토하고 판례의 태도에 따라 취소사유임을 검토함. 취소사유인 경우 취소소송을 제기하거나 취소소송에 부당이득반환청구소송을 병합하여 제기하는 방법을 서술하면 무난한 답안이 됨.

CHAPTER
07 제6회 변호사 시험

문제 1

甲과 乙은 A시에서 甲 의료기, 乙 의료기라는 상호로 의료기기 판매업을 하는 자들이다. 甲은 전립선 자극기 'J2V'를 공급받아 판매하기 위하여 "전립선에 특수한 효능, 효과로 남자의 자신감이 달라집니다."라는 문구를 사용하여 인터넷 광고를 하였다. 甲의 위 광고에 대하여 A시장은 2016.7.1. 甲에게 「의료기기에 관한 법률」(이하 '의료기기법'이라 함) 제24조 위반을 이유로 3개월 업무정지처분을 하였다. 甲은 2016.7.11. 위 업무정지처분에 대하여 관할 행정심판위원회에 행정심판을 청구하였고, 동 위원회는 2016.8.25. 3개월 업무정지처분을 과징금 500만원 부과처분으로 변경할 것을 명령하는 재결을 하였으며, 위 재결서 정본은 2016.8.29. 甲에게 송달되었다. 그러자 A시장은 2016.9.12. 甲에 대한 3개월 업무정지처분을 과징금 500만원 부과처분으로 변경하였다. 또한, 甲은 2016.9.1. 의료기기법 제52조를 근거로 벌금 300만원의 약식명령을 고지받자, 정식재판을 청구하였다.
한편, 甲의 경쟁업체인 乙은 2016.11.10. 전립선 자극기 'U2V'의 인터넷 광고를 하려던 차에 甲이 위 형사처벌을 받은 사실을 알게 되었다. 이에 乙은 변호사 丙을 대리인으로 선임하여, 2016.12.15. 사전심의를 거치지 않은 의료기기 광고를 금지하고 이를 어기면 처벌하는 의료기기법 제24조 및 제52조가 자신의 표현의 자유를 침해한다고 주장하면서, 헌법재판소에 「헌법재판소법」 제68조 제1항에 의한 헌법소원심판을 청구하였다.

(3) 甲은 2016.12.5. 관할 행정심판위원회를 피고로 하여 과징금 500만원 부과처분에 대하여 관할 법원에 취소소송을 제기하였다. 이 소송은 적법한가? 20점

참조조문

※ 유의사항

1. 아래 법령은 가상의 것으로, 이와 다른 내용의 현행 법령이 있다면 제시된 법령이 현행 법령에 우선하는 것으로 할 것
2. 아래 법령 중 「의료기기에 관한 법률」은 '의료기기법'으로, 「의료기기 광고 사전심의규정」은 '심의규정'으로 약칭할 수 있음

「의료기기에 관한 법률」(법률 제10000호)

제2조(정의)

① 이 법에서 "의료기기"란 사람이나 동물에게 단독 또는 조합하여 사용되는 기구・기계・장치・재료 또는 이와 유사한 제품으로서 다음 각 호의 어느 하나에 해당하는 제품을 말한다.

1. 질병을 진단・치료・경감・처치 또는 예방할 목적으로 사용되는 제품
2. 상해 또는 장애를 진단・치료・경감 또는 보정할 목적으로 사용되는 제품

② 이 법에서 "의료기기 취급자"란 의료기기를 업무상 취급하는 자로서 의료기기 제조업자, 의료기기 수입업자, 의료기기 수리업자, 의료기기 판매업자와 의료기기 임대업자를 말한다.

제20조(의료기기 관련단체)

의료기기 취급자는 의료기기 관련단체를 설립할 수 있다.

제24조(광고의 금지)

누구든지 제25조에 따른 심의를 받지 아니하거나 심의받은 내용과 다른 내용의 의료기기의 광고를 하여서는 아니 된다.

제25조(광고의 심의)

① 의료기기를 광고하려는 자는 미리 식품의약품안전처장의 심의를 받아야 한다.

② 식품의약품안전처장은 제1항에 따른 심의에 관한 업무를 제20조에 따라 설립된 의료기기 관련 단체에 위탁할 수 있다.

③ 제1항에 따른 심의기준, 방법 및 절차와 제2항에 따른 심의업무의 위탁 등 의료기기 광고의 심의에 필요한 사항은 식품의약품안전처장이 정한다.

제36조(허가 등의 취소와 업무의 정지 등)

① 의료기기 취급자가 제24조를 위반하여 의료기기를 광고한 경우 의료기기의 제조업자・수입업자 및 수리업자에 대하여는 식품의약품안전처장이, 판매업자 및 임대업자에 대하여는 시장・군수 또는 구청장이 허가 또는 인증의 취소, 영업소의 폐쇄, 품목류 또는 품목의 제조・수입・판매의 금지 또는 1년의 범위에서 그 업무의 전부 또는 일부의 정지를 명할 수 있다.

② 식품의약품안전처장, 시장・군수 또는 구청장은 의료기기 취급자가 제1항의 규정에 해당하는 경우로서 업무정지처분이 의료기기를 이용하는 자에게 심한 불편을 주거나 그 밖에 특별한 사유가 인정되는 때에는 국민건강에 해를 끼치지 아니하는 범위 안에서 업무정지처분에 갈음하여 5천만 원 이하의 과징금을 부과할 수 있다.

제42조(경비 보조)

식품의약품안전처장, 시장・군수 또는 구청장은 국민보건 향상을 위하여 필요하다고 인정될 때에는 제20조에 따라 설립된 의료기기 관련단체에 대하여 시설, 운영 경비, 조사・연구 비용의 전부 또는 일부를 보조할 수 있다.

제52조(벌칙)
제24조를 위반한 자는 3년 이하의 징역 또는 3천만원 이하의 벌금에 처한다.

부칙
이 법은 2016년 1월 1일부터 시행한다.

「의료기기 광고 사전심의규정」(식품의약품안전처고시 제2016-1000호)

제1조(목적)
이 규정은 「의료기기에 관한 법률」 제25조 제3항에서 위임된 사항을 규정함을 목적으로 한다.

제5조(심의신청)
신청인은 별지 제1호 서식의 의료기기 광고심의신청서(전자문서로 된 신청서를 포함한다)에 다음 각 호의 서류를 첨부하여 법 제25조 제2항에 따라 의료기기 광고심의업무를 위탁받은 기관(이하 '심의기관'이라 한다)에 제출하여야 한다.
1. 의료기기 광고내용 1부
2. 제품설명서(필요한 경우에 한함)

제10조(심의위원회의 구성 및 운영 등)
① 심의기관은 의료기기 광고를 심의하기 위하여 심의위원회를 설치·운영한다.
② 심의위원회는 위원장과 부위원장을 포함하여 10인 이상 20인 이내로 구성하며, 위원은 다음 각 호의 1에 해당하는 자 중에서 심의기관의 장이 식품의약품안전처장과 협의하여 위촉한다.
  1. 언론, 법률, 의료, 의료기기 및 광고와 관련한 학식과 경험이 풍부한 자
  2. 시민단체나 의료기기 관련 학회 또는 단체의 장이 추천한 자
③ 위원의 임기는 1년으로 하되, 2회까지 연임할 수 있다.
④ 심의위원회에 출석한 위원에게는 심의기관이 정하는 바에 의하여 수당과 여비를 지급할 수 있다.

제12조(보고사항)
① 심의기관의 장은 매년 광고심의와 관련된 사업계획을 연도개시 1월 전까지 식품의약품안전처장에게 보고하여야 한다.
② 심의기관의 장은 매 심의결과를 식품의약품안전처장과 관할 영업허가 또는 신고기관에 문서(전자문서를 포함한다)로 보고하여야 한다.

부칙
이 고시는 2016년 1월 1일부터 시행한다.

참고자료

달력

2016년 7월~2017년 2월

2016년 7월

일	월	화	수	목	금	토
					1	2
3	4	5	6	7	8	9
10	11	12	13	14	15	16
17	18	19	20	21	22	23
24/31	25	26	27	28	29	30

2016년 8월

일	월	화	수	목	금	토
	1	2	3	4	5	6
7	8	9	10	11	12	13
14	15	16	17	18	19	20
21	22	23	24	25	26	27
28	29	30	31			

2016년 9월

일	월	화	수	목	금	토
				1	2	3
4	5	6	7	8	9	10
11	12	13	14	15	16	17
18	19	20	21	22	23	24
25	26	27	28	29	30	

2016년 10월

일	월	화	수	목	금	토
						1
2	3	4	5	6	7	8
9	10	11	12	13	14	15
16	17	18	19	20	21	22
23/30	24/31	25	26	27	28	29

2016년 11월

일	월	화	수	목	금	토
		1	2	3	4	5
6	7	8	9	10	11	12
13	14	15	16	17	18	19
20	21	22	23	24	25	26
27	28	29	30			

2016년 12월

일	월	화	수	목	금	토
				1	2	3
4	5	6	7	8	9	10
11	12	13	14	15	16	17
18	19	20	21	22	23	24
25	26	27	28	29	30	31

2017년 1월

일	월	화	수	목	금	토
1	2	3	4	5	6	7
8	9	10	11	12	13	14
15	16	17	18	19	20	21
22	23	24	25	26	27	28
29	30	31				

2017년 2월

일	월	화	수	목	금	토
			1	2	3	4
5	6	7	8	9	10	11
12	13	14	15	16	17	18
19	20	21	22	23	24	25
26	27	28				

쟁점해설

» 문제 1

[물음 3] 변경명령재결에 따른 변경처분이 있는 경우 피고 및 소의 대상

쟁점 : 변경명령재결과 그에 따른 변경처분이 있는 경우 누구를 피고로 하여 무엇을 소의 대상으로 해야 하는지 원처분주의에 대한 문제임.

판례의 태도에 따라서 변경된 원처분설에 입각하여 원처분청을 피고로 하여 변경처분을 대상으로 하여 변경명령재결이 송달된 날부터 90일 이내에 소송을 제기하면 됨.

문제 2

「석유 및 석유대체연료 사업법」상 석유정제업에 대한 등록 및 등록취소 등의 권한은 산업통상자원부장관의 권한이나, 산업통상자원부장관은 같은 법 제43조 및 같은 법 시행령 제45조에 의해 위 권한을 시·도지사에게 위임하였다. 석유정제업 등록 및 등록취소 등의 권한을 위임받은 A도지사는 위임받은 권한 중 석유정제업의 사업정지에 관한 권한을 A도 조례에 의하여 군수에게 위임하였다.
사업정지권한을 위임받은 B군수는, A도 내 B군에서 석유정제업에 종사하는 甲이 같은 법 제27조를 위반하였다는 이유로 같은 법 제13조 제1항 제11호에 따라 6개월의 사업정지처분을 하였다.
甲은 위 사업정지처분에 대해 따로 불복하지 않은 채, 사업정지처분서를 송달받은 후 4개월이 넘도록 위 정지기간 중 석유정제업을 계속하였다. 이에 A도지사는 같은 법 제13조 제5항에 따라 甲의 석유정제업 등록을 취소하였다.

(2) B군수가 甲에 대하여 한 사업정지처분의 효력에 대하여 검토하시오. 30점

(3) 사업정지처분에 대하여 다투지 않은 甲은, A도지사가 한 석유정제업 등록취소처분에 대하여 항고소송을 통해 권리구제를 받을 수 있는가? 20점

참조조문

※ 아래의 법령 조항은 현행법과 불일치할 수 있으며 현재 시행 중임을 전제로 할 것

「석유 및 석유대체연료 사업법」

제5조(석유정제업의 등록 등)

① 석유정제업을 하려는 자는 산업통상자원부령으로 정하는 바에 따라 산업통상자원부장관에게 등록하여야 한다.

제11조의2(석유사업 등록 등의 제한)

제5조, 제9조 및 제10조에 따라 다음 각 호의 석유사업의 등록 또는 신고를 하려는 자는 해당 호의 각 목의 사유가 있은 후 2년(해당 호의 가목의사유로 사업정지처분을 받은 경우에는 그 사업정지처분 기간을 말한다)이 지나기 전에는 그 영업에 사용하였던 시설의 전부 또는 대통령령으로 정하는 중요 시설을 이용하여 해당 호의 석유사업에 대한 등록 또는 신고를 할 수 없다.

1. 석유정제업
   나. 제13조 제6항에 해당하여 석유정제업의 등록이 취소되거나 그 영업장이 폐쇄된 경우

제13조(등록의 취소 등)

① 산업통상자원부장관은 석유정제업자가 다음 각 호의 어느 하나에 해당하면 그 석유정제업의 등록을 취소하거나 그 석유정제업자에게 영업장 폐쇄(신고한 사업자에 한한다. 이하 이 조에서 같다) 또는 6개월 이내의 기간을 정하여 그 사업의 전부 또는 일부의 정지를 명할 수 있다. 다만, 제1호 또는 제3호부

터 제5호까지의 어느 하나에 해당하는 경우에는 그 등록을 취소하거나 영업장 폐쇄를 명하여야 한다.

11. 제27조에 따른 품질기준에 맞지 아니한 석유제품의 판매 금지 등을 위반한 경우

⑥ 산업통상자원부장관, 시・도지사 또는 시장・군수・구청장은 제1항부터 제4항까지의 규정에 따라 사업의 정지명령을 받은 자가 그 정지기간 중 사업을 계속하는 경우에는 그 석유정제업・석유수출입업 또는 석유판매업의 등록을 취소하거나 영업장 폐쇄를 명하여야 한다.

제27조(품질기준에 맞지 아니한 석유제품의 판매 금지 등)

석유정제업자 등은 제24조 제1항의 품질기준에 맞지 아니한 석유제품 또는 제25조 제1항・제2항에 따른 품질검사 결과 불합격 판정을 받은 석유제품(품질보정행위에 의하여 품질기준에 맞게 된 제품은 제외한다)을 판매 또는 인도하거나 판매 또는 인도할 목적으로 저장・운송 또는 보관하여서는 아니 된다.

제43조(권한의 위임・위탁)

① 산업통상자원부장관은 이 법에 따른 권한의 일부를 대통령령으로 정하는 바에 따라 시・도지사 또는 시장・군수・구청장에게 위임할 수 있다.

「석유 및 석유대체연료 사업법 시행령」

제45조(권한의 위임・위탁)

① 산업통상자원부장관은 법 제43조 제1항에 따라 석유정제업자등에 관한 다음의 각 호의 권한을 시・도지사에게 위임한다.

1. 법 제9조 제1항에 따른 석유수출입업의 등록
2. 법 제9조 제2항에 따른 석유수출입업의 변경등록
3. 법 제11조 제1항에 따른 석유수출입업의 조건부 등록
4. 법 제13조 제2항에 따른 석유수출입업의 등록 취소 및 사업 정지 명령

「행정권한의 위임 및 위탁에 관한 규정」

제4조(재위임)

특별시장・광역시장・특별자치시장・도지사 또는 특별자치도지사(특별시・광역시・특별자치시・도 또는 특별자치도의 교육감을 포함한다. 이하 같다)나 시장・군수 또는 구청장(자치구의 구청장을 말한다. 이하 같다)은 행정의 능률향상과 주민의 편의를 위하여 필요하다고 인정될 때에는 수임사무의 일부를 그 위임기관의 장의 승인을 받아 규칙으로 정하는 바에 따라 시장・군수・구청장(교육장을 포함한다) 또는 읍・면・동장, 그 밖의 소속기관의 장에게 다시 위임할 수 있다.

쟁점해설

» 문제 2

[물음 2] 무효인 조례(법규명령/위임명령)에 근거한 처분의 효력

쟁점 : 무효인 조례(법규명령/위임명령)에 근거한 처분의 효력이 무효인지 취소사유인지가 쟁점임.

[물음 3] 하자승계

쟁점 : 하자승계가 쟁점임. 하자승계에 대한 기본이론을 서술하고 사업정지처분 및 등록취소처분의 목적이 동일한지 별개인지를 검토하여 가부를 답하면 됨.

CHAPTER 08 제5회 변호사 시험

문제 1

만 20세인 甲과 만 17세인 乙은 2015.6.14. 23:50경 담배를 피우지 못하도록 표시된 인터넷 컴퓨터게임시설제공업소(일명 'PC방')에서 함께 담배를 피우며 게임을 하고 있었다. 경찰관 A는 PC방을 순찰하던 중 학생처럼 보이는 甲과 乙을 발견하고 담배 피우는 것을 제지하면서 두 사람에게 신분증 제시를 요구하였다. 그러나 甲은 신분증을 제시하지 않았을 뿐만 아니라, 이름과 생년월일 등 신분 확인을 위한 자료의 요구에도 일절 응하지 아니하면서 경찰관 A를 향해 키보드를 던지며 저항하였다. 이에 경찰관 A는 甲을 진정시킨 후 甲의 동의 하에 甲과 함께 경찰서로 이동하여 甲을 공무집행방해 혐의로 입건하였다. 그리고 경찰관 A는 甲의 신원확인을 위하여 甲에게 십지(十指)지문채취를 요구하였으나, 甲은 경찰관 A의 공무집행이 위법하였음을 주장하며 피의사실을 부인하면서 지문채취에 불응하였다.

같은 해 6.16. 관할 경찰서장은 甲이 「경범죄처벌법」 제3조 제34호를 위반하였다는 이유로 관할 지방법원에 즉결심판을 청구하였고, 위 법원은 같은 날 甲에게 벌금 5만원을 선고하였으며, 甲은 이에 불복하여 같은 해 6.19. 법원에 정식재판을 청구하였다. 1심 계속 중 甲은 위 「경범죄처벌법」 제3조 제34호가 자신의 기본권을 침해한다고 주장하며 위 법원에 위헌법률심판제청신청을 하였고, 법원은 2015.7.1. 위 신청을 기각하였다. 2015.7.6. 甲은 기각결정문을 송달받은 후, 2015.8.3. 「경범죄처벌법」 제3조 제34호가 피의사실을 부인하는 경우에 적용되는 한 위헌이라며 헌법소원심판을 청구하는 한편, 같은 날 PC방 등의 금연구역에서 흡연을 금지하는 「국민건강증진법」 제9조 제6항과 제34조 제3항이 자신의 기본권을 침해한다며 위헌확인을 구하는 헌법소원심판을 청구하였다.

(4) PC방 영업을 하는 丙은 청소년 출입시간을 준수하지 않았다는 이유로 관할 시장으로부터 영업정지 1개월의 처분을 받았다. 그런데 관할 시장은 이 처분을 하기 전에 丙에게 처분의 원인이 되는 사실과 의견제출의 방법 등에 관한 「행정절차법」상 사전통지를 하지 아니하였다. 이에 丙은 사전통지 없는 영업정지처분이 위법하다고 주장하며 영업정지명령에 불응하여 계속하여 영업을 하였고, 관할 시장은 「게임산업진흥에 관한 법률」상 영업정지명령 위반을 이유로 丙을 고발하였다. 이 사건을 심리하는 형사법원은 丙에 대해 유죄판결을 할 수 있겠는가? 20점

참조조문

※ 아래 법령은 각 처분 당시 적용된 것으로 가상의 것이다.

「경범죄처벌법」

제3조(경범죄의 종류)

① 다음 각 호의 어느 하나에 해당하는 사람은 10만원 이하의 벌금, 구류 또는 과료(科料)의 형으로 처벌한다.

34. (지문채취 불응) 범죄 피의자로 입건된 사람의 신원을 지문조사 외의 다른 방법으로는 확인할 수 없어 경찰공무원이나 검사가 지문을 채취하려고 할 때에 정당한 이유없이 이를 거부한 사람

「국민건강증진법」

제9조(금연을 위한 조치)

④ 다음 각 호의 공중이 이용하는 시설의 소유자 · 점유자 또는 관리자는 해당 시설의 전체를 금연구역으로 지정하여야 한다. 이 경우 금연구역을 알리는 표지와 흡연자를 위한 흡연실을 설치할 수 있으며, 금연구역을 알리는 표지와 흡연실을 설치하는 기준 · 방법 등은 보건복지부령으로 정한다.

23. 「게임산업진흥에 관한 법률」에 따른 청소년게임제공업소, 일반게임제공업소, 인터넷컴퓨터게임시설제공업소 및 복합유통게임제공업소

⑥ 누구든지 제4항 및 제5항에 따라 지정된 금연구역에서 흡연하여서는 아니 된다.

제34조(과태료)

③ 제9조 제6항을 위반하여 금연구역에서 흡연을 한 자에게는 10만원 이하의 과태료를 부과한다.

「게임산업진흥에 관한 법률」

제28조(게임물 관련사업자의 준수사항)

게임물 관련사업자는 다음 각 호의 사항을 지켜야 한다.

7. 대통령령이 정하는 영업시간 및 청소년의 출입시간을 준수할 것

제35조(허가취소 등)

② 시장 · 군수 · 구청장은 제26조의 규정에 의하여 게임제공업 · 인터넷컴퓨터게임시설제공업 또는 복합유통게임제공업의 허가를 받거나 등록 또는 신고를 한 자가 다음 각 호의 어느 하나에 해당하는 때에는 6월 이내의 기간을 정하여 영업정지를 명하거나 허가 · 등록취소 또는 영업폐쇄를 명할 수 있다.

5. 제28조의 규정에 따른 준수사항을 위반한 때

제45조(벌칙)

다음 각 호의 어느 하나에 해당하는 자는 2년 이하의 징역 또는 2천만원 이하의 벌금에 처한다.

9. 제35조 제2항 제2호의 규정에 의한 영업정지명령을 위반하여 영업한 자

「게임산업진흥에 관한 법률 시행령」

제16조(영업시간 및 청소년 출입시간제한 등)

법 제28조 제7호에 따른 영업시간 및 청소년의 출입시간은 다음 각 호와 같다.

2. 청소년의 출입시간

가. 청소년게임제공업자, 복합유통게임제공업자(「청소년보호법 시행령」 제5조 제1항 제2호 단서에 따라 청소년의 출입이 허용되는 경우만 해당한다.), 인터넷컴퓨터게임시설제공업자의 청소년 출입시간은 오전 9시부터 오후 10시까지로 한다. 다만, 청소년이 친권자 · 후견인 · 교사 또는 직장의 감독자 그 밖에 당해 청소년을 보호 · 감독할 만한 실질적인 지위에 있는 자를 동반한 경우에는 청소년 출입시간 외의 시간에도 청소년을 출입시킬 수 있다.

쟁점해설

≫ 문제 1

[물음 4] 형사사건과 선결문제

쟁점 : 영업정지기간에 영업을 행한 것을 이유로 기소되었으며, 형사법원의 판결을 묻고 있다. 따라서 선결문제가 쟁점이 될 것이다. 효력부인과 위법성 확인 중 어떠한 유형인지를 파악해야 할 것이다. 명령위반을 이유로 기소된 경우에는 위법한 명령인지를 확인하면 될 것이므로 위법성 확인에 대한 학설과 판례를 풍부하게 서술하면 무난할 것이다.

효력부인의 경우는 '무(無)허가, 무(無)신고' 등으로 앞에 '무(無)'자가 붙는다.

(영업정지기간 동안에는 무자격자가 아니냐고 생각할 수 있으나, 법상 무자격자와 영업정지기간 중에 업무를 행한 자를 구분하고 있으므로, 법취지상 효력부인의 문제로 보기에는 무리가 있다.)

문제 2

甲은 서울에서 주유소를 운영하는 자로, 기존 주유소 진입도로 외에 주유소 인근 구미대교 남단 도로(이하 '이 사건 본선도로'라 한다.)에 인접한 도로부지(이하 '이 사건 도로'라 한다.)를 주유소 진·출입을 위한 가·감속차로 용도로 사용하고자 관할 구청장 乙에게 도로점용허가를 신청하였다. 이 사건 본선도로는 편도 6차로 도로이고, 주행제한속도는 시속 70km이며, 이 사건 도로는 이 사건 본선도로의 바깥쪽을 포함하는 부분으로 완만한 곡선구간의 중간 부분에 해당한다. 이 사건 본선도로 중 1, 2, 3차로는 구미대교 방향으로 가는 차량이, 4, 5차로는 월드컵대로 방향으로 가는 차량이 이용하도록 되어 있다. 4, 5차로를 이용하던 차량이 이 사건 본선도로 중 6차로 및 이 사건 도로부분을 가·감속차로로 하여 주유소에 진입하였다가 월드컵대로로 진입하는 데 별다른 어려움은 없다.
한편, 丙은 이 사건 도로상에서 적법한 도로점용허가를 받지 않고 수년 전부터 포장마차를 설치하여 영업을 하고 있었다(이 사안과 장소는 모두 가상이며, 아래 지문은 각각 독립적이다).

(1) 乙이 이 사건 본선도로를 주행하는 차량과의 교통사고 발생위험성 등을 들어 甲의 도로점용허가신청을 거부한 경우, 甲이 乙을 상대로 도로점용허가거부처분 취소소송을 제기한다면, 그 인용가능성에 대해 논하시오. [30점]

(2) 乙이 甲에게 도로점용허가를 한 경우, 丙이 甲에 대한 乙의 도로점용허가를 다툴 수 있는 원고적격이 있는지를 논하시오. [20점]

(3) 乙은 법령에 명시적인 근거가 없음에도 "甲은 丙이 이 사건 도로 지상에 설치한 지상물 철거를 위한 비용을 부담한다."라는 조건을 붙여 甲에게 도로점용기간을 3년으로 하여 도로점용허가를 하였다.
   1) 위 조건의 법적 성질 및 적법성 여부를 논하시오. [15점]
   2) 乙이 아무런 조건 없이 도로점용허가를 하였다가 3개월 후 위와 같은 조건을 부가한 경우, 이러한 조건부가행위가 적법한지 여부에 대하여 논하시오 [5점]
   3) 乙이 도로점용허가 당시 "민원이 심각할 경우 위 허가를 취소할 수 있다."는 내용의 조건을 부가하였다가, 교통정체 및 교통사고 발생위험성 등을 이유로 한 이 사건 본선도로 이용자들의 민원이 다수 제기되자, 1년 후 甲에 대한 이 사건 도로점용허가를 취소하였다. 甲이 도로점용허가 취소처분의 취소소송을 제기한 경우 그 인용가능성에 대해 논하시오. [10점]

참조조문

※ 아래 법령은 각 처분 당시 적용된 것으로 가상의 것이다.

「도로법」

제1조(목적)

이 법은 도로망의 계획수립, 도로 노선의 지정, 도로공사의 시행과 도로의 시설 기준, 도로의 관리·보전 및 비용 부담 등에 관한 사항을 규정하여 국민이 안전하고 편리하게 이용할 수 있는 도로의 건설과 공공복리의 향상에 이바지함을 목적으로 한다.

제2조(정의)

이 법에서 사용하는 용어의 뜻은 다음과 같다.

1. "도로"란 차도, 보도, 자전거도로, 측도, 터널, 교량, 육교 등 대통령령으로 정하는 시설로 구성된 것으로서 제10조에 열거된 것을 말하며, 도로의 부속물을 포함한다.

제40조(도로의 점용)

① 도로의 구역 안에서 공작물·물건 기타의 시설을 신설·개축·변경 또는 제거하거나 기타의 목적으로 도로를 점용하고자 하는 자는 관리청의 허가를 받아야 한다.

② 제1항의 규정에 따라 허가를 받을 수 있는 공작물·물건 그 밖의 시설의 종류와 도로점용허가의 기준 등에 관하여 필요한 사항은 대통령령으로 정한다.

「도로법 시행령」

제24조(점용의 허가신청)

⑤ 법 제40조 제2항의 규정에 의하여 도로의 점용허가(법 제8조의 규정에 의하여 다른 국가사업에 관계되는 점용인 경우에는 협의 또는 승인을 말한다)를 받을 수 있는 공작물·물건 기타의 시설의 종류는 다음 각 호와 같다.

4. 주유소·주차장·여객자동차터미널·화물터미널·자동차수리소·휴게소 기타 이와 유사한 것
11. 제1호 내지 제10호 외에 관리청이 도로구조의 안전과 교통에 지장이 없다고 인정한 공작물·물건(식물을 포함한다) 및 시설로서 건설교통부령 또는 당해 관리청의 조례로 정한 것

「서울특별시 보도상 영업시설물 관리 등에 관한 조례」

제3조(점용허가)

② 시장은 점용허가를 받은 운영자에게 별지 제2호 서식에 의한 도로점용허가증을 교부한다. 이 경우 점용허가기간은 1년 이내로 한다.

④ 도로점용 허가기한이 만료되는 운영자는 본인 및 배우자 소유의 부동산, 「국민기초생활보호법 시행규칙」 제3조 제1항 제1호 다목의 규정에 의한 임차보증금 및 같은 조 같은 항 제2호 규정에 의한 금융재산을 합하여 2억 원 미만인 자에 한하여 1년의 범위 안에서 2회에 한하여 갱신 허가하되, 이 경우 제3항에 의한 위원회를 거치지 아니한다.

제12조(사무의 위임)

이 조례에 의한 다음 각 호에 해당하는 시장의 사무는 시설물이 위치하는 지역을 관할하는 구청장에게 위임한다.

1. 제3조의 규정에 의한 도로점용허가

쟁점해설

≫ 문제 2

[물음 1] 재량행위의 위법성 판단

쟁점 : 설문상 도로점용허가의 법적 성질이 재량행위임을 밝혀주고, 재량권 행사의 일탈·남용을 판단하면 될 것이다. 배점이 30점이므로 거부가 처분이 되기 위한 요건을 간략하게 서술한 후, 도로점용허가를 거부할 수 있는 사유로서 '교통사고 발생위험성 등'을 고려할 수 있는지를 도로법 제1조 목적규정과 관련하여 해석하고, 설문상 "4, 5차로를 이용하던 차량이 이 사건 본선도로 중 6차로 및 이 사건 도로부분을 가·감속차로로 하여 주유소에 진입하였다가 월드컵대로로 진입하는 데 별다른 어려움은 없다."는 내용을 가미하여 구체적 포섭을 하면 될 것이다.

[물음 2] 제3자 원고적격

쟁점 : 제3자인 丙에게 법률상 이익이 있는지를 판단하면 될 것이며, 설문에서 주어진 법규정을 최대한 활용하면 무난할 것이다.

[물음 3-1] 부관의 종류와 한계

쟁점 : '철거비용을 부담한다.'는 조건과 무관하게 주된 행위의 효력이 발생되므로 부관 중 부담임을 밝혀주고, 이러한 부담이 부당결부금지의 원칙에 반하는 것인지를 판단하면 될 것이다.

[물음 3-2] 사후부관

쟁점 : 재량행위의 경우에 사후부관이 가능한지를 학설과 판례의 태도에 따라서 검토하면 무난할 것이다. 판례는 사정변경 및 공익상의 이유로 사후부관도 가능한 것으로 판시하고 있다.

[물음 3-3] 철회권 행사의 제한법리

쟁점 : 도로점용허가의 취소는 도로점용허가 발령 이후의 사정을 이유로 행해진 바, 강학상 철회임을 밝혀주고, 법적 근거 없이도 철회할 수 있는지 여부와 철회권을 행사할 수 있다고 하여도 기존에 형성된 신뢰이익의 보호가 이루어져야 하는지를 검토하면 무난할 것이다.

CHAPTER 09

제4회 변호사 시험

문제 2-1

甲은 'X가든'이라는 상호로 일반음식점을 운영하는 자로서, 식품의약품안전처 고시인 「식품 등의 표시기준」에 따른 표시사항의 전부가 기재되지 아니한 'Y참기름'을 업소 내에서 보관·사용한 사실이 적발되었다. 관할 구청장 乙은 「식품위생법」 및 「동법 시행규칙」에 근거하여 甲에게 영업정지 1개월과 해당 제품의 폐기를 명하였다.
甲은 표시사항의 전부가 기재되지 않은 제품을 보관·사용한 것은 사실이나, 표시사항이 전부 기재되지 아니한 것은 납품업체의 기계작동상의 오류에 의한 것으로서 자신은 그 사실을 알지 못하였고, 이전에 납품받은 제품에는 위 고시에 따른 표시사항이 전부 기재되어 있었던 점, 인근 일반음식점에 대한 동일한 적발사례에서는 15일 영업정지처분과 폐기명령이 내려진 점 등을 고려할 때, 위 처분은 지나치게 과중하다고 주장하면서, 관할 구청장 乙을 상대로 영업정지 1개월과 해당 제품 폐기명령의 취소를 구하는 소송을 제기하였다.

(1) 1) 위 식품의약품안전처 고시인 「식품 등의 표시기준」의 법적 성질은? 10점
2) 「식품위생법」 제10조 제1항에서 '판매를 목적으로 하는 식품 또는 식품첨가물의 표시'(같은 항 제1호)에 관한 기준을 고시로 정하도록 위임하는 것은 헌법상 허용되는가? 10점

(2) 위 취소소송 계속 중 해당 제품이 폐기되었고, 1개월의 영업정지처분 기간도 도과되었다면 위 취소소송은 소의 이익이 있는가? 30점

(3) 만약 위 취소소송에서 원고 승소판결이 확정된 후에 甲이 영업정지처분으로 인한 손해에 대해 국가배상청구소송을 제기하는 경우, 甲의 청구는 인용될 수 있는가? 30점

쟁점해설

≫ 문제 2-1

[물음 1-1] 식품 등의 표시기준(고시)의 법적 성질은?

쟁점 : 법령보충적 행정규칙의 법적 성질(대외적 구속력 인정 여부)

행정규칙 형식으로 법규적 사항을 규정하였으므로 대외적 구속력을 인정할 수 있는지가 문제됨. 학설과 판례를 간략히 검토하면 될 것임. 이는 행정입법의 문제임.

[물음 1-2] 법령보충적 행정규칙의 헌법상 허용 여부

쟁점 : 헌법상 법규적 사항은 법규명령으로 제정하도록 규정하고 있음에도 행정규칙 형식으로 제정할 수 있는지가 문제됨.

이에 대한 학설과 판례의 태도를 간략하게 검토하면 될 것임. 통설 및 판례는 법률의 위임규정이 있는 경우에 한해서 인정하고 있음.

[물음 2] 1개월의 영업정지처분의 기간이 도과된 경우, 취소소송에서의 협의의 소익

쟁점 : 법규명령 형식의 행정규칙의 법적 성질과 협의의 소익

제재적 처분기준인 가중처벌규정이 법규명령 형식의 행정규칙이므로 이에 대한 법적 성질을 밝히고, 협의의 소익이 인정되는지를 판단하면 됨. 최근 판례는 법적 성질과 무관하게 협의의 소익을 인정하고 있으므로 최근 판례의 요지를 풍부하게 기술해야 할 것임. 최근 수년간 빠지지 않고 나오는 쟁점이므로 철저한 대비가 요구됨.

[물음 3] 국가배상청구소송의 인용가능성

쟁점 : 국가배상청구소송의 요건충족 및 행정소송의 기판력

취소판결의 효력인 기판력이 국가배상청구소송에 미치는지를 간략하게 검토하면 됨, 또한 설문은 국가배상청구소송의 인용가능성을 묻고 있으므로 이에 대한 요건을 간략하게 검토하여야 할 것임. 국가배상청구소송의 개념과 요건 정도는 숙지하고 있어야 함.

문제 2-2

조례로 정하고자 하는 특정사항에 관하여 이미 법률이 그 사항을 규율하고 있는 경우에, 지방자치단체는 법률이 정한 기준보다 더 강화되거나 더 약화된 기준을 조례로 제정할 수 있는가? 20점

쟁점해설

» 문제 2-2 (조례와 법률우위의 원칙)

쟁점 : 이미 법률이 규율하고 있는 사항을 조례로 제정하는 것이 법률우위의 원칙에 반하는지 여부

읽어만 보세요

법률이 정한 기준보다 더 강화 또는 약화된 기준이 침익적인 것인지 수익적인 것인지에 따라 달리 해석된다. ① 법률이 정한 기준보다 더 강화된 침익초과조례는 법률우위원칙에 반하므로 제정할 수 없으나, ② 법률이 각 지방자치단체의 실정에 맞게 별도로 규율할 것을 용인하는 경우에 급부를 강화하는 기준의 수익초과조례나 침익을 약화하는 기준의 조례는 법률우위원칙에 반하지 아니하여 제정할 수 있다.

CHAPTER 10 제3회 변호사 시험

문제 1

甲은 2013.3.15. 전 영업주인 乙로부터 등록 대상 석유판매업인 주유소의 사업 일체를 양수받고 잔금지급액에 다소 이견이 있는 상태에서, 2013.3.28. 석유 및 석유대체연료 사업법(이하 '법'이라 함) 제10조 제3항에 따라 관할 행정청인 A시장에게 성명, 주소 및 대표자 등의 변경등록을 한 후 2013.4.5.부터 '유정주유소'라는 상호로 석유판매업을 영위하고 있다. 그런데 A시장이 2013.5.7. 관할구역 내 주유소의 휘발유 시료를 채취하여 한국석유관리원에 위탁하여 검사한 결과 '유정주유소'와 인근 '상원주유소'에서 취급하는 휘발유에 경유가 1% 정도 혼합된 것으로 밝혀졌다. 한편, A시장은 취임과 동시에 "A시 관할구역 내에서 유사석유를 판매하다가 단속되는 주유소는 예외 없이 등록을 취소하여 주민들이 믿고 주유소를 이용하도록 만들겠다."라고 공개적으로 밝힌 바 있다. 이에 A시장은 2013.6.7. 甲에 대하여 청문절차를 거치지 아니한 채 법 제13조 제3항 제12호에 따라 석유판매업등록을 취소하는 처분(이하 '당초처분'이라 함)을 하였고, 甲은 그 다음 날 처분이 있음을 알게 되었다.

甲은 당초처분에 불복하여 2013.8.23. 행정심판을 청구하였으며, 행정심판위원회는 2013.10.4. 당초처분이 재량권의 범위를 일탈하거나 남용한 것이라는 이유로 당초처분을 사업정지 3개월로 변경하라는 내용의 변경명령재결을 하였고, 그 재결서는 그날 甲에게 송달되었다. 그렇게 되자, A시장은 청문절차를 실시한 후 2013.10.25. 당초처분을 사업정지 3개월로 변경한다는 내용의 처분(이하 '변경처분'이라 함)을 하였고, 그 처분서는 다음날 甲에게 직접 송달되었다. 그런데 甲은 "유정주유소는 X정유사로부터 직접 석유제품을 공급받고, 공급받은 석유제품을 그대로 판매하였으며, 상원주유소도 자신과 마찬가지로 X정유사로부터 직접 석유제품을 구입하여 판매하였는데 그 규모와 판매량이 유사한데다가 甲과 동일하게 1회 위반임에도 상원주유소에 대하여는 사업정지 15일에 그치는 처분을 내렸다. 또한 2013.5. 초순경에 주유소 지하에 있는 휘발유 저장탱크를 청소하면서 휘발유보다 값이 싼 경유를 사용하여 청소를 하였는데 그때 부주의하여 경유를 모두 제거하지 못하였고, 그러한 상태에서 휘발유를 공급받다 보니 휘발유에 경유가 조금 섞이게 된 것으로, 개업한 후 처음 겪는 일이고 위반의 정도가 경미하다."라고 주장하면서 행정소송을 제기하여 다투려고 한다.

한편, 법 제13조 제4항은 "위반행위별 처분기준은 산업통상자원부령으로 정한다."라고 되어 있고, 법 시행규칙 [별표 1] 행정처분의 기준 중 개별기준 2. 다목은 "제29조 제1항 제1호를 위반하여 가짜석유제품을 제조·수입·저장·운송·보관 또는 판매한 경우"에 해당하면 '1회 위반 시 사업정지 1개월, 2회 위반 시 사업정지 3개월, 3회 위반 시 등록취소 또는 영업장 폐쇄'로 규정되어 있다고 가정한다.

(1) 위 산업통상자원부령 [별표 1] 행정처분의 기준에 대한 법원의 사법적 통제방법은? 25점

(2) 위 사안에서 청문절차의 하자가 치유되었는가? 10점

(3) 甲은 변경처분에도 불구하고 취소소송을 제기하여 다투려고 한다. 이 경우 취소소송의 대상과 제소기간에 대하여 검토하시오. 25점

(4) 위 사안에서 밑줄 친 甲의 주장이 사실이라고 전제할 때, 甲이 본안에서 승소할 수 있는지 여부를 검토하시오(다만, 위 산업통상자원부령 [별표 1] 행정처분의 기준의 법적 성질에 관하여는 대법원 판례의 입장을 따르되, 절차적 위법성 및 소송요건의 구비 여부의 검토는 생략한다). 30점

(5) 乙은 甲에 대한 변경등록처분의 효력을 다투면서 "석유판매업자의 지위 승계에 따른 변경등록처분을 하기에 앞서 A시장이 乙에게 사전에 통지를 하지 않았으며 의견제출의 기회를 주지 않았다."라고 주장한다. 이러한 乙의 주장은 타당한가? 10점

참조조문

※ 일부 조항은 현행법과 불일치할 수 있으며 현재 시행 중임을 전제로 할 것

「석유 및 석유대체연료 사업법」

제7조(석유정제업자의 지위 승계)

① 다음 각 호의 어느 하나에 해당하는 자는 석유정제업자의 지위를 승계한다.
  1. 석유정제업자가 그 사업의 전부를 양도한 경우 그 양수인
  2. 석유정제업자가 사망한 경우 그 상속인
  3. 법인인 석유정제업자가 합병한 경우 합병 후 존속하는 법인이나 합병으로 설립되는 법인

② <생략>

제10조(석유판매업의 등록 등)

① 석유판매업을 하려는 자는 산업통상자원부령으로 정하는 바에 따라 특별시장·광역시장·도지사·특별자치도지사(이하 "시·도지사"라 한다) 또는 시장·군수·구청장(자치구의 구청장을 말한다. 이하 "시장·군수·구청장"이라 한다)에게 등록하여야 한다. 다만, 부산물인 석유제품을 생산하여 석유판매업을 하려는 자는 산업통상자원부장관에게 등록하여야 한다.

② <생략>

③ 제1항 및 제2항에 따른 등록 또는 신고를 한 자가 등록 또는 신고한 사항 중 시설 소재지 등 대통령령으로 정하는 사항을 변경하려는 경우에는 산업통상자원부령으로 정하는 바에 따라 등록 또는 신고를 한 산업통상자원부장관이나 시·도지사 또는 시장·군수·구청장에게 변경등록 또는 변경신고를 하여야 한다.

⑥ 제1항 및 제2항에 따라 시·도지사 또는 시장·군수·구청장에게 등록하거나 신고하여야 하는 석유판매업의 종류와 그 취급 석유제품 및 제1항에 따른 석유판매업의 시설기준 등 등록 요건은 대통령령으로 정한다.
⑦ 석유판매업자의 결격사유, 지위 승계 및 처분 효과의 승계에 관하여는 제6조부터 제8조까지의 규정을 준용한다. 이 경우 제6조 각 호 외의 부분 중 "석유정제업"은 "석유판매업"으로 보고, 같은 조 제6호 중 "제13조 제1항"은 "제13조 제4항"으로, "석유정제업"은 "석유판매업"으로 보며, 제7조 중 "석유정제업자"는 "석유판매업자"로, "석유정제시설"은 "석유판매시설"로 보고, 제8조 중 "석유정제업자"는 "석유판매업자"로, "제13조 제1항"은 "제13조 제4항"으로 본다.

제13조(등록의 취소 등)

①~② <생략>

1.~11. <생략>

12. 제29조 제1항 제1호를 위반하여 가짜석유제품을 제조·수입·저장·운송·보관 또는 판매한 경우

④ 산업통상자원부장관, 시·도지사 또는 시장·군수·구청장은 석유판매업자가 다음 각 호의 어느 하나에 해당하면 그 석유판매업의 등록을 취소하거나 그 석유판매업자에게 영업장 폐쇄 또는 6개월 이내의 기간을 정하여 그 사업의 전부 또는 일부의 정지를 명할 수 있다. 다만, 제1호, 제4호부터 제6호까지 및 제9호의 어느 하나에 해당하는 경우에는 그 등록을 취소하거나 영업장 폐쇄를 명하여야 한다.
⑤ 제1항부터 제3항까지의 규정에 따른 위반행위별 처분기준은 산업통상자원부령으로 정한다.

제29조(가짜석유제품 제조 등의 금지)

① 누구든지 다음 각 호의 가짜석유제품 제조 등의 행위를 하여서는 아니 된다.

1. 가짜석유제품을 제조·수입·저장·운송·보관 또는 판매하는 행위
2.~3. <생략>

제40조(청문)

산업통상자원부장관, 시·도지사 또는 시장·군수·구청장은 다음 각 호의 어느 하나에 해당하는 처분을 하려는 경우에는 청문을 하여야 한다.

1. 제13조 제1항부터 제4항까지, 같은 조 제6항 또는 제34조에 따른 등록 취소 또는 영업장 폐쇄
2. <생략>

「석유 및 석유대체연료 사업법 시행령」

제13조(등록 또는 신고 대상 석유판매업의 종류)

법 제10조 제1항·제2항 및 제6항에 따라 등록하거나 신고하여야 할 석유판매업의 종류와 그 취급 석유제품은 [별표 1]과 같다.

[별표 1] 석유판매업 및 석유대체연료판매업의 종류 등

등록대상	주유소	○ 휘발유·등유·경유

제14조(석유판매업의 변경등록 및 변경신고 대상)

법 제10조 제3항에서 "시설 소재지 등 대통령령으로 정하는 사항"이란 다음 각 호의 사항을 말한다.

1. 성명 또는 상호
2. 대표자(법인인 경우만 해당한다)
3. 주된 영업소의 소재지
4. 등록하거나 신고한 시설의 소재지 또는 규모

문제 2

20년 무사고 운전경력의 레커 차량 기사인 甲은 2013.3.2. 혈중알코올농도 0.05%의 주취상태로 레커 차량을 운전하다가 신호대기 중이던 乙의 승용차를 추돌하여 3중 연쇄추돌 교통사고를 일으켰다. 위 교통사고로 乙이 운전하던 승용차 등 3대의 승용차가 손괴되고, 승용차 운전자 2명이 약 10주의 치료가 필요한 상해를 입게 되었다.

서울지방경찰청장은 위 교통사고와 관련하여 甲이 음주운전 중에 자동차 등을 이용하여 범죄행위를 하였다는 이유로 1개의 운전면허 취소통지서로 도로교통법 제93조 제1항 제3호에 의하여 甲의 운전면허인 제1종 보통・대형・특수면허를 모두 취소하였다.

한편, 경찰 조사과정에서 乙이 위 교통사고가 발생하기 6년 전에 음주운전으로 이미 2회 운전면허 정지처분을 받았던 전력이 있는 사실과 乙이 위 교통사고 당시 혈중알코올농도 0.07% 주취상태에서 운전한 사실이 밝혀지자, 서울지방경찰청장은 도로교통법 제93조 제1항 제2호에 의하여 乙의 운전면허인 제2종 보통면허를 취소하였다.

※ 참고자료로 제시된 법규의 일부 조항은 가상의 것으로, 이에 근거하여 답안을 작성할 것. 이와 다른 내용의 현행법령이 있다면 제시된 법령이 현행법령에 우선하는 것으로 할 것.

1. 甲은 자신의 무사고 운전경력 및 위 교통사고 당시의 혈중알코올농도 등에 비추어 보면 서울지방경찰청장의 甲에 대한 위 운전면허 취소처분은 너무 가혹하다고 변호사 A에게 하소연하며 서울지방경찰청장의 甲에 대한 위 운전면허 취소처분의 취소소송을 의뢰하였다.
   (1) 甲이 서울지방경찰청장을 상대로 甲에 대한 위 운전면허 취소처분의 일부 취소를 구하는 행정소송을 제기하는 경우, 甲이 승소판결을 받을 가능성이 있는지 여부 및 그 이유를 검토하시오(다만, 제소요건을 다투는 내용을 제외할 것). [20점]
   (2) 甲이 서울지방경찰청장을 상대로 甲에 대한 위 운전면허 취소처분의 전부 취소를 구하는 행정소송을 제기하는 경우, 제1종 특수면허 취소부분의 위법성을 주장할 수 있는 사유에 관하여 간략하게 검토하시오(다만, 처분의 근거가 된 법령의 위헌성・위법성을 다투는 내용을 제외할 것). [10점]

2. 甲이 서울지방경찰청장의 甲에 대한 위 운전면허 취소처분의 취소를 구하는 행정소송을 제기하자, 당해 사건을 담당하는 법원은 운전면허 취소처분의 근거규정인 도로교통법 제93조 제1항 제3호 규정이 위헌적이라고 판단하고 헌법재판소에 위헌법률심판을 제청하였다. 도로교통법 제93조 제1항 제3호의 위헌성에 대해서 판단하시오. [30점]

3. 乙은 본인에게 책임이 없는 위 교통사고로 인하여 서울지방경찰청장이 乙에 대하여 한 운전면허 취소처분의 취소를 구하는 행정소송을 제기함과 동시에 처분의 근거가 된 도로교통법 제93조 제1항 제2호가 헌법에 위반된다는 이유로 위헌법률심판 제청신청을 하였으나, 당해 사건을 담당한 법원은 위헌의 여지를 의심했음에도 불구하고 기각결정을 내렸다. 乙은 이 기각결정 통지를 받은 후, 도로교통법 제93조 제1항 제2호, 제148조의2 제1항 제1호가 이중처벌금지원칙, 일반적 행동의 자유, 평등의 원칙에 위반된다며 헌법소원심판을 청구하였다.
   (1) 위 사례에서 법원의 위헌법률심판제청 기각결정에 대하여 헌법적으로 판단하시오. 10점
   (2) 乙의 헌법소원심판청구 사건에서 위헌심판의 대상을 확정하시오. 10점
   (3) 심판대상 규정이 乙의 기본권을 침해하여 위헌인지에 대하여 판단하시오. 20점

참조조문

※ 아래 법령은 현행 법령과 다를 수 있음.

「도로교통법」

제1조(목적)

이 법은 도로에서 일어나는 교통상의 모든 위험과 장해를 방지하고 제거하여 안전하고 원활한 교통을 확보함을 목적으로 한다.

제80조(운전면허)

① 자동차 등을 운전하려는 사람은 지방경찰청장으로부터 운전면허를 받아야 한다.

② 시・도경찰청장은 운전을 할 수 있는 차의 종류를 기준으로 다음 각 호와 같이 운전면허의 범위를 구분하고 관리하여야 한다. 이 경우 운전면허의 범위에 따라 운전할 수 있는 차의 종류는 안전행정부령으로 정한다.

1. 제1종 운전면허
   가. 대형면허　나. 보통면허
   다. 소형면허　라. 특수면허
2. 제2종 운전면허
   가. 보통면허　나. 소형면허　다. 원동기장치자전거면허
   (이하 생략)

제44조(술에 취한 상태에서의 운전 금지)

① 누구든지 술에 취한 상태에서 자동차등(「건설기계관리법」 제26조 제1항 단서에 따른 건설기계 외의 건설기계를 포함한다. 이하 이 조, 제45조, 제47조, 제93조 제1항 제1호부터 제4호까지 및 제148조의2에서 같다), 노면전차 또는 자전거를 운전하여서는 아니 된다.

제93조(운전면허의 취소・정지)

① 시・도경찰청장은 운전면허(연습운전면허는 제외한다. 이하 이 조에서 같다)를 받은 사람이 다음 각 호의 어느 하나에 해당하면 행정안전부령으로 정하는 기준에 따라 운전면허(운전자가 받은 모든 범위의 운전면허를 포함한다. 이하 이 조에서 같다)를 취소하거나 1년 이내의 범위에서 운전면허의 효력을

정지시킬 수 있다. 다만, 제2호, 제3호, 제7호, 제8호, 제8호의2, 제9호(정기 적성검사 기간이 지난 경우는 제외한다), 제14호, 제16호, 제17호, 제20호의 규정에 해당하는 경우에는 운전면허를 취소하여야 하고(제8호의2에 해당하는 경우 취소하여야 하는 운전면허의 범위는 운전자가 거짓이나 그 밖의 부정한 수단으로 받은 그 운전면허로 한정한다), 제18호의 규정에 해당하는 경우에는 정당한 사유가 없으면 관계 행정기관의 장의 요청에 따라 운전면허를 취소하거나 1년 이내의 범위에서 정지하여야 한다. <개정 2021.1.12.>

1. 제44조 제1항을 위반하여 술에 취한 상태에서 자동차등을 운전한 경우
2. 제44조 제1항 또는 제2항 후단을 위반(자동차등을 운전한 경우로 한정한다. 이하 이 호 및 제3호에서 같다)한 사람이 다시 같은 조 제1항을 위반하여 운전면허 정지 사유에 해당된 경우
11. 운전면허를 받은 사람이 자동차등을 범죄의 도구나 장소로 이용하여 다음 각 목의 어느 하나의 죄를 범한 경우

제148조의2(벌칙)

① 다음 각 호의 어느 하나에 해당하는 사람은 1년 이상 3년 이하의 징역이나 500만원 이상 1천만원 이하의 벌금에 처한다.

1. 제44조 제1항을 2회 이상 위반한 사람으로서 다시 같은 조 제1항을 위반하여 술에 취한 상태에서 자동차 등을 운전한 사람
   (이하 생략)
2. 제44조 제1항을 위반한 사람 중 혈중알코올농도가 0.2퍼센트 이상인 사람은 2년 이상 6년 이하의 징역이나 1천만원 이상 3천만원 이하의 벌금에 처한다.
3. 제44조 제1항을 위반한 사람 중 혈중알코올농도가 0.03퍼센트 이상 0.2퍼센트 미만인 사람은 1년 이상 5년 이하의 징역이나 500만원 이상 2천만원 이하의 벌금에 처한다.

「도로교통법 시행규칙」

제53조(운전면허에 따라 운전할 수 있는 자동차 등의 종류)

법 제80조 제2항에 따라 운전면허를 받은 사람이 운전할 수 있는 자동차등의 종류는 [별표 18]과 같다.

제91조(운전면허의 취소 · 정지처분 기준 등)

① 법 제93조에 따라 운전면허를 취소 또는 정지시킬 수 있는 기준(교통법규를 위반하거나 교통사고를 일으킨 경우 그 위반 및 피해의 정도 등에 따라 부과하는 벌점의 기준을 포함한다)과 법 제97조 제1항에 따라 자동차등의 운전을 금지시킬 수 있는 기준은 [별표 28]과 같다.

[별표 18] 운전할 수 있는 차의 종류(제53조 관련)

운전면허		운전할 수 있는 차량
종별	구분	
제1종	대형면허	○ 승용자동차 ○ 승합자동차 ○ 화물자동차 ○ 긴급자동차 ○ 건설기계 – 덤프트럭, 아스팔트살포기, 노상안정기 – 콘크리트믹서트럭, 콘크리트펌프, 천공기(트럭 적재식) – 콘크리트믹서트레일러, 아스팔트콘크리트재생기 – 도로보수트럭, 3톤 미만의 지게차 ○ 특수자동차(트레일러 및 레커는 제외한다) ○ 원동기장치자전거

	보통면허	ㅇ 승용자동차 ㅇ 승차정원 15인 이하의 승합자동차 ㅇ 승차정원 12인 이하의 긴급자동차(승용 및 승합자동차에 한정한다) ㅇ 적재중량 12톤 미만의 화물자동차 ㅇ 건설기계(도로를 운행하는 3톤 미만의 지게차에 한정한다) ㅇ 총중량 10톤 미만의 특수자동차(트레일러 및 레커는 제외한다) ㅇ 원동기장치자전거
	소형면허	ㅇ 3륜화물자동차 ㅇ 3륜승용자동차 ㅇ 원동기장치자전거
	특수면허	ㅇ 트레일러 ㅇ 레커 ㅇ 제2종보통면허로 운전할 수 있는 차량

[별표 28] 운전면허 취소 · 정지처분 기준(제91조 제1항 관련)

2. 취소처분 개별기준

일련번호	위반사항	적용법조(도로교통법)	내용
2	술에 취한 상태에서 운전한 때	제93조	ㅇ 술에 만취한 상태(혈중알콜농도 0.1퍼센트 이상)에서 운전한 때 ㅇ 2회 이상 술에 취한 상태의 기준을 넘어 운전하거나 술에 취한 상태의 측정에 불응한 사람이 다시 술에 취한 상태(혈중알콜농도 0.05퍼센트 이상)에서 운전한 때

쟁점해설

» 문제 1 [사실관계]

2014.04.05 – 甲은 乙로부터 주유소를 양수받아 영업개시함.

2013.06.07 – 휘발유에 경유가 섞여 있어서, 청문절차를 거치지 않고 등록취소함.

2013.06.08 – 甲은 처분이 있음을 알게 됨.

2013.08.23 – 행정심판을 청구함.

2014.10.04 – 당초처분을 사업정지 3개월로 변경하라는 변경명령재결을 함.

2014.10.04 – 甲에게 재결서 정본이 송달됨.

2013.10.25 – 청문을 실시한 후, 당초처분을 사업정지 3개월로 변경한다는 처분을 함.

2013.10.26 – 처분서가 甲에게 송달됨.

처분기준은 산업통상자원부령 : 시행규칙 [별표 1]로 규정되어 있으며 가중규정이 있음.

[물음 1] 행정처분기준에 대한 사법적 통제방법은?

쟁점 : 제재적 처분기준의 법적 성질에 따른 사법적 통제방법

– 법규명령 : 명령규칙심사(구체적 규범통제 : 헌법 제107조 제2항), 항고소송

– 행정규칙 : 기준 자체는 소의 대상이 될 수 없음

[물음 2] 청문절차의 하자는 치유되었는가?

쟁점 : 하자치유 개념, 인정 여부, 인정시기

우선, 절차하자의 독자성 논의를 한 후, 하자치유의 일반논의를 전개하면 될 것임.

판례의 태도에 따르면 쟁송제기 이전까지만 하자치유가 인정되며, 설문에서는 심판제기 이후인 재결 이후에 청문절차를 거쳤으므로 하자치유는 인정되지 않는다고 볼 수 있음.

(청문은 법 제40조에 규정되어 있으나 그 대상을 등록취소 또는 영업장 폐쇄로 규정하고 있으므로, 변경명령재결에 의한 처분은 원칙적으로 청문의 대상이 아닌 것으로 볼 여지가 있음. 이렇게 해석한다면 하자는 치유된 것으로 볼 수도 있으나, 물음 자체가 하자의 치유이므로 이러한 해석도 물음에 대한 직접적인 답변에 부적절할 수 있음.)

[물음 3] 변경명령재결에 따른 변경처분이 있는 경우 소의대상과 제소기간은?

쟁점 : 소의 대상이 변경된 원처분인지, 재결인지, 재결에 따른 처분인지가 문제되며, 그에 따라 제소기간도 달라짐.

소의 대상 : 원처분주의 - 변경명령재결의 경우 소의 대상 원처분설, 변경된 원처분설, 새로운 처분설에 대한 학설, 판례, 검토로 마무리하면 됨.

제소기간 : 행정심판을 거친 경우이므로 재결서 송달일(2013.10.04)부터 기산하면 됨.

[물음 4] 甲은 본안에서 승소할 수 있는가?

쟁점 : 본안심리(자기구속법리 및 비례의 원칙)

제재적 처분기준의 법적 성질을 판례의 입장에 따르라고 했으므로, 이는 행정규칙이고 그렇다면 사업정지처분은 재량행위임(법 제13조에서 6개월 이내의 기간을 정하여 사업정지를 명할 수 있다고 규정하고 있음). 법 제13조 등록의 취소 등 규정을 보면 "명할 수 있다."고 된바 징계처분은 재량행위임. 따라서, 甲 주장에 따라 자기구속원칙과 비례의 원칙을 검토하면 됨. 다만, 설문에서 상원주유소에 사업정지 15일을 한 것이 선례인지 여부가 불분명하므로 선례라고 보지 않는다면 평등의 원칙에 위반될 소지(차별의 합리성)가 있는 것으로 주장해야 할 것임.

[물음 5] 침익적 처분에 대한 사전통지와 의견제출의 절차상 하자

쟁점 : 사전통지와 의견제출의 절차상 하자의 인정 여부

변경등록처분을 하기에 앞서 양도인인 乙에게 사전통지, 의견제출기회를 주지 않음. 변경등록처분은 乙에 대한 등록처분 취소와 甲에 대한 등록처분의 성격을 가지므로, 乙에게 사전통지

및 의견제출기회를 주지 않은 것이 절차상 하자에 해당되는지가 문제된다.
(이 부분에 대한 판단이 어려울 것임)

석유판매업의 시설기준에 따른 필수시설을 인수한 자가 관계 행정청에 이를 신고하여 행정청이 이를 수리하는 경우에는 종전의 석유판매업자는 적법한 신고를 마친 석유판매업자로서의 지위를 부인당할 불안정한 상태에 놓이게 되므로, 그로 하여금 이러한 수리행위의 적법성을 다투어 그 법적 불안을 해소할 수 있도록 하는 것이 법치행정의 원리에 부합한다는 것이 판례의 입장이다.

변경등록처분이 권익을 제한하거나 의무를 부과하는지가 문제된다. 변경등록처분은 양도인(乙)에 대한 등록취소처분과 양수인(甲)에 대한 등록처분의 성격을 동시에 갖는 복효적 행정행위이다.

변경등록처분은 양도인(乙)에 대한 등록취소처분의 성격을 갖는 바, 이는 권익을 제한하는 것에 해당되므로 또한 설문상 예외사유에 해당되는 특별한 사정이 보이지 않으므로 절차상 하자가 인정될 수 있다.

» 문제 2

[물음 1-1] 레카 음주운전으로 인한 면허취소에 대한 취소소송

쟁점 : 여러 종류의 운전면허를 취득한 경우 이를 취소함에 있어서 서로 별개의 것으로 취급하여야 하는지 여부

도로교통법상 각 면허의 취득기준이 다르므로 각 면허는 별개의 것이나, 관리의 용이를 위해 하나의 면허증을 발급하는 것이다. 따라서 각 면허에 대하여 개별적 취소 혹은 일부취소가 가능하다. 따라서 일부취소의 요건인 특정성과 가분성을 논해주면 될 것임.

레카크레인을 음주운전한 경우, 제1종 보통 및 대형면허의 취소사유는 아니므로 제1종 보통 및 대형면허에 대한 부분은 재량권의 일탈·남용으로서 위법하다 할 것이다.

[물음 1-2] 취소소송에 대한 위법성 주장 사유

쟁점 : 甲이 주장할 수 있는 위법성 사유를 검토함.

> **읽어만 보세요**
> ① 호흡측정기의 오차가능성 주장
> ② 음주운전을 한 경우는 자동차를 이용한 범죄행위에 해당되지 않음을 주장
> ③ 양형과 관련된 행정청의 재량권의 일탈·남용을 주장

CHAPTER 11 제2회 변호사 시험

문제 1

A광역시의 시장 乙은 세수증대, 고용창출 등 지역발전을 위해 폐기물처리업의 관내 유치를 결심하고 甲이 제출한 폐기물처리사업계획서를 검토하여 그에 대한 적합통보를 하였다. 이에 따라 甲은 폐기물처리업 허가를 받기 위해 먼저 도시·군관리계획변경을 신청하였고, 乙은 관계법령이 정하는 바에 따라 해당 폐기물처리업체가 입지할 토지에 대한 용도지역을 폐기물처리업의 운영이 가능한 용도지역으로 변경하는 것을 내용으로 하는 도시·군관리계획변경안을 입안하여 열람을 위한 공고를 하였다. 그러나 乙의 임기만료 후 새로 취임한 시장 丙은 폐기물처리업에 대한 인근 주민의 반대가 극심하여 실질적으로 폐기물사업 유치가 어려울 뿐만 아니라, 자신의 선거공약인 '생태중심, 자연친화적 A광역시 건설'의 실현 차원에서 용도지역 변경을 승인할 수 없다는 계획변경승인거부처분을 함과 동시에 해당 지역을 생태학습체험장 조성지역으로 결정하였다. 폐기물처리사업계획 적합통보에 따라 사업 착수를 위한 제반 준비를 거의 마친 甲은 丙을 피고로 하여 관할법원에 계획변경승인거부처분 취소소송을 제기하였다.

(1) 甲이 제기한 취소소송은 적법한가? (단, 제소기간은 준수하였음) 35점

(2) 폐기물처리사업계획 적합통보에 따라 이미 상당한 투자를 한 甲이 위 취소소송의 본안판결 이전에 잠정적인 권리구제를 도모할 수 있는 행정소송수단에 관하여 검토하시오. 20점

(3) 甲은 위 취소소송의 청구이유로서 계획변경승인거부처분에 앞서 丙이 처분의 내용, 처분의 법적 근거와 사실상의 이유, 의견청취절차 관련 사항 등을 미리 알려주지 않았으므로 위 거부처분이 위법하여 취소되어야 한다고 주장하였다. 甲의 주장은 타당한가? 15점

(4) 법원은 위 취소소송에서 甲의 소송상 청구를 인용하였고, 그 인용판결은 丙의 항소포기로 확정되었다. 그럼에도 불구하고 丙은 재차 계획변경승인거부처분을 발령하였는데, 그 사유는 취소소송의 계속 중 A광역시의 관련 조례가 개정되어 계획변경을 승인할 수 없는 새로운 사유가 추가되었다는 것이었다. 丙의 재거부처분은 적법한가? (단, 개정된 조례의 합헌·적법을 전제로 함) 20점

(5) 위 취소소송의 인용판결이 확정되었음에도 불구하고 丙이 아무런 조치를 취하지 않을 경우 甲이 행정소송법상 취할 수 있는 효율적인 권리구제수단을 설명하시오. 10점

참조조문

※ 아래 법령은 각 처분 당시 적용된 것으로 가상의 것이다.

「폐기물관리법」

제25조(폐기물처리업)

① 폐기물의 수집·운반, 재활용 또는 처분을 업(이하 "폐기물처리업"이라 한다)으로 하려는 자(음식물류 폐기물을 제외한 생활폐기물을 재활용하려는 자와 폐기물처리 신고자는 제외한다)는 환경부령으로 정하는 바에 따라 지정폐기물을 대상으로 하는 경우에는 폐기물처리사업계획서를 환경부장관에게 제출하고, 그 밖의 폐기물을 대상으로 하는 경우에는 시·도지사에게 제출하여야 한다. 환경부령으로 정하는 중요 사항을 변경하려는 때에도 또한 같다.

② 환경부장관이나 시·도지사는 제1항에 따라 제출된 폐기물처리사업계획서를 다음 각 호의 사항에 관하여 검토한 후 그 적합 여부를 폐기물처리사업계획서를 제출한 자에게 통보하여야 한다.

1.~4. <생략>

③ 제2항에 따라 적합통보를 받은 자는 그 통보를 받은 날부터 2년(제5항 제1호에 따른 폐기물 수집·운반업의 경우에는 6개월, 폐기물처리업 중 소각시설과 매립시설의 설치가 필요한 경우에는 3년) 이내에 환경부령으로 정하는 기준에 따른 시설·장비 및 기술능력을 갖추어 업종, 영업대상 폐기물 및 처리분야별로 지정폐기물을 대상으로 하는 경우에는 환경부장관의, 그 밖의 폐기물을 대상으로 하는 경우에는 시·도지사의 허가를 받아야 한다. 이 경우 환경부장관 또는 시·도지사는 제2항에 따라 적합통보를 받은 자가 그 적합통보를 받은 사업계획에 따라 시설·장비 및 기술인력 등의 요건을 갖추어 허가신청을 한 때에는 지체 없이 허가하여야 한다.

「국토의 계획 및 이용에 관한 법률」

제2조(정의)

이 법에서 사용하는 용어의 뜻은 다음과 같다.

15. "용도지역"이란 토지의 이용 및 건축물의 용도, 건폐율(「건축법」 제55조의 건폐율을 말한다. 이하 같다), 용적률(「건축법」 제56조의 용적률을 말한다. 이하 같다), 높이 등을 제한함으로써 토지를 경제적·효율적으로 이용하고 공공복리의 증진을 도모하기 위하여 서로 중복되지 아니하게 도시·군관리계획으로 결정하는 지역을 말한다.

제36조(용도지역의 지정)

① 국토교통부장관, 시·도지사 또는 대도시 시장은 다음 각 호의 어느 하나에 해당하는 용도지역의 지정 또는 변경을 도시·군관리계획으로 결정한다.

1.~4. <생략>

「국토의 계획 및 이용에 관한 법률 시행령」

제22조(주민 및 지방의회의 의견청취)

① <생략>

② 특별시장·광역시장·특별자치시장·특별자치도지사·시장 또는 군수는 법 제28조 제4항에 따라 도시·군관리계획의 입안에 관하여 주민의 의견을 청취하고자 하는 때[법 28조 제2항에 따라 국토교통부장관(법 제40조에 따른 수산자원보호구역의 경우 농림식품부장관을 말한다. 이하 이 조에서 같다) 또는 도지사로부터 송부받은 도시·군관리계획안에 대하여 주민의 의견을 청취하고자 하는 때를 포함

한다]에는 도시・군관리계획안의 주요내용을 전국 또는 해당 특별시・광역시・특별자치시・특별자치도・시 또는 군의 지역을 주된 보급지역으로 하는 2 이상의 일간신문과 해당 특별시・광역시・특별자치시・특별자치도・시 또는 군의 인터넷 홈페이지 등에 공고하고 도시・군관리계획안을 14일 이상 열람할 수 있도록 하여야 한다.

쟁점해설

» 문제 1

[물음 1] 계획변경승인거부처분 취소소송의 적법성(제소기간은 충족된 것으로 제시됨)

쟁점 : 법규상・조리상 신청권 인정 가부

사실관계 : 용도지역 변경에 대한 도시관리계획변경신청을 하였으나 거부됨.

* 거부가 처분이 되기 위한 요건
  ① 신청한 행위가 공권력 행사에 해당할 것
  ② 거부행위가 신청인의 법률관계에 영향을 미칠 것
  ③ 신청권이 있을 것

A광역시장은 甲이 신청한 도시・군관리계획변경승인을 거부한 것인바, 이 계획의 변경은 국토의 계획 및 이용에 관한 법률 제36조 제1항에 따라 행정청이 일방적으로 결정하고 상대방은 이를 수인해야 하는 공권력 행사라 할 수 있다.

그리고 이러한 변경결정 또는 그 거부처분에 따라 상대방은 같은 법 제2조 제15호에 따른 토지의 이용 및 건축물의 제한을 받음으로써 신청인의 법률관계에 변동을 가져오게 된다.

따라서 신청권에 관한 원고적격설에 따르면 계획변경승인거부처분의 대상적격이 인정된다. 다만, 신청권을 대상적격의 문제로 보는 입장에 따르면 어떠한지 살펴본다.

일반적으로 이해관계인에게 일일이 행정계획의 변경을 신청할 권리를 인정하여 줄 수는 없다고 할 것이다(대판 1995.4.28, 95누627 등). 그러나 사안의 경우처럼 폐기물관리법 제25조 제3항에 따르면 폐기물처리사업계획의 적정통보를 받은 자는 장래 일정한 기간 내에 관계법령이 규정하는 시설 등을 갖추어 폐기물처리업 허가신청을 할 수 있는 법률상 지위가 있다고 할 수 있다. 따라서 丙으로부터 폐기물처리사업계획의 적정통보를 받은 甲이 폐기물처리업 허가를 받기 위하여 해당 토지에 폐기물처리업이 가능한 용도지역으로 변경하는 도시・군관리계획변경이 선행되어야 하고, 甲의 위 계획변경신청을 丙이 거부한다면 이는 실질적으로 甲에 대한 폐기물처리업 허가신청을 불허하는 결과가 되므로, 甲은 도시・군관리계획의 입안 및 결정권자인 丙에 대하여 그 계획변경을 신청할 법규상 또는 조리상 권리를 가진다고 할 것이다(대판 2003.9.26, 2003두5075 참조). 따라서 위 계획변경승인거부처분은 신청권에 관한 대상적격설에 의하더라도

甲의 신청권이 인정되므로 취소소송의 대상이 된다. 결국 甲은 취소소송의 모든 제기요건을 충족하였다고 할 것이어서 위 甲이 제기한 취소소송은 적법하다.

[물음 2] 거부처분취소소송에 대한 가구제 - 집행정지가 가능한지가 쟁점임 + 가처분

쟁점 : 적극적인 가구제수단인 민사집행법상 가처분과, 소극적인 가구제수단인 집행정지 거부처분이 집행정지의 대상인지와, 만약 대상에 해당된다고 판단한다면 회복되기 어려운 이익을 밝혀주는 것이 관건임.

[물음 3] 거부처분과 사전통지

쟁점 : 거부가 사전통지의 대상에 해당되는지 여부

통상 거부처분은 사전통지의 대상이 아니나, 설문의 경우는 폐기물처리사업계획서를 제출하여 이미 적정통보를 받은 상태이므로 계획변경승인처분이 가능할 것으로 기대할 수 있음. 따라서, 계획변경승인거부에 따라 폐기물처리사업을 시행할 수 없는 법적 불이익을 받게 되므로 이는 침익적 처분인 바, 사전통지 결여의 절차상 하자를 인정할 수 있을 것임.

(이 경우 절차하자의 독자성 논의도 간략히 언급해야 할 것임)

[물음 4] 기속력

쟁점 : 기속력 효력범위 중 시적 한계를 넘어섬.

취소소송 인용판결 후, 재차 거부하였는데 그 사유가 처분이후의(소송계속 중) 조례변경이므로 이는 기속력의 시적 범위가 적용되지 않는 사안임. 따라서 객관적 한계는 굳이 검토하지 않아도 될 것인 바, 기속력의 일반이론을 일목요연하게 잘 적시하는 것이 득점 포인트가 될 것임.

[물음 5] 간접강제

쟁점 : 재처분의무의 이행을 구할 간접강제수단

인용판결이 있음에도 이를 아무런 조치를 취하지 않은 바, 행정소송법 제34조의 간접강제규정을 “의의－요건－절차－성격”으로 간략하게 설명하면 됨.

문제 2

甲은 1992년 3월부터 공무원으로 재직하면서 공무원연금법상 보수월액의 65/1000에 해당하는 기여금을 매달 납부하여 오다가 2012년 3월 31일자로 퇴직을 하여 최종보수월액의 70%에 해당하는 퇴직연금을 지급받아 오던 자이다.

그런데 국회는 2012년 8월 6일 공무원연금의 재정상황이 날로 악화되어 2030년부터는 공무원연금의 재정이 고갈될 것이라고 하는 KDI의 보고서를 근거로 공무원연금 재정의 안정성을 도모하기 위한 조치로 공무원연금법 개혁을 단행하기로 하였다. 이에 따라 같은 날 공무원연금법을 개정하여, (1) 공무원연금법상 재직 공무원들이 납부해야 할 기여금의 납부율을 보수월액의 85/1000로 인상하고, (2) 퇴직자들에게 지급할 퇴직연금의 액수도 종전 최종보수월액의 70%에서 일률적으로 최종보수월액의 50%만 지급하며, (3) 공무원의 보수인상률에 맞추어 연금액을 인상하던 것을 공무원의 보수인상률과 전국소비자물가변동률의 차이가 3% 이상을 넘지 않도록 재조정하였다. (4) 그리고 경과규정으로, 재직기간과 상관없이 개정 당시 재직 중인 모든 공무원들에게 개정법률을 적용하는 부칙조항(이 사건 부칙 제1조)과, 퇴직연금 삭감조항은 2012년 1월 1일 이후에 퇴직하는 모든 공무원에게 소급하여 적용하는 부칙조항(이 사건 부칙 제2조)을 두었으며 동 법률은 2012년 8월 16일 공포되어 같은 날부터 시행되었다.

공무원연금관리공단은 개정법률의 시행에 따라 2012년 8월부터 甲에게 최종보수월액의 70%를 50%로 삭감하여 퇴직연금을 지급하였다.

甲은 공무원연금관리공단을 상대로 2012년 8월 26일 자신에게 종전대로 최종보수월액의 70%의 연금을 지급해 줄 것을 신청하였으나, 공무원연금관리공단은 2012년 9월 5일 50%를 넘는 부분에 대하여는 개정법률에 따라 그 지급을 거부하였다. 이에 甲은 감액된 연금액을 지급받기 위하여 위 거부행위를 대상으로 하여 서울행정법원에 그 취소를 구하는 행정소송을 제기하였다.

한편, 乙은 1992년 3월부터 20년 넘게 공무원으로 재직하여 오던 중 임용 당시 공무원 결격사유가 있었던 사실이 발견되었고, 乙은 이를 이유로 2012년 3월 31일 당연퇴직의 통보를 받게 되었다(이상 공무원연금법의 내용은 가상의 것임을 전제로 함).

(1) 甲이 제기한 행정소송은 적법한가? 만약 적법하지 않다면 甲이 취할 조치는? 10점

(2) 乙에 대한 공무원 임용행위에 관하여,

1) 만약 乙에 대한 공무원 임용행위가 당연무효가 아니라면, 乙은 퇴직연금 등의 지급을 청구할 수 있는가? 5점

2) 만약 乙에 대한 공무원 임용행위가 당연무효라면, 乙은 퇴직연금 등의 지급을 청구할 수 있는가? 15점

참고자료

달력

2012년 8월~2012년 11월

2012년 8월

일	월	화	수	목	금	토
			1	2	3	4
5	6	7	8	9	10	11
12	13	14	15	16	17	18
19	20	21	22	23	24	25
26	27	28	29	30	31	

2012년 9월

일	월	화	수	목	금	토
						1
2	3	4	5	6	7	8
9	10	11	12	13	14	15
16	17	18	19	20	21	22
23/30	24	25	26	27	28	29

2012년 10월

일	월	화	수	목	금	토
	1	2	3	4	5	6
7	8	9	10	11	12	13
14	15	16	17	18	19	20
21	22	23	24	25	26	27
28	29	30	31			

2012년 11월

일	월	화	수	목	금	토
				1	2	3
4	5	6	7	8	9	10
11	12	13	14	15	16	17
18	19	20	21	22	23	24
25	26	27	28	29	30	

쟁점해설

≫ 문제 2

[물음 1] 연금지급거부처분에 대한 처분성 여부와 소의 변경

쟁점 : 국민의 권리와 의무에 영향을 미치는 행위가 법률의 규정에 의한 것인지, 처분청의 처분에 의한 것인지의 구분이 중요함.

퇴직연금을 지급받아 오던 중 공무원연금법의 개정으로 퇴직연금 중 일부금액의 지급이 정지된 경우에는 당연히 개정된 법령에 따라 퇴직연금이 확정되는 것이지 공무원연금관리공단의 퇴직연금 결정과 통지에 의하여 비로소 그 금액이 확정되는 것이 아니다.

연금지급청구권은 공무원연금법상 행정청의 1차적 판단 없이 곧바로 발생하는 것이므로, 처분 등을 원인으로 하지 않은 공무원연금법이라는 법률 자체에 의하여 인정되는 공법상의 지위의 득실에 관한 법률관계를 공법상 당사자소송으로 다툴 수 있다. 따라서 당사자소송으로의 소변경이 가능하다 할 것이다.

[물음 2] 공무원 임용행위의 효과에 따른 퇴직연금 지급청구 가부

쟁점 : 공무원 임용요건 결여의 효과

결격사유 있는 자를 공무원으로 임명하는 행위는 무효이고, 성적 요건을 결한 자의 임명은 취소할 수 있는 행위로 된다(통설 및 판례).

설문은 당연무효인 경우와 당연무효가 아닌 경우를 가정하고 있으므로, 당연무효가 아니라면 취소사유이며, 취소사유인 경우에는 취소되기 전까지는 공무원의 지위가 인정되므로 퇴직연금을 청구할 수 있을 것이나, 당연무효라면 이의 청구는 부정될 것이다.

읽어만 보세요

공무원 임용요건을 결여한 자가 공무원으로 근무한 경우에 급여청구 가능 여부는 견해가 나뉜다. ① 임용결여에도 불구하고 장기간 근무에 종사시킨 후, 급여지급을 거부하는 것은 신뢰보호원칙에 반하므로 지급해야 한다는 견해와, ② 임용요건 결여자의 근무에 대해서는 지급이 불가하다는 견해 및 ③ 공무원이 납부한 기여금에 해당하는 부분은 후불임금적인 성격이므로 지급해야 한다는 견해가 있다. ④ 판례는 '공무원연금법에 의한 퇴직급여 등은 적법한 공무원으로서의 신분을 취득하여 근무하다가 퇴직하는 경우에 지급되는 것이고, 당연무효인 임용행위에 의하여 공무원의 신분을 취득할 수는 없으므로 임용결격자가 공무원으로 임용되어 사실상 근무하여 왔다고 하더라도 적법한 공무원으로서 신분을 취득하지 못한 자로서는 공무원연금법 소정의 퇴직급여 등을 청구할 수 없다.'고 판시한 바 있다(대판 2003.5.16, 2001다61012).

CHAPTER 12 제1회 변호사 시험

 문제 2

A주식회사는 2000.3.경 안동시장으로부터 분뇨수집 · 운반업 허가를 받은 다음 그 무렵 안동시장과 사이에 분뇨수집 · 운반대행계약을 맺은 후 통상 3년 단위로 계약을 연장해 왔는데 2009.3.18. 계약기간을 그 다음 날부터 2012.3.18.까지로 다시 연장하였다.
B주식회사는 안동시에서 분뇨수집 · 운반업을 영위하기 위하여 하수도법 및 같은 법 시행령 소정의 시설, 장비 등을 구비하고 2011.11.10. 안동시장에게 분뇨수집 · 운반업 허가를 신청하여 같은 해 12.1. 허가처분(이하 '이 사건 처분'이라 한다)을 받았다.
안동시장은 이 사건 처분 후 안동시 전역을 2개 구역으로 나누어 A, B주식회사에 한 구역씩을 책임구역으로 배정하고 각각 2014.12.31.까지를 대행기간으로 하는 새로운 대행계약을 체결하였다.
A주식회사는 과거 안동시 전역에서 단독으로 분뇨 관련 영업을 하던 기득권이 전혀 인정되지 않은데다가 수익성이 낮은 구역을 배정받은 데 불만을 품고, B주식회사에 대한 이 사건 처분은 허가기준에 위배되는 위법한 처분이라고 주장하면서 안동시장을 상대로 2011.12.20. 관할법원에 그 취소를 구하는 행정소송을 제기하였다.

(1) 위 소송에서 A주식회사에게 원고적격이 인정되는가? [30점]

(2) 만약, 이 사건 처분의 절차가 진행 중인 상태에서 A주식회사가 안동시장을 상대로 "안동시장은 B주식회사에게 분뇨수집 · 운반업을 허가하여서는 아니 된다."라는 판결을 구하는 행정소송을 관할법원에 제기하였다면 이러한 소송이 현행 행정소송법상 허용될 수 있는가? [10점]

(3) 안동시장은 이 사건 처분을 함에 있어 분뇨수집 · 운반업 허가에 필요한 조건을 붙일 수 있다는 하수도법 제45조 제5항에 따라 B주식회사에게 안동시립박물관 건립기금 5억원의 납부를 조건으로 부가하였다.
1) 위 조건의 법적 성질은? [7점]
2) 위 조건은 위법한가? [15점]
3) B주식회사는 위 조건만의 취소 또는 무효확인을 구하는 행정소송을 제기할 수 있는가? [8점]

참조조문

※ 아래 하수도법의 일부 조항은 가상의 것이며 현재 시행 중임을 전제로 할 것

「하수도법」

제1조(목적)

이 법은 하수도의 설치 및 관리의 기준 등을 정함으로써 하수와 분뇨를 적정하게 처리하여 지역사회의 건전한 발전과 공중위생의 향상에 기여하고 공공수역의 수질을 보전함을 목적으로 한다.

제2조(정의)

이 법에서 사용하는 용어의 정의는 다음과 같다.

2. "분뇨"라 함은 수거식 화장실에서 수거되는 액체성 또는 고체성의 오염물질(개인하수처리시설의 청소과정에서 발생하는 찌꺼기를 포함한다)을 말한다.

11. "분뇨처리시설"이라 함은 분뇨를 침전·분해 등의 방법으로 처리하는 시설을 말한다.

제3조(국가 및 지방자치단체의 책무)

① 국가는 하수도의 설치·관리 및 관련 기술개발 등에 관한 기본정책을 수립하고, 지방자치단체가 제2항의 규정에 따른 책무를 성실하게 수행할 수 있도록 필요한 기술적·재정적 지원을 할 책무를 진다.

② 지방자치단체의 장은 공공하수도의 설치·관리를 통하여 관할구역 안에서 발생하는 하수 및 분뇨를 적정하게 처리하고 하수의 범람으로 인한 침수 피해를 예방할 책무를 진다. <개정 2022.12.27.>

제41조(분뇨처리 의무)

① 특별자치시장·특별자치도지사·시장·군수·구청장은 관할구역 안에서 발생하는 분뇨(개인하수처리시설의 소유자 또는 관리자가 개인하수처리시설의 청소과정에서 발생하는 찌꺼기를 환경부령으로 정하는 바에 따라 직접 처리하는 경우는 제외한다)를 수집·운반 및 처리하여야 한다. 이 경우 특별자치시장·특별자치도지사·시장·군수·구청장은 해당 지방자치단체의 조례로 정하는 바에 따라 제45조의 규정에 따른 분뇨수집·운반업자로 하여금 그 수집·운반을 대행하게 할 수 있다.

제45조(분뇨수집·운반업)

① 분뇨를 수집(개인하수처리시설의 내부청소를 포함한다)·운반하는 영업(이하 "분뇨수집·운반업"이라 한다)을 하고자 하는 자는 대통령령이 정하는 기준에 따른 시설·장비 및 기술인력 등의 요건을 갖추어 특별자치도지사·시장·군수·구청장의 허가를 받아야 하며, 허가받은 사항 중 환경부령이 정하는 중요한 사항을 변경하고자 하는 때에는 특별자치도지사·시장·군수·구청장에게 변경신고를 하여야 한다.

⑤ 특별자치시장·특별자치도지사·시장·군수·구청장은 관할구역 안에서 발생하는 분뇨를 효율적으로 수집·운반하기 위하여 필요한 때에는 제1항에 따른 허가를 함에 있어 관할 구역의 분뇨 발생량, 분뇨처리시설의 처리용량, 분뇨수집·운반업자의 지역적 분포 및 장비보유 현황, 분뇨를 발생시키는 발생원의 지역적 분포 및 수집·운반의 난이도 등을 고려하여 영업구역을 정하거나 필요한 조건을 붙일 수 있다.

부칙

이 법은 2000.1.1.부터 시행한다.

쟁점해설

» 문제 2

[물음 1] 경업자 원고적격

쟁점 : 제3자 원고적격에서의 법률상 이익
사실관계 : B주식회사에 대한 허가처분에 대해서 A주식회사가 취소를 구할 수 있는가?

A회사와 B회사는 동종업을 하는 경쟁적인 관계임. 따라서 제3자 원고적격이 쟁점임. 설문은 경업자 관계이며, 대상허가가 특허인지 허가인지를 구별하고, 관련 조문에서 구체적인 법률상 이익을 찾으면 될 것임. 특허인 경우라면 독점권이 인정되므로 법률상 이익이 쉽게 도출될 것이나, 허가인 경우에는 관련법규상 과당경쟁 방지 등의 법률상 이익을 구체적으로 찾아서 보여줘야 할 것임.

[물음 2] 예방적 금지소송의 현행법상 인정 여부

쟁점 : 예방적 금지소송의 인정 여부 논의
사실관계 : 소송 중 허가를 하여서는 안 된다는 소송을 제기하였음. 이를 인정할 수 있는지?
행정소송법 제4조의 해석 및 권력분립원칙의 이해를 바탕으로 간략히 서술하면 될 것임.

[물음 3] 부관의 한계와 독립쟁송 가능성

쟁점
3-1 조건의 법적 성질은? : 부담과 조건의 구별
3-2 조건은 위법한가? : 부관의 한계 - 부착가능성, 부당결부금지의 원칙
3-3 조건만의 취소 또는 무효확인을 구하는 행정소송을 제기할 수 있는가? : 독립가쟁성
사실관계 : 하수도법 제45조 제5항에 따라 안동시립박물관 건립기금 5억원의 납부를 조건으로 부과함. → 해석상 부담임.

합격
기준 박문각

합격기준 박문각

감정평가사 2차 시험대비

감정평가 및 보상법규
기출문제해설

제4판인쇄 : 2023. 10. 25.
제4판발행 : 2022. 10. 30.
편 저 자 : 도승하
발 행 인 : 박 용
발 행 처 : (주)박문각출판
등 록 : 2015. 04. 29. 제2015-000104호
주 소 : 06654 서울시 서초구 효령로 283 서경B/D 4층
전 화 : (02) 723-6869
팩 스 : (02) 723-6870

저자와의 협의하에 인지 생략

정가 32,000원

ISBN 979-11-6987-500-4
* 이 책의 무단 전재 또는 복제 행위를 금합니다.

MEMO